대한민국 금융위기

대한민국 금융위기

대한민국 금융위기

한국경제의
정해진 미래,
금융위기가
온다

홍종학 지음

이콘

금융위기는 오는가? 아니, 이미 와 있다!

혹시 건강검진 결과표를 받아본 적 있는가? 겉으로는 멀쩡해 보이는데, 의사가 심각한 표정으로 "지금 당장 생활 습관을 바꾸고 치료를 시작해야 한다. 이미 위험 단계에 접어들었다"라고 말하는 상황을 상상해보자. 당황스럽고 믿기 어려울 수 있지만, 그 경고를 무시한다면 돌이킬 수 없는 결과를 맞이할 수도 있다.

지금 우리가 마주한 한국 경제 상황이 이와 비슷할 수 있다면 어떨까? 연일 최고치를 경신하는 아파트 가격, 화려한 도시의 불빛, 첨단 기술을 선도하는 기업들의 소식 뒤편에서, 어쩌면 우리는 이미 금융위기라는 심각한 병이 발현되는 단계에 진입했을지도 모른다. '설마, 우리나라가?' 'IMF 외환위기 같은 건 다시 안 오겠지'라고 안심하고 싶겠지만, 이 책은 바로 그 안일함이 가장 위험할 수 있다고 경고하기 위해 쓰였다.

'금융위기'. 듣기만 해도 어렵고 불안한 단어다. 나와는 상관없는, 뉴스 속 경제 전문가들이나 정부 관료들만 걱정하는 문제처럼 느껴질 수도 있다. 하지만 정말 그럴까? 1997년 IMF 외환위기를 기억하는가? 혹은 2008년 글로벌 금융위기는 어땠는가? 평생직장이라 믿었던 곳에서 하루아침에 해고 통보를 받은 아버지들, 어렵게 모은 돈으로 투자했던 주식이나 펀드가 반토막 나는 경험, 치솟는 환율 때문에 해외 유학이나 여행을 포기해야 했던 기억. 금융위기는 결코 남의 이야기가 아니다. 우리 모두의 일자리, 자산, 그리고 평범한 일상을 송두리째 흔들어 놓을 수 있는 거대한 파도다.

현재 한국 경제는 여러 위험 신호를 보내고 있다. 세계 최고 수준의 가계 부채와 터지기 직전의 시한폭탄 같은 부동산 문제는 어제오늘의 이야기가 아니다. 여기에 최근 뉴스를 통해 자주 접하는 부동산 프로젝트 파이낸싱(PF) 부실 문제, 실제로 나타나고 있는 지방 중견 건설사들의 부도 소식, 급증하는 자영업자 대출 연체율 등은 더욱 심각한 경고음이다. 뚜렷한 성장 동력 약화 역시 문제다. 이것들은 과거 금융위기를 겪었던 나라들에서 공통으로 나타났던 위기의 조짐들이다. 겉은 평온해 보여도 수면 아래에서는 분명 위험한 파열음이 들리고 있다.

그렇다면 당신이 '영끌'해서 산 아파트의 가격은 과연 안전할까요? 당신의 자녀가 살아갈 미래는 지금의 이 거대한 부채 더미에서 벗어날 수 있을까요? 뉴스에 나오는 지방 건설사의 부도는, 정말 나와는 아무 상관

없는 남의 이야기일까요? 이 책은 그 모든 질문이 바로 당신의 이야기임을 증명하는 것으로부터 시작한다.

이 책은 해결책을 제시하기 위한 책이다. 막연한 불안감을 조장하거나 단순히 비관적인 전망만을 늘어놓기 위해 쓰인 것이 아니다. 오히려 다가올 수 있는 위기의 실체를 정확히 파악하고, 우리가 무엇을 준비해야 하는지 함께 고민하고자 한다. '금융위기의 7단계 모델'을 통해 현재 한국 경제가 위기의 어느 지점에 와 있는지 냉철하게 진단하고, 그 근거들을 독자 여러분이 이해하기 쉽게 제시할 것이다.

역사와 이야기로 배우는 위기의 징후와 극복의 지혜

"그래도 경제는 너무 어려워." 이렇게 생각할 수도 있다. 복잡한 그래프와 어려운 전문 용어들 앞에서 지레 겁을 먹고 책을 덮어버린 경험, 충분히 이해한다. 그래서 이 책은 경제학을 전공하지 않은 평범한 독자들의 눈높이에 철저히 맞췄다.

우리는 딱딱한 이론 대신, 생생한 역사적 사례들을 이야기로 풀어 금융위기의 본질을 파헤쳐 볼 것이다. 특히 이 책은 독자들을 흥미진진한 '퍼즐 맞추기'의 세계로 초대한다. 전 세계를 충격에 빠뜨렸던 미국의 서브프라임 모기지 사태부터, 우리에게는 잘 알려지지 않았던 스웨덴, 아이슬란드, 스페인, 아일랜드 등 유럽 각국의 위기 사례들을 하나하나 살펴볼 것이다.

서로 다른 시간, 다른 장소에서 벌어진 사건들이지만, 페이지를 넘기다 보면 소름 돋는 경험을 하게 될 것이다. "어? 이거 아까 미국 이야기랑 똑같잖아?" 혹은 "이 장면, 스페인 사례에서 본 것 같은데?"라며 스스로 무릎을 치게 될지도 모른다. 이 책은 독자가 세계 곳곳에 흩어진 위기의 조각들을 모아, 스스로 '파국의 패턴'을 찾아내도록 안내하는 가이드다. 정답을 주입받는 것이 아니라, 스스로 패턴을 발견하며 느끼는 지적 쾌감과 재미가 이 책의 진짜 매력이다.

물론, 이 여정에 걸림돌이 없도록 어려운 용어는 모두 걷어냈다. '유동성', '부실 채권', '폰지 경제' 같은 용어들은 최대한 쉬운 비유와 일상적인 언어로 풀어썼다. 예를 들어 '유동성'은 우리 몸의 혈액순환처럼 돈이 경제 전체에 얼마나 잘 도는지를 의미한다고 설명하는 식이다.

마치 미스터리 소설의 단서를 추적하듯 흥미로운 이야기들을 따라오다 보면, 어느새 경제를 꿰뚫어 보는 눈이 트여 있는 자신을 발견하게 될 것이다.

위기의 진단부터 희망의 설계까지

이 책은 총 3부로 구성되어 있다.

1부 '금융위기의 전조와 데자뷔'에서는 금융위기의 근본 원인이 되는 부동산 거품과 과도한 부채 문제를 살펴보고, 세계 주요국의 다양한 사례를 통해 우리가 무엇을 경계하고 배워야 하는지 알아본다.

2부 '금융위기의 7단계 모델'은 이 책의 핵심적인 부분이다. 금융위기가 어떤 단계를 거쳐 진행되는지 설명하고, 현재 한국 경제가 단계별로 어떤 상황을 거쳐 왔는지 진단한다. 그렇다면 한국 경제는 현재 몇 단계에 놓여 있을까? 그 아슬아슬한 위치를 낱낱이 파헤치고 그 근거를 상세히 분석한다. 이는 현실을 직시하기 위한 과정이다.

3부 '생존과 도약을 위한 제언'에서는 왜 우리는 위기를 알면서도 제대로 대응하지 못하는지 정치경제학적인 관점에서 살펴본다. 그리고 여기서 멈추지 않고, 위기를 극복하기 위한 단기 처방과 함께, 부동산 중심 경제를 넘어 혁신 경제로 나아가기 위한 장기적인 '희망의 설계도'를 제시한다.

희망은 우리의 선택과 행동 속에 있다

앞서 세계 각국의 사례라는 퍼즐 조각들을 모두 맞추고 나면, 이제 독자들의 눈앞에는 한국 경제의 선명한 밑그림이 드러날 것이다. 그 그림을 마주하는 일은 다소 쓰라릴지도 모른다. 무한한 혁신의 잠재력을 가진 우리가, 지난 수십 년간 '부동산 투기'라는 거대한 블랙홀에 눈이 멀어 가야 할 길을 두고 너무 먼 길을 돌아왔다는 냉정한 진단서이기 때문이다.

하지만 진단이 정확하다면 두려워할 필요 없다. 병명을 알면 처방은 명확해지기 때문이다. 이 책이 제시하는 분석이 엄중한 경고로 들릴지라도, 이것은 결코 피할 수 없는 파국을 예고하는 종말론이 아니다. 오히려 엉뚱한 곳을 헤매던 우리에게 다시 올바른 목적지를 가리키는 '희망의 로드맵'이다.

먼저 개인의 차원에서 이 책은 거친 파도 속에서 내 삶과 자산을 지켜낼 '현명한 항해법'이 되어줄 것이다. 경제의 거대한 흐름과 위기의 패턴을 미리 읽어낸다면, 막연한 공포에 휩쓸려 투매하거나 섣부른 투자로 소중한 자산을 잃는 일은 없을 것이다. 오히려 남들이 보지 못하는 기회를 포착하고, 태풍 속에서도 삶의 중심을 단단히 잡는 지혜로운 선장이 될 수 있다. 위기를 아는 것은 나 자신을 지키는 가장 강력한 방패다.

하지만 나 혼자만 살아남는 '각자도생'으로는 이 거대한 파고를 넘을 수 없다. 이 책이 궁극적으로 호소하는 것은 바로 '공동체 의식의 복원'이다. 투기라는 탐욕의 거품을 걷어내고, 그 자리에 다시 신뢰와 연대라는 단단한 지반을 다져야 한다. 우리가 서로를 믿고 고통을 분담하며 낡은 구조를 개혁해 나갈 때, 비로소 한국 경제는 부동산과 부채의 늪에서 벗어나 '혁신'이라는 새로운 엔진을 달 수 있다.

우리는 이미 숱한 역경을 기회로 뒤바꾼 저력 있는 DNA를 가지고 있다. 잠시 길을 잃었을 뿐, 우리의 여정은 끝나지 않았다. 이제 엉킨 실타래를 풀고, 다시금 벅찬 희망을 품고 함께 노를 저어 나갈 시간이다. 대한민국은, 그리고 당신은 다시 비상할 수 있다.

이 책은 인공지능 제미나이의 도움을 받아 만들어졌음을 밝힌다. 내 생각을 인공지능이 활자화하고 함께 수정해 가는 과정은 경이로웠다.

물론 책에 오류가 있다면 전적으로 저자의 책임이다. 이 책은 지난 3년 간 유튜브 방송 '홍종학의 경제스케치북'에서 다룬 내용을 정리한 것이다. 매주 성원해 주신 시청자들에게 감사드린다. 공식자료들은 한국은 행의 보고서를 주로 참고했다. 최근 좋은 보고서를 많이 내고 있는 한국은행의 연구자들에게도 감사드린다. 책을 내는 데 적극 지원해 주신 이콘의 김승욱 대표께도 감사드린다. 항상 용기를 북돋아 주는 가족들에게도 고마운 마음을 전한다.

2026년 새해

홍종학

모든 위기는 예고 없이 찾아오는 듯하지만, 사실 지루할 만큼 똑같은 패턴을 반복해 왔다. 광기는 사라지지 않고 시대에 맞춰 가면을 바꿔 쓸 뿐이다. 금융위기의 역사는 단순한 기록이 아니라 미래를 비추는 거울이다. 금융위기를 분석하는 모델을 통해 세계 주요국의 사례와 한국의 지난 위기들을 되돌아보고 나면, 이제 독자들은 남들이 보지 못하는 한국 경제의 위험 신호를 스스로 읽어내는 독해법을 터득하게 될 것이다.

모든 위기는 예고 없이 찾아오는 듯하지만, 사실 지루할 만큼 똑같은 패턴을 반복해 왔다. 광기는 사라지지 않고 시대에 맞춰 가면을 바꿔 쓸 뿐이다. 금융위기의 역사는 단순한 기록이 아니라 미래를 비추는 거울이다. 금융위기를 분석하는 모델을 통해 세계 주요국의 사례와 한국의 지난 위기들을 되돌아보고 나면, 이제 독자들은 남들이 보지 못하는 한국 경제의 위험 신호를 스스로 읽어내는 독해법을 터득하게 될 것이다.

1부

금융위기의 전조와 데자뷔

거품,
반복되는 악몽

튤립에서 대공황까지, 역사 속 광기의 기록

제1장 거품, 반복되는 악몽

혹시 타임머신이 있다면 과거로 잠깐 여행을 떠나보는 건 어떨까? 지금 우리가 걱정하는 '부동산 거품' 문제가 과연 특별한 일인지, 아니면 역사가 지겹도록 반복해 온 패턴의 일부인지 확인하기 위해서다. 놀랍게도, 인간은 아주 오래전부터 비이성적인 열기에 휩싸여 자산 가격을 하늘 높이 띄워 올렸다가 처참하게 무너지는 일을 반복해 왔다. 그 생생한 광기의 현장으로 함께 가보자.

흥미로운 점은, 이 광기가 하나같이 그 나라가 역사상 가장 눈부신 경제적 성공을 구가하던 '최전성기'에 찾아왔다는 사실이다. 성공에 대한 자신감이 어떻게 비이성적 탐욕으로 변질되고, 결국 스스로를 파멸로 이끄는지, 그 역설의 역사를 따라가 보자.

17세기 네덜란드의 튤립 광풍

첫 번째 목적지는 17세기 네덜란드, 바로 그 유명한 '튤립 버블Tulip Mania'의 현장이다. 이름만 들어도 '에이, 설마 꽃 한 송이가 얼마나 비쌌겠어?' 싶지만, 이건 전설이 아닌 실제 역사다. 당시 네덜란드는 동인도 회사를 앞세워 세계 무역을 제패하며 부가 흘러넘쳤고, 그 넘치는 자신감과 유동성이 튤립이라는 작은 꽃에 비이성적으로 집중되었다. 터키에서 건너온 이국적인 꽃 튤립, 그중에서도 희귀한 품종의 '알뿌리(구근)'가 사람들의 마음을 사로잡았다.

처음에는 귀족이나 부유층의 사치품이었던 튤립 구근은 어느새 '새로운 투자 대상'으로 떠올랐다. "이거 사두면 무조건 돈 번대!", "옆집 누구는 튤립으로 대박 났다더라!" 하는 소문이 돌면서 너도나도 튤립 시장에 뛰어들었다. 중요한 것은 튤립 자체의 아름다움이나 가치가 아니었다. 오로지 '오늘 사서 내일 더 비싸게 팔 수 있다'는 기대감, 즉 '투기적 수요'가 시장을 지배했다.

마치 요즘 한정판 운동화나 명품 시계가 출시되자마자 몇 배의 가격으로 되팔리는 '리셀' 시장처럼, 사람들은 튤립을 꽃이 아닌 돈 벌 기회로만 보았다. 상황은 점점 더 광적으로 치달아, 튤립 구근 실물 없이 증서만으로 거래하거나 미래의 특정 시점에 특정 가격으로 사고팔기로 약속하는 선물 거래까지 등장했다. 어떤 희귀 품종 구근 하나는 정말로 암스테르담의 번듯한 집 한 채 값과 맞먹을 정도였다. 온 나라가 튤립 이야기에 들썩였고, 사람들은 '이번 기회에 나도 부자가 될 수 있다'는 달콤한 꿈에 부풀었다.

하지만 영원한 파티는 없었다. 누군가 문득 정신을 차리고 외쳤을 것이다. "아무리 그래도 이건 너무 비싼 거 아니야?" 그 작은 불안감은 순식간에 시장 전체로 퍼져나갔다. 너도나도 튤립을 팔려고 내놓았지만, 이제 그 미친 가격에 사려는 사람은 아무도 없었다. 가격은 그야말로 속절없이 폭락했다. 마지막에 '폭탄'을 떠안은 사람들은 하루아침에 알거지가 되었고, 빚더미에 올라앉아 파산하는 경우가 속출했다. 꽃 때문에 나라 경제 전체가 휘청거리는 웃지 못할 비극이 벌어진 것이다. 그렇게 튤립 버블은 '거품은 반드시 터진다'는 중요한 역사적 경고를 남겼다.

18세기 영국의 남해 회사 버블

튤립의 교훈을 잊었을까? 약 100년 뒤, 이번에는 영국에서 비슷한 광풍이 불었다. 대상은 '남해 회사 South Sea Company'의 주식이었다. 당시 영국 정부는 전쟁 등으로 막대한 빚을 지고 있었는데, 남해 회사가 이 빚 일부를 떠안는 조건으로 아직 미지의 땅이었던 남미와의 무역 독점권을 따냈다. '남미 무역 독점권'이라니! 사람들은 이름만 들어도 가슴이 뛰었다. "남미에는 황금이 넘쳐난다더라!", "이 회사 주식 사두면 금방 떼부자 되겠다!" 하는 기대감이 삽시간에 퍼져나갔다.

마치 요즘 'AI'나 '바이오' 같은 첨단 기술 이름만 붙으면 실제 실적과 상관없이 주가가 폭등하는 '테마주' 열풍처럼, 남해 회사의 실제 무역 전망은 매우 불투명했지만 사람들은 '미래에 대한 막연하고 과도한 기대감'에 사로잡혔다. 회사는 계속해서 장밋빛 전망을 내놓으며 주가를 부양했고, 정부와의 유착설, 유명 인사들의 투자 소식까지 더해지면서 영국 전체가 남해 회사 주식 투기에 미쳐 돌아갔다. 얼마나 열기가 뜨거웠는지, 만유인력의 법칙을 발견한 세기의 천재 과학자 아이작 뉴턴조차 이 투기에 뛰어들어 처음에는 큰돈을 벌었다가, "천체의 움직임은 계산할 수 있어도 인간의 광기는 도저히 측정할 수가 없다"는 유명한 말을 남기며 막대한 손실을 봤다고 전해진다.

결과는? 튤립 버블과 판박이였다. 실체가 없던 기대감은 결국 무너졌고, 주가는 폭락했으며, 수많은 투자자가 파산했다. '미래 가치'라는 이름으로 포장된 탐욕이 얼마나 위험한지 다시 한번 보여준 사건이었다. 산업혁명의 여명기, 세계 최강국으로 부상하던 영국의 끝없는 낙관론이 '남미'라는 신기루에 투영된 사건이었다.

1929년 미국 대공황의 서막과 비극

20세기에 들어 가장 거대하고 파괴적인 거품 붕괴는 단연 1929년 미국 월스트리트 대폭락과 그 뒤를 이은 대공황이었다. 1920년대 미국은 '광란의 20년대Roaring Twenties'라는 이름처럼 엄청난 경제적 풍요와 끝없는 낙관론에 취해 있었다. 자동차나 라디오 같은 신기술이 세상을 바꾸고 있었고, 주식 투자는 더 이상 부자들만의 전유물이 아니었다. 너도나도 '빚을 내서라도' 주식 시장에 뛰어들었고, 사람들은 주가가 영원히 오를 것이라고 믿었다.

얼마나 시장이 과열되었는지 보여주는 유명한 일화가 있다. 당시 케네디 대통령의 아버지이자 월스트리트의 투자가였던 조셉 케네디가 어느 날 구두를 닦는데, 구두닦이 소년이 신나게 주식 이야기를 하며 '어떤 주식을 사야 돈을 번다'고 추천하더라는 것이다. 그 순간 그는 직감했다. '아, 주식에 대해 아무것도 모르는 저 소년까지 전문가 행세를 할 정도면 이 시장은 끝물이구나!' 그는 즉시 보유 주식을 전부 팔아치웠고, 얼마 지나지 않아 터진 대폭락을 피할 수 있었다. 평범한 구두닦이까지 주식 투자 '팁'을 논한다는 것은, 시장이 이미 비이성적인 과열 상태이며 더 이상 주식을 사줄 새로운 사람('더 바보')이 남아있지 않다는 강력한 신호였다.

하지만 대부분의 사람들은 그 신호를 읽지 못하거나 무시했다. 1929년 10월, '검은 화요일'로 기록된 주가 대폭락은 순식간에 세상을 지옥으로 바꿔놓았다. 수많은 투자자가 평생 모은 돈을 날린 것은 시작에 불과했다. 문제는 그 충격이 금융 시장을 넘어 실물 경제 전체로 퍼져나가면서 걷잡을 수 없는 대공황으로 이어졌다는 점이다. 기업들은 줄도산했고, 실업률은 25%까지 치솟았다.

사람들은 일자리를 잃고 거리로 내몰렸으며, 굶주림을 피하기 위해 무료 급식소 앞에 길게 줄을 서야 했다. 농가는 빚 때문에 압류당했고, 도시 외곽에는 집 잃은 사람들이 판자로 지은 임시 거처, 이른바 '후버빌Hooverville'이 생겨났다. 경제적 번영을 외치며 대통령이 된 후버를 비꼰 명칭이었다. 거품 붕괴의 대가는 이처럼 참혹했다. 그 피해는 결코 돈 많은 투자자에게만 국한되지 않았다. 오히려 사회 전체 시스템을 마비시키고, 가장 큰 고통은 결국 아무런 잘못 없는 평범한 서민들에게 돌아온다는 것을 역사는 피눈물로 증명했다.

튤립에 미쳤던 네덜란드인들, '미래 가치'라는 신기루에 모든 것을 걸었던 천재 과학자 뉴턴을 포함한 영국인들, 평범한 구두닦이 소년까지 똑같은 광기에 휩싸였던 미국의 모습. 이들의 마음속에서는 도대체 무슨 일이 벌어졌던 것일까? 왜 합리적인 개인들이 모여 집단적인 비극을 만들어 냈을까?

17세기 세계 무역의 패자 네덜란드, 18세기 제국의 서막을 연 영국, 20세기 세계 경제의 새로운 주인 미국. 이들의 이야기는 우리에게 섬뜩한 질문 하나를 던진다. 압축적인 고도성장을 통해 세계 10위권의 경제 대국으로 우뚝 선 대한민국. 과연 우리는 이 '성공한 국가들의 저주'와도 같은 거품의 운명에서 자유로울 수 있을까? 이 질문에 답하기 위해, 우리는 먼저 거품이 만들어지는 인간의 심리와 그 배후의 메커니즘을 더 깊이 들여다보아야 한다.

비이성적 과열이 만들어 내는 자산 거품

"인간은 합리적이다." 전통 경제학은 이렇게 가정했지만, 현실은 꼭 그렇지 않다. 노벨상 수상자인 로버트 쉴러 교수는 '비이성적 과열 Irrational Exuberance'이라는 유명한 말로 거품 현상을 설명했다. 자산 가격이 실제 가치와는 동떨어져, 마치 전염병처럼 퍼져나가는 대중의 비이성적인 낙관론과 흥분 때문에 과도하게 부풀려진다는 것이다.

마치 신나는 음악이 흘러나오는 파티장과 같다. 누군가 "이 주식(혹은 부동산) 사면 대박 난대!"라고 외치면 너도나도 흥분해서 달려든다. 가격이 오르는 것을 보면 "역시 내 생각이 맞았어!"하며 더 사고, 그 모습에 다른 사람들도 "저렇게 많은 사람이 사는데 이유가 있겠지", "나만 뒤처지면 안 돼!FOMO, Fear of Missing Out" 하는 공포에 휩싸여 덩달아 뛰어든다. 가격 상승 자체가 또 다른 가격 상승 기대를 낳는 '피드백 루프'가 만들어지고, 이렇게 '남들이 하니까 나도 한다'는 '군집 행동 Herd Behavior'이 바로 비이성적 과열의 핵심 동력이다. 마치 구두닦이 소년까지 주식 전문가 행세를 하게 만들었던 1920년대 미국의 모습처럼 말이다.

자산 거품과 경제위기, 이를 불러오는 시장 참여자들의 광기는 반복되고 있다. 경제학자들은 더 이상 합리적인 선택을 하는 인간을 전제로 한 경제 이론에 안주할 수 없었다. 인간의 비이성적 행태를 연구하는, 이른바 행동경제학 Behavioral Economics이 각광을 받게 되었다. 행동경제학이 알려주는 몇 가지 사례를 보자.

합리적 버블과 더 바보 이론

그런데 이상한 점이 있다. 어떤 학자들은 거품이 '합리적인 선택' 때문에 생길 수도 있다고 주장한다. 이름하여 '합리적 버블 Rational Bubble' 이론이다. 아니, 비합리적이지 않은데 거품이라니? 앞뒤가 안 맞는 말 같다.

이 이론은 이런 논리다. 어떤 자산 가격이 실제 가치보다 훨씬 비싸다는 것을 시장 참여자들이 모두 알고 있다고 가정하자. 그런데 만약 '미래에 이 자산을 지금보다 더 비싼 값에 되팔 수 있을 것'이라고 '합리적으로' 기대한다면? 지금 당장 비싸게 사는 것이 손해 보는 장사는 아니라는 계산이 선다. 내가 산 가격보다 더 높은 가격에 사줄 다음 사람, 즉 '더 바보 Greater Fool'가 나타날 것이라고 믿기 때문에 합리적으로 투자를 결정한다는 것이다.

이는 마치 폭탄 돌리기 게임과 같다. 내 손에서 터지지만 않으면 된다는 생각이다. 또는 음악이 언제 멈출지 모르는 '의자 뺏기 게임'에서, 내가 마지막 사람이 아니면 된다는 논리와도 비슷하다. 하지만 이 '합리성'은 '내가 마지막 바보는 아닐 거야'라는 매우 불안하고 취약한 기대 위에 서 있다. 음악이 멈추는 순간, 즉 더 이상 비싼 값에 사줄 사람이 없는 순간 거품은 터지고, 마지막에 폭탄을 들고 있던 사람은 모든 것을 잃게 된다. 튤립 구근 하나가 집 한 채 값이 된 것은, 그 꽃의 가치를 믿어서가 아니라, 내일이면 그보다 더한 값을 치를 '더 바보'가 나타날 것이라는 믿음 때문이었다.

정보 폭포 이론

'군집 행동'과 비슷하지만 좀 더 구체적인 메커니즘을 설명하는 이론도 있다. 바로 '정보 폭포 Information Cascade' 이론이다. 폭포수처럼 정보(또는 행동)가 한 방향으로 쏟아져 내린다는 뜻이다.

사람들은 종종 자신의 정보나 판단을 믿기보다, 앞서 행동한 사람들의 선택을 중요한 정보로 받아들인다. 예를 들어 어떤 식당 앞에 사람들이 길게 줄을 서 있으면, '저 집이 맛집인가 보다' 하고 나도 모르게 그 줄에 합류하게 되는 경험, 다들 있지 않은가? 자산 시장도 마찬가지다. 초기 투자자들이 어떤 자산을 사들이는 것을 보면, 후속 투자자들은

'저게 좋은 건가 보다'라고 생각하고 자신의 분석 결과와 다르더라도 일단 따라서 산다. 이렇게 앞사람의 행동이 뒷사람의 행동에 영향을 미치고, 이것이 연쇄적으로 이어지면서 집단 전체가 (설령 그것이 잘못된 방향일지라도) 한 방향으로 우르르 몰려가게 되는 현상이다. 마치 절벽에서 용감한 펭귄 몇 마리가 먼저 뛰어내리니, 뒤따르던 펭귄들도 "뭔가 있나 보네!" 하며 생각 없이 따라 뛰어내리는 모습과 비슷하다.

이야기가 시장을 움직인다

로버트 쉴러 교수는 최근 '내러티브 경제학 Narrative Economics'이라는 개념을 통해, 이 모든 심리적 현상을 하나로 꿰뚫는 핵심을 제시했다. 바로 '이야기(Narrative)'다. 그는 복잡한 경제 데이터나 합리적 계산보다, 사람들의 입에 쉽게 오르내리고 바이러스처럼 퍼져나가는 '매력적인 이야기'가 시장을 움직이는 진짜 동력이라고 주장한다.

"이번에는 다르다", "부동산은 절대 배신하지 않는다", "AI는 인류의 미래를 바꿀 것이다"와 같은 이야기들은 단순하고, 감성적이며, 쉽게 전파된다. 이런 이야기들이 유행처럼 번지면, 사람들은 그 이야기를 믿고 행동하며, 그 행동이 다시 이야기를 강화하는 거대한 피드백 루프가 만들어진다. 결국 거품이란, '새로운 시대가 열렸다'는 강력한 내러티브가 만들어낸 집단적 믿음의 산물인 셈이다.

하지만 이러한 대중의 심리적 취약성과 매력적인 이야기는 저절로 거대한 광풍으로 발전하지 않는다. 여기에는 대중의 비이성적 열기를 부채질하고, 증폭시키며, 심지어는 그 흐름을 설계하여 자신의 이익을 극대화하는 '거품의 마에스트로'들이 존재한다. 이들은 바로 시장의 증권회사나 건설회사, 여기에 종사하는 애널리스트, 언론, 그리고 이들의 이해를 대변하는 전문가들이다. 그들은 다음과 같은 방식으로 대중의 심리를 교묘하게 이용하며, 시장의 내러티브를 주도한다.

첫 단계에서 매력적인 이야기를 만들어서 전파한다. 그들은 단순히 자산을 팔지 않는다. 그들은 '꿈'과 '미래'라는 이야기를 판다. "세상을 바꿀 인공지능 시대에 없어서는 안 될 기술", "서울의 아파트는 단순한 집이 아니라 부의 상징이자 가장 안전한 자산이라서 영원히 떨어지지 않을 것이다"와 같은 거대 담론을 만들어낸다. 언론과 애널리스트들은 이러한 이야기를 끊임없이 반복하고 확대 재생산하며, 대중의 머릿속에 '이번에는 정말 다르다'는 믿음을 각인시킨다. 이는 '남미와의 무역 독점권'이라는 거대하고 매력적인 이야기 하나로 영국 전체를 들썩이게 했던 남해 회사의 전략과 정확히 일치한다.

두 번째 단계에서는 대중의 불안감을 가장 효과적인 마케팅 도구로 사용한다. "지금 안 사면 평생 내 집 마련 못 한다", "모두가 코인으로 돈을 버는데 당신만 뒤처지고 있다"와 같은 메시지를 통해, 합리적인 고민을 할 시간을 앗아가고 '나만 바보가 될 수 없다'는 공포심을 자극한다. 한편에서는 파이어족FIRE, Financial Independence, Retire Early의 플렉스Flex하는 모습을 소개해서 관심을 끈 후, 다른 쪽에서는 '영끌(영혼까지 끌어모아 대출)'이나 '빚투(빚내서 투자)'와 같은 용어를 유행시킨다. 이런 용어들이 일상화되었다는 것은 이러한 불안 마케팅이 얼마나 성공적이었는지를 보여주는 쓸쓸한 증거다.

세 번째 단계에서는 복잡성이라는 연막을 사용하기도 한다. 2008년 금융위기를 촉발한 파생상품처럼, 때로는 자산의 구조가 복잡하고 어려운 것이 오히려 투기를 부추기기도 한다. 일반인들은 그 구조를 이해하기 어렵기 때문에, '뭔지 잘 모르겠지만 전문가들이 좋다고 하니 좋은 거겠지'라며 맹목적으로 추종하게 된다. 이해관계에 얽힌 전문가들은 이 복잡성을 무기로 자신의 주장을 포장하고, 반대 의견을 '잘 모르면서 하는 소리'로 치부하며 공론장을 장악한다.

게다가 사람들은 복잡한 분석보다 '지난 1년간 50% 상승'과 같은 단순하고 강력한 숫자에 가장 즉각적으로 반응한다. 시장의 이해관계자들은 이러한 '수익률 추종' 심리를 적극적으로 이용한다. 언론은 연일 '신고가 경신' 소식을 대서특필하며 가격 상승에 대한 믿음을 강화하고, 애널리스트들은 과거의 상승 추세가 미래에도 계속될 것이라는 장밋빛 보고서를 쏟아낸다. 이러한 정보들은 대중에게 '오르니까 사는 것'이 가장 합리적인 선택이라는 착각을 불러일으킨다. 남해 회사의 주가가 100파운드에서 1,000파운드로 치솟는 것을 본 투자자들은 그 이유를 분석하기보다, 그저 오르는 숫자에 열광하며 추격 매수에 나섰다.

결국 거품이란, 인간의 내재된 심리적 약점이라는 비옥한 토양 위에, 이해관계자들이라는 농부가 '매력적인 이야기'와 '불안감'이라는 비료를 뿌려 키워내는 거대한 환상과도 같다. 이런 다양한 이론과 현실의 메커니즘을 통해 거품의 속성을 이해하는 것은 마치 성능 좋은 렌즈를 장착한 돋보기를 가진 것과 같다. 최근의 실제 거품 사례들과 궁극적으로 지금 당신이 서 있는 바로 그 현실을 진단하는 데 중요한 도구가 될 것이다.

제2장

금융위기의 단계

하이먼 민스키의 금융불안정성 이론

시장 경제에는 원래 과열을 막고 스스로 균형을 찾아가는 여러 '자동안정장치Automatic Stabilizers'가 내장되어 있다. 이는 마치 자동차가 과속하면 자동으로 속도를 줄여주는 안전장치와도 같다. 예를 들어, 경기가 좋아져 너도나도 대출을 받으려 하면, 신중한 은행들은 대출 심사 기준을 높이거나 금리를 올려 위험을 관리한다. 투자자들 역시 자산 가격이 너무 비싸다고 생각하면 매수를 주저하며 시장을 식힌다. 이처럼 위험에 대한 건강한 두려움과 합리적인 의심이 바로 시장의 과열을 막는 브레이크, 즉 '안전핀' 역할을 한다. 이 안전핀들이 제대로 작동하는 한, 시장은 일시적으로 흔들릴 수는 있어도 전면적인 붕괴라는 파국으로는 치닫지 않는다.

그런데 20세기의 비주류 경제학자였던 하이먼 민스키Hyman Minsky

는 이 전통적인 믿음에 정면으로 도전하는, 매우 역설적이고 불편한 주장을 내놓았다. 그의 배경을 이해하기 위해서는 먼저 20세기 경제학의 거인, 존 메이너드 케인스John Maynard Keynes를 다시 소환해야 한다. 대공황 이후, 케인스는 정부의 적극적인 재정 정책을 통해 불황을 극복할 수 있다는 '케인스 혁명'을 일으켰고, 이는 그 이후 오랫동안 주류 경제학의 핵심이 되었다. 하지만 대부분의 주류 경제학자들이 케인스의 '처방전'에만 집중하는 동안, 그의 진단에 담긴 더 어둡고 근본적인 통찰에 주목한 이들이 있었다. 바로 포스트 케인스 학파Post-Keynesian economics 경제학자들이었다.

그들은 케인스가 진정으로 경고했던 것은, 자본주의가 본질적으로 '근본적인 불확실성Fundamental Uncertainty' 위에 서 있다는 점이라고 보았다. 미래는 결코 예측할 수 없기에, 기업의 투자 결정은 합리적 계산이 아닌 '야성적 충동(Animal Spirits)'에 의해 좌우될 수밖에 없다는 것이 케인스의 생각이었다. 민스키는 바로 이 케인스의 잊혀진 통찰, 즉 자본주의 금융 시스템의 '내재적 불안정성Inherent Instability'이라는 아이디어를 계승하고 확장하여 자신의 이론을 구축했다.

그리하여 민스키는 다음과 같은, 당시로서는 매우 이단적인 명제를 던졌다. "안정은 그 자체로 불안정을 낳는다.Stability is destabilizing" 이게 도대체 무슨 말일까?

민스키에 따르면, 오랜 기간의 경제적 안정과 번영이 지속되면, 시장 참여자들은 점차 위험의 존재를 잊어버린다. 과거의 위기는 먼 옛날이야기가 되고, "이번에는 다르다"는 낙관론이 힘을 얻는다. 바로 이 끝없는 낙관론 속에서, 시장 참여자들은 스스로 자신들을 지켜주던 안전핀의 중요성을 잊고 하나씩 풀어버리기 시작한다는 것이다. "괜찮아, 이정도는 괜찮아"라는 안일함이 시스템 전체를 보이지 않는 위험 속으로 몰아넣는다.

민스키는 이 위험한 과정을, 빚을 내는 방식이 진화하는 세 단계로 나누어 설명했다. 이는 거품이 시장의 안전핀을 어떻게 하나씩 풀어버리는지를 보여주는 과정이기도 하다.

• 헤지 금융 Hedge Finance: 모든 안전핀이 잠겨 있는 단계

경기가 회복되기 시작하는 초기 단계다. 기업과 가계는 미래의 현금 흐름으로 빌린 돈의 원금과 이자를 모두 갚을 수 있을 만큼만 빚을 낸다. 은행 역시 대출 심사를 꼼꼼하게 한다. 시장의 모든 안전핀이 제 위치에서 굳건히 작동하는 가장 건전하고 안정적인 상태다.

• 투기적 금융 Speculative Finance: 첫 번째 안전핀을 풀어버린 단계

경제가 호황을 누리고 자산 가격이 오르기 시작하면, 사람들은 점점 더 대담해진다. 이제 그들은 원금 상환 능력까지는 고려하지 않는다. "어차피 부동산 가격이 오를 테니, 나중에 더 비싸게 팔아서 원금을 갚으면 돼." 그들은 당장의 현금 흐름으로는 이자만 겨우 갚을 수 있을 정도의 빚을 내기 시작한다. '원금 상환 능력'이라는 첫 번째 안전핀이 풀려버린 것이다. 은행 역시 경쟁적으로 대출을 늘리며 이 위험한 게임에 동참한다.

•폰지 금융 Ponzi Finance: 마지막 안전핀마저 풀어버린 단계

시장이 '비이성적 과열'에 휩싸이는 마지막 단계다. 이제 사람들은 이 자 상환 능력마저 고려하지 않는다. 오직 자산 가격이 계속해서 올라야 만, 새로운 빚을 내어 기존 빚의 이자를 갚는 '빚 돌려막기'가 가능한 상 태에 이른다. 이는 앞선 투자자의 돈으로 뒷사람의 수익을 보장해 주는 다단계 금융사기, 즉 '폰지 사기'와 그 구조가 똑같다. '이자 상환 능력'이 라는 마지막 안전핀마저 풀려버린 것이다. 시장은 이제 아무런 안전장 치 없이 아슬아슬한 외줄타기를 하고 있다.

모든 안전핀이 풀린 상태에서 시스템은 극도로 취약해진다. 이는 마 치 아슬아슬하게 쌓아 올린 젠가 Jenga 게임과 같다. 탑이 금방이라도 무 너질 것처럼 위태롭지만, 게임에 참여한 사람들은 "딱 하나만 더!"를 외 치며 마지막 남은 핵심 블록에 손을 댄다. 이때 예상치 못한 작은 충격 하나가 모든 것을 무너뜨리는 방아쇠가 된다. 누군가 그 마지막 블록을 건드리는 순간, 그동안 쌓아 올렸던 모든 것이 와르르 무너져 내리는 그 찰나, 파티는 끝나고 모두가 비명을 지르는 바로 그 순간을 우리는 '민스 키 모멘트 Minsky Moment'라고 부른다.

역사는 이 극적인 순간을 똑똑히 기억한다. 가장 가까운 기억은 2008년 9월 15일, 투자은행 리먼 브라더스가 파산을 신청한 날이다. 사 실 위기의 징후는 오래전부터 명백했다. 미국의 서브프라임 주택담보대 출은 썩어가고 있었고, 관련 파생상품 가격은 이미 추락하고 있었다. 하 지만 시장은 '대마불사'라는 주문을 외우며 위태로운 현실을 외면하고 있었다. 리먼 브라더스의 붕괴는 바로 그 주문의 효력이 다했음을 알리는 신호탄이었다. 그 거대한 젠가 블록이 빠지는 순간, 모든 믿음은 공포로 바뀌었고 시장은 연쇄적으로 붕괴했다.

이는 결코 처음 있는 일이 아니었다. 1997년 아시아를 덮친 태국 정부의 바트화 고정환율제 포기 선언, 그리고 1990년 일본의 장기 침체를 불러온 일본은행의 급격한 금리 인상 역시, 모든 것을 무너뜨린 바로 그 결정적 한방, 민스키 모멘트였다.

흥미롭게도, '민스키 모멘트'라는 용어는 민스키 자신이 만든 말이 아니다. 1998년 러시아 금융위기 당시, 경제학자 폴 맥컬리가 민스키의 이론을 설명하면서 처음 사용한 것이 널리 퍼지게 되었다. 하지만 민스키는 평생에 걸쳐 역사 속에서 반복되는 그 '젠가가 무너지는 순간'들을 연구하고 그 원인을 이론적으로 체계화한 최초의 학자였다. 그의 이론은 우리에게 섬뜩한 진실을 알려준다. 거품으로 인한 시장의 붕괴는 외부의 특별한 충격 때문에 발생하는 것이 아니라, 안정과 번영이라는 가장 좋은 시절에 우리 스스로가 시스템의 안전핀을 하나씩 풀어버린 당연한 결과라는 것이다. 이것이 바로 시장의 자동안정장치가 마비되는 '시장 실패'의 본질이다.

젠가 게임

직육면체 모양의 나무 블록들을 쌓아 올린 탑에서, 한 사람씩 돌아가며 블록 하나를 빼내 다시 맨 위에 쌓아 올리는 보드게임이다. 탑의 균형이 무너져 먼저 쓰러뜨리는 사람이 지게 된다. 본문에서는 위태롭게 쌓아 올린 금융 시스템이 작은 충격 하나로 한순간에 무너져 내리는 모습을 비유하는 데 사용했다.

민스키 모멘트

경제학자 하이먼 민스키의 이론에서 나온 용어로, 오랜 호황기 동안 누적된 부채가 임계점을 넘어 자산 가격이 폭락하고 연쇄적인 붕괴가 시작되는 극적인 순간을 의미한다. 본문에서는 '젠가 게임이 무너지는 순간'에 비유했다.

| 2 |

민스키-킨들버거 모델

하이먼 민스키는 안정적인 시기가 어떻게 스스로 불안정의 씨앗을 키우는지, 그 근본적인 메커니즘을 밝혔다. 하지만 이 불안정의 씨앗이 싹을 틔우고, 줄기를 뻗어, 결국 파국이라는 열매를 맺기까지, 그 과정은 어떤 일정한 패턴을 그리지 않을까? 이 질문에 답하기 위해, 경제사학자 찰스 킨들버거 Charles P. Kindleberger가 등장한다. 그는 민스키가 제공한 이론적 뼈대 위에, 수많은 역사적 사례라는 풍부한 살을 붙여, 위기가 전개되는 하나의 '표준 모델'을 완성했다. 이것이 바로 '민스키-킨들버거 모델'이다.

이 모델은 거품의 생성과 붕괴를, 마치 한 편의 비극처럼 총 5개의 막으로 구성된 드라마로 설명한다.

•제1막: 새로운 계기 (Displacement)

모든 드라마는 새로운 사건의 등장으로 시작된다. 킨들버거는 이를 '새로운 계기'라고 불렀다. 이는 시장 참여자들의 기대를 근본적으로 뒤흔드는 어떤 '외부적 충격'을 의미한다. 킨들버거가 대표적인 사례로 꼽는 1980년대 미국 정부의 저축대부조합S&L 규제 완화나, 1985년 플라자 합의가 일본의 저금리 시대를 연 것처럼, 새로운 기술의 발명, 전쟁, 혹은 급격한 정책 변화가 바로 그것이다. 이 '새로운 계기'는 사람들의 눈앞에 이전에는 없던, 엄청난 돈을 벌 수 있는 새로운 기회의 문을 열어젖힌다.

•제2막: 초기 호황과 신용 팽창 (Boom and Credit Expansion)

기회의 문이 열리면, 일부 발 빠른 투자자들이 시장에 뛰어들며 '초기 호황'이 시작된다. 자산 가격이 오르기 시작하면, 이내 '신용의 팽창'이 불길에 기름을 붓는다. 은행과 금융기관들은 낙관적인 미래에 대한 믿음으로, 혹은 경쟁에서 뒤처질지 모른다는 불안감에 대출의 빗장을 활짝 열어젖힌다. 킨들버거가 분석했듯이, 1980년대 일본의 은행들이 부동산을 담보로 사실상 무한정 대출을 해주며 거품을 키웠던 것처럼, 돈을 빌리기가 쉬워지자 더 많은 사람들이 시장에 뛰어들고 가격은 더욱 가파르게 상승한다.

•제3막: 열광 (Euphoria)

이윽고 시장은 합리적 판단이 마비되는 '열광' 혹은 '투기적 광기

Mania'의 단계로 접어든다. 킨들버거가 그의 저서에서 인용한 것처럼, "친구(이웃)가 부자가 되는 것을 지켜보는 것만큼 사람의 평온과 판단력을 흐트러뜨리는 것은 없다." 그가 생생하게 묘사하듯, 18세기 영국에서는 귀족부터 하인까지 모두가 남해 회사 주식에 열광했고, 1920년대 미국에서는 구두닦이 소년까지 주식 투자를 논했다. '나만 뒤처지고 있다'는 공포(FOMO)가 시장을 지배하고, 사람들은 자산의 내재가치 따위는 묻지도 따지지도 않은 채 오직 '더 비싼 가격에 사줄 다음 사람'이 있을 것이라는 믿음 하나로 시장에 뛰어든다. "이번에는 다르다"는 주문이 마치 복음처럼 퍼져나간다.

•제4막: 재무 불안정과 이익 실현 (Financial Distress and Profit Taking)

하지만 영원한 파티는 없다. 가격이 정점에 다다르면, 시장의 흐름을 읽는 소수의 내부자나 영리한 투자자들이 조용히 자산을 팔아치우며 이익을 실현하기 시작한다. 킨들버거는 이 위태로운 순간을 '재무 불안정' 상태라고 불렀다. 킨들버거가 분석한 '스마트 머니'의 이탈 현상을 보여주는 유명한 일화로, 1929년 대폭락 직전, 구두닦이 소년의 이야기를 듣고 자신의 모든 주식을 팔아치운 조셉 케네디의 사례가 있다. 매수세가 약해지고, 어딘가에서 부실의 징후가 나타나기 시작하며, 파티장의 음악 소리가 조금씩 줄어드는 단계다.

•제5막: 패닉과 붕괴 (Panic and Crash)

이때 앞에서 설명한 '민스키 모멘트'가 도래한다. 예상치 못한 기업의 파산, 사기 사건의 폭로, 혹은 갑작스러운 금리 인상 같은 작은 충격 하나가 모든 것을 무너뜨리는 방아쇠가 된다. 킨들버거가 유럽 대공황을 심화시킨 결정적 방아쇠로 지목한 1931년 오스트리아 크레디탄슈탈트 Creditanstalt 은행의 파산처럼, 하나의 결정적 사건이 발생하면 시장은 순식간에 '패닉' 상태에 빠져든다. 이제 사람들은 서로 먼저 빠져나가기 위해 출구로 몰려들고, 이는 자산 가격의 '붕괴'로 이어진다. 그리고 마침내, 한때 모두가 사랑하고 갈망했던 그 자산은 이제 쳐다보기도 싫은 혐오와 경멸의 대상이 되는 '반감 Revulsion'의 단계에 이른다.

이처럼 민스키-킨들버거 모델은 거품의 생성과 붕괴가 결코 무질서한 광기가 아니라, 일정한 단계를 거쳐 진행되는 예측 가능한 패턴임을 보여준다. 하지만 이 모델은 주로 시장 참여자들의 심리가 만들어 내는, 마치 자연 현상과도 같은 드라마를 묘사한다. 여기에는 무대 뒤에서 조명을 비추고, 배경음악을 깔며, 심지어는 배우들의 동선을 결정하는 무대감독과 연출가의 역할이 빠져있다. 다음 절에서는 바로 그 연출가들, 즉 정부와 금융기관의 역할에 대해 이야기하고자 한다.

용어 설명

민스키-킨들버거 모델
경제학자 하이먼 민스키의 '금융 불안정성 이론'을 바탕으로, 경제사학자 찰스 킨들
버거가 역사적 사례를 통해 금융위기가 전개되는 5단계의 표준적인 패턴을 정립한
이론이다.

새로운 계기
금융위기의 첫 단계를 촉발하는 외부적 충격이나 사건을 의미한다. 새로운 기술의
등장, 전쟁, 갑작스러운 정책 변화 등이 여기에 해당한다.

신용 팽창
거품이 본격적으로 형성되는 시기에, 은행 등 금융기관이 대출을 크게 늘려 시장에
돈(신용)을 대량으로 공급하는 현상을 말한다. 이는 자산 가격 상승을 더욱 부채질하
는 역할을 한다.

파국의 설계자들과 금융위기 7단계 모델

앞서 살펴본 민스키-킨들버거 모델은 거품의 생성과 붕괴가 어떤 단계를 거쳐 진행되는지 보여주는 매우 강력한 경제 모델이다. 그것은 마치 한 편의 비극처럼, 시장 참여자들의 심리가 어떻게 탐욕에서 공포로 치닫는지를 탁월하게 묘사한다. 하지만 이 모델만으로는 현대 금융위기의 모든 것을 설명할 수 없다. 특히 2008년 글로벌 금융위기나 1980년대 일본의 부동산 버블처럼 거대한 위기의 이면을 들여다보면, 이 모델에는 결정적인 요소가 빠져있음을 알게 된다.

민스키-킨들버거 모델은 위기의 첫 단추인 '새로운 계기'가 규제 완화나 정책 변화일 수 있다고 말하지만, 그 결정이 누구에 의해, 왜 내려졌는지에 대해서는 깊이 파고들지 않는다. 즉, 이 모델은 주로 시장 참여자들의 심리가 만들어 내는, 마치 자연 현상과도 같은 드라마를 묘사할 뿐, 무대 뒤에서 조명을 비추고, 배경음악을 깔며, 심지어는 배우들의 동선을 결정하는 무대감독과 연출가의 역할은 간과하고 있다.

이 논의가 중요한 이유는 반복적인 금융위기를 겪은 후 각 국가들은 금융위기를 막기 위한 각종 기구를 설치했기 때문이다. 특히 1929년 대공황이라는 전례 없는 참사를 겪은 이후, 인류는 값비싼 교훈을 얻었다. 시장의 '보이지 않는 손'이 때로는 통제 불능의 광기로 변할 수 있음을 깨닫고, 이를 관리하기 위한 '보이는 손', 즉 정교한 정부 기구들을 만들어 내기 시작했다.

미국에서는 주식 시장의 사기와 조작을 막기 위해 증권거래위원회 SEC가 만들어졌고, 은행의 연쇄 파산을 막기 위해 연방예금보험공사 FDIC가 설립되었다. 특히 대공황 당시 주택 압류 사태의 가장 큰 원인이었던 불안정한 주택 금융 시스템을 근본적으로 바꾸는 혁신이 이루어졌다. 대공황 이전의 주택담보대출은 대부분 3~5년 만기의 단기 대출로, 만기 시에 원금의 대부분을 한꺼번에 갚는 '풍선Balloon' 방식이었다. 이는 주택 소유자들이 끊임없이 대출을 연장해야 하는 불안정한 구조였고, 신용경색이 닥치자 곧바로 대규모 압류 사태로 이어졌다.

이 문제를 해결하기 위해, 정부는 연방주택청FHA을 만들어 대출을 보증해주고, 결정적으로 페니메이Fannie Mae, 연방저당권협회와 훗날 프레디맥Freddie Mac, 연방주택대출저당권공사을 설립하여 은행으로부터 장기 주택담보대출을 사주는 거대한 2차 시장을 창출했다. 이 덕분에 미국에서는 비로소 원리금을 20~30년에 걸쳐 안정적으로 분할 상환하는 장기 고정금리 모기지론이 정착될 수 있었다.

미국뿐 아니라 대부분의 국가에서 시장의 과열을 사전에 감지하고 관리하는 정부 기구들이 만들어졌다. 각국의 중앙은행은 최종대부자로서 금융 시스템의 최후 보루 역할을 맡게 되었다. 이들은 모두 다시는 대공황과 같은 비극이 반복되지 않도록 시장을 감시하고 위기를 예방하는 '파수꾼'의 역할을 부여받은 조직들이었다.

그렇다면 질문은 명확해진다. 이토록 강력한 파수꾼들이 존재함에도 불구하고, 왜 거품으로 인한 위기는 지겹도록 반복되는가? 더 나아가, 왜 위기의 규모는 갈수록 커지고 그 파괴력은 더욱 정교해지는가?

바로 여기서 위기의 양상이 근본적으로 바뀌었음을 알 수 있다. 현대의 금융위기는 더 이상 17세기 네덜란드처럼 시장 참여자들의 순수한 광기만으로 설명할 수 없다. 이제 위기는, 시장의 실패를 막아야 할 바로 그 파수꾼들이 오히려 위기를 조장하거나 방치하는 '정부의 실패'와 결합할 때 비로소 완성된다.

정부의 실패는 역설적으로 정부의 역할을 강조한 케인스의 이론에서 비롯되었다. 케인스는 시장의 불완전성을 보완하기 위한 정부의 역할을 강조했고, 시장에 개입할 수 있는 정부의 권한을 행사하는 데 면죄부를 부여한 격이 되었다. 하지만 정부의 정책을 결정하는 정치인들과 관료들 역시 이기적 욕구를 가진 경제주체일 뿐이다. 경제의 안정적인 운영을 위한다는 명분으로 자신들의 직접적인 이해관계 또는 자신들이 대리하는 집단의 이익을 위해 인위적으로 성장률을 높이거나 자산 가격을 높이기 위해 정책을 집행하게 되고, 때로 이러한 정책이 시장의 광기를 가라앉히는 것이 아니라 오히려 촉발하는 계기가 된다.

이러한 정치경제학적 맥락을 바탕으로, 이 책에서는 거품의 생성과 붕괴를 설명하는 새로운 '금융위기의 7단계 모델'을 제시한다. 이 모델은 거품을 단순한 시장 참여자들의 광기가 아니라, 정부와 금융기관의 역할과 그 역학관계에 주목한다. 민스키-킨들버거 모델을 발전시켜 '금융위기의 7단계 모델'을 제시하는 이유는 바로 이 정부의 실패를 포함한 금융위기의 진정한 모습을 보이기 위함이다. 현대 금융위기에서 정부와 금융기관은 더 이상 단순한 배경이 아니라, 위기라는 드라마를 직접 쓰고 연출하는 '파국의 설계자들Architects of Ruin'이다.

이제 우리는 광기의 무대 뒤편으로 들어가, 파국의 방아쇠를 당긴 그들의 흔적을 찾아 나서기로 한다.

금융위기의 7단계 모델

1단계: 성장률 둔화와 새로운 도전

(잔치는 끝났다, 멈춰버린 성장, 조바심이 싹트다)

모든 위기는 잠재성장률이 둔화하는 구조적 문제에서 시작된다. 과거의 성장 공식이 더 이상 통하지 않고, 저출산·고령화나 주력 산업의 경쟁력 약화 같은 문제에 직면할 때, 사회 전반에는 위기감이 감싸게 된다. 특히 고도성장을 누리던 국가에서 성장률이 하락할 때 국민들이 느끼는 체감경기는 더 나빠진다. '좋았던 시절은 끝났다'는 불안감은 '무엇이라도 해야 한다'는 조급증으로 이어지고, 경제 체질을 바꾸는 근본적인 대책보다는 당장 효과가 나는 스테로이드제 같은 처방을 구하게 된다. 결국 곧이어 등장할 위험한 처방전(마법의 주문)을 정당화하는 강력한 명분이 된다.

2단계: 규제 완화와 과잉 유동성 공급

(마법의 주문, 정부와 중앙은행이 빠지기 쉬운 달콤한 유혹, 돈 풀기)

비극은 종종 선한 의도로 포장된 '마법의 주문'에서 시작된다. 성장률이 떨어지면 실업이 늘고 국민의 불만은 커지며, 정권은 위태로워진다. 바로 이 지점에서 정부와 중앙은행은 재계의 끊임없는 요구에 취약해질 수밖에 없는 구조적 딜레마에 빠진다. 재계는 기업 활동의 자유와 이윤 극대화를 위해 끊임없이 '규제 완화'와 '금리인하'를 주장한다. 그들의 목소리는 친기업적인 언론과 학자들의 이론을 통해 증폭된다.

이처럼 정부가 경기 회복을 위해 재계의 요청을 받아들여 오랫동안 시장을 지탱해 온 족쇄(규제)를 풀어주거나, 중앙은행이 경기 부양을 위해 돈의 가치(금리)를 떨어뜨려 세상에 돈(유동성)을 무한정 쏟아내는 것이 바로 그 마법의 주문이다. 이는 시스템 전체에 강력한 에너지를 주입하지만, 그 부작용에 대한 깊은 고민이 없다 보니 안전장치 없이 행해지는 경우가 많다. 파국의 씨앗은 바로 이 단계에서 뿌려진다.

3단계: 금융기관의 대출 경쟁

(약탈적 금융, 빚 권하는 사회)

정부가 풀어준 돈의 홍수에 가장 먼저 취하는 것은 은행과 같은 거대한 금융기관들이다. 이들은 넘쳐나는 돈을 주체하지 못하고, 이익 경쟁에 내몰려 대출의 문턱을 대폭 낮춘다. 미래의 위험을 평가하기보다는 당장의 실적에 급급해, 상환 능력이 의심스러운 개인이나 사업성이 불투명한 프로젝트에도 너도나도 돈을 빌려주기 시작한다. 이 '취해버린 거인'들의 무분별한 대출 경쟁은 거품을 부풀리는 가장 강력한 엔진이 된다.

4단계: 금융감독기구의 감독 실패

(고장 난 브레이크, 심판관의 침묵과 눈감은 파수꾼)

이 위험천만한 잔치를 감시하고 제지해야 할 파수꾼, 즉 금융감독기구가 제 역할을 하지 못하는 단계다. 이들은 정치적 압력에 굴복하거나, '시장은 보이지 않는 손에 의해 스스로 조절될 것'이라는 맹신에 빠지거나, 혹은 감독해야 할 금융기관과의 유착 관계 속에서 그들의 위험한 행태를 애써 외면한다. 파수꾼의 침묵과 방관은 사실상 시장에 '위험한 게임을 계속해도 좋다'는 그릇된 신호를 보내고, 위기는 통제 불능 상태로 자라난다.

5단계: 비이성적 투기 열풍

(나만 뒤처질 수 없다, FOMO, 집단 광기와 묻지마 투자)

여기저기 위험에 대한 경고가 있었지만, 감독기구의 방관을 확인한 시장 참여자들은 "나만 뒤처질 수 없다"는 극심한 불안감에 휩싸여 벼랑을 향해 똑같이 행진하기 시작한다. 브레이크 없는 자동차에 올라탄 것을 알면서도 사람들은 언제든 뛰어내릴 수 있다고 착각한다. 합리적인 개인들이 모여 만들어 내는 집단적 광기, 즉 '군집행동 Herd Behavior'이 시장을 완전히 지배한다. 자산 가격은 본질적 가치와 무관하게 치솟고, 사람들은 이 비이성적인 행렬에서 이탈하는 것을 두려워한다. 거품은 이제 모두가 알 수 있을 정도로 거대해진다.

6단계: 정부의 오판과 뒷북 대응

(우왕좌왕 무능한 콘트롤 타워, 골든타임을 놓치다)

거품이 터지기 직전의 위험 신호들이 곳곳에서 나타나지만, 정부는 뒤늦게 허둥댄다. "이 정도일 줄은 몰랐다"며 문제의 심각성을 축소하거나, 급격한 긴축이 가져올 정치적 부담을 두려워해 결단을 미룬다. 1990년대 일본의 대장성 관료들이 부동산 거품을 끄기 위해 금리를 올리는 데는 성공했지만, 그 이후 재계와 금융기관들과의 결탁과 정치적 압력 때문에 부실기업을 정리하는 구조조정에는 실패했던 것이 대표적인 사례다. 이처럼 안이하고 우유부단한 초기 대응은 재앙을 막을 수 있는 마지막 '골든타임'을 놓치게 만든다.

7단계: 파국의 비용은 서민에게

(기득권의 도덕적 해이, 그들만의 잔치, 뒤처리는 서민 몫, 이익은 사유화, 손실은 사회화)

거품은 터지고, 금융 시스템은 붕괴하며, 경제는 깊은 침체의 늪에 빠진다. 하지만 진짜 비극은 그 이후에 시작된다. 거품이 한창일 때 막대한 이익을 챙겼던 금융기관과 고위 책임자들은 종종 '대마불사 Too Big to Fail' 논리 아래 국민의 세금으로 조성된 구제금융을 받는다. 이익은 사유화되고, 손실은 사회화되는 것이다. 결국 잔치의 비용은 그 잔치에 참여하지도 못했던 수많은 평범한 사람들에게 실업, 자산 폭락, 증세라는 형태로 고스란히 전가된다.

이제, 이 '파국의 설계자들'이라는 새로운 모델을 통해 다음 장에서 역사 속 자산 거품의 잔혹 동화가 어떻게 시작되고 끝을 맺었는지, 그 무대 뒤편의 진실을 파헤쳐 보자.

용어 설명

파국의 설계자들
이 책에서 제시하는 독자적인 개념으로, 금융위기가 단순한 시장 참여자들의 광기가 아니라, 정부의 정책 실패와 금융기관의 탐욕이 결합하여 만들어낸 '설계된 재앙'임을 강조하는 용어다.

정치경제학Political Economy
경제 현상을 순수한 시장 논리만으로 보지 않고, 정치 권력, 이익 집단, 이데올로기 등 사회적, 정치적 요인들이 경제에 미치는 영향을 함께 분석하는 학문 분야다.

제3장

파국의 설계자들이 초래한 금융위기 사례

동네 금고의 반란과 부패

1부 금융위기의 전조와 데자뷔

앞에서 제시한 금융위기를 분석하는 새로운 7단계 모델을 이용하여 실제 역사의 현장으로 들어가 본다. 각국의 정부와 금융기관의 실패가 어떻게 파국을 낳았는지 하나씩 되짚어 볼 것이다. 첫 사례인 1980년대 미국에서 벌어진 저축대부조합S&L 사태는 '정부 실패'가 어떻게 위기를 설계하는지 보여주는 교과서적인 사례다.

1단계: 성장률 둔화와 새로운 도전

이 비극의 씨앗은 역설적으로 인플레이션을 잡기 위한 '정의로운 전쟁'에서 시작되었다. 1980년대 초, 폴 볼커가 이끄는 미국 연방준비제도Fed는 살인적인 인플레이션을 잡기 위해 기준금리를 20%에 육박하는 수준까지 올렸다. 이 강력한 조치는 S&L의 사업 모델 자체를 파괴했다.

단기 예금을 받아 장기 고정금리 주택담보대출을 내주던 S&L들은, 예금 금리는 치솟는데 대출 이자는 그대로인 역마진 구조에 갇혀 대규모 파산 위기에 직면했다.

2단계: 규제완화라는 마법의 주문

신자유주의를 기치로 내건 레이건 행정부는 바로 이 위기 상황을 타개해주겠다는 명분으로 파격적인 금융 규제 완화를 시행했다. 정부는 S&L을 살린다며 여러 개의 위험한 마법을 동시에 사용했다. 첫째, 예금 금리 상한선을 없애 S&L이 고금리 예금 상품을 개발해 돈을 끌어모을 수 있게 해주었다. 둘째, 상대적으로 안전한 주택담보대출 외에 위험천만한 상업용 부동산 대출, 정크본드 투자 등 거의 모든 사업에 뛰어들 수 있도록 허용했다. 셋째, 전국 단위 영업을 허용하고, 마지막으로 연방 예금보험 한도를 4만 달러에서 10만 달러로 대폭 상향하여 이 모든 위험한 파티에 대한 '안전 보증'까지 서주었다.

3단계: 묻지마 대출 경쟁

이 마법의 조합은 폭발적인 효과를 발휘했다. 파산 직전이던 S&L들은 전국을 무대로 가장 높은 예금 금리를 제시하며 돈을 빨아들이기 시작했다. 예금자들 입장에서는 위험을 따질 필요가 전혀 없었다. 어차피 10만 달러까지는 정부가 100% 보장해 주니, 가장 높은 이자를 주는 곳에 돈을 넣는 것이 가장 합리적인 선택이었다. 그 결과 월스트리트의 '머니브로커'들이 중개하는 거대한 뭉칫돈이, 재무 상태가 얼마나 엉망

인지도 알 수 없는 지방의 작은 S&L들로 홍수처럼 밀려들어 갔다.

갑자기 주체할 수 없이 많은 돈을 손에 쥔 S&L 임원들은 이 돈을 고 위험 고수익 자산에 쏟아부었다. 특히 당시 석유 붐으로 호황을 누리던 텍사스, 오클라호마 등 남서부 지역의 상업용 부동산은 최고의 투자처로 각광받았다. '성공하면 내 돈, 실패하면 나랏돈'이라는 완벽한 도덕적 해이의 구조 속에서 그들은 텍사스 사막 한가운데에 텅 빈 오피스 빌딩을 짓고, 애리조나에 버려진 리조트를 세우는 데 천문학적인 돈을 쏟아부으며 미친 듯이 덩치를 키웠다.

4단계: 고장 난 브레이크

하지만 감독 당국이 처음부터 눈을 감고 있었던 것은 아니다. 당시 S&L의 감독기구였던 연방주택대부은행위원회FHLBB, The Federal Home Loan Bank Board 의장이었던 에드윈 그레이Edwin J. Gray는 S&L의 위험한 질주를 보고 경악했다. 그는 S&L들이 브로커를 통해 전국에서 끌어모으는 예금을 제한하고, 자기자본 규제를 강화하는 등 어떻게든 브레이크를 밟으려 했다.

하지만 그의 노력은 S&L 업계의 막강한 로비와 정치권의 압력 앞에 처참하게 무너졌다. 특히 부도덕한 사업가 찰스 키팅Charles Keating은 자신의 S&L을 개인 금고처럼 이용하며 고객들의 돈을 빼돌렸고, 그레이 의장이 이를 조사하려 하자 막강한 정치적 로비를 펼쳤다. 훗날 '키팅 파이브Keating Five'라 불리게 될 5명의 유력 상원의원들은 그레이 의장을 직접 불러 압력을 행사했다. 이는 정치권력과 부패한 금융 자본의 결탁

이 어떻게 감독 시스템을 무력화시키는지, 그리고 소수의 양심적인 경고가 어떻게 묵살되는지를 적나라하게 보여준 사건이었다.

5단계: 묻지마 투자

파수꾼의 브레이크가 고장 나자, S&L들은 이것을 '전속력으로 달려도 좋다'는 신호로 받아들였다. 그레이 의장의 경고가 무력화된 후, 이들의 투자는 더욱 방만하고 대담해졌다. 텍사스와 캘리포니아의 S&L들은 마치 경쟁이라도 하듯 더 위험한 상업용 부동산과 정크본드에 돈을 쏟아부었다.

6단계: 뒷북 대응, 골든타임을 놓치다

1980년대 중반부터 일부 S&L들이 무너지기 시작했지만, 레이건 행정부는 여전히 문제를 외면했다. 그들은 이를 시스템 전체의 위기가 아닌, 일부 부실 기관의 문제일 뿐이라며 사태를 축소했다. '자유 시장'과 '규제 완화'라는 자신들의 정치적 이데올로기를 지키기 위해, 썩어가는 환부를 애써 못 본 척하며 시간을 끌었던 것이다.

7단계: 그들만의 잔치, 고통은 서민에게

결국 1980년대 중반, 국제 유가가 폭락하면서 남서부 지역 경제가 직격탄을 맞았다. 석유 회사들은 파산했고, S&L들이 투자했던 부동산 프로젝트들은 하루아침에 쓸모없는 자산으로 전락했다. 마침내 민스키 모멘트의 순간을 맞았다.

수백 개의 S&L이 파산했고, 정부는 이들의 부실을 처리하기 위해 무려 1,500억 달러에 달하는 국민의 세금을 쏟아부어야 했다. 파국이 온 뒤에야 정부는 허둥지둥 금융기관개혁·구제·감독법FIRREA, the Financial Institutions Reform, Recovery, and Enforcement Act을 만들어, 부실을 정리할 정리신탁공사RTC를 설립하고, 감독기구였던 FHLBB를 해체하는 등 강력한 규제와 감독 강화에 나섰다.

하지만 이 모든 대책들은, 에드윈 그레이와 같은 소수의 파수꾼들이 위기 이전에 이미 해야 한다고 외쳤던 것들이었다. 결국 S&L 사태는 정부가 경고음을 무시하고, 정치적 압력에 굴복하여 미리 할 수 있었던 일을 하지 않았기 때문에 벌어진, 완벽한 '정부 실패' 사례로 역사에 기록되었다.

그러나 진짜 비극은 여기서 끝나지 않았다. 이토록 값비싼 대가를 치르고도, 미국은 이 뼈아픈 교훈을 살리지 못하고 20년 뒤에 정확히 똑같은 실수를, 그러나 훨씬 더 거대한 규모로 반복하고 말았다. 규제 완화라는 이데올로기에 사로잡혀 위험한 파생상품을 방치하고, 정치적 압력에 굴복하여 감독의 칼날을 무디게 만들었던 정부의 실패는, 2008년 전 세계를 휩쓴 서브프라임 모기지 사태로 고스란히 재현되었다. 역사가 우리에게 주는 가장 섬뜩한 경고는 바로 이것이다. 정부의 실패는 한 번으로 끝나지 않는다. 그 실패의 원인이 된 구조와 관성을 깨부수지 않는 한, 위기는 이름과 형태만 바꿀 뿐 반드시 반복된다는 것이다.

| 2 |

바이킹의 현명한 후퇴와 눈물 뒤의 부활

1990년대 스웨덴의 이야기는 단순한 금융위기 극복기가 아니다. 그것은 금융 거품의 붕괴를 넘어, 낡은 산업 시대의 종언을 고하고, 고통스러운 자기 성찰을 통해 새로운 혁신 경제로 거듭난 한 국가의 위대한 전환에 관한 서사다.

1단계: 잔치는 끝났다

이야기를 제대로 이해하기 위해서는, 먼저 시계를 1980년대보다 조금 더 뒤로 돌려 스웨덴이라는 나라가 어떤 경제 구조를 가지고 있었는지 살펴볼 필요가 있다. 20세기 중반, 스웨덴은 전 세계가 부러워하는 두 개의 얼굴을 가진 나라였다. 한쪽 얼굴은 발렌베리 가문Wallenberg family으로 대표되는 강력한 자본주의였다. 150년이 넘는 시간 동안 스웨덴 경제를 지배해 온 발렌베리 가문은 에릭슨(통신), 일렉트로룩스(가전), 아스트라제네카(제약), SEB(은행) 등 수많은 글로벌 기업을 소유한 거대한 기업집단으로, 종종 한국의 재벌과 비교되기도 한다. 다른 한쪽 얼굴은 '요람에서 무덤까지'로 상징되는, 세계에서 가장 성공적인 복지 국가 모델이었다.

하지만 영원할 것 같았던 이 성공 모델은 1970년대, 전 세계를 덮친 두 차례의 석유 파동 Oil Shock으로 인해 심각한 충격을 받고 흔들리기 시작했다. 스웨덴의 주력 산업이었던 조선, 철강 등 전통적인 중후장대 산업의 경쟁력이 급격히 약화되었고, 성장의 엔진이 식어가면서 스웨덴 경제는 '스웨덴병 Swedish Sickness'이라 불리는 깊은 병에 걸리고 말았다.

2단계: 금융 규제완화라는 마법의 주문

바로 이 산업 경쟁력 약화와 성장 둔화라는 실물 경제의 위기를 극복하기 위한 절박한 몸부림이, 1980년대 중반의 금융 규제완화로 이어진 것이다. 정책 당국자들은 경직된 금융 시스템의 족쇄를 풀어 자본이 자유롭게 흐르게 하면, 쇠퇴하는 낡은 산업이 아닌 새롭고 유망한 산업으로 돈이 흘러 들어가 경제 전체에 새로운 활력을 불어넣을 것이라고 믿었다.

대대적인 금융 자유화와 함께, 대출 이자에 대한 파격적인 세금 공제 혜택이 주어졌다. 이는 사실상 정부가 빚을 내는 사람들에게 보조금을 주는 것과 같았고, 소비자가 실제 부담하는 실질 금리를 극적으로 낮추는 효과를 낳았다. 대출을 받지 않으면 세금 공제를 받지 못하니, 빚을 내는 것이 손해가 아니라 오히려 이익인 것처럼 보이는 착각이 사회 전체에 만연했다.

3단계: 묻지마 대출 경쟁

풀려난 돈들은 혁신 기업이 아닌 부동산으로 몰려들었다. 스웨덴 경제를 좌우하는 발렌베리 가문의 SEB 은행을 포함한 모든 금융기관이 이 부동산 대출 경쟁에 뛰어들었다. 스톡홀름의 반짝이는 상업용 빌딩과 아파트를 담보로 한 대출은, 가격이 영원히 오를 것이라는 믿음 아래 실패할 리 없는 가장 안전한 장사처럼 보였다. 은행들은 너도나도 경쟁적으로 부동산 담보대출을 늘렸고, 스웨덴 전역은 부동산 투기라는 뜨거운 열병에 휩싸였다.

4단계: 고장난 브레이크

발렌베리 가문과 같은 소수의 강력한 기업집단이 경제의 상당 부분을 차지하는 스웨덴의 사회적 배경은, 한국과 매우 유사한 딜레마를 안고 있었다. 은행, 건설사, 대기업 등 경제의 핵심 주체들이 모두 부동산 거품으로 막대한 이익을 보고 있을 때, 누가 감히 그 파티를 멈추자고 말할 수 있었을까? 정부 관료, 학계, 언론까지 '성장'이라는 이름 아래, 이 거대한 흐름에 동조하거나 침묵했다.

5단계: 비이성적 투기 열풍

브레이크가 고장 나자, 금융위기의 다음 단계인 5단계의 광풍이 일었다. 하지만 파티는 영원하지 않았다.

6단계: 무능한 콘트롤 타워

1990년대에 들어서자, 환경이 급변했다. 독일 통일의 여파로 유럽 전체의 금리가 상승했고, 스웨덴 국내에서는 세제 개혁으로 이자 공제 혜택이 대폭 축소되었다. 이 두 가지 변화는 치명적인 조합이었다. 명목 금리는 오르고 세금 혜택은 줄어드니, 그동안 착시 효과에 가려져 있던 실질 금리 부담이 하룻밤 사이에 폭등하는 효과를 낳았다.

6단계에서 정부의 뒷북 대응은 위기를 촉발하는 기폭제가 되었다. 이자 부담을 견디지 못한 사람들이 부동산을 던지기 시작하자, 영원할 것 같던 부동산 가격은 수직으로 추락했다. 바로 이 지점에서, 이 책의 핵심 명제인 '부동산 가격의 하락은 반드시 금융위기로 이어진다'는 사실이 교과서처럼 증명되었다. 은행들이 가장 안전하다고 믿었던 부동산 담보의 가치가 휴지조각이 되면서, 대출은 순식간에 회수 불가능한 부실 채권으로 전락했다. 은행들의 대차대조표는 구멍이 뚫렸고, 부동산 시장의 위기는 순식간에 은행 시스템 전체를 마비시키는 전면적인 금융위기로 확대되었다. 이는 부동산 문제의 핵심이 '실질 금리 부담'이며, 정부 정책이 이 실질 금리를 어떻게 왜곡하고 있는지를 간과하면 반드시 문제가 발생한다는 중요한 교훈을 남겼다.

7단계: 파국?

결국 스웨덴 경제도 파국의 7단계를 피할 수 없었다. 1992년 가을, 스웨덴은 말 그대로 벼랑 끝에 서 있었다. 국제 투기 자본은 스웨덴 크로나화를 집요하게 공격했고, 외환보유고는 바닥을 드러내고 있었다. 중앙은행은 환율을 방어하기 위해 금리를 한때 연 500%까지 올리는 극약 처방을 내렸지만, 백약이 무효였다. 은행들은 줄도산 위기에 처했고, 스웨덴이라는 국가 자체가 부도날 수 있다는 공포가 나라 전체를 뒤덮었다.

그런데 바로 이 단계에서 스웨덴의 금융위기는 반전을 맞는다. 파국의 순간에 스웨덴의 저력이 발휘되었다. '나라가 망할 수도 있다'는 실존적 위기감 속에서, 당시 총리였던 칼 빌트Carl Bildt가 이끄는 소수 연립정부는 놀라운 결단을 내렸다. 그는 위기가 닥치자, 문제를 숨기거나 축소하는 대신 정면 돌파를 선택했다. 그는 즉시 정적인 사회민주당의 당수였던 잉바르 칼손Ingvar Carlsson에게 연락해 긴급 회동을 제안하고, 정부가 가진 모든 정보를 투명하게 공유하며 "이 위기는 정부만의 문제가 아니라, 우리 모두의 문제다. 함께 해결하자"고 손을 내밀었다.

위기가 최고조에 달했던 어느 날 밤, 칼 빌트 총리는 사회민주당 칼손 당수에게 직접 전화를 걸어, 이렇게 말했다고 전해진다. "내일 아침이면 스웨덴의 모든 은행이 문을 닫을지도 모릅니다. 지금 당장 만나서 합의하지 않으면, 우리 둘 다 역사에 죄인으로 기록될 것입니다. 지금 당장 총리실로 와주십시오." 이 절박한 호소에 야당이 응답했고, 그날 밤 여야 지도자들은 총리실에 모여 밤샘 협상을 벌여 국가의 모든 예금 지급을 보증하고 부실 은행을 정리하는 내용의 역사적인 대타협을 이끌어냈다.

이 합의는 단순한 봉합이 아니었다. 사회민주당은 자신들의 정체성과도 같은 복지 예산을 삭감하는 긴축 재정에 동의했고, 보수 연정은 시장 원리를 중시하는 이념과 달리 부실 은행을 국유화하는 데 동의했다. 대신 그들은 '책임의 원칙'을 명확히 했다. 공적 자금을 받기 전에, 부실 은행의 주주들은 모든 것을 잃어야 했고(100% 감자), 경영진은 모두 해임되었다. 발렌베리 가문조차 예외는 아니었다.

이 강력한 정치적 리더십 덕분에, 당시 재무장관이었던 안네 비블레 Anne Wibble는 관료들과 금융권의 저항을 뚫고 역사상 가장 과감한 구조 조정 정책을 추진할 수 있었다. 그들은 즉시 부실 은행들을 사실상 국유화하고, '세쿰 Securum'과 '레트리바 Retriva'라는 두 개의 '배드뱅크'를 설립하여 부실 자산을 신속하게 격리해 냈다.

눈물 뒤의 부활

금융위기라는 급성 질환을 치료한 뒤, 스웨덴은 여기서 멈추지 않았다. 그들은 국가 경제의 체질 자체를 바꾸는 대수술에 돌입했다. 그 고통스러운 전환을 상징하는 사건이 바로 2002년, 전 세계에 알려진 '말뫼의 눈물 Tears of Malmö'이었다. 한때 세계 최대 규모를 자랑했던 스웨덴 조선업의 상징, 말뫼 코쿰스 조선소의 거대한 골리앗 크레인이 단돈 1달러에 한국의 현대중공업으로 팔려나갔다. 이는 스웨덴 제조업 시대의 공식적인 장례식이었다.

하지만 스웨덴은 이 눈물 위에서 좌절하지 않았다. 그들은 금융위기 극복 과정에서 확보한 재정적 여력과 사회적 합의를 바탕으로, 국가의 미래를 위한 대대적인 개혁에 나섰다. 조선소가 떠나간 황량한 항구 지역은 친환경 기술과 IT 기업이 모이는 혁신 지구로 탈바꿈했다.

또한, 그들은 기존의 복지국가 모델을 과감하게 개혁했다. 위기로 인한 재정 압박은 스웨덴의 자랑이었던 공공주택 정책에도 큰 변화를 가져왔다. 정부는 재정 부담을 줄이기 위해 공공주택에 대한 보조금을 삭감하고, 일부 공공 임대주택을 민간에 매각하기 시작했다. 더 나아가, 단순히 돈을 나눠주는 방식에서 벗어나, 연금 제도를 지속 가능한 구조로 바꾸고, 적극적인 노동 시장 정책과 평생 교육 시스템을 강화하여 국민들이 변화하는 산업 구조에 적응할 수 있도록 도왔다. 즉, '요람에서 무덤까지'를 책임지되, 그 과정에서 개인의 책임과 혁신을 강조하는 '새로운 스웨덴 모델'을 만들어 낸 것이다.

바로 이 지점에서 스웨덴의 진정한 성공 비결이 드러난다. 금융 구조 조정을 통해 좀비 기업과 좀비 금융기관을 과감히 정리하자, 그동안 비생산적인 곳에 묶여 있던 돈과 자원이 풀려나기 시작했다. 이 소중한 자본은 낡은 제조업이 아닌, 새롭고 혁신적인 분야로 흘러 들어갔다. 그 결과, 스웨덴은 낡은 제조업 국가에서 벗어나 스포티파이(음악 스트리밍), 클라르나(핀테크), 마인크래프트(게임)와 같은 혁신적인 디지털 기업을 탄생시키는 '유럽의 실리콘밸리'로 화려하게 부활했다. 스웨덴의 사례는 우리에게 진정한 위기 극복이란, 단순히 금융 부실을 정리하는 것을 넘어, 국가 경제 전체의 체질을 바꾸고 미래를 위한 새로운 성장 동력을 만들어 내는 고통스러운 과정임을 가르쳐준다.

글로벌 금융위기를 초래한 서브프라임 사태

제3장 파국의 설계자들이 초래한 금융위기 사례

2008년 글로벌 금융위기는 '정부 실패'의 가장 거대하고 비극적인 드라마다. 이 드라마의 서막은 위기가 발생하기 10년 전인 1998년 5월, 워싱턴 D.C.의 한 회의실에서 조용히 시작되었다. 한쪽에는 당시 세계 경제 대통령으로 불리던 연방준비제도 의장 앨런 그린스펀과 재무부의 실세들이 앉아 있었다. 그리고 그들 맞은편에는, 상품선물거래위원회 CFTC라는 작은 기관의 위원장, 브룩슬리 본 Brooksley Born이 있었다.

그녀는 월스트리트의 거대 은행들이 아무런 감독 없이 거래하는 '장외파생상품'이라는 새로운 괴물의 위험성을 경고했다. 그녀는 이 위험한 '그림자 금융'이 언젠가 시스템 전체를 무너뜨릴 것이라고 정확하게 예견하며, 최소한의 규제가 필요하다고 주장했다.

하지만 자유 시장의 '보이지 않는 손'을 종교처럼 신봉했던 그린스펀에게 그녀의 주장은 시장의 혁신을 가로막는 이단적인 외침에 불과했다. 월가의 이해를 대변했던 로버트 루빈 재무장관 역시 마찬가지였다.

그렇다면 당시 재무부 부장관이었던 래리 서머스는 왜 반대했을까? 그는 파생상품이 금융시장의 위험을 분산시키는 효율적인 도구라고 믿는, 당시 주류 경제학의 신념에 충실했다. 그는 규제가 이러한 '혁신'을 방해하고, 미국의 금융 경쟁력을 떨어뜨려 월스트리트의 사업을 런던으로 쫓아낼 것이라고 우려했다. 결국 브룩슬리 본은 당대 최고의 경제 권력자들로 이루어진 '위원회의 반대' 앞에 쓸쓸히 물러나야 했다.

이 사례는 금융위기 모델에서 4단계인 고장 난 브레이크가 단순히 무능하거나 게을러서 발생하는 것이 아님을 보여준다. 때로는 특정 이데올로기에 사로잡힌 엘리트 관료들이, 위험을 경고하는 합리적인 목소리를 적극적으로 억압하고 규제를 막아섬으로써 스스로 '파국의 설계자'가 될 수 있다는 것을 보여주는 가장 강력한 사례다. 침묵 당한 파수꾼의 비극은, 결국 10년 뒤 전 세계가 치러야 할 끔찍한 대가로 돌아왔다.

거품의 만찬

브룩슬리 본이 경고했던 파생금융상품은 도대체 무엇이었을까? 그것은 월스트리트의 연금술사들이 만들어 낸, 겉보기에는 화려하지만 속은 썩어 문드러진 칵테일과 같았다. 먼저, 2000년대 초 저금리 기조 속에서 은행들은 소득이나 직업이 없는 사람들에게까지 주택담보대출, 즉 자신들의 기준에 의해서도 우량하지 않은 서브프라임 모기지를 남발했다. 이것은 칵테일의 재료인 '썩은 과일'이었다. 이 썩은 과일들은 신용등급이 낮아서 재판매가 불가능했다. 투자은행들은 이 수천, 수만 개의 썩은 과일(서브프라임 모기지)과 싱싱한 과일(우량 모기지)을 한데 모아 거대한 믹서기에 갈아 넣었다. 그리고는 이것을 MBS(주택저당증권)라는 이름의 주스로 만들어내는 연금술을 발휘했다.

연금술은 여기서 끝나지 않았다. 그들은 여러 종류의 MBS 주스를 다시 섞고, 여기에 다른 종류의 부채(자동차 할부, 학자금 대출 등)까지 첨가하여, CDO(부채담보부증권)라는 이름의 훨씬 더 복잡하고 정체를 알 수 없는 칵테일을 만들어 냈다. 그리고 신용평가사들은 이 칵테일에 '가장 안전한 AAA 등급'이라는 화려한 라벨을 붙여주었다. 이 칵테일이 상하면 돈을 버는 보험 상품인 CDS(신용부도스와프)까지 등장하며, 월스트리트의 거품 만찬은 절정으로 치달았다.

경고음을 무시한 거대 투자은행들

하지만 이미 2006년부터 이 만찬이 끝날 것이라는 경고음은 곳곳에서 울리고 있었다. 캘리포니아와 플로리다의 주택 가격이 하락하기 시작했고, 서민들의 주택 압류는 빈번하게 일어나고 있었다. 이 과정을 가장 생생하게 파헤친 것이 바로 저널리스트 마이클 루이스 Michael Lewis의 논픽션 『빅쇼트 The Big Short: Inside the Doomsday Machine』이며, 동명의 영화는 바로 이 책을 원작으로 한다. 『빅쇼트』는 바로 이 경고음을 들었던 소수 이단아들의 이야기다.

의사 출신의 펀드매니저 마이클 버리 Michael Burry는 수천 페이지에 달하는 MBS 설명서를 밤새워 읽으며 이 칵테일의 재료가 썩어가고 있음을 간파했다. 그는 월스트리트의 붕괴에 베팅하며 골드만삭스 등 거대 투자은행들을 찾아가 CDS를 사들였다. 하지만 그의 베팅은 즉각적인 수익으로 이어지지 않았다. 부실은 쌓여가는데도 CDO의 가격은 떨어지지 않았고, 오히려 CDS 보험료만 계속 내야 하는 상황이 되자, 그의 펀드 투자자들은 "당신은 미쳤다"며 투자금을 빼겠다고 아우성쳤다. 그는 투자자들의 환매 요구를 막기 위해 소송까지 불사하며 자신의 신념을 지켜야 했다.

모간 스탠리 소속의 펀드매니저 스티브 아이스먼(영화 속 마크 바움) 팀은 한술 더 떴다. 그들은 월스트리트의 화려한 보고서 대신, 직접 현장으로 달려갔다. 플로리다의 주택 단지를 찾아가니 빈집과 압류 딱지만 가득했고, 그들이 만난 모기지 브로커들은 자신의 개 이름으로도 대출을 받을 수 있다고 허풍을 떨었다. 심지어 한 스트립 댄서는 아무런 소득 증빙 없이 5채의 집과 1채의 콘도를 대출로 샀다고 고백했다. 이 생생한 현장은 그들에게 이 거대한 사기극의 붕괴가 임박했음을 확신하게 해주었다.

하지만 이들의 경고에도 불구하고, 골드만삭스, 메릴린치와 같은 거대 투자은행들은 이 명백한 신호를 무시했다. 그들은 자신들이 만들어낸 상품이 얼마나 위험한지 알면서도, 혹은 알고 싶어 하지도 않은 채, 수수료 수입이라는 달콤함에 취해 폭탄 돌리기를 계속했다. 2007년 내내 서브프라임 부실이 수면 위로 드러나고 있었음에도, 당시 금융당국은 "서브프라임 문제는 일부 시장에 국한될 것"이라며 사태를 축소하기에 급급했다. 감독 당국은 이 복잡한 상품의 구조를 이해하지도 못한 채, 사실상 무기력하게 방관하고 있었다.

민스키 모멘트와 이중 잣대

2008년 9월 15일, 투자은행 리먼 브라더스가 파산하자 마침내 민스키 모멘트가 찾아왔다. 문제는 그림자 금융이라는 거미줄을 통해, 이 썩은 칵테일이 전 세계의 은행, 연기금, 보험사, 심지어는 지방정부의 금고에까지 퍼져 있었다는 점이다. 누구의 손에 얼마나 많은 폭탄이 들려 있는지 파악조차 불가능해지자, 금융시장은 신뢰를 잃고 완전히 마비되었다. 세계 최대 보험사였던 AIG마저 CDS 지급 불능 사태에 빠지며 파산 직전까지 몰렸다.

바로 이 지점에서 정부의 이중 잣대가 드러났다. 수년간 서민들이 집을 잃고 거리로 내몰릴 때는 아무런 관심도 없던 정치권과 감독 당국이, 월스트리트의 거대 금융기관들이 무너질 위기에 처하자 망설임 없이 국민의 세금을 투입하기로 결정한 것이다. 당시 재무장관이었던 헨리 폴슨은 7,000억 달러 규모의 부실자산구제프로그램TARP을 통해 월스트리트를 구제하려 했지만, 이는 "왜 위기를 초래한 부자 은행가들을 평범한 납세자의 돈으로 구제해주느냐"는 국민적 분노를 촉발해, 살찐 고양이들을 처벌하고 '월스트리트를 점령하라'는 시민운동의 도화선이 되었다. 이후 오바마 행정부에서는 래리 서머스를 비롯한 일부 학자들이 부실 은행을 일시적으로 국유화하여 책임을 물어야 한다고 주장했지만, 결국 받아들여지지 않았다.

미국의 역설과 진정한 자동안정장치

그런데 재미있게도, 위기의 진원지였던 미국은 일본이나 유럽보다 훨씬 빨리 위기에서 회복했다. 그 비결은 월스트리트를 구제한 정책이 아니라, 역설적으로 미국이 위기 발생시 소비자들의 복원력을 위해 오랫동안 구축해 온 소비자 보호 제도 장치들에 있었다. 이 장치들은 거시건전성 정책과 연계되어, 시장이 스스로 충격을 흡수하는 진정한 의미의 '자동안정장치' 역할을 했다.

첫 번째 장치는 캘리포니아를 포함한 많은 주에서 채택한 비소구 대출Non-recourse Loan 제도이다. 비소구 주택담보대출은 집값이 폭락하여 대출금이 집값보다 많아져도, 채무자는 집의 열쇠만 은행에 넘기면 모든 빚이 청산됨을 의미한다. 은행은 채무자의 다른 재산이나 미래 소득을 압류할 수 없다. 이는 가계가 과도한 빚의 굴레에 빠지는 것을 막는 가장 강력한 방파제 역할을 했다.

두 번째는 미국은 연방 파산법과 주법을 통해 폭넓은 압류 금지 재산을 인정하고 있다. 파산하더라도 최소한의 생계를 유지할 수 있도록 주택(홈스테드 면제), 자동차, 연금(401k 등) 등 압류할 수 없는 재산의 범위를 폭넓게 인정한다. 이는 실패하면 곧바로 노숙자로 전락해서 경제생활을 할 수 없는 사회적 파멸로 이어지지 않도록 막는 안전망이다.

가장 중요한 제도는 소비자에게 관대한 파산제도로 1978년 파산개혁법Bankruptcy Reform Act을 통해 정립된 제도이다. 이 법을 통해 실패한 개인과 기업이 신속하게 빚을 털고 '새 출발Fresh Start'을 할 수 있는 길을 열어주었다. 이 법의 핵심 철학은 실패를 징벌하는 것이 아니라, 정직하지만 불운한 채무자에게 재기의 기회를 주어 경제 전체의 활력을 되찾는 것이다.

이러한 장치들 덕분에, 수많은 미국인들이 빚의 공포에서 벗어나 다시 경제 활동에 참여할 수 있었고, 이것이 위기의 진원지였던 미국에서 내수 시장을 살리고 경제 전체를 회복시킨 진짜 동력이었다.

우리에게 주는 교훈, 제도의 배신

이 끔찍한 위기는 우리에게 중요한 교훈을 남긴다. S&L 사태 이후 불과 20년도 채 되지 않아, 미국은 규제 완화와 감독 미비라는 똑같은 실수를 반복하여 더 큰 위기를 맞았다. 이는 정부 실패가 얼마나 쉽게 반복될 수 있는지를 보여준다. 위기 이후, 전 세계는 금융안정위원회FSB를 창설하고, 미국은 도드-프랭크법을 제정하는 등 대대적인 감독기구 개편과 거시건전성 정책 수립에 나섰다.

하지만 우리는 여기서 더 근본적인 교훈을 얻어야 한다. 가장 중요한 것은 제도가 아니라, 언제나 그 제도를 무력화시키는 보이지 않는 힘, 즉 정치권력과 금융자본의 결탁, 그리고 특정 이데올로기에 사로잡힌 관료들의 오만함을 경계해야 한다는 것이다. 아무리 훌륭한 제도를 만들어도, 이를 집행하고 감시하는 '사람'과 '조직'이 실패하면 아무 소용이 없다.

위기가 지나간 후, 브룩슬리 본은 의회 청문회에 증인으로 섰다. 한 의원이 그녀에게 물었다. "만약 10년 전, 당신의 경고를 우리가 받아들였다면 이 끔찍한 위기를 막을 수 있었을까요?" 그녀는 잠시 생각에 잠긴 뒤, 조용하지만 단호하게 답했다. "그랬을 겁니다. 그리고 우리는 그럴 기회가 있었습니다." 그녀의 이 한마디는, 현대 금융위기의 본질이 피할 수 없는 천재지변이 아니라, 충분히 막을 수 있었던 인재(人災)임을, 그리고 그 책임이 바로 '파국의 설계자들'에게 있음을 고발하는 가장 강력한 증언으로 역사에 남았다.

|4|

아이슬란드, 금융 강국의 몰락

2000년대 초반까지만 해도, 아이슬란드는 인구 32만의 조용한 어업 국가였다. 수도인 레이캬비크의 술집에서 벌어지는 가장 뜨거운 논쟁은 대구 어획량을 얼마나 할당할 것인가에 대한 것이었다. 하지만 불과 몇 년 만에, 이 나라에서는 믿을 수 없는 풍경이 펼쳐졌다. 평생 거친 파도와 싸워온 어부들이, 자식뻘 되는 젊은 펀드매니저에게 엔화나 스위스 프랑 같은 저금리 외화로 대출을 받아, 이름도 생소한 파생상품에 투자하는 방법을 상담받고 있었다.

『빅쇼트』의 저자 마이클 루이스는 그의 또 다른 명저 『부메랑 Boomerang』에서, 이 기이한 현상을 금융 분석이 아닌 인류학적 탐구의 시선으로 파헤쳤다. 그는 금융위기가 어떻게 한 나라의 국민성과 문화를 송두리째 바꿔놓았는지를 통해, 거품의 가장 원초적인 모습을 우리에게 보여준다.

바이킹의 후예, 금융을 약탈하다

2단계(마법의 주문)는 2000년대 초, 보수 정권이 들어서며 시작된 급진적인 금융 자유화와 은행 민영화였다. '어업 국가'라는 낡은 옷을 벗고, 런던이나 뉴욕처럼 '글로벌 금융 허브'가 되겠다는 야심 찬 꿈이었다. 정부는 규제를 풀고 세금을 낮춰 전 세계의 투기 자본을 끌어들였다.

3단계(묻지마 대출 경쟁)에서, 민영화된 3대 은행(카우프싱, 란즈방키, 글리트니르)은 마치 족쇄에서 풀려난 바이킹처럼 전 세계를 무대로 공격적인 M&A에 나섰다. 마이클 루이스의 분석에 따르면, 아이슬란드 남성들의 국민성은 원래 거친 바다와 싸우는 '어부'이자 '사냥꾼'이었는데, 금융 자유화 이후 이 사냥 본능이 월스트리트로 옮겨가 '금융 바이킹'이 되었다. 그들은 빚으로 빚을 갚는 '폰지 금융'의 방식으로 몸집을 불려, 불과 3년 만에 국가 경제 규모의 10배가 넘는 거대한 괴물이 되었다. 이 광기에는 국민들까지 동참했다. 은행들은 'Icesave'와 같은 고금리 온라인 예금 계좌를 통해 전 유럽의 돈을 빨아들였고, 그 돈으로 다시 위험천만한 파생상품에 투자했다.

사일로에 갇힌 남자들과 홀로 깨어있던 여자들

이 미친 질주가 어떻게 가능했을까? 당시 아이슬란드의 금융계는 해외 명문대에서 MBA를 마치고 돌아온 소수의 젊은 남성들이 완전히 장악하고 있었다. 그들은 자신들만의 언어(금융 용어)로 소통하고, 서로의 성공을 칭송하며, 외부의 비판은 무시하는 견고한 '그들만의 성채Silo'를 쌓았다. 이 성채 안에서, 위험은 보이지 않았고 오직 끝없는 성공에 대한 확신만이 존재했다.

4단계(고장난 브레이크)에서, 감독 당국 역시 이 사일로에 함께 갇혀 있었다. 그들은 은행의 장부조차 제대로 이해할 능력이 없었고, '금융강국 아이슬란드'라는 국가적 신화의 치어리더 역할을 할 뿐이었다.

하지만 이 광기의 질주 속에서, 홀로 사일로 밖에서 현실을 직시했던 이들이 있었다. 마이클 루이스가 『부메랑』에서 발견한 것은 바로 두 명의 여성, 할라 토마스도티르Halla Tómasdóttir와 크리스틴 페투르스도티르 Kristín Pétursdóttir가 설립한 투자 회사 '아우뒤르 캐피털Audur Capital'이었다. 그들은 남성 중심의 금융계가 혐오했던 '여성적 가치'를 투자 원칙으로 삼았다. 복잡한 파생상품 대신 자신들이 이해할 수 있는 곳에만 투자했고, 단기적인 고수익보다는 장기적인 안정성과 사회적 책임을 추구했다. 사일로 안의 남자들이 그들을 '혁신을 모르는 겁쟁이'라고 비웃었지만, 그들은 사일로 밖에서 이 모든 것이 얼마나 비상식적인 광기인지를 똑똑히 보고 있었다. 그리고 2008년, 3대 은행이 모두 파산할 때 아우뒤르 캐피털은 살아남았다.

파국, 그리고 역사상 유례없는 심판

2008년, 리먼 브라더스의 파산으로 모든 것이 무너져 내렸고 아이슬란드는 국가 부도를 선언했다. 크로나화는 휴지조각이 되었고, 국민들은 평생 모은 돈을 날렸다. 분노한 국민들은 냄비와 프라이팬을 들고 거리로 뛰쳐나와 의회를 포위했다.

하지만 아이슬란드는 여기서 주저앉지 않았다. 그들은 분노를 단순한 시위로 끝내지 않고, 위기의 책임을 묻는 역사상 유례없는 심판으로 승화시켰다. 이는 훗날 우리가 1997년 외환위기 당시의 대응과 비교해볼 때, 가장 주목해야 할 교훈이다.

정치인에 대한 심판

위기 직후, 아이슬란드 의회는 특별조사위원회를 구성하여 2,000페이지가 넘는 방대한 보고서를 통해 위기의 원인을 낱낱이 파헤쳤다. 그리고 이 보고서를 바탕으로, 게이르 하르데 Geir Haarde 전 총리를 직무유기 혐의로 특별법정 Landsdómur에 기소했다. 1905년 헌법에 규정된 이후 단 한 번도 소집된 적 없었던 특별법정이, 바로 국가 지도자의 정책 실패 책임을 묻기 위해 열린 것이다. 비록 최종적으로는 일부 혐의에 대해서만 유죄가 인정되었지만, 이는 금융위기를 초래할 위험을 방관한 '정책 실패는 심판의 대상이 될 수 있다'는 강력하고 상징적인 메시지를 남겼다.

감독 관료에 대한 심판

특별 검사는 총리뿐만 아니라, 감독 실패의 책임이 있는 금융감독청 FME의 이사들과 중앙은행 총재 등 고위 관료들 역시 기소했다. 파수꾼의 역할을 제대로 하지 못한 책임을 법적으로 물은 것이다. 비록 이들이 최종적으로 실형을 선고받지는 않았지만, 감독 실패의 책임을 물어 법정에 세웠다는 것 자체만으로도 다른 나라에서는 찾아볼 수 없는 이례적인 조치였다.

은행 경영자에 대한 심판

아이슬란드의 심판은 여기서 그치지 않았다. 특별 검사는 3대 부실 은행의 전직 최고경영자, 이사회 의장, 주요 주주 등 수십 명을 시장 조작, 사기 대출, 배임 등의 혐의로 기소했다. 그 결과는 놀라웠다. 2020년까지 총 36명의 은행 고위 경영진에게 합계 96년에 달하는 징역형이 선고되었다. 미국이나 유럽에서는 단 한 명의 은행가도 감옥에 가지 않은 것과 극명한 대조를 이루며, 아이슬란드는 위기의 주범에게 반드시 책임을 묻는다는 원칙을 전 세계에 보여주었다.

이처럼 아이슬란드는 위기를 초래한 주범인 은행가, 이를 방치한 감독 관료, 그리고 최종 책임자인 정치 지도자까지, 그 누구도 책임에서 예외가 될 수 없다는 원칙을 세웠다.

여성들의 반격과 새로운 아이슬란드

이러한 철저한 책임 추궁의 과정 속에서, 아이슬란드 국민들은 이 위기를 '바이킹의 후예'를 자처하던 남성들의 무모한 탐욕과 실패로 규정했다. 그리고 그 대안으로 여성 리더십을 선택했다. 2009년, 아이슬란드는 최초의 여성 총리인 요한나 시귀르다르도티르Jóhanna Sigurðardóttir를 선출했다. 그녀가 이끄는 내각은 한때 남녀 동수(남성 5명, 여성 5명)로 구성되며, 아이슬란드 역사상 최초로 성평등 내각을 이루기도 했다.

위기 이후 아이슬란드 경제는 혹독한 구조조정을 거쳐 놀라운 회복력을 보여주었다. 자국 통화인 크로나화의 가치가 폭락하자, 역설적으로 수출품과 관광의 가격 경쟁력은 높아졌다. 때마침 불어온 전 세계적인 관광 붐과 맞물려, 아이슬란드의 독특한 자연환경은 엄청난 수의 관광객을 끌어들였고, 이는 경제 회복의 가장 큰 동력이 되었다.

아이슬란드의 사례는 정부가 '규제 완화'라는 마법의 주문에 취해 파수꾼의 역할을 완전히 포기했을 때, 나라 전체가 어떻게 투기판으로 전락하고 파멸에 이르는지를 보여주는 극단적인 사례다. 동시에, 그 처절한 실패의 잿더미 위에서, 기존의 낡은 질서를 완전히 뒤엎고 새로운 사회적 가치를 세우는 위대한 전환이 일어날 수 있음을 보여주는 희망의 증거이기도 하다.

| 5 |

유로존의 비극

2000년대 중반, 유럽에는 두 개의 떠오르는 경제 스타가 있었다. 한 때 '유럽의 병자'라 불렸지만, 낮은 법인세율을 무기로 수많은 글로벌 IT 기업들의 유럽 본사를 유치하며 '켈트의 호랑이 Celtic Tiger'로 포효하던 아일랜드. 그리고 오랜 독재를 끝내고 민주화와 함께 뜨거운 경제 성장을 구가하던 '열정적인 투우사'의 나라 스페인. 이 두 나라는 각기 다른 역사를 가졌지만, 똑같은 꿈을 꾸었고, 결국 똑같은 비극을 맞이했다. 이들의 사례는 외부 충격에 취약한 소규모 개방 경제가 스스로의 방어막을 해제했을 때, 얼마나 처참하게 무너질 수 있는지를 보여주는 가장 강력한 교훈이다.

저성장에 시달리던 유럽 국가들은 공동의 번영을 위해 유럽연합을 창립했고, 1999년부터는 공통의 통화인 유로를 사용하기 시작했다. 곧 유럽연합의 이상이었던 공동의 번영이 눈앞에 다가온 것처럼 경제가 활력을 찾기 시작했다. 그런데 이것이 아일랜드와 스페인에게 금융위기의 2단계인 마법의 주문이었음을 깨달은 것은 파국을 맞은 이후였다.

마치 마법처럼 두 국가는 하루아침에 독일과 같은 초우량 국가의 신용도를 공짜로 얻게 되었다. 그 결과, 독일과 프랑스의 거대 은행들은 이전에는 상상할 수 없었던 아주 값싼 이자로 아일랜드와 스페인에 돈을 빌려주기 시작했다. 이것이 바로 거대한 비극의 씨앗이 된 과잉 유동성의 공급이었다.

특히 아일랜드의 경우, 낮은 법인세 덕분에 구글, 애플, 마이크로소프트와 같은 글로벌 기업들이 유럽 시장의 교두보로 삼으며 막대한 투자가 이루어졌다. 더블린에는 새로운 오피스 빌딩이 쉴 새 없이 올라갔고, 수많은 양질의 일자리가 생겨났다. 이러한 진짜 경제 호황은 국민들에게 '우리의 미래는 밝다'는 끝없는 낙관론을 심어주었다.

3단계(묻지마 대출 경쟁)에서, 이 넘쳐나는 돈과 낙관론은 어김없이 가장 뜨거운 곳, 바로 부동산 시장으로 흘러 들어갔다. 아일랜드의 은행들은 마치 경쟁이라도 하듯 건설사와 주택 구매자들에게 돈을 빌려주었다. 더블린 외곽에는 주인을 찾지 못할 '유령 단지Ghost Estates'가 끝도 없이 들어섰고, 스페인의 아름다운 남부 해안가Costa del Sol에는 완공되었지만 텅 빈 유령 아파트들이 흉물처럼 늘어섰다.

4단계(고장난 브레이크)는 유로존이라는 시스템 자체에 내재된 구조적 문제와, 이에 적응하지 못한 각국 정책 당국의 실패가 결합된 결과였다. 유로존에 가입하면서, 아일랜드와 스페인은 통화 주권이라는 가장 강력한 방어막을 유럽중앙은행에 넘겼다. 이제 그들은 자국 경제가 과열되어도 스스로 금리를 올려 시장을 식힐 수 없었다. 당시 저성장이던 독일 경제에 맞춰진 유럽중앙은행 ECB의 낮은 금리는, 경제가 펄펄 끓고 있던 이 두 나라에게는 불길에 기름을 붓는 것과 같았다.

이처럼 가장 중요한 무기를 내려놓았다면, 당연히 남은 유일한 방어막인 금융 건전성 감독을 그 어떤 나라보다 강력하게 했어야 했다. 하지만 그들은 정반대의 길을 걸었다. 아일랜드와 스페인의 금융감독 당국은 이 위험한 파티의 감독관이 아니라 치어리더 역할을 했다.

물론 경고음이 없었던 것은 아니다. 아일랜드에서는 경제학자 데이비드 맥윌리엄스 David McWilliams와 같은 소수의 전문가들이 일찍부터 이 광적인 부동산 붐을 '거품'이라고 규정하며, 붕괴의 위험성을 끊임없이 경고했다. 하지만 당시 아일랜드의 총리였던 버티 어헌 Bertie Ahern은 이러한 비판론자들을 향해 "왜 징징거리기만 하느냐"며 공개적으로 비난했다. 위기가 터진 후, 맥윌리엄스는 국가적 영웅으로 떠올랐고 어헌 총리는 자신의 발언에 대해 공식적으로 사과했지만, "누구도 이런 규모의 붕괴를 예측하지 못했다"며 책임을 회피하는 모습을 보였다.

스페인에서도 놀랍게도 중앙은행 Banco de España 내부에서 가장 강력한 경고가 나왔다. 당시 중앙은행의 수석 이코노미스트였던 호세 루이스 말로 데 몰리나 José Luis Malo de Molina를 비롯한 연구진은 2000년대 초반부터 주택 가격의 이상 과열과 가계 부채의 위험성을 지적하는 보고서를 수차례 발표했다. 하지만 당시 호세 마리아 아스나르 총리가 이끄는 보수 정부에게, 부동산 붐은 엄청난 세수와 일자리를 창출하는 '황금알을 낳는 거위'였다. 건설업계와 지방 은행들은 정부의 가장 강력한 지지 기반이었다. 이런 정치경제학적 구조 속에서, 중앙은행의 '재수 없는' 경고는 성장을 가로막는 관료들의 불평 정도로 치부되며 철저히 묵살되었다.

통화 주권 없는 나라의 비애

2008년 미국에서 시작된 금융위기가 유럽으로 번져오자, 모든 것이 멈춰 섰다. 독일과 프랑스 은행들이 돈줄을 죄기 시작하자, 거품은 순식간에 터져버렸다. 건설사들은 파산했고, 은행들은 부실채권 더미에 깔렸다.

바로 이 지점에서 유로존의 비극이 시작되었다. 만약 자국 통화가 있었다면, 아이슬란드처럼 통화 가치를 대폭 떨어뜨려(평가절하) 수출 가격 경쟁력을 높이고, 수입품 가격을 올려 충격을 흡수할 수 있었을 것이다. 하지만 유로라는 단일 통화에 묶여 있던 이들에게는 그럴 선택지가 없었다.

이들에게 남은 유일한 길은 '내부 평가절하(Internal Devaluation)'라는 고통스러운 길뿐이었다. 이는 공무원 임금을 삭감하고, 연금을 줄이며, 복지 예산을 대폭 삭감하는 혹독한 긴축 정책을 통해 나라 전체의 허리띠를 졸라매는 것이었다.

7단계 (그들만의 잔치, 고통은 서민에게)는 참혹했다. 스페인의 청년 실업률은 50%에 육박했고, 아일랜드에서는 수많은 젊은이들이 일자리를 찾아 고향을 등지고 호주나 캐나다로 떠나는 '신(新) 이민' 행렬이 이어졌다. 결국 두 나라는 유럽연합EU과 국제통화기금IMF의 구제금융을 받는 신세가 되었다. 국가의 재정 주권을 상당 부분 포기하고, 더 혹독한 긴축 정책을 강요당했다.

'켈트의 호랑이'는 종이호랑이가 되었고, 열정적인 투우사는 소에게 받힌 채 쓰러지고 말았다. 유로존이라는 거대한 시스템이 제공한 달콤한 유동성과, 그 변화된 환경에 적응하지 못한 채 스스로의 방어막마저 해제해 버린 정책 당국의 실패가 낳은 비극적인 결말이었다. 소규모 개방경제에서는 번영을 구가할 때 언제든 외부충격에 의해 국가적 위기가 발생할 수 있음을 대비해야 한다는 교훈을 남겼다.

만리장성보다 높은 빚의 성벽

1부 금융위기의 전조와 데자뷔

이제 파국의 설계자들 이야기는 세계에서 가장 거대하고 독특한 실험실, 중국으로 무대를 옮긴다. 중국의 부동산 위기는 앞선 모든 사례와는 근본적으로 다르다. 시장의 광기가 정부의 실패를 만나는 것이 아니라, 정부 자체가 처음부터 끝까지 거품을 설계하고 주도한 가장 대표적인 사례이기 때문이다. 그리고 지금, 바로 그 설계자가 스스로 만든 거대한 구조물에 인위적으로 폭파 스위치를 누르는, 역사상 유례없는 실험을 감행하고 있다.

국가가 주도한 거대한 파티

2단계(마법의 주문)는 1990년대 말 주택 개혁에서 시작되었다. 중국 공산당은 고도성장을 위한 가장 강력한 엔진으로 '부동산'을 선택했다.

지방 정부에게는 토지 사용권을 팔아 재정을 충당하도록 했고, 국영 은행들에게는 부동산 개발 회사에 끝없이 돈을 빌려주도록 독려했다. 이는 시장에 다음과 같은 강력하고 절대적인 믿음을 심어주었다. "부동산 가격은 정부가 떠받쳐주기 때문에 절대 무너지지 않는다."

3단계(묻지마 대출 경쟁)에서, 헝다Evergrande나 비구이위안 Country Garden과 같은 거대한 부동산 개발 회사들은 이 믿음을 등에 업고 괴물처럼 성장했다. 그들은 지방정부로부터 싼값에 땅을 사들이고, 국영 은행으로부터 무한정 대출을 받아 아파트를 지었으며, 사람들은 완성되지도 않은 아파트를 선분양받기 위해 몰려들었다. 정부, 은행, 개발사가 앞서고 국민들이 뒤따르면서 거대한 부동산 불패 신화를 쌓아 올린 것이다.

4단계(고장 난 브레이크)는 애초에 존재하지 않았다. 파수꾼 역할을 해야 할 중국 공산당과 금융당국은 이 파티의 가장 열성적인 주최자이자 참여자였다. 성장을 위해서라면 부채의 위험 따위는 얼마든지 감수할 수 있다는 분위기가 사회 전체를 지배했다.

인위적 구조조정의 시작, 3조홍선

하지만 영원한 파티는 없었다. 2020년 이전부터 중국 경제가 부동산에 과도하게 의존하고 있다는 이상 신호는 곳곳에서 울리고 있었다. 국제통화기금을 비롯한 해외 기관들은 중국의 국내총생산 GDP에서 부동산업과 건설업이 차지하는 비중이 30%에 육박한다는 충격적인 보고서를 잇달아 내놓았다. 이는 역사상 어떤 주요 경제권에서도 볼 수 없었던 기형적인 수준이었다. 저명한 경제학자 케네스 로고프_{Kenneth Rogoff} 등은 이러한 부채주도 부동산 성장이 결코 오래가지 못할 것이며, 경착륙 시 세계 경제에 엄청난 충격을 줄 것이라고 강력하게 경고했다.

내부적으로도 위기 신호는 더욱 뚜렷해졌다. 내몽골의 오르도스 캉바시 지구처럼, 화려한 건물들만 가득할 뿐 사람이 살지 않는 '유령 도시鬼城'의 모습이 위성 사진을 통해 전 세계에 알려졌다. 텅 빈 아파트가 늘어가고, 부동산 개발 기업들의 부채가 눈덩이처럼 불어나는 것을 보면서, 중국 지도부 내에서도 이대로 가다가는 통제 불능의 파국을 맞을 수 있다는 위기감이 커졌다.

시진핑 주석이 이끄는 중국 지도부는 이 부채주도 성장이 지속 불가능하며, 언젠가 통제 불능 상태로 터져 중국 경제 전체를 무너뜨릴 수 있다는 사실을 깨달았다. 그들은 일본의 '잃어버린 30년'을 되풀이하지 않기 위해, 고통스럽지만 선제적인 결단을 내렸다.

2020년 8월, 중국 정부는 부동산 개발 기업들을 옥죄는 세 개의 레드라인, 즉 '3조홍선(三條紅線)'이라는 강력한 규제를 발표했다. 이는 사실상 정부가 인위적으로 민스키 모멘트를 촉발시켜, 통제된 방식의 구조조정을 시작하겠다는 선언이었다. 3조홍선의 내용은 다음과 같다.

첫째, 부동산 기업의 자산대비 부채 비율이 70%를 넘지 말 것.

둘째, 자기자본대비 부채비율이 100%를 넘지 말 것.

셋째, 단기부채 대비 현금 비율이 100%가 넘을 것.

이 세 가지 기준을 충족하지 못하는 기업은 신규 대출이 사실상 막히게 되었다. 이는 그동안 빚으로 빚을 갚는 '폰지 금융' 방식으로 연명해 온 부동산 개발 기업들에게는 사형 선고나 다름없었다.

통제된 붕괴, 그러나 끝나지 않은 위기

6단계와 7단계(뒷북 대응과 파국)는 현재 진행형이다. 3조홍선이라는 결정적 충격에, 헝다를 시작으로 수많은 부동산 개발 기업들이 채무불이행에 빠지며 쓰러졌다. 그 결과, 수백만 채의 아파트가 비어 있는 '유령 도시'가 곳곳에 생겨났고, 평생 모은 돈으로 집을 선분양받았던 수많은 중산층은 집도 잃고 빚더미에 앉게 되었다.

중국의 이야기는 아직 끝나지 않았다는 점에서 다른 사례들과 다르다. 중국 공산당이라는 강력한 통제자가 이 거대한 거품을 터지지 않게 조심스럽게 바람을 빼는 '연착륙'에 성공할지, 아니면 결국 다른 나라들처럼 통제 불능의 파국을 맞이할지는 아무도 모른다. 다만 분명한 것은, 만약 이 거대한 거품이 통제 불능 상태로 터진다면 그 파장은 2008년 리먼 사태를 능가하는 전 지구적 재앙이 될 수 있다는 사실이다. 전 세계가 숨죽여 이 거대한 왕국의 앞날을 지켜보고 있다.

지금까지 우리는 1장의 '비이성적 열기'가 어떻게 시스템 전체를 무너뜨리는 파국으로 이어지는지, 그 무대 뒤편의 설계자들을 추적했다. 하이먼 민스키의 통찰을 통해, 우리는 경제의 오랜 안정이 오히려 위험을 잊게 만들어 시장의 '자동안정장치'라는 안전핀을 스스로 풀어버리게 만드는 '시장 실패'의 내재적 메커니즘을 확인했다. 그리고 찰스 킨들 버거는 이 과정이 '새로운 계기'에서 '붕괴'에 이르기까지, 역사 속에서 지겹도록 반복되어 온 5단계의 패턴임을 증명했다.

하지만 이 장의 분석을 통해 우리가 도달한 더 깊은 결론은, 더욱 불편하고 구조적인 진실이다. 현대의 금융위기는 단순히 시장이 스스로 실패하도록 내버려둔 결과가 아니다. 오히려 위기를 막아야 할 파수꾼, 즉 정부와 금융감독기구가 그 실패를 적극적으로 조장하거나 방치하는 '정부 실패'가 결합될 때 완성되는, 정교하게 '설계된 재앙'에 가깝다.

역사의 모든 비극에는 언제나 선의의 경고자들이 있었다. S&L 사태의 에드윈 그레이, 서브프라임 사태의 브룩슬리 본, 아일랜드의 데이비드 맥윌리엄스처럼, 다가올 위험을 정확히 짚어냈던 학자나 공무원들은 예외 없이 존재했다. 왜 그들의 목소리는 항상 묵살되었는가? 바로 여기에 위기가 반복될 수밖에 없는 정치경제학적 이유가 숨어있다.

'성장'이라는 지상 과제 앞에서, 정부는 '규제 완화'를 요구하는 재계의 압력에 취약할 수밖에 없다. 이들의 목소리는 친기업적인 언론과 학자들의 이론을 통해 증폭되고, '성장의 발목을 잡는다'는 비판을 두려워하는 정치권은 결국 위험한 마법의 주문을 외우게 된다. 언론 역시 이 구조적 문제에서 자유롭지 않다. 부동산과 금융 시장은 가장 큰 광고주이며, 정부와의 원만한 관계는 정보 접근의 생명줄이다. 이런 환경 속에서, 파티의 흥을 깨는 위기 경보는 사회 전체의 공론장에서 쉽게 확대되지 못하고 소수의 외침으로 묻혀버린다.

결국 1장에서 본 대중의 심리적 취약성(시장 실패의 씨앗)과 2장에서 본 구조적 실패(정부 실패)가 결합될 때, 금융위기는 피할 수 없는 재앙이 된다. 이제 우리가 겪은 경험을 되돌아볼 차례이다.

용어 설명

S&L Savings & Loan Association
저축대부조합. 원래 주택담보대출을 주로 취급하던 미국의 서민 금융기관이었으나, 1980년대 규제 완화 이후 무분별한 투자로 대규모 부실 사태를 일으켰다.

브룩슬리 본
1990년대 후반, 미국 상품선물거래위원회 위원장으로서 장외 파생상품의 위험성을 경고하고 규제를 시도했으나, 당시 주류 경제 관료들의 반대로 무산되었다. 2008년 금융위기 이후 '침묵 당한 예언자'로 재평가받았다.

서브프라임 모기지
신용등급이 낮은 사람들을 대상으로 한 비우량 주택담보대출. 초기에는 낮은 이자를 적용하다가, 나중에 높은 변동금리로 바뀌는 구조가 많아 채무 불이행 위험이 매우 컸다.

MBS Mortgage-Backed Security
주택저당증권. 은행이 주택담보대출 채권을 모아, 이를 담보로 발행하는 증권이다.

CDO Collateralized Debt Obligation
부채담보부증권. MBS를 포함한 다양한 종류의 부채(회사채, 자동차 할부 등)를 한데 묶어, 신용등급에 따라 여러 단계Tranche로 나누어 판매하는 복잡한 파생상품이다.

CDS Credit Default Swap
신용부도스와프. 부채의 부도 위험 자체를 사고파는 보험 형태의 파생상품이다.

비소구 대출
채무자가 빚을 갚지 못할 경우, 은행이 담보물(주택)만 처분할 수 있고, 채무자의 다른 재산이나 미래 소득에 대해서는 상환을 요구할 수 없는 대출이다.

제4장

반복되는
한국의 금융위기

| 1 |

1997년 외환위기

1996년 대한민국은 환희에 취해 있었다. '부자 나라 클럽'이라 불리는 경제협력개발기구OECD 가입은 우리에게 드디어 선진국 막차에 올라탔다는 달콤한 확신을 심어주었다. 하지만 축제 분위기 밖에서는 이미 거센 찬바람이 불고 있었다. 한국 경제를 고속 성장의 가도로 이끌었던 '3저 호황(저유가·저금리·저달러)'의 순풍은 멈춘 지 오래였고, 바다 건너 미국은 금리를 인상하며 글로벌 자금의 흐름을 바꾸고 있었다. 1994년 OECD에 가입하고 북미자유무역협정NAFTA 협정을 체결했던 멕시코는 급격한 외화자금의 유입과 유출로 외환위기를 맞았다가 미국의 지원으로 가까스로 수습하고 있었다.

이처럼 급변하는 국제 정세 속에서 한국 경제는 사실상 무방비 상태였다. 엔화 약세와 미국의 긴축으로 수출 경쟁력은 곤두박질치고 경상

수지 적자는 사상 최대를 기록했지만, 정부와 기업은 여전히 과거의 성공에 도취되어 있었다. 기업들은 빚을 내어 덩치를 키우는 무모한 확장을 멈추지 않았고, 금융권은 눈덩이처럼 불어나는 단기 외채라는 시한폭탄을 안고도 위태로운 줄타기를 계속했다. 폭풍우가 몰려오는데 창문을 단속하기는커녕 대문을 활짝 열어젖힌 꼴이었다. 화려한 선진국 진입이라는 환상에 가려, 국제 환경의 변화에 둔감했던 무능과 안일함이 한국 경제를 벼랑 끝으로 내몰고 있다는 섬뜩한 경고를, 그때 우리는 철저히 외면하고 있었다.

1단계: 한국 경제가 직면한 새로운 도전

1988년 서울 올림픽의 성공과 함께 '한강의 기적'은 절정에 달했다. 하지만 영원할 것 같았던 고도성장의 잔치도 서서히 끝나가고 있었다. 3저 호황(저달러, 저유가, 저금리)이 끝나고, 과거의 성공 방정식이었던 노동집약적 수출 산업은 더 값싼 노동력을 앞세운 후발주자들에게 빠르게 추격당했다. 1987년 민주화와 노동자 대타협 이후 임금은 가파르게 올랐지만, 생산성은 그 속도를 따라가지 못하는 '고비용-저효율' 구조가 경제 전반에 고착화되기 시작했다.

이러한 구조적 문제의 시작점에는 노태우 정부의 '주택 200만호 건설' 공약이 있었다. 폭등하는 주택 가격을 안정시킨다는 명분으로 시작된 이 정책은, '가격'의 문제를 '공급'으로만 해결하려는 잘못된 정책 패러다임의 시초였다. 분당, 일산 등지에 세워진 1기 신도시들은 단기간에 대규모 주택을 공급했지만, 그 결과는 참담했다. 똑같은 모양의 아파트를 무한정 복제해 늘어놓은 '성냥갑 아파트' 단지는 도시의 정체성과 인간적인 삶의 공간을 파괴했다. 이는 훗날 해외 언론으로부터 '비인간적인 도시 건설'의 대명사로 조롱받는, 우리 도시 역사의 아픈 시작점이 되었다. 더 심각한 문제는, 이 거대한 국책 사업이 마무리된 1992년 말부터 건설 경기가 급격히 위축되며 경제 전체에 부담을 주기 시작했다는 점이다. '한강의 기적'이라는 낡은 성장 모델이 한계에 부딪히자, 새로운 성장 동력이 절실해졌다.

2단계: 경기 부양을 위한 마법의 주문

1993년 출범한 김영삼 정부는 민주화 이후 최초의 문민정부였다. 군부 내 사조직이었던 '하나회'를 전격 척결하고 고위공직자 재산 공개를 단행하는 등, 과거 권위주의 정권과는 차원이 다른 개혁 정책으로 국민적 지지와 높은 기대를 한 몸에 받았다. 하지만 이 위대한 정치적 개혁의 성공은, 역설적으로 경제 정책을 서두르는 '조급함'의 함정으로 이어졌다.

정치 개혁에서 눈부신 성과를 거둔 만큼, 경제에서도 그에 필적하는 가시적인 성과를 임기 초반에 보여주고 싶다는 유혹은 강렬했다. 대통령 자신은 경제를 관료들에게 맡겨두었고, 관료들은 과거의 방식대로 손쉬운 경기 부양이라는 '마법의 주문'을 외우기 시작했다. 결국 정부는 1단계에서 확인된 재벌 중심 경제의 구조적 문제를 해결하는 어려운 수술 대신, 세 가지 형태의 마법을 동시에 시전했다.

가장 먼저 등장한 마법은 '신경제 100일 계획'과 '신경제 5개년 계획'

이라는 이름으로 포장된 인위적인 경기 부양이었다. 이는 문민정부의 개혁 성과를 경제 분야로 빠르게 확산시키려는 조급함의 발로였다. 당시 경실련을 비롯한 시민단체의 전문가들은 강력하게 경고했다. 재벌의 상호 채무보증과 같은 근본적인 구조적 문제를 개혁하지 않은 채, 단순히 돈을 푸는 부양책을 쓰면 그 돈은 혁신이 아닌, 기존의 관치와 재벌이라는 낡은 파이프라인을 통해 비효율적인 곳으로만 흘러 들어가 경쟁력을 잃게 될 것이라고 말이다.

두 번째는 개혁의 부작용을 해소하기 위한 유동성 공급이었다. 1993년 8월 전격적으로 발표된 금융실명제는 한국 사회의 검은돈과 부패의 고리를 끊어내는, 최고의 개혁 정책으로 지금까지도 찬사를 받는다. 실제로 이 정책은 이후 한국 경제가 다른 개발도상국과는 달리 금융 투명성을 확보하고 부패에서 벗어나는 결정적인 계기가 되었다. 하지만 이 위대한 개혁은 단기적으로 지하 자금의 흐름을 막으며 시장의 돈줄을 마르게 하는 극심한 신용경색을 유발했다.

여기에 놀란 정부가 내놓은 처방이 바로 두 번째 결정적 실책이었다. 개혁의 고통을 감내하며 경제 체질을 바꾸는 대신, 당장의 부작용을 막는다는 명분으로 시중에 막대한 유동성을 공급하기 시작한 것이다. 이는 마치 큰 수술을 한 환자에게 회복식을 제공하는 대신, 당장 기운을 차리게 하려고 다량의 스테로이드를 주사한 것과 같았다. 돈은 풀렸지만, 그 돈이 어디로 흘러가 어떻게 쓰일지에 대한 관리 감독 시스템은 전무했다.

마지막 마법은 '세계화'와 'OECD 가입'이라는 거스를 수 없는 시대적 흐름을, 아무런 준비 없이 무방비 상태로 받아들인 것이다. OECD 가입은 단순히 상징적인 의미를 넘어, 한국 경제의 법과 제도를 선진국 수준으로 끌어올릴 수 있는 절호의 기회였다. 하지만 우리는 이 기회를 정반대로 사용했다. 재벌과 관치금융이라는 전근대적인 체제를 먼저 개혁하여 OECD 기준을 충족시키는 대신, OECD 가입이라는 '결과'를 먼저 얻기 위해 우리에게 가장 취약한 고리였던 자본시장을 활짝 열어젖혔다. 이는 마치 체력 훈련과 기술 연마도 없이, 아마추어 선수가 갑자기 프로 복싱 링 위에 올라선 것과 같았다.

결론적으로 이 세 가지 정책은, 그 자체만 놓고 보면 모두 개혁적이거나 진취적인 목표를 가졌다. 하지만 재벌과 관치금융이라는 근본적인 구조적 문제를 수술하지 않은 채 추진된 이 정책들은, 서로 화학작용을 일으키며 시스템 전체를 통제 불능의 위험으로 몰아넣는 치명적인 '마법의 주문'이 되었다. 풀려난 돈은 개혁되지 않은 재벌의 손에, 열려버린 시장은 감독받지 않는 금융기관의 손에 쥐어졌고, 이들은 곧이어 닥쳐올 파국의 방아쇠를 당기게 된다.

3단계: 정경유착에 의한 과잉 대출

정부가 풀어놓은 막대한 원화 유동성과 값싸게 흘러들어온 외화 자금은, 혁신이 아닌 기존 재벌들의 몸집 불리기에 동원되었다. 이 시기 '묻지마 대출'의 핵심에는 '계열사 간 상호 채무보증'이라는 기이한 시스템이 있었다. 이는 그룹 내 특정 계열사가 부실해져도, 다른 건강한 계열사가 빚보증을 서주어 절대 망하지 않도록 묶어두는 장치였다. 은행들은 개별 기업의 상환 능력을 평가하는 대신, 그룹 전체의 규모와 '대마불사(大馬不死)' 신화만을 믿고 돈을 빌려주었다. 채무보증 시스템은 회생 불가능한 '좀비 계열사'에 무한정 수혈을 해주는 기형적인 구조를 만들었고, 은행들은 이 위험한 관행을 제지하기는커녕 가장 적극적인 동조자였다.

그 결과는 참혹했고, 재벌들의 '대마불사' 신화가 얼마나 허약한 기반 위에 서 있었는지를 증명했다. 1997년 초, 재계 14위였던 한보그룹은 5조 원이 넘는 천문학적인 빚으로 당시 최첨단 설비를 갖춘 당진제철소를 짓다가 무너졌다. 이 투자가 얼마나 무모했는지는 그 결과가 증명한다. 국민의 혈세가 투입된 끝에, 이 거대한 제철소는 결국 현대자동차그룹에 헐값에 매각되었다. 국가 경제를 위기로 몰아넣은 실패한 투자의 과실을, 또 다른 재벌이 헐값에 챙겨간 셈이다.

재계 19위였던 진로그룹의 비극은 더욱 상징적이다. 진로는 서민들의 술인 소주 시장의 압도적 지배자로서, 누구도 넘볼 수 없는 확실한 현금흐름을 창출하는 건실한 기업이었다. 하지만 그룹 총수는 이 '황금알을 낳는 거위'의 배를 갈라, 그 돈으로 주류, 유통, 건설 등 24개에 달하는 계열사로 무분별한 문어발식 확장에 나섰다. 결국 빚의 무게를 이기지 못하고 그룹 전체가 쓰러졌고, 그 과정에서 진짜 비극이 벌어졌다. 그룹의 유일한 희망이었던 알짜 회사 '진로'마저, 구조조정 과정에서 해외 IB(골드만삭스 컨소시엄)에 헐값에 매각되었고, 그 과정에서 수많은 의혹을 남겼다.

이들은 모두 상호 채무보증이라는 덫에 걸려, 핵심 역량마저 파괴되고 동반 부실에 빠진 대표적인 사례였다. 그리고 이 두 그룹의 몰락은 결코 특별한 예외가 아니었다. 정도의 차이만 있었을 뿐, 당시 대부분의 재벌이 이와 유사한 방식으로 빚의 성을 쌓아 올리며 스스로 파멸의 길로 걸어가고 있었다.

4단계: 관치금융에 의한 감독 실패

당시 금융기관의 대출 결정은 시장 원리가 아닌, 청와대와 재정경제원(현 기획재정부) 관료들의 보이지 않는 손, 즉 관치금융에 의해 좌우되었다. 정부는 감독자가 아닌, 재벌들의 과잉 투자를 뒷받침해 주는 공범이나 다름없었다. 당시 개혁적인 경제학자들은 정부가 금융을 통제하며 재벌의 과잉 투자를 부추긴 관치금융이야말로 위기의 핵심 원인이었다고 주장했다.

특히 감독의 사각지대에 있던 단자회사나 신생 종금사들이 재벌에 내어준 하루나 이틀 만기의 초단기 대출은, 정부가 재벌의 자금줄이 막히지 않도록 금융권을 동원해 매일 '인공 호흡'을 해준 것이나 마찬가지였다. 이 과정에서 정부는 위험을 경고하기는커녕, 오히려 이러한 비정상적인 자금 흐름을 용인하며 위기를 키웠다. 브레이크는 고장 난 것을 넘어, 오히려 가속 페달 역할을 하고 있었다.

5단계: 재벌들의 무분별한 사업 확장

3단계에서 무분별하게 공급된 자금은, 5단계에서 재벌들의 무모한 영토 전쟁으로 이어졌다. '세계 경영'이라는 구호 아래, 재벌들은 너도나도 빚을 내어 남의 주력 사업에 뛰어들었다. 이는 단순한 사업 다각화가 아니었다. 삼성, 현대, LG, 대우 등 4대 그룹은 반도체, 자동차, 석유화학, 전자 등 대한민국의 거의 모든 주력 산업에서 서로의 영역을 침범하며, 말 그대로 '전면전'을 벌였다. 삼성이 현대와 기아차가 양분하던 자동차 산업에 무리하게 뛰어든 것이 그 대표적인 사례다.

이러한 '영토 침공'은 그룹 전체의 운명을 건 도박이었고, 그 자금은 모두 은행 빚으로 조달되었다. 4대 그룹은 그나마 수익을 내는 주력 계열사가 있어 출혈을 버틸 여력이 있었지만, 진짜 문제는 한보, 진로, 기아, 한라 등 다른 재벌 그룹들이 이 전쟁에 무분별하게 뛰어들면서 국가 전체가 거대한 투기 붐에 휩싸였다는 점이다. 이들은 확실한 현금 창출 능력도 없이, 오직 빚에 의존해 신산업에 진출하며 몸집 불리기에만 혈안이 되었다.

그 결과는 필연적으로 건실한 기업까지 수익을 내지 못하는 '출혈 경쟁'으로 귀결되었다. 너도나도 공장을 지으니 공급은 넘쳐났고, 시장을 차지하기 위한 가격 인하 경쟁은 모든 기업의 수익성을 악화시켰다. 수익성이 떨어지자 기업들은 부채를 상환할 능력이 없어졌고, 아이러니하게도 이 위기를 극복하기 위해 다시 은행에서 더 큰 빚을 얻어 새로운 사업에 확장 투자하고, 그 돈으로 기존의 빚을 막는 위험한 '빚 돌려막기'에 나섰다. 이는 합리적 경영이 아닌, "다른 그룹이 하니 우리도 해야 한다"는 불안감과 탐욕이 만들어 낸 국가적 규모의 투기 광풍이었다.

6단계: 무능한 정부, 골든타임을 놓치다

1997년 초 한보 사태가 터졌을 때, 위기의 경고음은 이미 명백하게 울리고 있었다. 하지만 정부의 대응은 무능과 무책임 그 자체였다. 이 무능은 '국제 감각 부재'와 '내부 시스템 마비'라는 두 가지 형태로 나타났다.

국제적으로는 이미 적신호가 켜진 상태였다. 1994년부터 시작된 미국 연준의 금리 인상과 그 여파로 발생한 1995년 멕시코 외환위기는 한국과 같은 신흥국에 보내는 명백한 경고였다. 하지만 정부와 한국은행은 이러한 국제 금융 환경의 급격한 변화를 완전히 무시했다. 내부적으로는 시스템이 완전히 마비되었다. 재정경제원 관료들은 "한국 경제의 펀더멘털은 튼튼하다"는 말만 앵무새처럼 되풀이하며 현실을 외면했고, 한국은행은 외환보유고 관리에 처참히 실패했다. 두 기관은 협력하기는커녕 서로 책임을 미루며 우왕좌왕했고, 위기를 막을 수 있었던 결정적인 '골든타임'을 모두 허비하고 말았다.

7단계: 재벌의 잔치, 비용은 서민에게

1997년 11월 21일, 정부는 결국 국제통화기금(IMF)에 구제금융을 신청했다. 제2의 '국치일'이라 불리는 이날, 재벌과 금융기관이 벌인 잔치는 끝이 나고, 그 비용을 치를 청구서가 모든 국민에게 날아들었다.

IMF가 내민 청구서의 내용은 혹독했다. 수많은 종합금융회사와 은행이 문을 닫았고, IMF가 요구한 초고금리 정책에 따라 금리가 30% 가까이 치솟자, 건실했던 수많은 중소기업이 이자를 감당하지 못하고 혹자 도산했다. 대기업에서는 사상 초유의 대규모 정리해고가 단행되었고, 수백만의 가장들이 하루아침에 직장을 잃고 거리로 내몰렸다. 중산층은 붕괴했고, 가계는 파탄 났다.

이때 등장한 '금 모으기 운동'은 위기 극복을 위한 국민들의 애국심의 발로였지만, 동시에 위기의 책임이 얼마나 불공정하게 전가되었는지를 보여주는 상징적인 장면이었다.

사실 위기의 순간, 재벌들은 스스로의 무게를 이기지 못하고 무너지고 있었다. 수십 년간 의지해 온 상호 채무보증은 연쇄 폭발하는 부실의 뇌관이 되어 그룹 전체를 공멸의 위기로 몰아넣었다. '대마불사(大馬不死)'가 아니라 모든 대기업이 함께 무너지는 '대마몰사(大馬沒死)'의 공포가 현실이 된 것이다.

하지만 정부는 이들을 쓰러지도록 내버려두지 않았다. 국민의 눈물과 땀으로 모인 금과 막대한 공적자금을 동원하여 은행 자본을 확충하고, 가장 큰 문제였던 재벌들의 상호 채무보증 고리를 정부가 직접 나서서 끊어주었다. 부실 대기업들은 통폐합(빅딜)을 통해 군살을 빼고 수익을 낼 수 있는 기반이 만들어졌으며, 원화 가치가 폭락하자 수출 대기업들은 엄청난 가격 경쟁력을 확보하며 빠르게 회생했다.

진짜 비극은 바로 이 지점에 있다. 위기의 주범이었던 기업들을 살리기 위해 막대한 국민 세금이 투입되었지만, 정작 재벌 총수 일가의 지분은 아무런 상처 없이 그대로 보존되었다. 정부는 공적자금으로 은행의 지분은 확보했지만, 재벌의 지분은 건드리지 않았기 때문이다.

결국 그들이 벌인 잔치의 뒷설거지를, 장롱 속에 있던 돌 반지와 결혼반지를 들고나온 평범한 국민들이 대신해야 했다. 잔치는 그들이 벌였지만, 고통은 고스란히 서민들의 몫이었다. 더욱 안타까운 현실은, 그렇게 국민적 지원으로 살아난 재벌 대기업들이 이후에도 지배구조 개선과 투명 경영이라는 시대적 과제를 외면한 채, 여전히 총수 일가의 부의 이전을 위해 법질서를 훼손하는 모습을 반복적으로 보였다는 사실이다.

관치금융
정부가 금융기관의 인사나 자금 배분에 직접적으로 개입하여 시장 원리를 왜곡하는 행태.

금 모으기 운동
외환위기 당시, 달러 빚을 갚기 위해 국민들이 자발적으로 집에 보관하던 금을 나라에 내놓은 운동. 전국적으로 약 351만 명이 참여해, 약 227톤의 금이 모였다.

상호 채무보증
재벌 그룹 내의 한 계열사가 빚을 갚지 못할 경우, 다른 계열사가 대신 빚을 갚아주기로 보증하는 제도. '대마불사' 신화의 핵심적인 수단으로, 부실 계열사를 연명시키고 그룹 전체의 동반 부실을 초래하는 원인이 되었다.

종합금융회사(종금사)
단기 금융 업무를 주로 하던 비은행 금융기관. 외환위기 이전, 감독의 사각지대 속에서 해외 단기자금을 무분별하게 차입하여 기업들의 위험한 단기 대출 창구 역할을 하며 위기의 진원지가 되었다.

2003년 카드사태

외환위기의 뼈아픈 교훈으로 우리는 한국은행의 독립성을 보장하고 통합 금융감독기구를 출범시켰다. 다시는 관치금융의 망령이 시스템을 망가뜨리지 못하게 하겠다는 결기였다. 그러나 위기는 늘 우리가 예상치 못한 뒷문으로 들어오는 법이다. 고도성장기의 고금리 시대가 끝나고, 기업이 투자를 멈추자, 갈 곳 잃은 막대한 유동성은 봇물 터지듯 가계로 흘러들기 시작했다.

문제는 바로 여기였다. 돈이 흐르는 물길이 기업에서 가계로 바뀌었을 뿐, 그 둑이 무너지지 않도록 감시해야 할 '건전성 감독'의 본질은 결코 변하지 않았다. 관리해야 할 위험의 뇌관이 기업에서 가계로 이동한 것 뿐이었다. 하지만 새로운 위험이 잉태되고 있는 그 결정적인 순간, 최고의 권한을 쥐여준 한국은행도, 감시의 칼자루를 쥔 감독기구도 약속이나 한 듯 반응하지 않았다. 새로운 환경에서 다시 시스템의 브레이크는 작동하지 않았다. 외환위기 이후 불과 5년 만에 한국 경제는 카드사태라는 파국을 향해 달려갔다.

1단계: 외환위기 이후의 새로운 도전

외환위기라는 국난을 최단기간에 극복했다는 환호성이 채 가시지 않은 2000년대 초, 김대중 정부는 새로운 도전에 직면했다. 외환위기의 상처는 깊었다. 기업들은 투자를 극도로 꺼렸고, 살아남은 국민들은 허리띠를 졸라맸다. 수출이 잠시 회복의 동력이 되었지만, 그마저도 세계 경기 둔화 앞에 힘을 잃고 있었다. 혹독한 구조조정의 상처는 깊었고, 2000년 닷컴 버블 붕괴와 2001년 9.11 테러는 세계 경기를 얼어붙게 하며 수출 엔진을 식게 만들었다. 성장의 불씨를 되살려야 한다는 절박함 속에서, 정부는 마침내 가장 손쉽지만 가장 위험한 선택지, 즉 잠들어 있던 '내수 소비'라는 거인을 인위적으로 깨우기로 결심한다. 성장이 멈출 수 있다는 공포감 속에서, 정부는 과거 재벌의 투자에 의존했던 성장 공식 대신, 가계의 소비를 새로운 성장 동력으로 삼으려는 위험한 발상을 하게 된다.

2단계: 경기부양을 위한 규제완화라는 마법의 주문

김대중 정부가 꺼내 든 '신용카드 활성화 정책'은 사실 두 개의 얼굴을 가진 야누스와도 같았다.

한쪽 얼굴은 분명 '개혁'을 향하고 있었다. 당시 한국 경제의 고질병은 세원이 포착되지 않는 거대한 지하경제였다. 정부는 신용카드 사용을 늘려 모든 거래를 투명하게 양성화하고, 이를 통해 세금 탈루를 막는다는 선진화된 목표를 가지고 있었다. 1999년 5월 재정경제부 보도자료를 통해 발표된 "신용카드 사용금액 소득공제"와 "카드 영수증 복권 제도"는 바로 그 개혁 의지의 산물이었다. 이는 국가가 공식적으로 현금 대신 카드를 사용하도록 유도한, 명백히 긍정적인 효과를 노린 정책이었다.

하지만 다른 쪽 얼굴은 '성장 중독'이라는 탐욕을 향하고 있었다. 당장의 경기 부양 효과에 눈이 먼 정부는, 이 개혁의 칼날이 가져올 부작용을 통제할 안전장치를 마련하는 대신, 오히려 위험의 판을 키우는 데 집중했다. 카드회사들의 요청을 받아들여 길거리에서 신분증만 있으면 카드를 발급해 주는 것을 허용했고, 대학생과 무직자에게까지 발급 기준을 낮췄으며, 사실상 무제한으로 현금을 빌려 쓸 수 있도록 현금서비스 한도를 철폐했다. "카드를 쓰는 것이 애국"이라는 구호가 등장했고, 정부는 카드회사들의 과열 경쟁을 위한 판을 직접 깔아주었다. 선한 의도의 개혁은, 그렇게 통제 불능의 '마법의 주문'으로 변질되고 있었다.

3단계: 카드회사들의 외형 경쟁

정부가 열어준 판 위에서, 카드회사들은 광란의 춤을 추기 시작했다. 이 경쟁은 단순한 점유율 싸움을 넘어, 모기업인 삼성, LG 등 재벌 그룹 간의 자존심을 건 대리전이었다. "라이벌 그룹에게 시장 1위 자리를 내줄 수 없다"는 비이성적인 경쟁 심리가 '묻지마 발급'을 더욱 부추겼다. 기존에 신용카드를 발급하던 은행카드사 들까지 이 경쟁에 뛰어들었다. 카드 모집인들은 대학 캠퍼스와 길거리를 점령했고, 사은품 공세로 상환 능력이 전혀 없는 사람들의 지갑에까지 플라스틱 카드를 꽂아 넣었다.

카드회사들의 주된 수익원은 수수료가 아닌, 연 20%가 넘는 고금리의 '현금서비스'와 '카드론'이었다. 그들은 고객의 신용을 평가하는 대신, 오히려 더 많은 빚을 내도록 유도했다. 이 유혹에 빠진 수많은 사람들은 생활비와 사업자금이 부족할 때마다 카드로 현금을 빼 쓰기 시작했고, 이는 곧이어 닥쳐올 '카드 돌려막기'라는 비극의 서막이었다.

4단계: 다시 고장 난 브레이크

정부가 깔아준 판 위에서 카드회사들이 광란의 질주를 벌이는 동안, 감독 당국은 무엇을 하고 있었는가? 그들은 브레이크를 밟기는커녕, 오히려 가장 열렬한 치어리더였다. 가계부채가 위험 수위까지 치솟고 있다는 수많은 경고가 있었지만, 정부는 당장 눈앞에 보이는 소비 증가율과 내수 경기 회복이라는 지표에 취해 있었다.

이미 이 시기부터 언론에서는 소득 증빙도 없이 길거리에서 카드를 남발하는 행태의 위험성을 지적하기 시작했다. 더 나아가, 위기의 본질을 꿰뚫어 본 목소리도 분명히 존재했다. 당시 경실련에서 활동하던 저자를 비롯하여 시민사회에서는, 지금처럼 가계부채가 폭증하는 상황에서 가장 시급한 것은 부실을 막는 것과 동시에, 부실의 결과가 개인에게만 일방적으로 전가되지 않도록 할 법적 안전망임을 역설했다.

특히 저자는 미국이 1978년에 제정한 '파산개혁법 Bankruptcy Reform Act

of 1978'을 소개하며, 정직하지만 불운한 채무자에게 재기의 기회를 주는 '새출발'의 철학을 도입해야 한다고 주장했다. 또한, 상환 능력을 고려하지 않고 무분별하게 대출을 내주는 금융기관의 행태를 '약탈적 대출Predatory Lending'로 규정하고, 이에 대한 규제와 함께 채무자의 권리를 보호할 '공정채권추심법'의 필요성을 강력하게 제기했다.

하지만 금융 관료들에게 이러한 주장은 들리지 않았다. 그들의 유일한 관심사는 금융기관의 건전성 지표뿐이었다. 카드사들이 외형적으로 높은 수익을 내는 한, 그 이면에서 수백만 개인들의 삶이 빚의 수렁으로 빠져드는 것은 감독의 대상이 아니었다. 단기적인 성과에 도취한 금융 관료들에게, 감독의 브레이크는 애초에 존재하지 않았다.

5단계: 비이성적 돌려막기 광풍

자산이 아닌 '빚'과 '소비' 자체가 거품이 된 기이한 시대였다. 수많은 서민과 자영업자들은 신용카드로 받은 현금서비스를 생활비나 사업자금으로 사용하며 미래의 소득을 무한정 당겨썼다. 플라스틱 카드 한 장이면 당장 눈앞의 모든 문제가 해결될 것 같은 환상이 사회 전체를 지배했다.

"일단 쓰고 보자", "부족하면 다른 카드로 막으면 된다"는 위험한 인식이 전염병처럼 퍼져나갔고, '카드 돌려막기'는 더 이상 일부의 문제가 아닌, 수백만 명이 연루된 거대한 '빚의 폭탄 돌리기' 게임이 되었다. 사람들은 자신의 상환 능력을 따지기보다, '다른 사람들도 다 이렇게 산다'는 생각에 위안하며 소비 광풍에 동참했다. 소득은 제자리인데 씀씀이

만 커지는 기형적인 소비 거품이 대한민국을 집어삼키고 있었다. 이는 합리적 개인이 모여 비합리적 결과를 낳는, 전형적인 집단적 광기였다.

6단계: 서민의 고통은 외면하는 뒷북 대응

'카드 돌려막기'는 사실상 '소비자판 에버그리닝'이었지만, 연 20%가 넘는 고금리라는 특성상 결코 무한정 이어질 수 없는 파멸적인 구조였다. 그런데 이 비극의 이면에는 더욱 기만적인 현상이 숨어있었다. 수백만 명의 채무자들이 빚의 수렁에 빠져 허우적대는 바로 그 기간에, 카드회사들의 장부상 수익은 오히려 폭발적으로 증가했다. 채무자들이 빚을 갚기 위해 또 다른 카드로 고금리 현금서비스를 받을 때마다, 그 이자는 고스란히 카드회사의 수익으로 잡혔기 때문이다.

표면 아래에서는 국가 경제를 뒤흔들 부실 채권의 폭탄이 조용히 똑딱거리고 있었지만, 재무제표 위에서는 사상 최대의 이익 잔치가 벌어지는 착시 현상이 발생한 것이다. 만약 감독 당국이 이 '숨겨진 부실'의 실체를 파악하려는 최소한의 의지만 있었다면, 당시 카드회사들이 사실상 지급불능 상태임을 알 수 있었을 것이다. 하지만 그들은 이 명백한 위험 신호를 무시했다. 건전성 감독이란 바로 이런 숨겨진 부실을 들여다보는 것임에도 불구하고, 금융감독 당국은 장부상의 이익이라는 허상에만 집중했다.

이러한 감독 실패가 낳은 결과는 끔찍했다. 2002년부터 연체율이 급등하고, 불법적이고 폭력적인 채권 추심에 시달리던 사람들이 스스로 목숨을 끊는 비극적인 사건들이 연일 보도되며 심각한 사회 문제로 대두되었다. 하지만 정부와 금융감독 당국은 아무런 반응도 하지 않았다. 개인들의 삶이 무너지는 것은 숫자로 드러나는 '시스템 리스크'가 아니었다.

개인들의 고통에는 눈 감고 있던 금융 관료들이 패닉에 빠진 것은, 마침내 카드회사들의 부실이 현실화되어 금융시장 전체가 경색될 위기에 처한 때였다. 시장 1위였던 LG카드가 부도 위기에 몰리고 채권 시장이 마비될 조짐을 보이자, 그제야 허둥지둥 카드 발급과 현금서비스 한도를 규제하는 '뒷북 대응'에 나섰다.

이 모습이야말로 이 책이 고발하고자 하는 금융감독 시스템의 본질이다. 수많은 서민 가계가 빚으로 파탄 나는 과정은 감독의 대상이 아니지만, 그 결과로 금융기관 하나가 휘청거리는 것은 시스템 전체의 위기로 규정하고 즉각 개입한다. 그리고 바로 이 왜곡된 감독 시스템의 문제는, 카드사태 이후 정확히 같은 방식으로 가계부채와 주택담보대출 문제에서 반복되며 한국 경제를 더 큰 위기로 몰아넣게 된다. 이것이 바로이 책의 2부에서 본격적으로 다룰 핵심 주제다.

진정한 시장 원리는 부실 금융기관에 공적자금을 투입하는 것이 아니다. 애초에 이런 '숨겨진 부실'이 쌓이지 않도록 관리하고, 문제가 발생했을 때 시장 참여자들이 스스로 위험을 해결하도록 법적 제도를 마련하는 것이다. 당시 우리에게 필요했던 것은, 채무자의 권리를 보호하는 '공정채권추심법'과 정직하지만 불운한 채무자에게 재기의 기회를 주는 '소비자 파산법'이었다. 이 두 가지 법이야말로, 폭탄 돌리기가 파국으로 치닫기 전에 시장 원리에 따라 문제를 해결할 수 있는 가장 중요한 안전장치였다.

7단계: 신용불량자를 양산한 파국

2003년 말, 정부는 채권단(은행)을 동원해 사실상의 구제금융으로 LG카드를 살려냈고, 후에 신한카드에 인수된다. 카드회사들은 살아남았지만, 400만 명에 육박하는 신용불량자들은 아무런 보호 없이 거리로 내몰렸다.

비극은 여기서부터 시작되었다. 당시 대한민국에는 '공정채권추심법'이 존재하지 않았다. 이 법의 공백 속에서 카드사들과 불법 추심업체들은 빚을 갚지 못하는 채무자들에게 협박, 폭언, 직장과 집에 찾아가는 등의 야만적인 추심을 자행했다. 또한, 당시 파산법은 기업 중심이었고, 개인이 파산을 통해 재기할 수 있는 소비자 친화적인 파산제도는 사실상 전무했다. 정직하지만 불운하게 빚의 늪에 빠진 서민들에게는 미국처럼 '새출발'을 할 수 있는 길이 원천적으로 막혀 있었다.

결국 카드사들은 국민의 세금으로 살아남았지만, 수백만 명의 신용불량자들은 아무런 법적 보호 없이 빚의 굴레와 불법 추심의 고통 속에 던져졌다. 이는 금융위기의 비용을 가장 취약한 계층에게만 오롯이 전가한, 우리 사회의 부끄러운 자화상이었다.

너무 늦게 만들어진 안전망

카드사태라는 거대한 비극을 겪은 뒤에야, 우리 사회는 비로소 채무자를 보호하기 위한 최소한의 안전망을 만들기 시작했다. 2004년, 기존의 파산법, 화의법 등을 통합한 '통합도산법'이 제정되면서 개인회생제도가 도입되었고, 불법 추심을 일부 제한하는 조치(예: 야간 추심 금지)가 포함되었다.

하지만 이것만으로는 부족했다. 채무자의 권리를 적극적으로 보호하기에는 법의 허점이 너무 많았고, 이는 훗날 주택담보대출 등 새로운 가계부채 문제의 씨앗이 되었다. 채무자의 방어권을 보장하고 금융기관의 약탈적 대출 관행을 근본적으로 막기 위한 노력은 그 후로도 10년 넘게 이어졌다. 그리고 마침내 2015년, 저자가 국회의원으로 직접 발의했던 채무자의 방어권을 명시한 '공정채권추심법' 개정안이 통과될 수 있었다. 채무자가 변호사 등을 자신의 대리인으로 선임하고 이를 채권추심자에게 서면으로 통지한 경우, 채권추심자는 더 이상 채무자에게 직접 연락하거나 방문하는 등 접촉을 시도할 수 없게 한 조문이 포함되었다. 이는 너무나 많은 사람들이 눈물을 흘린 뒤에야 얻어낸, 뒤늦은 진전이었다. 만약 카드 사태 당시 제대로 된 공정채권추심법이 있었다면, 수많은 비극을 막을 수 있었을 것이다.

금융실명제

모든 금융 거래를 실제 명의로만 하도록 의무화한 제도. 1993년 8월 김영삼 정부가 대통령 긴급재정경제명령으로 전격 실시했다. 지하경제 양성화와 부패 방지에 크게 기여한 개혁으로 평가받는다.

카드 돌려막기

한 신용카드의 대금을 다른 신용카드의 현금서비스를 받아 결제하는 행위. 고금리 채무를 계속해서 늘려나가는 파멸적인 구조로, 카드사태 당시 수많은 신용불량자를 낳았다.

신용불량자

금융기관의 대출 원리금을 3개월 이상 연체하여 금융 공동망에 등록된 사람. 2003년 카드사태로 그 수가 400만 명에 육박하며 심각한 사회 문제가 되었다.

약탈적 대출

채무자의 상환 능력을 고려하지 않고, 오직 금융기관의 이익을 위해 이루어지는 불공정하고 기만적인 대출 행태를 말한다.

공정채권추심법

채무자에 대한 불법적이고 과도한 빚 독촉(폭행, 협박, 심야 방문 등)을 금지하고 채무자의 권리를 보호하기 위한 법률. 카드사태의 비극을 겪은 후인 2009년에야 제정되었고, 2015년에 채무자의 방어권이 강화되는 방향으로 개정되었다.

|3|

2005년 8.31 부동산대책

카드사태의 상처를 치료하기 위해 투입된 저금리와 유동성이라는 강력한 스테로이드제는, 예상치 못한 치명적인 부작용을 낳았다. 갈 곳을 잃은 막대한 유동성이 이번에는 부동산 시장으로 몰려들기 시작한 것이다. 2005년, 서울 강남을 중심으로 부동산 가격은 문자 그대로 미친 듯이 치솟았다. '버블 세븐'이라는 신조어가 언론에 연일 오르내렸고, 개혁적인 노무현 정부의 출범에 큰 기대를 가졌던 평범한 월급쟁이들의 내 집 마련의 꿈은 산산조각 났다. 자고 나면 수천만 원씩 오르는 아파트 가격 앞에 국민들의 분노와 박탈감은 하늘을 찔렀고, 마침내 정부는 칼을 빼 들었다. '부동산 투기와의 전쟁'이 선포되었다.

성장 조급증이 열어버린 판도라 상자

사실 이 불길의 씨앗은 이미 외환위기 직후에 뿌려졌다. 외환위기의
상처는 깊었다. 기업은 투자를 멈췄고 두려움에 빠진 소비자는 씀씀이
를 줄여 경제는 좀처럼 정상적인 성장 궤도로 올라서지 못했다. 위기를
막 극복했기 때문에 전면적으로 구조의 변화가 필요한 시기였으나, 성
과를 내야 하는 조급증에 빠진 정부 관계자들이 채택하기 어려운 선택
이었다.

대한민국 경제사에는 안타깝게도 반복되는 패턴이 하나 있다. 경기
침체의 공포가 닥쳐올 때마다, 정부는 어김없이 '부동산 경기 부양'이라
는 가장 손쉽지만 가장 위험한 카드를 꺼내 든다는 것이다. 이는 단기적
으로는 건설 경기를 살리고 세수를 늘리는 효과가 있지만, 장기적으로
는 경제의 자원을 비생산적인 부문으로 집중시키고 자산 거품을 키우
는 독약과도 같다.

외환위기 극복 과정에서 김대중 정부는 바로 이 독이 든 성배를 마
셨다. 침체된 경기를 살린다는 명분 아래, 1999년 5.4 부동산 규제 완화
조치를 통해 분양권 전매를 허용하고, 신축 주택에 대한 양도소득세를
5년간 한시적으로 면제했다. 이 규제 완화와 당시의 저금리 기조가 만
나자, 투기 붐은 어김없이 타올랐다. 이 정책의 최대 수혜자가 당시 최고
가 아파트의 상징이었던 '타워팰리스' 투자자들이었다는 역사적 아이러
니는, 위기의 고통은 서민에게 전가되고 부의 축적 기회는 부유층에게
돌아가는 우리 사회의 슬픈 자화상을 보여준다. 판도라의 상자는 그렇

게 열렸다.

2003년 출범한 노무현 정부는 이 뜨거운 감자를 물려받았다. 초기에는 종합부동산세(종부세) 도입이라는, 과거 정부에서는 상상하기 어려웠던 강력한 보유세 정책을 발표하며 시장을 일시적으로 안정시키는 듯했다. 투기 이익을 세금으로 환수하여 부동산으로 돈을 벌 수 없게 만들겠다는 의지는 분명해 보였다.

하지만 이 개혁안은 곧바로 기득권의 거센 저항에 부딪혔다. 정부가 처음 구상했던 종부세의 핵심은 가구별 합산 과세와 상대적으로 낮은 과세 기준이었다. 그러나 이 원안은 국회 입법 과정과 관료들의 손을 거치면서 완전히 다른 모습으로 변질되었다.

가장 결정적인 후퇴는 과세 기준이었다. 당초 정부와 여당 내 개혁파들은 과세 기준을 공시지가 6억 원으로 설정하여 고가주택 보유자에 대한 실질적인 증세 효과를 노렸다. 하지만 "세금폭탄"이라는 언론의 비판과 야당의 반발, 그리고 무엇보다 재산권 침해를 우려하며 미온적인 태도를 보인 재정경제부 관료들의 논리에 밀려, 최초의 종부세는 과세 기준이 9억 원으로 대폭 상향 조정된 채 2005년부터 시행되었다. 또한 위헌 소지를 이유로 가구별 합산이 아닌 개인별 합산으로 바뀌면서, 부부 공동명의 등을 통해 얼마든지 세금을 회피할 수 있는 길을 열어주었다.

결국 참여정부의 첫 번째 종부세는 '부동산 투기와의 전쟁'이라는 선언이 무색할 정도로, 소수의 부유층에게만 영향을 미치는 '찻잔 속의 태풍'으로 전락하고 말았다. 이는 강력한 개혁 의지조차 거대한 '건설족' 카르텔과 보수적인 경제 관료들의 벽을 넘기 어렵다는 사실을 보여준 명백한 사례였다. 관료들은 경기 위축을 명분으로 정책의 칼날을 무디게 만들었고, 그 과정에서 개혁의 본질은 사라졌다. 이는 정책 실패에 대한 책임을 지지 않으려는 관료들의 무책임과, 단기적인 경기 부양에만 집착하는 그들의 좁은 시야가 어떻게 국가의 장기적인 개혁 과제를 좌초시키는지 여실히 보여주는 장면이었다.

바로 여기서 정부 정책이 스스로를 파멸로 이끄는 '시간 비일관성 Time Inconsistency 문제'라는 전형적인 함정이 드러난다. 시간 비일관성은 경제정책의 효과 면에서 많은 논란을 불러일으키며 중요하게 다뤄지는 주제이므로 다소 설명이 필요하다.

합리적 기대 혁명과 시간 비일관성

'시간 비일관성' 문제는 1980년대 로버트 루카스, 토머스 사전트, 에드워드 프레스콧 등 '합리적 기대 혁명 Rational Expectations Revolution'을 이끈 경제학자들이 정립한 개념이다. 이들의 핵심 주장은 "사람들은 바보가 아니다"라는 것이다. 시장 참여자들은 정부의 정책 발표를 맹목적으로 믿는 것이 아니라, 과거의 경험과 현재의 정보를 바탕으로 정부가 앞으로 어떻게 행동할지를 '합리적으로 기대'하고 이에 맞춰 행동한다.

예를 들어, 정부가 "인플레이션을 잡기 위해 앞으로 돈을 풀지 않겠다"고 약속해도, 시장 참여자들은 '선거가 다가오거나 경기가 나빠지면 저 약속을 어기고 돈을 풀 것'이라고 합리적으로 기대한다. 인플레이션이 계속될 것이라는 기대 심리는 시장 참여자들에게 인플레이션에 대비하는 행동을 유도한다. 소비자들의 사재기, 노동자들의 임금 인상 요구, 기업들의 가격 인상 악순환이 이어지고, 결국 정부의 발표가 신뢰를 잃고, 정책은 효과를 발휘하지 못한다. 이는 정부의 '재량적' 정책이 오히려 시장의 불확실성을 키울 수 있음을 의미하며, 한번 정한 규칙을 일관되게 지키는 '준칙주의' 정책이 더 우월하다는 주장의 근거가 된다. 정부가 약속한 정책은 실업이나 경기침체와 같은 부작용을 감수하고서도 유지해야 정부의 신뢰도가 높아져, 정책 효과가 커지게 된다. 2000년대 참여정부가 부동산 정책에서 겪은 실패는, 바로 이 합리적 기대 이론의 교과서적인 사례였다.

이미 1980년대 경제학계에서는 상식이 된 이 이론이, 2000년대 대한민국 정책 결정 과정에서 철저히 외면받았다. 한국의 경제정책이 경제학계의 학문적 성과를 수용하지 못하고 과거의 관성대로 집행되는 대표적인 사례다. 재량에 기댄 미세조정 Fine-tuning이 가능하다는 낡은 믿음에 사로잡혀 있던 한국의 정책 당국은, 정책의 '신뢰'가 얼마나 중요한 자산인지를 이해하지 못했다. 시장의 불신과 불안이 극에 달하고 정부 정책을 비웃듯이 주택가격 상승이 이어지자, 노무현 대통령이 직접 나섰다. "더 이상 부동산으로 돈 버는 시대는 끝내겠다"며, 모든 부처의 의견을 총망라한 '최종적이고 종합적인 대책'을 만들겠다고 선언했다. 이는 시간 비일관성의 덫에 빠져 잃어버린 정책의 신뢰를, 대통령의 권위로 되살리려는 마지막 승부수였다.

왜 대한민국 최고의 엘리트라는 경제 관료들은 20년이나 지난 경제학 이론조차 받아들이지 못하고 똑같은 실패를 반복하는가? 이것이 바로 이 책의 핵심 주장과 맞닿아 있는, 우리 경제의 구조적 비극이다.

첫째, 그들은 경제학 이론을 받아들이기보다 과거의 관치 시대 정책에 집착한다. 개발 독재 시절, 정부가 금융을 통제하며 자원을 배분해 성장을 이끌었던 성공의 경험은 그들에게 지울 수 없는 각인과도 같다. 세상이 바뀌어 저금리, 고유동성의 시대가 되었음에도, 그들은 여전히 정부가 시장을 '미세조정' 할 수 있다는 오만에 빠져있었다.

둘째, 창의적 학습 능력의 부재다. 새로운 경제 환경에 맞는 정책을 개발하기보다, 손쉽게 일본의 정책을 베끼는 관행이 수십 년간 이어져 왔다. 하지만 그마저도 일본이 왜 그 정책을 썼는지에 대한 깊은 이해 없이, 껍데기만 가져오는 경우가 태반이다. 심지어 당시 일본이 버블경제로 얼마나 고통을 겪고 있는지를 뻔히 보면서도, 일본과 같은 정책 실패를 반복했다.

근본적인 문제는 외부의 견해를 받아들이지 않는 폐쇄적인 관료들의 사일로라는 구조에 있다. 폐쇄적이면서 오만한 사일로에 갇힌 관료들은 유동성 과잉 경제에서 금융건전성 관리를 위해 중요한 개념인 '약탈적 대출'을 받아들이지 못한다. 그들은 은행이 스스로 위험을 관리할 것이라는 순진한 믿음을 가졌거나, 혹은 은행의 이익을 대변했다. 개인의 상환 능력을 초과하는 대출이 시스템 전체를 어떻게 무너뜨리는지에 대한 이해가 전무했다. 따라서 총부채상환비율DTI, Debt To Income Ratio 과 같은 근본적인 처방 대신, 세금과 공급이라는 자신들에게 익숙한 낡은 처방전만 고집하게 된 것이다.

허무하게 날려버린 마지막 기회

대통령의 선언 이후, 8.31 대책 발표를 앞두고 각계의 여론을 수렴하는 과정에서, 저자는 다른 부동산 전문가들과 함께 당시 청와대 참모들을 만나 부동산 정책에 있어 금융건전성 규제가 얼마나 중요한지 역설하는 기회를 가졌다. 국내에 아직 생소했던 '약탈적 대출' 개념을 소개하며, 은행들이 개인의 상환 능력을 고려하지 않고 주택담보대출을 남발하는 행태의 위험성을 경고했다. 그리고 유일하고 가장 효과적인 해법으로, 개인의 소득에 연동하여 대출 총액을 규제하는 총부채상환비율의 전면적인 도입을 주장했다.

하지만 그들의 반응은 싸늘했다. 평생을 공급과 세금이라는 낡은 패러다임에 갇혀 있던 그들에게, '빚'의 흐름 자체를 통제해야 한다는 새로운 개념은 이해의 범주를 벗어나는 것이었다. 결국 이 제안은 '시기상조'라는 이유로 대책에서 완전히 빠지게 되었다. 위기를 막을 수 있었던 결정적인 브레이크가 눈앞에 있었음에도, 무지와 편견으로 이를 걷어차버린 '고장난 브레이크'의 전형적인 사례였다.

마침내 발표된 8.31 대책의 내용은, 당시 경제부총리가 "투기는 끝났다"고 호언장담했던 것과는 거리가 멀었다. 처방전은 종합부동산세 강화, 양도소득세 중과 등 조세 정책과 신도시 추가 건설 등 공급 확대에만 초점이 맞춰져 있었다. 이는 문제의 원인을 완전히 잘못 진단한 처방이었다.

결과는 처참했다. 정부의 호언장담에도 불구하고, 부동산 가격은 잠시 주춤하는 듯하다가 이내 이전보다 훨씬 가파르게 폭등했다. 8.31 대책의 실패는 국민들의 신뢰를 잃고, 노무현 정부의 국정 동력을 상실하게 만들었으며, 결국 정권의 몰락을 가져온 중요한 원인이 되었다.

돌이킬 수 없는 길, 거품 경제의 서막

2005년은 바로 오늘날의 위기를 막을 수 있었던 마지막 '골든타임'이었다. 만약 그때 DTI 규제가 전면적으로 도입되었다면, 이후 20년간 한국 경제를 암처럼 짓누르게 될 가계부채라는 시한폭탄은 만들어지지 않았을 것이다.

하지만 우리는 그 마지막 기회를 스스로 걷어찼다. 그리고 2005년에 저질렀던 바로 그 실수 - 위기의 본질(가계부채)은 외면한 채, 엉뚱한 곳(공급, 세금)만 건드리는 정책 실패는, 이후 20년간 대한민국 정부의 부동산 정책에서 단 한 번의 예외도 없이 반복되었다.

마침내 모든 대출을 포괄하는 진정한 의미의 총부채원리금상환비율DSR, Debt Service Ratio 규제가 전면 시행된 것은, 그로부터 20년이 흐른

2025년 7월에 이르러서였다. 하지만 그때는 이미 너무 늦었다. 20년간 방치된 가계부채라는 폭탄은, 이제 누구도 해체할 수 없을 만큼 거대해져 버렸다.

1997년 외환위기, 2003년 카드사태, 그리고 2005년 부동산 정책 실패. 우리는 10년도 안 되는 짧은 기간 동안 세 번의 거대한 경고음을 들었다. 각 위기의 모습은 달랐다. 첫 번째는 기업의 외화 부채였고, 두 번째는 가계의 신용카드 부채였으며, 세 번째는 가계의 주택담보대출 부채의 서막이었다.

하지만 그 본질은 놀라울 정도로 똑같았다. 성장의 잔치가 끝나자(1단계), 정부는 구조 개혁이라는 어려운 길 대신 규제 완화와 유동성 공급이라는 손쉬운 마법의 주문(2단계)을 선택했다. 그 돈은 어김없이 묻지마 대출 경쟁(3단계)으로 이어졌고, 고장 난 감독 시스템(4단계)은 이를 방치했다. 결국 투기 광풍(5단계)이 불고, 문제가 터진 뒤에야 정부는 허둥지둥 뒷북 대응(6단계)에 나섰으며, 그 고통은 언제나 평범한 사람들에게 전가(7단계)되었다.

세 번의 위기는 우리에게 똑같은 교훈을 가르쳐 주었다. 빚으로 쌓아 올린 성장은 신기루이며, 구조 개혁 없는 부양책은 더 큰 재앙을 부를 뿐이라는 것. 그리고 금융 시스템의 브레이크는 기관이 아닌, 최종 채무자인 '사람'의 상환 능력에 맞춰져야 한다는 것. 가장 중요한 교훈은 관료들의 폐쇄적인 사일로를 바꾸지 못하면 같은 실책이 반복된다는 것.

하지만 우리는 이 모든 교훈을 외면했다. 세 번의 기회를 모두 놓친

것도 아쉽지만, 막대한 비용을 치르고 나서도 여전히 같은 실수를 반복하고 있다. 이 세 번의 위기는 끝이 아니었다. 그것은 이 책의 2부에서 본격적으로 다루게 될, 이 모든 실패가 응축된 더 큰 위기를 향한 서곡에 불과했다.

용어 설명

8.31 부동산 대책
2005년 8월 31일, 참여정부가 부동산 가격 안정을 위해 발표한 종합 부동산 정책. 종합부동산세 강화 등 세금 중과와 공급 확대가 주요 내용이었으나, DTI와 같은 금융 규제가 빠져 실패했다는 평가를 받는다.

시간 비일관성
정부가 장기적으로 최선인 정책을 단기적인 유혹 때문에 일관되게 유지하지 못해, 결국 시장의 신뢰를 잃는 현상을 설명하는 경제학 이론.

총부채상환비율
소득을 기준으로 주택담보대출의 원리금 상환액이 일정 비율을 넘지 않도록 규제하는 제도. 빚을 갚을 능력 안에서만 돈을 빌리도록 하는 핵심적인 가계부채 관리 수단이다.

건설족建設族
건설업계와 이해관계를 공유하며 그들의 이익을 대변하는 정치인, 관료, 언론 등을 총칭하는 용어. 강력한 카르텔을 형성하여 부동산 정책에 막대한 영향력을 행사한다.

이제 우리는 앞서 정립한 '금융위기의 7단계 모델'이라는 렌즈를 통해 한국 경제의 뼈아픈 궤적을 추적하려 한다. 성장의 정체라는 1단계에서 시작해, 규제 완화라는 달콤한 유혹과 감독의 부재, 그리고 투기의 광풍을 거치며 우리는 과연 어디까지 떠내려왔는가. 이 고통스러운 복기를 통해 한국 경제가 현재 파국의 문턱에 얼마나 위험하게 근접해 있는지 냉철하게 진단해 볼 것이다.

2부

대한민국 금융위기,
7단계 시나리오

성장률 둔화와
새로운 도전

한국의 경제위기를 예고한 '총요소생산성'의 마법

1997년 외환위기가 터진 후, 수많은 국내 경제학자와 관료들은 입을 모아 말했다. "누구도 예측하지 못한 갑작스러운 위기였다"고. 이른바 '외환위기 벼락 가설'이다. 하지만 과연 그랬을까? 역사의 기록은 전혀 다른 진실을 가리키고 있다. 위기가 닥치기 몇 년 전부터, 세계적인 석학들은 이미 한국 경제의 화려한 성장 이면에 숨겨진 치명적인 약점을 정확히 짚어내고, 공개적으로 경고하고 있었다.

그들의 경고를 이해하기 위해서는, 먼저 경제가 어떻게 성장하는지에 대한 기본적인 그림을 이해할 필요가 있다. 아주 작은 빵집을 상상해 보자. 이 빵집의 성공(경제 성장)은 무엇으로 결정될까?

가장 간단한 방법은 일하는 사람(노동)을 늘리는 것이다. 제빵사 한 명이 두 명이 되면 당연히 빵 생산량은 늘어난다. 하지만 빵을 굽는 오분은 그대로인데 제빵사만 계속 늘리면 어떻게 될까? 처음에는 생산량이 늘겠지만, 어느 순간부터는 좁은 주방에서 서로 부딪히고 동선이 꼬이면서 한 사람이 추가될 때 늘어나는 빵의 양은 점점 줄어들 것이다. 이것이 바로 경제학 교과서에서 설명하는 '한계생산 체감의 법칙'이다.

두 번째 방법은 기계(자본)를 늘리는 것이다. 제빵사는 그대로 두고 오븐을 계속 추가해도 비슷한 현상이 발생한다. 처음에는 오븐이 늘어난 만큼 빵을 더 구울 수 있지만, 한 명의 제빵사가 감당할 수 있는 오븐의 수에는 한계가 있다. 결국 오븐 한 대가 추가될 때 늘어나는 빵의 양도 점점 줄어들게 된다.

그렇다면 사람과 기계를 동시에 늘리면 되지 않을까? 물론 단기적으로는 성장이 가능하다. 이것이 바로 과거 한국 경제가 걸어온 길이다. 젊고 풍부한 노동력을 투입하고, 막대한 자본을 빌려와 공장을 지었다. 하지만 기술 발전 없이 노동과 자본의 양만 계속 늘리는 성장은, 마치 똑같은 레시피로 똑같은 빵을 더 많이 만들기만 하는 것과 같아서 언젠가는 반드시 한계에 부딪힌다.

바로 이 지점에서 경제학자 폴 로머Paul Romer가 등장한다. 그는 1980년대 기존 성장 이론의 한계를 지적하며 '내생적 성장이론Endogenous Growth Theory'이라는 새로운 패러다임을 제시했다. 그는 지속적인 성장의 비밀은 단순히 사람이나 기계를 늘리는 데 있는 것이 아니라, 경제 시스템 내부에서 스스로 만들어 내는 '기술' 또는 '지식'이라는 마법의 재료에 있다고 보았다. 똑같은 제빵사와 오븐을 가지고도, '더 맛있는 빵을 더 빨리 만드는 새로운 레시피(기술)'가 있다면 빵집의 생산성은 비약적으로 향상된다. 이 '레시피'는 한번 개발되면 누구나 함께 쓸 수 있고, 쓴다고 닳아 없어지지도 않는다. 오히려 새로운 레시피들이 서로 결합하여 더 혁신적인 레시피를 만들어 내며, 성장의 한계를 무너뜨린다. 로머의 이러한 통찰은 기술 발전의 중요성을 경제학의 중심으로 가져왔고, 그 공로를 인정받아 2018년 노벨 경제학상을 수상했으며, 2000년대 이후 전 세계가 '혁신 주도 성장'을 외치게 된 이론적 배경이 되었다.

경제학자들은 노동과 자본 투입만으로는 설명되지 않는 이 마법 같은 생산성 향상을 '총요소생산성 Total Factor Productivity, TFP'으로 측정한다. TFP는 기술 발전, 경영 혁신, 효율적인 시스템 등 경제의 '질적인 수준'을 보여주는 핵심 지표다. TFP가 높다는 것은, 단순히 땀(노동)과 돈(자본)을 많이 쏟아붓는 것이 아니라, '영감 Inspiration'을 통해 더 스마트하게 성장하고 있다는 의미다.

1994년, 폴 크루그먼 Paul Krugman은 외교 전문지 《포린 어페어스 Foreign Affairs》에 기고한 〈아시아 기적의 신화 The Myth of Asia's Miracle〉에서 바로 이 점을 찔렀다. 그의 주장은 당시 전 세계가 '한강의 기적'을 찬양하던 분위기에 찬물을 끼얹는, 매우 도발적인 것이었다. 그는 아시아의 기적이 사실은 '신화'에 불과하며, 그 본질은 혁신적인 기술 발전이 아닌, 단순히 노동력과 자본을 엄청나게 쏟아부은 결과일 뿐이라고 진단했다. 마치 1950년대 소련이 노동자를 강제로 동원하고 공장을 무한정 지어 일시적인 성장을 이룩했던 것과 본질적으로 다를 바 없다는 것이었다.

크루그먼의 이런 주장은 스탠퍼드 대학의 앨윈 영 Alwyn Young과 같은 경제학자들이 수행한 치밀한 실증 분석에 기반한 것이었다. 영은 1995년 발표한 기념비적인 논문, 〈숫자의 폭정: 동아시아 성장 신화의 통계적 실체The Tyranny of Numbers: Confronting the Statistical Realities of the East Asian Growth Experience〉를 통해, 한국을 포함한 아시아 4마리 용Four Asian Dragons의 경제 성장을 정밀하게 해부했다. 그는 방대한 데이터를 분석한 결과, 이들 국가의 눈부신 성장의 대부분이 교육 수준 향상에 따른 노동 투입 증가와 막대한 자본 축적으로 설명되며, 경제 전체의 효율성을 보여주는 '총요소생산성(TFP)'의 기여는 놀라울 정도로 미미했음을 통계적으로 증명했다. 영감Inspiration 없이 오직 땀Perspiration만으로 이룬 성장은 지속 불가능하다는 냉정한 경고였다.

이처럼 세계 최고의 경제학자들은 이미 1990년대 중반에, 한국 경제의 성장 엔진에 TFP라는 핵심 부품이 빠져있음을 공개적으로 진단하고 있었다. 하지만 당시 한국의 관료들은 이러한 외부의 경고에 귀를 닫았다. 그들은 '한국적 특수성'을 내세우며 문제를 외면했고, 눈앞의 성장률에 취해 있었다. 결국 그들은 TFP를 높이는 어려운 길 대신, 재벌의 무분별한 확장을 통한 자본 증가(묻지마 투자)라는 가장 손쉬운 길을 택했다. 생산성 향상이 없다면 부실한 자본만 늘어나 금융위기를 초래할 것이라는 경제학자들의 선지적 예측이 정확히 지적한 그대로다. 고리타분하게만 보이는 경제학 이론이지만 때로는 이렇게 무시무시한 현실을 비추는 중요한 길잡이임을 잊어서는 안 되는 사례이다.

진짜 비극은 위기 그 자체가 아니라, 그 명백한 경고를 듣고도 아무것도 하지 않았던 우리의 무지와 오만에 있었다. 한국 경제는 여전히 과거 개발연대의 성공 신화, 즉 노동과 자본만 투입하면 성장할 수 있다는 낡은 패러다임에서 벗어나지 못하고 있었다. 이는 현대 경제학이 수십 년에 걸쳐 쌓아 올린 교훈을 정면으로 무시한 것이며, 바로 이것이 1997년 외환위기의 근본적인 원인이었다.

그리고 1997년 외환위기가 우리에게 남긴 가장 뼈아픈 교훈은 바로 이것이다. IMF 외환위기는 갑자기 발생한 것이 아니라 이미 오래전부터 그 원인이 쌓여 왔다. 총요소생산성의 증가 없는 노동과 자본의 투입만으로는 더 이상 성장이 불가능하다는 사실을 온 국민이 피와 눈물로 확인한 것이다. 바로 그 뼈아픈 교훈을 얻었음에도, 지금 우리가 똑같은 실수를 반복하고 있다는 것은 우리 경제의 가장 어처구니없는 비극이다.

용어 설명

잠재성장률Potential Growth Rate
한 나라가 가진 노동, 자본 등 모든 생산요소를 정상적으로 투입하여 물가 상승을 유
발하지 않고 최대한 이룰 수 있는 경제성장률. 경제의 기초 체력을 의미한다.

한계생산 체감의 법칙 Law of Diminishing Marginal Returns
다른 생산요소는 고정한 채, 한 가지 생산요소(예: 노동)만 계속 추가 투입하면, 추가
투입에 따른 생산량 증가분이 점차 줄어드는 현상.

내생적 성장이론
기술 진보나 지식 축적 같은 경제 내부의 요인이 지속적인 경제 성장을 가능하게 한
다는 이론. 폴 로머가 주창했다.

총요소생산성
노동과 자본 등 투입된 생산요소 외에, 기술 발전, 경영 혁신, 제도의 효율성 등이 성
장에 기여하는 정도를 나타내는 지표. 경제의 '질적 성장' 수준을 의미한다.

| 2 |

3대 성장 동력의 동반 추락과 정해진 미래

1997년 외환위기가 우리에게 남긴 가장 뼈아픈 교훈은 '총요소생산성 없는 성장은 모래 위에 지은 성'이라는 것이었다. 하지만 그 피와 눈물의 교훈을 얻었음에도, 우리는 지금 더 근본적이고 암울한 현실에 직면했다. 과거에는 '영감(생산성)'의 부족을 '땀(노동)'과 '돈(자본)'을 쏟아부어 메울 수 있었다. 하지만 이제는 땀을 흘릴 사람마저 사라지고 있다. 이 절은 바로 그 냉혹한 현실에 대한 '경제 건강검진 결과표'다.

대한민국 최고의 경제 두뇌들이 모인 한국은행, 한국개발연구원 KDI, 국회예산정책처, 그리고 재계의 연구소인 한국경제연구원까지 이념적 성향과 관계없이 이들 기관이 내놓는 한국 경제의 건강검진 결과는 놀라울 정도로 일치하며, 암울하다. 진단서는 우리 경제의 3대 성장 엔진, 즉 노동, 자본, 총요소생산성이 모두 동시에 고장 나고 있음을 가리키고 있다.

한국의 경제성장률은 1980년대 후반 이후 지속적으로 하락해 왔다. 아래 그림에서 보듯이 외환위기 이후 빠르게 하락했고, 2010년대 중반 2%대에서 정체되었다가, 최근 다시 변동성이 커지고 있다.

한국의 경제성장률 추이

자료 : 한국은행 경제통계시스템

최근 한국은행이 발표한 보고서(BOK이슈노트 제2024-33호)는 그 실상을 더 적나라하게 보여준다. 보고서에 따르면, 우리나라의 잠재성장률은 지속적으로 추락해왔다. 2000년대 초반 5%에 달했던 잠재성장률은 2010년대에 3%대로, 그리고 2020년대 초반에는 2% 수준까지 떨어졌다. 불과 20여 년 만에 성장 잠재력이 반토막 이상 난 것이다. 다음 그림은 한국 경제의 암울한 현실을 보여주고 있다.

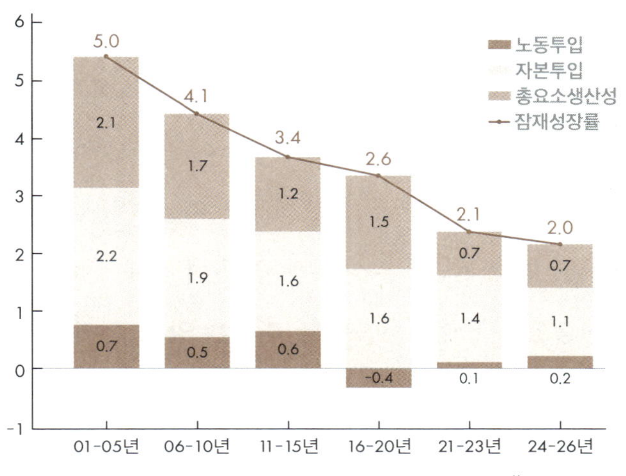

한국의 잠재성장률과 투입요소별 기여도 분석[1]

출처 : 이은경, 천동민, 김정욱, 이동재(2024).
우리 경제의 잠재성장률과 향후 전망, BOK 이슈노트, 2024(33)

심장이 멈춰버린 총요소생산성

외환위기 이후에도 TFP 증가율은 개선되기는커녕, 2010년대 이후 계속 하락해 0%대로 떨어져 정체 상태에 빠졌다. 보고서는 그 원인으로 혁신 부족, 자원 배분의 비효율성, 그리고 구조조정 지연을 지목한다. '혁신 성장'은 구호에 그쳤을 뿐, 우리 경제의 질적 수준은 한 발짝도 나아가지 못했다. 꺼져가는 성장 엔진을 다시 뜨겁게 달굴 수 있는 유일한 불꽃은 바로 '혁신'이다. 하지만 안타깝게도 지금 한국 경제에서는 이 혁신의 불꽃마저 사그라들고 있다는 우려가 크다.

물론 한국은 GDP 대비 연구개발 R&D 투자 비중은 세계 최상위권이

---

1)　기여도 분석은 생산함수 모형과 다변량필터링 모형 결과의 평균

다. 하지만 정작 그 많은 돈이 얼마나 효율적으로 쓰여서 실제 사업화로 이어지는지에 대해서는 의문부호가 붙는다. 이른바 '코리아 R&D 패러독스Korea R&D Paradox'다. 돈은 많이 쓰는데 결과물은 초라하다는 것이다.

더 심각한 문제는, 과거 한국 경제 성장을 이끌었던 삼성전자, 현대자동차 같은 글로벌 대기업들은 대부분 수십 년 전에 설립되어 이제는 성숙기에 접어들었거나 새로운 도전에 직면해 있는데, 이들의 뒤를 이을 만한 새로운 대기업이 거의 나타나지 않고 있다는 점이다. 물론 네이버나 다음(현 카카오) 같은 IT 기업이 등장했고, 크래프톤이나 넥슨 같은 몇몇 게임 회사, 또는 셀트리온 같은 바이오 기업이 글로벌 시장에서 두각을 나타내기도 했다. 하지만 이들을 제외하면, 한국 경제의 미래를 이끌어갈 만큼 파괴적인 혁신을 보여주는 새로운 대규모 기업의 출현은 찾아보기 어렵다. 마치 오래된 스타 선수들에게만 의존하는 축구팀처럼, 새로운 젊은 피의 수혈이 절실한 상황이다.

이는 실리콘밸리를 중심으로 끊임없이 새로운 기술 기업들이 등장하고 기존 기업들도 혁신을 거듭하며 세계 경제를 주도하고 있는 미국과 극명한 대조를 이룬다. 구글(알파벳), 아마존, 페이스북(메타), 애플, 마이크로소프트, 테슬라, 엔비디아 등 미국의 주요 기술 대기업들은 대부분 상대적으로 젊은 창업자들에 의해 설립되어 역동적으로 성장하며 세상을 바꾸고 있다. 그들은 실패를 두려워하지 않고 끊임없이 새로운 영역에 도전하며 혁신의 역사를 써 내려가고 있다. 하지만 한국은 여전히 기존 대기업 중심의 경제 구조가 고착화되어 있고, 새로운 아이디어나 기술을 가진 젊은 혁신가들이 마음껏 도전하고 성장하기에는 여러 가지 장벽이 높다는 비판이 많다. 이러한 혁신 기업의 부재와 기존 주력 산업의 정체는 한국 경제의 역동성을 크게 떨어뜨리고 미래 성장 잠재력을 심각하게 약화시키는 결정적인 요인이 되고 있다.

헛도는 바퀴, 자본 투입

"돈이 있으면 공장 짓고 기계 사면 성장하는 것 아니냐?" 과거에는 맞는 말이었을지 모른다. 하지만 이제는 자본만 투입한다고 성장이 보장되던 시대는 지났다. 기업들의 투자 심리가 위축되면서 자본 투입량 자체의 증가세도 둔화되었지만, 더 큰 문제는 투자한 자본이 얼마나 효율적으로 사용되어 성장에 기여하는지를 보여주는 '투자 효율성'이 크게 떨어지고 있다는 점이다. 주요 연구기관들은 한계기업(이자도 못 버는 기업)으로 자본이 흘러 들어가거나, 부동산 등 비생산적인 부문으로 투자가 쏠리면서 자본의 성장 기여율이 과거에 비해 크게 낮아졌다고 분석한다. 부동산은 경제의 기반시설을 제공하고 단기적으로 투자자들에게 높은 수익이 날 수도 있지만, 과도한 경우에는 경제 전체의 생산성을 높이지는 못한다. 자본의 낭비를 초래하는 중요한 요인이 된다.

역회전하는 엔진, 노동 투입

그리고 마지막, 가장 치명적인 진단은 바로 역회전하는 엔진, 노동 투입이다. 과거 한국 경제는 풍부하고 젊은 노동력을 대거 투입하며 빠르게 성장했다. 하지만 이제는 '단순 양적 투입의 시대'는 막을 내렸다. 세계 최저 수준의 출산율과 가장 빠른 고령화 속도로 인해 일할 수 있는 생산가능인구 자체가 매년 수십만 명씩 줄어들고 있다. 그림에서 보듯이 이미 10여 년 전부터 노동의 경제성장률 기여도는 미미한 수준으로 하락했다. 한국은행이나 KDI 보고서들은 인구구조 변화가 노동 투입을 직접적으로 감소시켜 경제 성장을 깎아 먹는 요인이 되고 있다고 지적한다. 단순히 일할 사람 수만 줄어드는 것이 아니다. 노동의 질적 개선이나 숙련도 향상도 기대만큼 빠르지 않아, 노동의 성장 기여율은 급격히 낮아지고 있는 실정이다. "이제는 사람이 없어서 공장을 못 돌린다"는 중소기업의 하소연은 더 이상 남의 이야기가 아니다.

한국은행 보고서는 이 추세가 계속될 경우, 우리의 미래가 어떻게 될지를 냉정하게 보여준다. 현재와 같은 저출산 추세가 지속되고 구조개혁에 실패한다면, 우리의 잠재성장률은 2030년대에 1% 초중반으로 진입하고, 2040년대 후반에는 연평균 0.6% 수준까지 추락할 것이라고 예측한다.

하지만 보고서는 여기서 멈추지 않고, 우리의 선택에 따라 미래가 달라질 수 있는 두 갈래의 길을 제시한다.

긍정적 시나리오 (저출산 개선 및 구조개혁 성공 시):

만약 정부가 수도권 집중 완화, 일과 가정의 양립 등 적극적인 정책을 통해 출산율을 OECD 평균 수준으로 회복시키고, 혁신 생태계 조성 등 구조개혁에 성공한다면, 2040년대 후반 잠재성장률은 기준 전망(0.6%)보다 0.8~0.9%p 높은 1.4%~1.5% 수준까지 상승할 수 있다. 총요소생산성 향상이 0.7%p, 출산율 제고가 0.1~0.2%p, 여성·고령층 생산성 향상이 0.1%p를 끌어올리는 극적인 반전이다.

부정적 시나리오 (저출산 심화 및 구조개혁 실패 시):

반면, 현재의 저출산 추세가 더 심화되고 구조개혁에 실패한다면, 2040년대 후반 잠재성장률은 0.4% 수준까지 더 떨어질 것으로 전망된다.

이러한 암울한 전망은 한국은행만의 의견이 아니다. KDI, 한국경제연구원, 국회 예산정책처 등 국내 주요 연구기관들 역시 세부적인 수치에는 약간의 차이가 있을 뿐, "한국의 잠재성장률이 구조적인 문제로 인해 급격히 하락하고 있으며, 특단의 대책이 없다면 0%대 성장 시대에 진입할 것"이라는 방향성에서는 완전히 일치된 견해를 보이고 있다. 이는 이 문제가 특정 기관의 비관론이 아닌, 대한민국 경제가 직면한 객관적인 현실임을 의미한다.

결국 이제 한국 경제는 '총요소생산성 정체'와 함께 '자본의 효율성 저하'와 '노동 투입 감소'라는 삼중의 족쇄에 묶여버렸다. 이 세 가지 변수가 고정된 이상, 잠재성장률 하락은 더 이상 비관적인 예측이 아니라, 우리 앞에 닥친 '정해진 미래'다.

이처럼 '저성장의 공포'가 대한민국 경제를 짓누르고 있다면, 우리가 나아가야 할 길은 명확했다. 바로 잠재성장률 자체를 끌어올리기 위한 총력전을 펼치는 것이었다. 국가의 존망이 걸린 저출산 문제를 해결하기 위한 특단의 대책, 그리고 자본의 효율성과 총요소생산성을 높이기 위해 우리 사회가 무엇을 혁신해야 하는지에 대한 치열한 국가적 논의가 시작되어야 했다. 하지만 안타깝게도, 우리는 이 명백한 해법을 외면한 채 너무나 오랜 시간을 무기력하게 방관해 왔다. 여기저기 건강 악화 신호가 울리는데도 과거의 나쁜 습관에서 벗어나지 못하고 있는 환자와 같은 위험한 상태인 것이다.

착시효과를 부른 두 번의 행운

1단계 성장률 둔화와 새로운 도전

한국 경제의 성장 엔진이 서서히 식어가고 있다는 경고음은 사실 꽤 오래전부터 울리고 있었다. 과거 두 자릿수 성장을 구가하던 시절은 전설이 된 지 오래고, 잠재성장률은 지속적으로 하락하는 추세를 보여 왔다. 하지만 이 명백한 하락 추세 속에서도, 마치 꺼져가는 불꽃이 마지막 힘을 내어 한 번 더 타오르듯, 한국 경제가 일시적으로 회복하는 것처럼 보이는 시기들이 있었다. 공교롭게도 이 시기들은 우리 내부의 체질 개선보다는 외부에서 찾아온 '두 번의 큰 행운' 덕분이었는데, 안타깝게도 이 행운은 구조적 문제 해결을 위한 골든타임을 놓치게 만들고, 오히려 문제의 심각성을 가리는 '달콤한 착시 현상'을 일으키는 역할을 했다.

IMF 외환위기 이후 '강제된 구조조정'과 '일본의 쇠락'

첫 번째 행운은 1997년 IMF 외환위기 이후 찾아왔다. 외환위기의 폐허 속에서 불과 몇 년 만에 V자 반등에 성공하며 전 세계를 놀라게 했던 2000년대 초반, 그 기적의 이면에는 역설적인 행운이 숨어있었다.

IMF의 강력한 요구 아래, 우리는 원치 않았지만, 수많은 부실기업과 금융기관을 정리하는 강도 높은 구조조정을 단행할 수밖에 없었다. 한국 사정을 잘 모르는 IMF의 강요에 따라 불필요한 희생을 겪었고 실업률이 급증하는 등 피해를 많이 보았다. 한국의 사례 이후에 IMF 내부에서도 성찰이 있었고, 이후 IMF는 상대적으로 덜 가혹한 조건에서 지원하는 사례가 늘었다. 불필요한 피해를 보긴 했지만, 그런 가운데에서도 수많은 부실기업과 금융기관이 시장에서 퇴출당했고, 이 과정에서 경제 전체의 비효율성이 상당 부분 제거되며 일시적으로나마 '클린 경제'의 토대가 마련되었다.

재벌들은 비주력 계열사를 매각하고 핵심 사업 위주로 재편하며 군살을 뺐다. 바로 이 시기에, 우리의 가장 강력한 경쟁자였던 일본은 '잃어버린 10년'의 깊은 수렁에서 허우적거리고 있었다. 일본의 은행들은 부실채권 더미에 깔려 숨도 제대로 쉬지 못하는 '좀비 은행'이 되어, 회생 불가능한 '좀비 기업'에 대출을 연장해 주며 연명하고 있었다. 그 결과, 일본의 건강한 기업들조차 신규 투자를 위한 자금을 구하지 못하는 '돈맥경화' 현상이 발생했다.

특히 반도체, 디스플레이, 석유화학처럼 천문학적인 자금이 필요한 대규모 장치 산업에서 일본 기업들의 투자가 멈춰 선 바로 그 순간, 한국 기업들에게는 절호의 기회가 찾아왔다. IMF 구조조정을 통해 핵심 사업에 역량을 집중하게 된 한국의 대기업들은, 원화 가치가 폭락(고환율)하면서 엄청난 수출 경쟁력을 확보하게 되었다. 높아진 수익성을 바탕으로, 그들은 일본이 주저하던 대규모 투자를 과감하게 단행하며 시장 지배력을 빠르게 확대해 나갔다. 삼성전자가 소니를 넘어서는 극적인 장면들이 연출된 것도 바로 이 시기였다. '강제된 내부 개혁'과 '경쟁국의 몰락', 그리고 '환율 효과'라는 세 가지 행운이 결합하면서, 한국 경제는 마치 체질 개선에 성공한 것처럼 보이는 '반짝 회복'을 경험했다.

2000년대 '중국 특수'라는 달콤한 함정

두 번째 행운은 2000년대 초중반부터 본격화된 중국 경제의 폭발적인 성장이었다. 13억 인구의 거대한 용이 잠에서 깨어나자, 한국 경제는 '중국 특수'라는 달콤한 호황을 누렸다.

그 과정은 단계적으로 진행되었다. 처음에는 중국의 거대한 내수 시장이 한국의 자동차, 휴대폰 등 최종 소비재의 새로운 판매처가 되어주었다. 곧이어 중국이 '세계의 공장'으로 부상하며 모든 것을 빨아들이자, 한국은 부품, 소재, 장비 등 중간재를 공급하는 핵심 기지 역할을 하며 제2의 수출 호황을 맞았다. 마지막으로, 한국이 가진 반도체, 디스플레이 등 첨단 산업의 경쟁력은 중국의 IT 산업 성장에 필수적인 요소였다.

하지만 이 두 번째 행운 역시 양날의 칼이었다. 처음에는 중국의 성장이 한국에게 일방적인 기회처럼 보였다. 한국은 기술과 자본재를 제공하고, 중국은 값싼 노동력으로 이를 조립하여 세계 시장에 내다 파는 '보완적인 분업 구조'가 형성되는 듯했다. 그러나 중국은 만족하지 않았다. 무서운 속도로 기술 발전을 이루고 산업구조를 고도화하면서, 과거 한국과 중국의 '보완 관계'는 점차 피할 수 없는 '경쟁 관계'로 변모하기 시작했다.

서서히 기술을 습득한 중국 기업들은 강력한 경쟁력을 발휘해 세계의 공장으로서 시장을 장악하기 시작했다. 한국의 대기업들은 중국 수출의 증가로 호황을 누렸지만, 중소 제조기업들은 하나씩 둘씩 문을 닫았다. 최근에는 과거 한국 기업들이 장악하고 있던 메모리 반도체, 스마트폰, 조선, 철강, 석유화학 등 거의 모든 주력 산업 분야에서 무섭게 추격해 왔고, 일부 분야에서는 이미 한국을 넘어서기 시작했다. 더 이상 중국은 값싼 제품만 만드는 나라가 아니었다. 한국 기업들은 안방 시장과 세계 시장 모두에서 중국이라는 강력한 경쟁자와 힘겨운 싸움을 벌여야 하는 상황에 직면했다.

'중국 특수'라는 달콤함에 취해 있는 동안, 한국 경제는 근본적인 체질 개선과 미래 성장 동력 발굴이라는 어려운 숙제를 소홀히 했다. 중국 특수가 끝나고 나자, 그동안 가려져 있던 우리 경제의 취약한 민낯이 고스란히 드러나기 시작했다. 오히려 거대해진 중국 경제의 그늘 밑에서, 중국과의 경쟁 심화는 한국의 잠재성장률 하락을 더욱 가속화시키는 부메랑으로 돌아오고 만 것이다.

이처럼 일본의 위기와 중국 특수라는 두 번의 행운은 일시적으로 한국 경제성장률을 떠받치는 역할을 했다. 하지만 이 기간 동안, 앞서 자세히 살펴본 한국 경제 내부의 구조적인 문제들(총요소생산성, 노동 및 자본 기여율 동반 하락, 혁신 실종 등)은 해결되기는커녕 오히려 그 심각성이 더욱 심화되었다. '괜찮다', '아직 성장하고 있다'는 착시 속에, 정작 필요한 구조 개혁의 골든타임을 놓쳐버린 것이다.

결국, 두 번의 행운은 한국 경제의 구조적인 취약성을 일시적으로 덮어주는 '화려한 포장지' 역할을 했을 뿐, 포장지를 벗겨내자 더욱 약해진 성장 엔진의 민낯이 드러나게 된 것이다. 이것이 바로 금융위기의 첫 번째 단계, '성장 엔진 약화'의 진짜 모습이며, 이후 우리가 살펴볼 더 위험한 단계들로 나아가는 근본적인 배경이 된다.

|4|
성장을 가로막는 한국 경제의 6대 질병

두 번의 행운이라는 화려한 포장지를 벗겨내고 마주한 대한민국의 민낯은, 곳곳에서 심각한 질병의 징후를 보이고 있었다. 성장률 하락의 근본 원인이 되는 요인들이 모습을 드러냈다.

첫째, 인구, 피할 수 없는 재앙.

세계 최악의 저출산과 가장 빠른 고령화는 단순히 일할 사람이 줄어드는 문제를 넘어선다. 아이들의 웃음소리가 사라진 도시는 활력을 잃고, 소비할 젊은 세대가 사라진 내수 시장은 붕괴한다. 이는 성장을 원천적으로 불가능하게 만드는, 정해진 미래의 재앙이다.

둘째, 현장의 붕괴, 숙련의 단절.

수십 년간 대한민국 제조업을 이끌어온 용접공, 금형 기술자들이 백발의 노인이 되어 현장을 떠나고 있다. 하지만 그들의 손에 익은 '감'과 노하우를 이어받을 젊은이는 없다. 힘들고 위험한 일은 기피하는 사회, 중소기업을 홀대하는 문화 속에서 '기술 단절'이 일어나고 있다. 이는 한국 제조업의 생산성 향상에 치명적인 한계로 작용하며, 산업 공동화의 위기를 부추기고 있다.

셋째, 혁신의 실종, R&D 패러독스.

우리는 GDP 대비 세계 최상위권의 연구개발비를 쏟아붓고 있지만, '제2의 삼성전자'는 보이지 않는다. 실패를 용납하지 않는 문화, 대기업 중심의 폐쇄적인 생태계 속에서, 스티브 잡스나 일론 머스크 같은 혁신가는 나타나기 어렵다. 천문학적인 R&D 자금은 도전적인 미래 기술이 아닌, 기존 기술을 약간 개선하는 데 쓰이며 낭비되고 있다. 대기업과 중소기업, 국책 연구기관과 대학 간 협업에 의한 성과는 보이지 않는다. 혁신 생태계는 완전히 무너졌다.

넷째, 잠자는 대학, 뒤처지는 기술.

4차 산업혁명 시대에 국가 혁신의 심장이 되어야 할 대학이, 과거의 상아탑에서 벗어나지 못하고 깊은 잠에 빠져있다. 세상은 AI와 양자컴퓨터를 논하는데, 우리의 대학은 여전히 수십 년 전의 강의를 반복하고 있다. 대기업은 대학과의 협업을 기피하고, 연구 중심 대학은 열악한 환경만 탓하는 사이 첨단 과학 기술 수준과 점차 멀어져 가고 있다. 이는 첨단 기술 분야에서 미국, 중국 등에 뒤처지는 결정적인 원인이 되고 있다.

다섯째, 청년의 절망과 저출산의 악순환.

양질의 일자리는 줄어들고, 자산 가격은 천정부지로 치솟았다. 아무리 노력해도 집 한 채 살 수 없다는 절망감은 청년 세대를 짓누른다. 그리고 이 절망감은 다시 결혼과 출산을 포기하게 만들어, 세계 최악의 저출산을 더욱 심화시키는 '절망의 악순환' 구조를 만들고 있다.

여섯째, '이자 장사'만 하는 금융.

외환위기 이후 수십 년이 지났음에도, 한국의 금융산업은 여전히 과거 관치금융의 그림자를 벗어나지 못하고 있다. 은행들은 리스크를 감수하고 미래 산업에 투자하는 '혁신 금융'의 역할은 외면한 채, 손쉬운 주택담보대출과 예대마진에만 의존하는 '이자 장사'에만 급급하다. 돈이 생산적인 곳으로 흐르지 않고 고여 썩게 만드는 이 금융의 후진성이야말로 모든 구조적 문제의 핵심이다.

가장 무서운 병은 소리 없이 찾아온다. 1단계 '성장 엔진의 약화'가 바로 그렇다. 주가 폭락이나 은행 도산 같은 요란한 파열음이 없기에, 사람들은 "경기가 좀 안 좋을 뿐이야", "곧 좋아지겠지"라며 애써 위안한다. 이미 오래전부터 한국의 대부분 경제연구소에서 이구동성으로 성장률 하락이 '정해진 미래'라고 반복해서 보고서를 내고 있는데, 현장에서는 그 위험성을 느끼지 못한다. 때때로 경기가 좋아지면 다시 정상 궤도에 오른 것처럼 착각한다. 당장 쓰러질 듯한 통증이 없으니 병을 키우고 있는 줄도 모른 채 건강은 악화되어 가는 것이다. 이것이 1단계가 가진 '조용한 파괴력'의 실체다. 기초 체력이 바닥난 몸은 가벼운 감기(외부 충격)에도 폐렴(경제위기)으로 번져 쓰러지게 된다.

우리에게는 기회가 있었다. 1997년 외환위기라는 대수술을 받고, 2003년 카드 사태라는 경고음도 들었다. 2005년에는 부동산 투기를 잡기가 얼마나 어려운지도 알게 되었다. 하지만 우리는 수술실에서 살아 돌아온 것에 안도했을 뿐, 병의 근원인 '고비용·저효율'이라는 식습관을 고치지 않았다. 지금 필요한 것은 뼈를 깎는 고통을 감내하더라도 몸의 체질을 완전히 바꾸는 '구조개혁'이다. 하지만 누가 제 발로 차가운 수술대에 오르려 하겠는가. 표를 먹고 사는 정치인에게도, 책임지지 않으려는 관료들에게도, 당장의 안락함이 소중한 국민에게도 그것은 너무나 인기 없는 선택지다.

결국 고통스러운 체질 개선 대신, 당장 기운이 펄펄 나는 듯한 착각을 주는 '경기 부양책'이라는 진통제와 자양강장제를 택하게 된다. 겉으로는 활력이 도는 것 같지만, 속에서는 곪은 상처가 더욱 깊어지고 있었다. "고통스러운 개혁 없이도 다시 화려하게 비상할 수 있다"는 달콤한 유혹은 마침내 '마법의 주문'으로 우리 앞에 등장하게 된다.

정부의 규제 완화
또는 과잉 유동성 공급

4대강 사업과 창조경제

한국 경제는 이제 성장 엔진이 멈춰 섰다는 '불편한 진실'과 마주해야 했다. 저출산·고령화의 인구 구조적 한계, 주력 산업의 경쟁력 약화, 그리고 혁신 생태계의 붕괴가 맞물리면서 잠재성장률은 구조적인 하락세에 접어들었음이 확인되었다. 이는 일시적인 경기 순환의 문제가 아닌, 경제 체질 자체의 근본적인 약화를 의미했다.

고도성장의 시대가 막을 내리고 저성장이 '뉴노멀'이 될 것이라는 공포 앞에서, 정책 당국의 고민도 깊어져 갔다. 한쪽 길은 고통스럽지만, 근본적인 해법을 찾는 길이었다. 기업 및 금융 구조조정을 실시하고, 실패를 용인하는 문화 속에서 혁신적 아이디어가 샘솟는 생태계를 조성하는 '구조 개혁'의 올바른 길이 있다. 이는 겉으로 보기엔 멀쩡한 환자에게 요구하는 대수술과 같았다. 많은 시간과 사회적 합의, 그리고 단기적인 고통 감내를 요구하는 험난한 여정이었다.

다른 한쪽에는 훨씬 쉽고 빠른 길이 있었다. 수술은 잠시 미뤄두고, 당장의 무기력함과 통증을 잡기 위한 '인위적 경기 부양책'이라는 유혹이었다. 이는 눈앞의 지표를 개선하고 위기감을 잠재울 수는 있지만, 건강상 근본적인 문제를 더욱 악화시키는 미봉책에 불과했다.

이런 선택의 갈림길에서 이명박 정부는 출범하자마자 2008년, 리먼 브라더스의 파산으로 촉발된 글로벌 금융위기를 맞게 되었다. 수출 의존도가 높은 한국 경제는 직격탄을 맞았고, 당장 경기를 부양해야 한다는 절박감이 사회 전체를 휘감았다. 바로 이명박 정부는 위기 극복을 명분으로 한국의 개발연대 역사상 가장 익숙하고 강력한 성공 공식, 즉 '건설주도 성장'이라는 카드를 꺼내 들었다.

그 구체적인 형태가 바로 총사업비 22조 원이 투입되어 2008년부터 2012년까지 진행된 '4대강 살리기 사업'이었다. 한강, 낙동강, 금강, 영산강 등 4대강 본류에 16개의 대형 보狀를 건설하고 강바닥을 준설하는 이 거대 프로젝트는 '한국형 녹색 뉴딜'이라는 세련된 이름으로 포장되었다. 표면적으로는 물 부족과 홍수 문제를 해결하고 하천 생태계를 복원한다는 명분을 내세웠지만, 그 본질은 대규모 토목공사를 통해 단기적인 고용과 경기를 부양하려는 20세기형 처방전이었다.

4대강 사업의 근본적인 한계는 시대착오성에 있었다. 앞 장에서 진단했듯, 21세기 한국 경제가 마주한 문제는 총요소생산성의 저하, 즉 혁신과 효율성의 문제였다. 이는 지식 기반 경제에 걸맞은 새로운 성장 동력을 발굴해야 해결할 수 있는 '소프트웨어'의 문제였다. 하지만 4대강 사업은 막대한 재정을 투입해 콘크리트를 붓고 땅을 파는, 전형적인 '하드웨어'적 해법이었다. 이는 선진국 문턱에 들어선 경제에서는 그 효율이 급격히 떨어지는 방식이다.

결과는 참담했다. 4대강 사업이 한국 경제의 잠재성장률 하락 추세를 막지 못했음은 물론, 경제적 타당성 측면에서도 명백한 실패였음이 데이터를 통해 증명되었다.

2018년 감사원이 실시한 비용편익분석(B/C analysis)은 이 사업에 대한 최종적인 경제적 사망선고나 다름없었다. 사업에 투입된 총비용의 현재가치는 31조 526억 원에 달했지만, 홍수 예방, 수질 개선, 용수 확보 등을 통해 얻을 수 있는 총편익의 현재가치는 고작 6조 6,251억 원에 불과했다. 비용편익비율, 즉 B/C값은 0.21에 그쳤다. 이는 100원을 투입해 고작 21원의 가치를 창출했다는 의미로, 경제성을 완전히 상실한 사업이었음을 보여준다. 한강의 B/C값은 상대적으로 높은 0.69였지만, 특히 낙동강 유역의 B/C값은 0.08, 영산강/섬진강 유역은 0.01로 매우 낮은 수준이었다.

물론 정부는 사업 기간 동안 4만 6천여 개의 일자리가 창출되고 약 25조 원의 지역 소득 창출 효과가 있었다고 홍보했다. 그러나 이는 막대한 재정을 단기간에 쏟아부으면 어떤 사업에서든 나타나는 일시적인 부양 효과일 뿐, 경제의 근본 체질을 바꾸는 것과는 거리가 멀었다.

결론적으로, 4대강 사업은 정책 당국이 한국 경제가 앓고 있는 병의 본질을 제대로 진단하지 못했음을 보여주는 상징적인 사례다. 총요소 생산성 저하라는 만성 질환에 단기 경기 부양이라는 극약 처방을 내린 것이다. 첫 번째 처방전은 화려한 포장과 달리 아무런 효과 없이 막대한 부작용만 남긴 채 실패로 끝났다. 그리고 이 실패는 한국 경제의 근본 문제인 '성장 동력 상실'이라는 숙제를 그대로 남긴 채, 정책 당국을 또 다른 처방전을 찾아 헤매게 만들었다.

창조경제, 길 잃은 처방

4대강 사업이라는 토건 드라이브가 뚜렷한 한계를 드러내자, 뒤이어 출범한 박근혜 정부는 문제의 본질에 한 걸음 더 다가섰다. '창조경제'라는 새로운 슬로건은, 적어도 진단에 있어서는 이전 정부의 오류를 반복하지 않으려는 시도였다. '창조경제'는 한국 경제가 더 이상 요소 투입만으로는 성장할 수 없으며, 아이디어와 기술, 문화가 융합하는 '혁신'을 통해 새로운 성장 동력을 찾아야 한다는 정확한 진단과 문제의식을 담고 있었다. 이는 앞의 1단계에서 지적한 성장 생태계 붕괴와 생산성 저하 문제에 대한 정면 대응을 시도했다는 점에서 방향성 자체는 긍정적으로 평가할 수 있다.

하지만 올바른 진단이 성공적인 처방으로 이어지지는 못했다. '창조경제'는 구체적인 철학과 실행 계획이 부재한, 모호하고 공허한 구호에 그치고 말았다.

혁신 생태계는 본질적으로 분권화되고, 실패를 용인하며, 자유로운 자본의 흐름과 유연한 노동 시장 위에서 자생적으로 성장하는 것이다.

그러나 정부는 혁신마저도 과거의 산업화 모델처럼, 중앙에서 통제하고 관리하며 성과를 만들어 낼 수 있다고 믿었다.

그 결과물이 전국 17개 시도에 우후죽순처럼 들어선 '창조경제혁신 센터'였다. 이 센터들은 혁신 생태계의 구심점 역할을 표방했지만, 실제로는 관 주도의 보여주기식 행정의 전형이 되었다는 비판에 직면했다. 또한, 각 센터를 대기업과 짝지어 운영하게 함으로써, 파괴적 혁신을 이끌어야 할 스타트업 생태계가 기존의 경제 구조에 종속되는 모순을 낳기도 했다.

물론 정부는 가시적인 성과를 내세웠다. 미래창조과학부는 2016년 한 해 동안 혁신센터가 지원한 스타트업 수가 전년 대비 3배 가까이 늘어난 1,635개에 달했고, 투자 유치액 역시 4,271억 원으로 급증했다고 발표했다. 그러나 이러한 양적 성장의 이면에는 깊은 그림자가 드리워져 있었다.

우선 국정농단 사태가 터지면서 창조경제 관련 사업과 예산이 비선 실세의 이권과 연루되었다는 의혹이 제기되었고, 이는 정책 자체의 정당성을 뿌리부터 흔들었다. 더 근본적인 문제는, 이러한 관 주도의 지원이 한국 사회에 깊이 뿌리내린 창업 기피 문화나 실패에 대한 두려움, 초기 단계 투자 자본의 부족과 같은 구조적 문제를 해결하지 못했다는 점이다. 이는 마치 튼튼한 토양을 만드는 대신, 온실 속에 몇 개의 화초를 심고는 봄이 왔다고 선언하는 것과 같았다.

결국 '창조경제'는 캠페인 스타일의 동원과 실적 홍보가 깊이 있는 구조 개혁을 대체할 수 없다는 사실만 증명한 채 막을 내렸다. 혁신을 통해 성장 엔진을 되살리려던 두 번째 처방전마저 길을 잃고 만 것이다. 토건 사업도, 혁신 구호도 실패로 돌아가자, 정책 당국은 결국 가장 손쉽고도 가장 위험한 마지막 마법에 손을 댈 수밖에 없는 상황으로 내몰렸다.

비용 대비 편익 분석

공공사업의 경제적 타당성을 평가하는 기법. 총편익을 총비용으로 나눈 값으로, B/C가 1보다 크면 경제성이 있다고 판단하고, 1보다 작으면 경제성이 없다고 본다.

창조경제Creative Economy

국민의 창의성과 과학기술, 정보통신기술(ICT)을 융합하여 새로운 산업과 시장을 창출하고, 기존 산업을 강화함으로써 새로운 성장 동력을 만들어 내려는 경제 발전 패러다임. 박근혜 정부의 핵심 경제 정책이었다.

관치경제Government-controlled Economy

정부가 시장의 자율적인 기능보다 직접적인 개입과 통제를 통해 경제를 이끌어가는 체제. 단기적인 성과를 낼 수는 있으나, 장기적으로는 시장의 비효율성과 민간의 창의성 저하를 유발할 수 있다.

빚내서 집 사라

두 번의 야심 찬 시도가 연이어 실패로 돌아가자 정책 당국은 궁지에 몰렸다. 대규모 토건 사업(4대강)으로도, 국가적 혁신 캠페인(창조경제)으로도 꺼져가는 성장 엔진을 되살리지 못하자, 선택지는 극도로 좁아졌다. 실물 경제의 생산성을 높여 성장을 이끄는 정공법이 막히자, 이제 자산 경제를 부풀려 경기를 부양하는 손쉬운 길, 즉 가계의 빚을 동원해 부동산 시장을 띄우는 방식으로 정책의 무게중심이 급격히 이동했다. 이는 생산적 경제를 살리는 것을 포기하고, 자산 가격 상승이라는 신기루를 통해 경기가 좋아지는 듯한 착시를 만들려는 위험한 도박의 시작이었다.

최저금리와 규제 완화

과거 각국 정부가 실행했던 두 가지 강력한 '마법의 주문'이 동시에 시전되면서 위험한 도박의 주사위는 던져졌다. 첫 번째 주문은 '빚'의 비용을 마법처럼 낮춰주는 것이었다. 2008년 글로벌 금융위기 이후 세계 경제는 만성적인 저성장 국면에 접어들었고, 각국 중앙은행은 경기 부양을 위해 제로금리에 가까운 통화 완화 정책을 경쟁적으로 펼쳤다. 한국은행도 예외는 아니었다. 침체된 경기를 살려야 한다는 압박 속에서 기준금리를 지속적으로 인하했다. 위기 극복 과정에서 2%까지 내렸던 기준금리는 다시 정상화 과정을 거쳐 2012년 3.25까지 올랐었다.

2014년부터 정부는 공격적인 금리인하를 주문했고, 이에 부응한 한국은행은 꾸준히 금리를 낮추면서 2016년에 이르자 기준금리가 사상 최저 수준인 연 1.25%까지 내려갔다. 시중에는 유례없는 규모의 유동성이 풀려나갔다. 돈을 빌리는 데 지불해야 하는 비용, 즉 이자 부담이 역사상 가장 낮은 수준으로 떨어지면서, 빚을 내는 것에 대한 심리적 장벽이 사실상 무너져 내렸다. 이는 앞으로 닥쳐올 부채 파티를 위한 완벽한 무대를 마련해주었다.

두 번째 주문은 정부가 직접 나서서 가계 대출의 빗장을 활짝 열어주는 것이었다. 최경환 경제부총리가 이끌던 2014년 경제팀의 정책, 이른바 '초이노믹스'는 부동산 시장 활성화를 경제 정책의 최우선 순위에 두었다. 그리고 그 핵심 수단은 주택담보대출비율LTV과 총부채상환비율DTI 규제를 대폭 완화하는 것이었다.

당시 최경환 부총리는 "지금은 한겨울인데 한여름 옷을 입고 있는 셈"이라며, "감기 걸려 죽지 않겠느냐"는 직설적인 비유를 통해 규제 완화의 필요성을 역설했다. 이는 단순한 정책 조정을 넘어, 정부가 시장에 보내는 매우 강력하고 노골적인 신호였다. "정부가 여러분이 빚을 내 집 사는 것을 원하고, 또 적극적으로 돕겠다"는 메시지였다. 학계에서는 즉 각적으로 이러한 조치가 가계부채 문제만 키우고 '하우스 푸어'를 양산할 것이라는 경고가 쏟아졌지만, 정책은 거침없이 추진되었다.

이처럼 역대 최저금리라는 통화 정책과 노골적인 부동산 금융 규제 완화라는 규제 완화 정책이 절묘하게 결합하면서, 한국 사회 전체를 향해 "빚내서 집 사라"는 거대한 마법의 주문이 울려 퍼지기 시작했다.

'역대 최저금리'와 '규제 완화'라는 두 개의 주문으로 풀려난 막대한 돈은 어디로 갔을까? 그 돈이 왜 유독 부동산 시장으로만 흘러 들어갔는지를 이해하는 것은 위기의 구조를 파악하는 핵심 열쇠다. 그 답은 바로 앞선 두 가지 처방전의 '실패' 그 자체에 있다.

'창조경제'의 실패는 한국의 실물 경제에 매력적인 대규모 투자처가 부재하다는 사실을 역설적으로 증명했다. 혁신 생태계가 제대로 작동하지 않는 상황에서, 시중에 풀린 돈이 새로운 공장을 짓거나 유망한 벤처기업으로 흘러 들어갈 물길은 극히 좁았다. 돈은 인체의 혈액과 같은데 이미 혈관 여기저기가 막힌 상태에서 정상적인 혈액순환은 불가능했다. 갈 곳을 잃은 돈은 수익을 찾아 방황하기 시작했다.

과거가 만든 강력한 학습효과

이때 시장 참여자들의 행동을 결정한 것은 과거의 경험에서 비롯된 강력한 '학습효과'였다. 한국의 투자자들은 이미 '시중에 돈이 풀리면 결국 부동산으로 간다'는 공식을 뼈저리게 체득하고 있었다.

1997년 외환위기 이후, 김대중 정부는 경기 부양을 위해 파격적인 부동산 규제 완화 정책을 펼쳤고, 이는 2000년대 초반 부동산 가격 폭등의 기폭제가 되었다. 뒤이은 노무현 정부는 임기 내내 이 폭등세를 잡기 위해 고군분투했지만, 당시의 세계적인 과잉 유동성 흐름 속에서 역부족인 경우가 많았다. 이 10년간의 경험은 진보 정부조차도 부동산을 잡을 수 없다는 교훈을 모든 경제 주체에게 각인시켰다. 심지어 정부가 유동성을 공급하고 규제를 풀면, 가장 확실한 투자처는 부동산이 되리라는 것은 자명했다. 이는 단순한 기대를 넘어, 시장의 불문율이자 자기 실현적 예언이 되었다.

따라서 2014년 '초이노믹스'가 10여 년 전과 똑같은 레퍼토리(저금리와 규제 완화)를 다시 꺼내 들었을 때, 시장은 한 치의 망설임도 없이 과거의 스크립트대로 움직였다. 정부의 정책은 단순히 돈을 빌리기 쉽게 만든 것을 넘어, '지금 부동산에 투자하라'는 강력한 신호로 해석되었다. 이는 정부가 의도했든 의도하지 않았든, 시장 참여자들의 뇌리에 깊이 박힌 특정 버튼을 누른 것과 같았다.

그 결과는 즉각적이고 극적이었다. LTV·DTI 규제가 완화된 직후 한 달 만에 금융권 주택담보대출은 3배 이상 급증했다. 가계부채 증가율은 2014년 5.7%에서 2016년 11.6%로 두 배 이상 치솟았고, GDP 대비 가계부채 비율은 이미 위험 수위였던 80%를 넘어 100%를 향한 가파른 상승 궤도에 올라탔다.

이는 경제 부양책의 거대한 역설이었다. 경제의 근본 체력은 나아진 것이 없었지만, 자산 가격이 부풀어 오르면서 사람들은 마치 경제가 좋아진 것 같은 착각에 빠져들었다. 이 위험한 착각 속에서 대한민국은 서서히 부채의 성 위로 올라서고 있었다.

위험한 파티의 시작, 다음 단계로의 초대

이로써 위기의 2단계를 구성하는 모든 조각이 맞춰졌다. 이는 단 하나의 잘못된 결정이 아닌, 실패가 또 다른 실패를 낳는 필연적인 연쇄반응의 결과였다.

첫째, 개발연대의 향수에 기댄 '4대강 사업'이라는 시대착오적 재정 정책의 실패가 있었다. 이는 한국 경제의 진짜 문제가 무엇인지에 대한 정책 당국의 오진을 드러냈고, 막대한 재정 낭비와 함께 근본적인 문제를 해결할 소중한 시간을 허비하게 했다.

둘째, 올바른 방향에도 불구하고 공허한 구호에 그친 '창조경제'의 실패가 있었다. 이는 혁신 생태계를 관 주도로 통제하려는 접근법의 한계를 명확히 보여주었고, 실물 경제에서 새로운 투자처를 만들어 내는 데 실패했다.

그리고 마지막으로, 이 두 번의 실패로 인해 궁지에 몰린 정책 당국이 꺼내 든 마지막 카드, '역대 최저금리'와 '부동산 규제 완화'라는 위험한 마법이 있었 다. 이 세 가지 요소가 결합하여, 대한민국 전체를 거대한 부채의 성 위에 올려놓는 위험한 파티가 시작된 것이다.

이제 한국 경제는 생산과 혁신이라는 본원적 가치가 아닌, 오직 '자산 가격 상승'에 대한 맹목적인 기대와 '더 많은 빚'이라는 연료에 의존해 움직이는 기형적인 구조가 되었다. 이 위험한 파티는 모두가 음악이 멈추지 않을 것이라고 믿는 동안에만 계속될 수 있다.

그렇다면 이 파티가 계속되기 위해, 누가 이 위험한 음악에 맞춰 춤을 춰야 했을까? 바로 돈을 빌려주는 은행과 돈을 빌리는 가계였다. 저금리 시대에 수익에 목마른 은행과 자산 가격 상승에 현혹된 가계는 서로의 위험을 외면한 채 '묻지마 대출'이라는 광란의 춤판으로 들어가기 시작했다.

용어 설명

기준금리 Base Rate

중앙은행(한국은행)이 금융기관과 거래할 때 기준이 되는 정책금리. 기준금리가 오르내리면 은행의 예금 및 대출 금리도 연쇄적으로 영향을 받는다.

LTV Loan-to-Value Ratio, 주택담보대출비율

주택을 담보로 돈을 빌릴 때, 주택 자산 가치 대비 얼마까지 빌릴 수 있는지를 나타내는 비율. LTV가 70%라면 10억 원짜리 아파트로 최대 7억 원까지 대출받을 수 있다.

DTI Debt-to-Income Ratio, 총부채상환비율

소득 대비 갚아야 할 원리금이 차지하는 비중. 연 소득이 1억 원이고 DTI가 30%라면, 연간 원리금 상환액이 3천만 원을 넘지 않도록 대출 규모를 제한한다.

유동성 Liquidity

자산을 현금으로 바꿀 수 있는 정도를 의미하지만, 거시경제에서는 흔히 '시중에 풀린 돈의 양' 자체를 의미하는 용어로 쓰인다.

금융기관의
과잉 대출

약탈적 대출, 제도가 막지 못한 탐욕

금융기관의 가장 본질적인 역할은 '신용 심사'다. 일시적으로 자금이 필요한 개인이나 기업의 상환 가능성을 면밀히 심사하여 돈을 융통해 주고, 그 대가로 이자를 받아 수익을 내는 것이 금융의 기본이다. 이 심사 과정이 정교하게 작동할 때, 돈은 꼭 필요한 곳에 흘러가 경제의 혈맥 역할을 하고, 채권자와 채무자 모두 이익을 얻는다.

하지만 이 심사 기능이 마비되면 재앙이 시작된다. 금융기관이 상환 능력을 따지지 않고 무분별하게 돈을 빌려주면, 단기적으로는 대출 실적이 올라가는 것처럼 보인다. 그러나 결국 채무자는 빚의 무게를 감당하지 못하고 쓰러진다. 이때 손실은 양쪽 모두에게 돌아간다. 채권자인 금융기관은 빌려준 돈을 떼여 부실을 떠안게 되고, 채무자는 평생 갚아도 모자랄 빚과 혹독한 채권 추심에 시달리다 '신용불량자'로 낙인찍혀

정상적인 금융 활동이 불가능한 상태로 전락한다. 돈을 벌어도 채권자에게 압류를 당하는 상황에서 정상적인 경제활동은 불가능하다. 경제 전체적으로는 경제활동인구의 손실로 이어져, 경제성장률은 하락하고 경기침체를 초래하는 요인이 된다.

그렇다면 어떻게 금융기관이 이 본질적인 역할, 즉 '책임 있는 심사'를 하도록 만들 수 있을까? 미국은 오랜 경험을 통해 두 가지 강력한 제도적 장치를 마련했다. 바로 비소구대출과 파산제도다.

비소구대출: 은행에 '책임'을 묻는 강력한 장치

한국에서는 매우 생소한 '비소구대출Non-recourse Loan'은 주택담보대출 시장에서 금융기관의 '묻지마 대출'을 막는 가장 효과적인 제도 중 하나다. 이는 미국 전역에 통일적으로 적용되는 연방법은 아니지만, 캘리포니아, 애리조나 등 다수의 주에서 '부족액 판결 방지법Anti-Deficiency Statutes'이라는 형태로 강력하게 시행되고 있었다. 이해를 돕기 위해 구체적인 예를 들어보자.

A씨가 5억 원짜리 집을 담보로 은행에서 3억 원을 대출받았다고 가정하자. 그런데 부동산 경기가 급락하여 집값이 2억 원으로 폭락했고, A씨는 결국 대출 이자를 감당하지 못해 채무불이행 상태에 빠졌다.

비소구대출이 적용되는 미국 주州에서는 은행은 담보물인 2억 원짜리 집을 가져가는 것으로 모든 채권-채무 관계를 종결해야 한다. 대출

원금 3억 원에서 회수한 집값 2억 원을 뺀 나머지 1억 원의 손실은 온전히 은행의 몫이다. 은행은 법에 따라 A씨의 다른 재산(예금, 월급 등)에 절대 손을 댈 수 없다.

반면 소구대출이 일반적인 한국이라면 은행은 2억 원짜리 집을 경매에 넘긴 후에도, A씨에게 여전히 1억 원의 빚이 남아있다고 통보한다. 그리고 이 1억 원을 받아내기 위해 A씨의 월급을 압류하고 다른 재산을 추적하는 등 끝까지 추심을 계속한다.

이 차이가 바로 핵심이다. 비소구대출은 '대출 심사를 잘못한 최종 책임은 돈을 빌려준 은행에 있다'는 원칙을 법으로 명확히 한 것이다. 은행은 단순히 담보가 있다는 사실에만 기댈 수 없다. 미래에 부동산 가격이 떨어질 위험, 그리고 채무자가 정말 돈을 갚을 능력이 있는지를 처음부터 훨씬 더 보수적이고 면밀하게 심사할 수밖에 없다. 손실의 위험을 직접 떠안기 때문에, 스스로 몸을 사리게 만드는 것이다.

파산제도: 실패가 아닌 '재기'의 기회를 주다

또 하나의 강력한 장치는 '실패한 사람에게 재기의 기회를 주는' 미국의 파산제도다. 미국에서 파산은 인생의 끝이 아니라, 감당할 수 없는 빚을 법의 테두리 안에서 정리하고 새로운 출발을 할 수 있도록 돕는 사회적 안전망으로 작동한다.

여기서 가장 중요한 개념은 '압류면제 재산 Exempt Property'이다. 파산을 신청하더라도 채무자가 최소한의 인간다운 삶을 유지하고 경제적으로 재기하는 데 필요한 기본적인 재산은 절대 압류하지 못하도록 법으로 보호하는 것이다. 이 범위는 주(州)마다 다른데, 상당히 폭넓게 인정된다.

· 주택 Homestead

많은 주에서 채무자가 거주하는 주택의 일정 가치 또는 면적을 압류로부터 보호한다. 텍사스나 플로리다 같은 주는 주택 보호 한도가 매우 높아 사실상 집 한 채를 온전히 지킬 수 있다.

· 자동차

생계유지에 필요한 자동차 1대의 일정 가치까지는 압류할 수 없다.

· 생활용품 및 가구

옷, 가구, 가전제품 등 일상생활에 필수적인 물품들은 대부분 압류가 금지된다.

이처럼 미국의 파산제도는 채무자를 길거리로 내몰지 않는다. 이는 금융기관에 강력한 신호를 보낸다. "당신들이 심사를 잘못해서 무리한 대출을 해줘도, 우리는 채무자의 모든 것을 빼앗아 당신들의 손실을 메워주지 않을 것이다." 결국 금융기관은 파산의 가능성까지 염두에 두고 처음부터 대출 심사를 더욱 신중히 할 수밖에 없다.

위기를 막지 못하는 LTV를 고집하는 한국

미국이 이처럼 채무자 보호와 금융기관의 책임을 강조하는 제도를 발전시킨 반면, 한국의 대출 규제는 오랫동안 담보인정비율LTV이라는 하나의 잣대에만 의존했다. 약탈적 대출을 막기 위한 논쟁의 핵심을 이해하려면, 먼저 LTV와 DSR의 근본적인 차이를 알아야 한다.

LTV는 아주 단순한 기준이다. 채무자의 직업이나 소득이 얼마인지는 묻지 않고, 담보로 잡힐 '집의 가격'이 얼마인지만 본다. 예를 들어 LTV 70%는 10억 원짜리 집을 담보로 최대 7억 원까지 빌릴 수 있다는 뜻이다. 이는 마치 전당포 주인이 돈 빌리러 온 사람의 직업은 묻지 않고 맡기는 시계의 가치만 따지는 것과 같다. 약탈적 대출의 관점에서 보면 LTV는 '약탈자(금융기관)를 위한 안전장치'에 가깝다. "만약 저 사람이 돈을 못 갚으면, 저 집을 팔아서 우리 돈을 회수할 수 있는가?"만 따질 뿐, 채무자가 이자나 원금을 감당할 수 있는지에 대한 고려는 없다. 채무자가 평생 빚에 시달려 삶이 파탄 나는 것은 관심 대상이 아니다. 채무자 보호제도가 미비하면 금융기관은 오히려 갚을 수 없는 사람에게 돈을 빌려주어 이익을 챙길 수 있다. 채무자가 평생을 노예처럼 은행 빚을 갚으며 살게 하면 금융기관은 오히려 수익을 올릴 수 있다. 극단적인 경우가 불법 사채업자들의 고금리 대출이고, 이것이 약탈적 대출의 원래 의미이다.

반면 총부채원리금상환비율인 DSRDebt Service Ratio은 정반대의 질문을 던진다. "이 사람이 1년에 버는 돈으로 과연 빚을 감당할 수 있는가?"

즉, 채무자의 '소득'을 기준으로 대출 한도를 정한다. DSR 30%는 연봉 1억 원인 사람이 1년간 갚아야 할 모든 대출의 원금과 이자가 3,000만 원을 넘을 수 없다는 뜻이다. DSR은 약탈적 대출을 막는 '채무자를 위한 방패'다. 금융기관이 돈을 빌려주려면 채무자의 소득을 먼저 따지고, 그가 빚의 무게에 짓눌리지 않을 만큼만 빌려주도록 강제하기 때문이다.

금융기관과 소비자의 회복력 중에서 어떤 것을 중시하느냐는 정책 철학의 차이는 2023년 1월에 발간된 국제결제은행 금융안정위원회 BIS CGFS의 보고서, '주택금융, 가계부채 그리고 거시건전성 정책Housing finance, household debt and macroprudential policy'에서 더욱 명확하게 드러난다. 이 보고서는 각국의 대출 규제를 분석하며 LTV와 DSR의 본질적인 역할 차이를 다음과 같이 설명했다.

"LTV 한도는 주로 채무불이행 발생 시 대출기관(은행)의 손실 위험을 다루는 반면, DSR 한도는 채무자가 감당할 수 있는 부채 규모를 소득에 연동하여 제한함으로써 채무불이행 자체의 가능성을 줄이는 것을 주된 목적으로 한다."

보고서의 분석은 명쾌하다. LTV는 이미 벌어진 사고, 즉 채무불이행 이후에 은행이 손실을 최소화하는 '사후처리용' 규제다. 반면 DSR은 애초에 사고 자체가 터지지 않도록, 즉 채무자가 빚의 무게에 짓눌려 쓰러지는 것을 막는 '사전예방용' 규제인 것이다.

결국 어떤 규제를 중심에 두느냐는 "위기가 닥쳤을 때 은행을 구출할 것인가, 아니면 애초에 위기 자체를 막고 가계를 보호할 것인가"라는 정책 철학의 문제였다. 저자는 20여 년간 약탈적 대출을 억제하고 DSR 규제를 강화하라고 요구해 왔으나, 한국의 금융당국은 번번이 LTV를 선택했다. 한국의 금융당국이 LTV를 중시하고 DSR은 채택하지 않은 이유는 금융당국이 금융기관의 건전성 관리에만 관심을 두고 있다는 것을 BIS보고서를 통해 알 수 있다. 저자가 여러 방송 토론을 통해 DSR의 중요성을 강조한 이유는 바로 채무자인 소비자 삶의 안정성을 지키기 위한 것이었다. 채무자들이 빚을 갚기 위해 소비도 줄이는 등 허리띠를 졸라매게 되면 내수 경기는 침체될 것이고, 채무불이행 상태가 되면 결국 금융기관도 문제가 생길 것이라고 주장했다. 그러나 금융당국은 금융기관에 문제가 없을 것이고, 만약 문제가 발생하면 그때 정부가 개입하면 된다고 반박했다.

그러나 LTV는 건전성 기준으로는 치명적인 문제를 안고 있다. 비이성적 과열에 의해 자산 가격에 거품이 만들어지기 시작하면, LTV 기준의 제약은 거의 사라진다. 자산 가격이 상승하면 대출 기준이 높아지고, 따라서 다시 대출이 늘어나면 자산 가격의 상승으로 이어지게 된다. 자산 가격 상승과 대출 증가가 이어지면서 무한 루프가 만들어지면 거품은 무한대로 커지게 된다. LTV 규제는 시장이 비이성적 과열에 빠졌을 때 냉각시키기보다는 오히려 더 뜨겁게 만들 가능성이 높다.

거품이 꺼질 때는 더욱 피해가 크다. 자산 가격이 폭락하면 순식간에 LTV는 100%가 넘어가게 된다. LTV를 믿고 소득과 관계없이 대출을 받았다면 이미 갚을 능력을 상실했기 때문에 빨리 주택을 처분해야 하는데, 거품이 꺼지는 순간에는 거래가 이루어지지 않는다. 소득에 맞지 않는 대출이어서 대거 부실화되고, 소비자가 대거 파산하게 되어 경제 위기는 더 심각해진다. 이 간단한 추론만 보더라도 LTV 기준은 금융 위기를 예방하는 데 도움이 되지 않고 금융위기를 더 키울 가능성이 높 다는 것을 쉽게 알 수 있다. 이미 해외에서 많은 사례를 목격하고서도, 소득 상환 능력을 전혀 고려하지 않고 LTV 기준에만 집착하는 금융건 전성 정책은 크게 잘못된 것이다. 심지어 2014년과 같이 LTV 기준을 완화하는 정책은 거품을 조장하겠다고 알리는 것과 같은 효과를 내게 된다. 그러한 자세와 선택이 어떤 결과로 이어질지는 이미 정해진 수순 이었다.

약탈적 대출Predatory Lending

채무자의 상환 능력을 고려하지 않거나, 기만적인 조건을 통해 채무자가 감당할 수 없는 빚을 지게 만드는 대출 행태. 채무불이행 시 담보물을 빼앗거나 과도한 추심을 통해 이익을 극대화하는 것을 목적으로 한다.

비소구대출

주택담보대출 상환에 문제가 생겼을 때, 담보물인 주택의 소유권을 채권자(은행)에게 넘기면 채무자의 모든 상환 책임이 사라지는 대출 방식. 집값이 대출금 이하로 떨어져도 채무자에게 추가적인 상환을 요구할 수 없다.

DSRDebt Service Ratio, 총부채원리금상환비율

채무자의 연간 소득에서 모든 금융 부채의 원리금(원금+이자) 상환액이 차지하는 비율. 채무자의 실제 상환 능력을 가장 정확하게 반영하는 규제다.

DTIDebt to Income, 총부채상환비율

채무자의 연간 소득에서 해당 주택담보대출의 연간 원리금 상환액과 기타 부채의 연간 이자 상환액이 차지하는 비율. DSR과 달리 다른 대출의 원금 상환액은 포함하지 않아 상대적으로 느슨한 규제다.

국제결제은행BIS, Bank for International Settlements

전 세계 중앙은행들의 중앙은행 역할을 하는 국제기구로 '중앙은행들의 은행'이라 불린다. 국제 금융 시스템의 안정을 도모하며, 각국 금융감독 정책에 큰 영향을 미치는 기준을 제정하고 권고한다.

은행장들의 경쟁과 감독 당국의 오판

어디선가 본 듯한 장면이 자꾸만 눈앞에 펼쳐지는 기묘한 느낌, 우리는 이것을 '데자뷔 Déjà vu'라고 부른다. 이상하게도 한국의 금융위기는 언제나 이 데자뷔 현상처럼 우리에게 다가왔다. 마치 누군가 짜 놓은 각본처럼, 위기가 터지기 직전에는 늘 비슷한 전주곡이 울려 퍼졌기 때문이다.

그 전주곡의 이름은 바로 '묻지마 대출 경쟁'이었다.

은행 창구에서는 연일 최고 실적을 경신했다는 축포가 터졌고, 언론은 대출 증가가 경제에 활력을 불어넣는다고 떠들썩했다. 하지만 그 화려한 무대 뒤편에서는 금융기관들이 이성과 상식을 내던진 채, 서로의 눈을 가리고 절벽을 향해 질주하는 위험한 경주가 벌어지고 있었다. 그들은 채무자가 과연 이 돈을 갚을 능력이 있는지 묻지도 따지지도 않았다. 오직 경쟁사를 이겨야 한다는 탐욕과 시장 점유율이라는 눈앞의 이익만이 그들을 지배할 뿐이었다.

이 이야기는 처음이 아니었다. 1997년 IMF 외환위기, 우리는 대기업이라는 이유만으로 천문학적인 돈을 빌려주던 은행들이 어떻게 무너지는지 똑똑히 지켜봤다. 2003년 카드 사태, 길거리에서 대학생에게까지 신용카드를 남발하던 카드사들이 만들어 낸 '신용불량자'의 비극을 생생히 기억한다. 실패의 역사는 이처럼 명백한 교훈을 남겼지만, 한국 금융 시스템은 어째서인지 그 교훈을 배우지 못하고 똑같은 실수를 반복했다.

정부가 빚내서 집 사라고 외치고, 금융감독 당국이 약탈적 대출 규제와 DSR이라는 미국식 기준 대신 LTV라는 일본식 기준을 선택했을 때, 이 신호는 금융기관 CEO들에게 가장 먼저 가 닿았다. 당시 한국의 금융기관장들은 대부분 임기가 짧았고, 연임을 위해서는 단기 실적, 특히 눈에 보이는 수익을 극대화해야 한다는 강력한 동기가 있었다. 미래의 잠재적 위험을 관리하는 것보다, 당장 눈앞의 이익을 늘리는 것이 자신의 생존과 직결되는 문제였기 때문이다.

이러한 구조 속에서 주택담보대출은 은행장들에게 '마법의 지팡이'나 다름없었다. 안정적으로 이자 수익을 거둘 수 있으면서도 대출 규모를 가장 손쉽게, 그리고 가장 빠르게 키울 수 있는 수단이었다. 상환 능력 심사라는 복잡하고 시간 걸리는 과정을 생략하고 LTV 기준만 맞추면 얼마든지 대출을 내줄 수 있었으니, 이보다 더 좋은 실적 쌓기 수단은 없었다.

결국 은행들은 CEO의 임기 연장이라는 목표 아래, '누가 더 많은 주택담보대출을 내주는가'를 겨루는 무한 경쟁에 돌입했다. 이는 미래의 위험을 현재의 이익과 맞바꾸는 위험한 도박이었지만, 그 위험이 현실화될 때쯤이면 자신은 이미 자리를 떠난 뒤일 가능성이 높았다. 이렇게 금융기관 내부의 정치경제학적 동기는 '묻지마 대출 경쟁'의 강력한 엔진으로 작동했다.

시스템 위험을 증폭시키는 'BIS 비율'의 함정

이러한 대출 경쟁을 더욱 부추긴 것은 2008년 글로벌 금융위기 이후 전 세계적으로 강화된 또 다른 건전성 규제, 바로 '자기자본비율(BIS 비율)'이었다. 이 개념은 일반인들에게 매우 어렵게 들리지만, 사실 간단한 비유로 이해할 수 있다.

은행의 건전성을 감독한다는 것은 은행의 체력인 '자기자본'을 관리하는 것이다. 은행의 '자기자본'은 예금과 같이 외부에서 빌린 돈이 아닌, 순수한 자기 돈이며 이것이 은행의 기초 체력이 된다. 이 체력이 튼튼할수록 은행은 위기 상황을 잘 버틸 수 있다.

자기자본과 함께 이 은행의 대출이 얼마나 위험한지를 판단해야 은행이 얼마나 안전한가를 알 수 있다. 이것까지 고려하여 은행의 체력을 정확히 측정하기 위한 건강검진 점수가 위험가중자산 대비 자기자본 비율인 'BIS 비율'이다. 감독 당국은 모든 은행에 이 점수를 일정 수준 이상으로 유지하라고 요구한다. 은행이 가진 모든 대출(자산)에 똑같은 점수를 주는 것이 아니라, 위험도에 따라 '가중치'를 다르게 적용한다. 이를 '위험가중자산' 평가라고 한다. 마치 학교에서 성적을 매길 때, 쉬운 교양 과목과 어려운 전공과목의 난이도를 다르게 평가하는 것과 같다. 주택담보대출은 담보가 확실하기 때문에 위험 가중치가 35% 내외로 매우 낮은, A학점을 받기 쉬운 '교양필수' 과목이다. 반면 신용도가 낮은 중소기업 대출은 떼일 위험이 커서 위험 가중치가 100% 이상인, 상대적으로 F를 받기 쉬운 '전공심화' 과목과 같다.

은행장 입장에서는 건강검진 점수(BIS 비율)를 손쉽게 높이려면 어떻게 해야 할까? 어려운 전공 과목(기업대출)을 열심히 공부하기보다, 학점 따기 쉬운 교양 과목(주택담보대출)을 많이 듣는 것이 가장 효율적이다.

2008년 금융위기 이후 국제결제은행 BIS의 새로운 금융건전성 지표 산정 방식인 바젤Ⅲ가 도입되면서 주택담보대출의 위험가중치는 과거 35%에서 LTV에 연동하는 방식으로 바뀌어 언뜻 보면 규제가 강화된 듯했다. 하지만 LTV 70% 이하의 주택담보대출은 여전히 30% 수준의 낮은 위험가중치를 적용받아, 100%의 가중치를 적용받는 중소기업 대출이나 75%의 가중치를 적용받는 개인 신용대출보다 BIS 비율 관리에 압도적으로 유리했다. 결국 정부의 '빚내서 집 사라'는 정책과, BIS 비율을 손쉽게 관리하려는 은행의 이해관계가 맞물리면서 대한민국 금융 시스템은 구조적으로 주택담보대출에 '올인'할 수밖에 없는 상황으로 내몰리게 되었다.

국제결제은행은 왜 위험가중치를 이렇게 결정했을까? 평상시에는 주택담보대출의 상환이 어려워지면 이것을 처분하여 은행은 대출금의 상당 부분을 회수할 수 있다. 그러나 주택가격이 폭락하는 위기 국면에서는 사정이 달라진다. 글로벌 금융위기 당시 각국에서 수많은 은행이 무너진 것은 보유한 자산 가격이 동시에 폭락하는 시스템 위험systematic risk 때문이다. 따라서 위기 시에도 원리금을 상환할 수 있는 DSR 기준으로 위험가중치를 정하는 것이 합리적이지만, 대부분의 국가에서 DSR 기준을 적용하지 않기 때문에 국제결제은행은 위험가중치를 계산할 때 LTV를 기준 지표로 삼은 것으로 보인다. 한국은 오래전부터 느슨하지만, DTI나 DSR 기준을 적용해 왔기 때문에, 위험가중치 계산할 때 LTV 대신 DSR을 적용할 수 있었지만, 그렇게 하지 않았다.

사실상 금융당국은 위기에 대한 대비를 포기한 것이고, 은행을 비롯한 금융기관들은 자체적으로 건전성 제고 방안을 찾아야 했으나, 수익이 은행 경영진들의 성과에 연계되어 있는 상황에서 주택담보대출을 마음껏 늘려도 느슨한 당국의 규제 기준을 맞추기에는 충분했다.

금리인하에만 몰두한 한국은행

사정이 이러한데도, 은행의 최종대부자로서 거시경제의 안정을 책임지기 위해 반년마다 금융안정보고서를 발행하는 한국은행은 무엇을 했을까? 당시 한국은행 금융통화위원회(금통위)는 가계부채 증가의 위험성을 사실상 외면한 채, 오직 경기 부양을 위한 금리인하에만 혈안이 되어 있었다.

2014년에서 2016년 사이, 정부가 LTV 규제를 풀고 부동산 부양에 나섰을 때, 금통위는 역대 최저 수준까지 기준금리를 인하하며 이 위험한 불길에 기름을 부었다. 당시 금통위 의사록을 살펴보면, 이들의 논리는 명확했다.

대부분의 금통위원들은 "성장세가 미약하고 물가상승률이 목표치(2%)를 크게 하회하고 있어 통화 완화 기조를 유지해야 한다"는 논리를 반복했다. 이들에게 가계부채는 당장 해결해야 할 문제가 아니었다. 오히려 "가계부채 문제는 기본적으로 정부의 거시건전성 정책으로 대응해야 할 영역이며, 통화정책은 성장과 물가라는 본연의 목표에 집중해야 한다"는 인식이 지배적이었다. 이는 사실상 '가계부채 관리는 우리 책임이 아니니 금융위원회에 가서 따지라'는 식의 '책임 떠넘기기'에 가까웠다.

물론 소수의 반대 목소리도 있었다. 일부 위원은 "통화 완화 정책이 가계부채를 빠르게 늘려 금융 불균형을 심화시키고 있다"며 금리인하에 반대하거나 동결을 주장했다. 이들은 "금융 안정이 훼손되면 성장과 물가 안정이라는 목표 역시 달성할 수 없다"며 장기적인 시각을 가질 것을 호소했다. 하지만 이들의 합리적인 경고는 '경기를 살려야 한다'는 거대한 명분 앞에 번번이 묵살되었다.

결국 한국은행은 '금융 안정'이라는 중앙은행의 핵심 책무 중 하나를 스스로 내던진 셈이다. 금융통화위원 다수는 한국의 구조적인 성장률 저하에 대한 책임 있는 자세를 포기한 채 재계와 정치권의 요청에 부응하는 단기적인 경기 부양만을 염두에 두고 금리를 낮추라고 목소리를 높였다. 은행장들은 연임을 위해 경쟁하고, BIS 비율은 주택담보대출을 장려했으며, 중앙은행은 값싼 돈을 무제한으로 공급했다. 그 누구도 브레이크를 밟지 않는 폭주 기관차는 그렇게 절벽을 향해 달려가고 있었다.

데이터로 증명되는 감독의 실패

감독 당국이 침묵하고 방조하는 사이, 가계부채는 통제 불능의 괴물처럼 불어나기 시작했다. 한국은행의 통계는 당시의 광풍이 얼마나 대단했는지를 명확히 보여준다. 규제 완화 직전인 2014년 2분기 말 약 1,040조 원이었던 가계신용(가계 대출+판매 신용) 잔액은 불과 3년 뒤인 2017년 2분기 말에는 1,387조 원을 돌파했다. 3년 만에 무려 347조 원, 연평균 100조 원이 넘는 빚이 새로 생긴 것이다. 특히 이 기간에 주택담보대출의 증가는 전체 가계부채의 폭증을 이끌었다.

이 숫자들은 명백한 정책 실패의 증거였다. 단기 성과에 목맨 금융기관의 탐욕과, 눈앞의 경기 부양에 취해 유동성을 공급하는 한국은행, 거시 건전성 감독이라는 본연의 임무를 망각한 감독 당국의 직무 유기가 합작하여 대한민국 전체를 빚더미라는 시한폭탄 위에 올려놓은 것이다.

자기자본비율BIS 비율, Capital Adequacy Ratio

은행의 재무 건전성을 나타내는 핵심 지표. 은행이 보유한 총자산 중 순수한 자기자본이 차지하는 비율을 의미한다. 국제결제은행BIS이 정한 기준으로, 이 비율이 높을수록 은행의 손실 흡수 능력이 강하고 안정적임을 의미한다.

위험가중자산RWA, Risk-Weighted Assets

BIS 비율을 계산할 때, 은행이 보유한 자산(대출 채권 등)의 위험도에 따라 가중치를 부여하여 산출한 자산 총액. 예를 들어, 담보가 있어 안전한 주택담보대출(위험가중치 35%) 100억 원은 자산 35억 원으로 계산되지만, 위험한 신용대출(위험가중치 100%) 100억 원은 그대로 100억 원으로 계산된다.

금융통화위원회금통위, The Monetary Policy Board

대한민국의 기준금리 결정 등 통화신용정책에 관한 주요 사항을 심의·의결하는 한국은행의 최고 정책 결정 기구. 한국은행 총재와 부총재, 정부와 민간의 추천위원 등 7인으로 구성되어 있다.

|3|

자금의 블랙홀이 된 건설업과 부동산업

최근의 부동산 PF 문제는 어느 날 갑자기 나타난 돌연변이 바이러스가 아니었다. 이는 대한민국 경제가 수십 년간 앓아온 '부동산 건설 중독'이라는 기저질환이 만들어 낸 필연적인 합병증이었다. 역대 정부는 경제가 어려울 때마다 손쉽게 경기를 부양할 수 있다는 이유로 건설이라는 강력한 마약에 의존했다. 1980년대 말 '주택 200만 호 건설'부터 2000년대의 끝없는 신도시 개발과 아파트 투기 붐, 2010년대의 4대강 사업에 이르기까지, 한국 경제는 언제나 건설 경기에 목을 매달고 있었다.

이러한 중독은 경제의 체질을 근본부터 썩게 만들었다. 일본이 '잃어버린 30년'이라는 장기 불황의 늪에 빠진 근본 원인이 풀린 유동성이 생산적인 곳으로 흐르지 않고 부동산 거품을 만드는 데 쓰였던 것처럼,

한국 역시 시중에 풀린 막대한 돈이 미래를 위한 혁신 성장 대신, 아파트를 짓고 땅을 사는 데만 흘러 들어갔다. 그리고 이 썩은 뿌리가 얼마나 깊고 넓게 퍼져 있는지를 최근 한국은행의 보고서가 적나라하게 증명했다.

기형적인 부동산 신용 집중

2025년 4월에 발표된 한국은행의 BOK 이슈노트 '부동산 신용집중의 구조적 원인과 문제점'은 대한민국 경제의 자금 흐름에 대한 건강검진 결과표와 같았다. 그 결과는 참담했다. 보고서에 따르면, 2024년 말 기준 부동산 부문에 공급된 자금(가계+기업)은 무려 1,932.5조 원으로, 전체 민간신용의 절반(49.7%)에 육박했다.

은행들의 과당 경쟁이 시작된 금융위기 3단계의 과정을 거치면서 부동산 관련 대출이 급증하게 되는데, 2014년부터 급격히 증가하여 2017년에는 전체 신용 중에서 부동산 신용이 차지하는 비중이 50%를 넘기게 된 것이다.

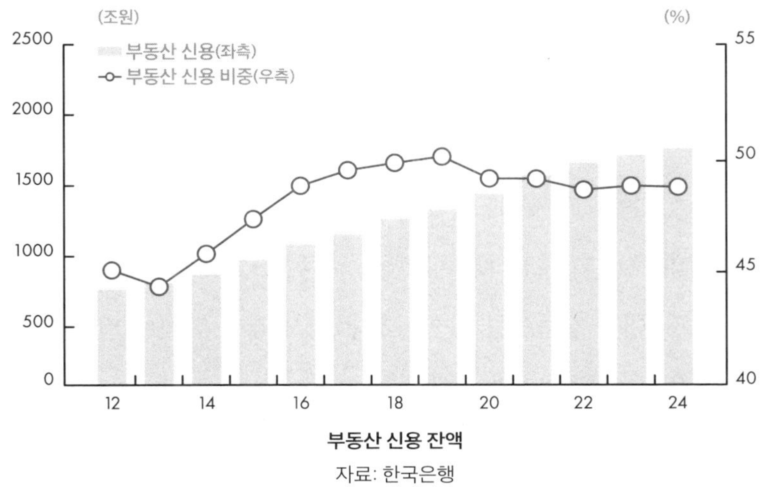

부동산 신용 잔액

자료: 한국은행

출처: 추명삼, 함건, 이용호, 윤지유(2025).

부동산 신용집중의 구조적 원인과 문제점, BOK 이슈노트, 2025(9)

주택담보대출뿐 아니라 부동산과 관련된 기업 대출의 쏠림 현상 역시 심각했다. 지난 10여 년간(2013년 말~2024년 말) 기업 대출 중에서 부동산 신용(부동산업 및 건설업 대출, PF대출 포함)의 비중이 20.3%에서 32.7%로 그 비중이 폭증했다. 일반기업의 부동산 담보대출은 제외했는데도 부동산 관련 업종에 대한 대출이 30%에 달하고 있다.

산업별 대출 집중도와 자본생산성을 비교한 이 보고서의 분석은 더 충격적이다. 대출 집중도는 산업별로 국내총생산에 기여하는 비중에 비해 대출액의 비중은 얼마인가를 측정하는 지표이다. 예를 들어, 부동산업에서 창출하는 부가가치가 국내총생산에 비해 5%이고 반면 총대출액의 15%가 부동산업에 몰려있다면 대출 집중도는 3배로 측정된다. 놀랍게도 2024년 현재 부동산업은 GDP에서 차지하는 비중에 비해 대출 집중도가 3.6배나 높아 전 산업 중 압도적인 1위를 차지했다. 반면, 투자된 자본 대비 부가가치를 얼마나 창출하는지를 나타내는 '자본생산성'은 전 산업 중 가장 낮았다. 이는 대한민국 금융 시스템이 가장 생산성 낮은 산업에 가장 많은 돈을 쏟아붓고 있었다는 의미다.

보고서의 핵심 개념인 '대출 집중도'와 '자본생산성'을 알기 쉬운 예로 풀어보자. 대출 집중도를 이해하기 위해서 경제 전체를 커다란 케이크라고 상상해 보자. 제조업, 서비스업, 부동산업 등 각 산업은 케이크의 한 조각이다. 부동산업이 대한민국 경제라는 케이크에서 차지하는 조각은 그리 크지 않다. 그런데 은행들이 빌려준 돈, 즉 '금융이라는 크림'은 절반 가까이 그 작은 부동산업 조각 위에만 잔뜩 발리고 있었다는 뜻이다. 보고서에 따르면 부동산업의 대출 집중도는 무려 3.6배로, 다른 모든 산업을 압도했다. 케이크는 작은데 크림만 잔뜩 바른 모습을 상상하면 될 것이다.

비교 지표인 자본생산성은 '장사 수완'으로 비유할 수 있다. 똑같이 1억 원이라는 밑천(자본)을 주었을 때, 얼마나 많은 이익(부가가치)을 만들어 내는지를 보여준다. 보고서의 분석 결과, 부동산업은 이 장사 수완이 대한민국 모든 산업 중에서 '꼴찌'였다. 똑같은 돈을 투자해도 반도체 공장이나 바이오 기업에 비해 훨씬 적은 가치를 만들어 낸다는 의미다. 부동산업은 밑천 대비 가장 장사를 못 하는 산업인데, 거기에 대출을 집중했다는 의미이다. 이렇게 된 이유는 부동산업의 매출액 영업이익률이 다른 산업을 압도했기 때문이다. 통상적인 부동산 PF 사업처럼 자기자본도 없이 토지 계약만 하면 대출을 받아 막대한 이익을 챙기는 방식이 우후죽순처럼 퍼져나갔기 때문이다. 한국은행의 분석은 현재의 가치만을 분석한 것이다. 앞에서 지적한 대로 부동산업은 사회간접자본이나 주택이 부족한 개발 초기 국가에서는 생산성을 높이는 기능을 하지만, 일본이나 한국과 같이 매년 막대한 건설 투자를 해 온 국가에서는 이제 더 이상 생산성 제고 효과를 기대하기 어렵다.

결국 한국은행의 보고서는 "대한민국 금융 시스템이 가장 가치 창출을 못 하는 산업에 가장 많은 돈을 몰아주고 있었다"는 충격적인 사실을 확인시켜 준 것이다. 성장률이 떨어져서 돈을 풀었는데, 그 돈이 성장률을 높이지 못하는 분야인 부동산업에 집중되다 보니, 미래 성장 동력은 더욱 약화될 수밖에 없다.

이는 한국 경제가 스스로 '혁신 자본의 축적'을 포기하고 '건설주도 성장'이라는 손쉬운 길을 선택했다는 명백한 증거다. 단기적으로 건설 경기를 부양하면 GDP 성장률 숫자를 끌어올리기는 쉽다. 하지만 아파트를 짓는 것은 미래의 부가가치를 창출하는 혁신 기술이 될 수 없다. 보고서가 지적하듯, "한정된 금융자원이 부동산 부문에 과도하게 집중될 경우 생산적 부문에 대한 신용공급이 제한되고 자본의 부가가치 창출 효과가 저해되어 성장에 부정적 영향을 미칠 수 있다."

반도체, 바이오, 인공지능과 같은 미래 산업에 투입되어야 했을 소중한 자본이 비생산적인 부동산 영역에 갇혀버린 것이다. 이는 일본이 겪었던 치명적인 정책 실패의 완벽한 재방송이었다. 스스로 혁신의 엔진을 꺼버리고 단기적인 경기 부양에 취했던 대가는 혹독했다. 일본과 마

찬가지로 한국 역시 미래 성장 동력을 상실하고, 부동산 가격 변동에 국
가 경제 전체가 휘둘리는 불안정한 구조를 스스로 만들어 냈다.

4단계

정부의
감독 실패

가계부채의 치명적 위험

2부 대한민국 금융위기, 7단계 시나리오

이전 정부의 '빚내서 집 사라'는 정책은 마치 국가 경제라는 환자에게 매일 고지방, 고콜레스테롤 식단을 권하는 것과 같았다. 당장은 입에 달고 배가 부르니 모두가 만족하는 듯 보였다. 자산 가격이 오르며 모두가 부자가 되는 듯한 착각에 빠졌고, 무리한 대출을 받아 집을 사는 가계는 늘어만 갔다.

하지만 혈관 속에서는 '나쁜 콜레스테롤(가계부채)'이 조용히, 그러나 치명적으로 쌓여가고 있었다. 혈관(금융 시스템)은 점차 딱딱해지고 좁아지며 동맥경화 증상이 심해졌다. 환자의 건강을 책임져야 할 주치의(정부)는 이 명백한 위험 신호를 외면했다. 혈압(가계부채 비율)이 위험 수위를 넘었다는 검사 결과를 받아들고도, "지금 당장 운동(긴축)을 시키면 환자가 스트레스를 받아 쓰러질 수 있다"며 오히려 영양제(저금리 유동성)를 더 투여했다. 결국 이 잘못된 건강관리는 대한민국 경제를 언제 터질지 모르는 시한폭탄, 즉 작은 충격에도 심장마비나 뇌졸중(금융위기)을 일으킬 수 있는 극도로 취약한 상태로 몰아넣었다.

2017년 말, 문재인 정부가 출범한 첫해의 건강검진 결과표가 나왔다. OECD가 발표한 '순가처분소득 대비 가계부채 비율' 통계에서 대한민국은 170.3%라는 압도적인 수치를 기록했다. 이 숫자가 얼마나 비정상적인지는 2008년 글로벌 금융위기를 겪었던 다른 나라들과 비교해 보면 명확해진다.

위기의 진원지였던 미국은 2007년 말 137.9%로 정점을 찍은 후, 고통스러운 '빚 다이어트(디레버리징)'에 돌입해 2017년에는 104.5%까지 비율을 낮췄다. 영국, 스페인 등 위기를 겪었던 대부분의 선진국이 같은 길을 걸었다. 하지만 한국은 정반대였다. 다른 나라들이 위기의 교훈을 얻어 가계의 빚을 줄이는 동안, 한국은 홀로 빚의 파티를 계속하며 위험 수위를 향해 폭주했다. 이미 세계 최고 수준이었던 가계부채는 그렇게 걷잡을 수 없는 지경에 이르렀다.

더욱 심각한 것은 이 숫자의 이면에 숨겨진 '부채의 집중' 문제다. 170.3%는 모든 가계의 평균값이다. 하지만 빚은 모든 가계가 똑같이 나눠서 지고 있는 것이 아니다. 당시 통계를 보면 우리나라 전체 가계 중 빚이 있는 가구는 약 57% 수준이었다. 이는 빚이 없는 43%의 가계를 제외하고, 빚을 진 가계만 놓고 보면 평균 부채비율은 300%에 육박한다는 충격적인 계산이 나온다.

물론 빚을 진 가구 중에도 소액 대출 등 건전한 부채를 가진 경우가 많다. 이를 감안하면, 실제로는 소수의 '고위험 가구'가 엄청난 규모의 빚을 떠안고 있다는 결론에 이른다. 기업의 경우 재무 건전성을 평가할 때 부채비율이 200%를 넘어가면 '위험 신호'로 간주한다. 그런데 수많은 가계가 이 위험 수위를 훌쩍 넘어선 빚을 지고 있었다. 이는 금리 인상이나 자산 가격 하락과 같은 작은 '금융 발작'에도 수많은 가정이 한꺼번에 무너질 수 있는 극도로 취약한 구조가 이미 완성되었음을 의미했다. 하지만 한국 사회는 위험 불감증에 빠져있었다.

가계부채라는 '달콤한 마약'

이 위험 불감증이 얼마나 치명적인지를 시카고 대학의 아미르 수피 Amir Sufi와 프린스턴 대학의 아티프 미안Atif Mian은 그들의 기념비적인 저서 『빚으로 지은 집House of Debt』을 통해 명쾌하게 설명했다. 그들의 연구는 가계부채가 경제에 미치는 영향이 마치 '달콤한 마약'과 같다는 사실을 명백히 보여준다.

가계부채가 마약과 같은 이유는 초기에 달콤한 순간을 맞이하게 된다는 사실에 기인한다. 수피와 미안의 연구에서 가장 중요한 발견 중 하나는, 가계대출의 확대가 자산 가격 거품을 직접적으로 유발한다는 것이다. 은행이 주택담보대출을 쉽게 내주면, 사람들은 더 많은 돈을 빌려 집을 사려고 하고, 이는 주택 수요를 폭발시킨다. 공급이 한정된 상태에서 수요가 폭발하니 집값은 당연히 치솟는다.

이렇게 부풀어 오른 자산 가격은 사람들에게 '부자가 되었다'는 착각을 심어준다. 집값이 오르니 소비를 늘리고, 건설 경기도 활성화된다. GDP 성장률은 올라가고 실업률은 낮아진다. 이것이 바로 정책 당국자들이 가계부채라는 마약의 유혹에서 벗어나지 못하는 이유다. 한국 경제 역시 지난 10여 년간 부동산 가격 상승과 맞물린 가계부채 증가를 통해 단기적인 성장의 환상을 맛보았다.

하지만 마약처럼 처음의 달콤한 효과가 떨어지면 끔찍한 금단 현상이 시작된다. 그들의 연구는 이 과정을 무서울 정도로 정밀하게 보여준다. 수피와 미안은 미국 전역의 우편번호 단위까지 파고드는 방대한 미시 데이터를 활용했다. 그들은 2008년 금융위기 당시, 빚이 많은 지역과 빚이 적은 지역을 우편번호로 구분한 후 주택가격이 똑같이 하락했을 때 어떤 일이 벌어지는지를 비교 분석했다. 이 실증 연구를 통해 그들은 가계부채가 높은 지역일수록 자동차 판매, 소매 지출 등 모든 소비가 훨씬 더 급격하게 줄어든다는 사실을 통계적으로 입증했다.

이들의 연구 결과는 1930년대 대공황 당시 경제학자 어빙 피셔가 처음 제시했던 '부채 디플레이션 Debt Deflation' 이론을 현대적으로 완벽하게 증명한 것이었다. 그 진행 과정은 이렇다.

첫 단계는 자산 가격 거품 붕괴로 시작한다. 빚으로 쌓아 올린 부동산 가격이 하락하기 시작한다. 두 번째 단계에서는 빚의 부담이 증가한다. 집값은 1억 원 떨어져도, 은행 빚 3억 원은 그대로다. 가계는 순식간에 파산 위기에 몰린다. 세 번째 단계에서 공포에 질린 가계는 빚을 갚기 위해 외식, 여행, 쇼핑 등 소비를 급격히 줄인다. 네 번째 단계로 넘어

가면 기업이 위기를 맞기 시작한다. 소비가 사라지자, 동네 식당부터 자동차 공장까지 연쇄적으로 타격을 입고, 기업은 투자를 줄이고 직원을 해고한다. 최종적으로 실업이 늘고 소득이 줄면, 다시 소비를 위축시키고, 부동산 가격을 더 떨어뜨리는 악순환이 완성된다. 부채와 디플레이션이 침몰의 소용돌이에 빠져들면 경제는 불황의 덫에서 헤어 나오지 못하게 된다.

수피와 미안이 경고한 대로, 대부분의 국가에서 정책 당국은 단기적인 성장률이라는 '달콤한 마약'의 유혹에 빠져 가계부채가 늘어나는 것을 방치하거나 심지어 조장할 강력한 동기를 가지고 있었다. 눈앞의 경제 지표를 끌어올려야 하는 정부에게, 가계부채 증가는 장기적인 고통을 대가로 단기적인 쾌락을 주는 마약과 같았다. 이 강력한 중독성은 건전성 감독을 책임져야 할 정부의 이성을 마비시켰고, 결국 파국으로 이어지는 정책 실패의 근본적인 원인이 되었다. 한국의 가계부채 비율인 2017년의 170.3%라는 숫자는 이미 중독이 심각한 수준에 이르렀음을 알리는 경고였다.

가계부채 관리 책임 부서는 어디인가?

가계부채 관리는 이처럼 한 국가의 안정적 경제 운영에 있어 필수적이다. 그런데 한국 경제에서 가계부채 문제가 방치되어 온 근본적인 원인은 이 거대한 폭탄을 책임지고 해체할 주무 부처가 사실상 없다는 점이다. 각 기관은 저마다의 논리로 책임을 회피한다.

기획재정부는 스스로를 '나라 살림의 최종 책임자'로 규정하며 재정 건전성 이슈를 선점한다. 정부부채 논쟁은 모든 부처의 예산을 통제하는 기재부의 권한을 재확인하고 그 존재감을 극대화하는 최고의 무대다. 반면, 가계부채는 자신들의 직접적인 소관이 아닌 '금융 리스크' 문제라고 선을 긋는다. 굳이 정치적으로 민감하고 해결도 어려운 문제에 뛰어들어 비난의 화살을 맞을 이유가 없다.

한국은행, 즉 중앙은행의 법적 최우선 목표는 '물가 안정'이다. 금융안정도 중요한 목표이지만 한국은행도 현재 가계부채가 금융안정을 훼손할 정도는 아니라고 보고 있다. 가계부채의 심각성은 인정하지만, 이를 잡기 위해 기준금리라는 '무딘 칼'을 휘두를 수는 없다는 입장이다. 금리 인상은 가계부채뿐만 아니라 기업 투자와 고용 등 경제 전반에 광범위한 충격을 주기 때문이다. 따라서 가계부채 관리는 금리 정책이 아닌, LTV나 DSR 같은 거시건전성 정책으로 다뤄야 하며 이는 금융위의 역할이라고 책임을 미룬다. 글로벌 금융위기 이후 한국은행법을 개정하여 '금융안정'을 물가안정과 함께 한국은행의 중요한 임무로 부여했지만, 사실상 방기하고 있다.

명목상의 담당 부서는 금융위원회지만, 이들의 시각은 근본적인 한계를 지닌다. 금융위의 주된 임무는 금융기관의 건전성 감독이다. 즉, 은행이 가계에 빌려준 돈을 떼이지 않을까(자산 건전성)를 걱정할 뿐, 그 빚 때문에 가계가 파탄 나는 것(채무자 건전성)에는 상대적으로 무관심하다. 이러한 '공급자 중심'의 외눈박이 시선은 가계부채 문제의 본질을 외면하고, 오히려 금융기관의 공격적인 대출 확대를 용인하거나 방조하는 결과를 낳았다.

결국 정치권의 의도적 외면, 언론과 학계의 침묵, 그리고 책임 부서의 부재와 감독 당국의 구조적 한계라는 네 바퀴가 맞물려 돌아가며 가계부채라는 시한폭탄을 키워왔다. '달콤한 마약'에 취해 자산가격이 높아지고 성장률이 높아지는 것만 반길 뿐, 가계 파탄과 금융기관 파산, 금융위기에 대해서는 아무도 대비하지 않는다. 누구도 책임지지 않는 이 거대한 '책임의 공백' 속에서 한국 경제의 가장 약한 고리는 곪아 터지기 직전이다.

순가처분소득 대비 가계부채 비율 Household debt to net disposable income ratio
가계가 1년 동안 세금 등을 제외하고 자유롭게 쓸 수 있는 모든 소득(순가처분소득)
대비 가계가 진 빚의 총량을 나타내는 비율. 가계의 실질적인 빚 상환 능력을 보여주
는 핵심 지표다.

디레버리징Deleveraging
빚(레버리지)을 줄여나가는 과정. 개인이나 기업, 정부가 부채를 상환하여 재무 건전
성을 회복하는 것을 의미한다. 2008년 금융위기 이후 미국 등 많은 나라가 이 과정
을 겪었다.

아미르 수피
미국 시카고 대학 부스 경영대학원의 저명한 경제학자. 아티프 미안 교수와 공저한
『빚으로 지은 집』을 통해, 가계부채가 금융위기와 경기침체에 미치는 영향을 미시
데이터를 활용하여 실증적으로 분석함으로써 세계적인 명성을 얻었다.

부채 디플레이션
1930년대 대공황 당시 경제학자 어빙 피셔가 처음 주장한 이론. 자산 가격이 하락하
면서 빚의 실질적인 부담이 커지고, 이에 따라 가계가 소비를 줄이면서 경기침체가
더욱 깊어지는 악순환을 의미한다. 빚이 빚을 부르는 불황의 덫을 뜻한다.

어빙 피셔
20세기 초를 대표하는 미국의 경제학자. 화폐수량설, 피셔 효과 등 현대 화폐금융이
론의 기틀을 닦았으며, 대공황의 원인을 '부채 디플레이션'으로 분석하여 깊은 통찰
을 남겼다.

새로운 패러다임의 약속과 현실의 간극

문재인 정부는 '사람 중심 경제'라는 새로운 패러다임을 내걸고, 과거의 성장 공식과 결별을 선언했다. 소득주도성장(분배), 혁신성장(미래), 공정경제(토대)라는 세 개의 축으로 경제의 체질을 완전히 바꾸겠다는 야심 찬 시도였다. 하지만 이 정교한 설계도는 냉혹한 현실과 관료주의의 벽 앞에서 무력했다.

앞서 밝힌 대로 성장이 멈추고 수축사회로 바뀐 한국사회는 구조적 개혁이 절실했기 때문에 문재인 정부에서도 앞선 정부와 마찬가지로 새로운 길을 찾으려는 야심 찬 시도를 한 것이었다. 하지만 이 멋진 비전은 한국 사회의 뿌리 깊은 구조적 한계와 마주해야 했다. 소득주도성장은 기형적으로 비중이 높은 자영업자의 문제로 논란에 휩싸였으며, 공정경제는 대기업과의 새로운 관계 설정이라는 장기 과제로 인해 성과를 내기 힘들었다. 혁신 성장을 위한 구조개혁은 지난한 작업이며 동시에 단기간에 성과를 내기 힘든 과제였다. 성과를 체감하기도 전에 전대미문의 팬데믹인 코로나 사태를 맞으면서, 위기 극복을 위한 비상 체제로 전환할 수밖에 없었다. 다행히 코로나 사태는 세계에서 가장 잘 극복했다는 찬사를 받을 정도로 성공적인 대응을 했으나, 결국 이러한 환경에서 과거의 관성을 극복하지 못하고 익숙한 정책으로 회귀하는 정부 거버넌스와 관료주의의 민낯을 드러내고 말았다.

건설경제로 회귀하는 정치경제학적 관성

혁신성장의 엔진이 공회전하고 경제 성과가 기대에 미치지 못하자, 정부는 과거 정부들이 반복적으로 사용했던 가장 익숙하고 손쉬운 카드를 꺼내 들었다. 바로 '토건土建 중심의 경기 부양'이라는 과거로의 회귀였다. 이 거대한 관성의 힘이 가장 극명하게 드러난 사건은 2019년 발표된 24조 1천억 원 규모의 '예비타당성조사 면제' 사업이다.

예비타당성 조사는 인구가 많은 수도권이 높은 점수를 받을 수 있는 한계로 인해 지방의 인구 소멸을 오히려 부추기는 문제가 있었다. '지역 균형 발전'을 위해서는 어떤 방식으로든 예비타당성 조사 제도의 개선은 불가피했다. 그러나 다른 인구 분산 정책이 부수되지 않으면서 단순히 과거 경제성이 부족하다고 평가받았던 대규모 SOC 사업을 추진하는 방식으로 전락하고 말았다.

이는 '혁신성장'이라는 낯선 길 앞에서, 기재부와 국토부라는 거대한 관료 조직이 가장 잘하고 익숙한 방식으로 문제를 해결하려 했던 결과에 가깝다. "경제가 어려우니, 일단 급한 불부터 끄고 보자. 가장 확실한 방법은 건설 경기 부양이다." 이 수십 년 된 공식이 새로운 정부의 새로운 구호를 이겨버린 것이다.

이러한 관성이 그토록 강력하게 작동하는 이유는, 단순히 관료들이 변화를 싫어해서가 아니다. 정권의 의지만으로는 쉽게 바꿀 수 없는 정부 거버넌스와 관료주의의 구조적인 문제가 깊숙이 자리 잡고 있기 때문이다.

1. 관료주의의 깊은 경로의존성

한국의 경제 관료 조직은 오랫동안 '계획하고, 건설하고, 관리하는' 방식의 제조업 및 건설업 기반 성장 모델에 최적화되어 있었다. 이들에게 혁신성장이라는 과제는 성공이 불확실하고 성과 측정이 모호한, 낯선 영역이었다. 반면, 대규모 주택 공급이나 사회간접자본SOC 투자는 예산을 투입하면 GDP와 고용률 같은 가시적 지표가 단기간에 상승하는, 예측 가능하고 관리하기 쉬운 과제였다.

이러한 관료 조직의 위험 회피적 속성과 성과 측정의 용이성은 불확실한 미래에 투자하기보다 검증된 과거의 방식을 선택하게 만드는 강력한 유인으로 작용했다. 이러한 예산 결정 과정의 편향성으로 인해, 모든 부처의 예산을 최종적으로 결정하는 기재부 예산실의 논리는 '확실성'과 '효율성'에 맞춰져 있다. 혁신은 본질적으로 수많은 실패의 위험을 안고 있지만, 예산실의 사전에는 '실패'라는 단어가 없다. 실패 가능성이 있는 R&D 예산을 승인하는 것보다, 정해진 공식대로 경제적 파급효과를 계산할 수 있는 건설 예산을 편성하는 것이 훨씬 안전하다. 국가 재정의 '최종 문지기'인 이들의 보수적인 속성이 혁신보다는 관행을 선택하게 만드는 것이다. 특히 국토교통부와 같이 거대 예산을 집행해 온 부처의 제도적 힘은, 과학기술정보통신부나 중소벤처기업부 같은 혁신 담당 부처의 목소리를 압도하기에 충분했다.

2. 단기적 성과주의를 부추기는 거버넌스 구조

5년 단임의 대통령제라는 한국의 정치 구조는 정부가 장기적인 안목의 구조개혁보다는 임기 내에 가시적인 성과를 내야 한다는 강박에 시달리게 만든다. 혁신 생태계를 조성하는 데는 10년 이상이 걸릴 수 있지만, 대규모 아파트 단지 건설은 5년 안에 첫 삽을 뜨고 분양까지 마칠 수 있다. 경제위기나 부동산 가격 급등과 같은 현안이 터졌을 때, 청와대를 중심으로 한 국정 운영 시스템은 즉각적인 해결책을 요구하게 되고, 이때 관료 조직이 가장 빠르게 내놓을 수 있는 대책은 결국 대규모 건설 프로젝트였다. '3기 신도시' 정책은 부동산 시장 안정이라는 명분 아래, 사실상 가장 손쉬운 경기 부양 수단을 동원한 것이라는 비판을 피하기 어려웠다.

3. 정치적 효용성과 기득권의 연합

건설은 경제적 효과를 넘어 강력한 정치적 도구이기도 하다. 특정 지역에 대규모 개발 사업을 약속하는 것은 선거에서 유권자의 표심을 얻는 고전적인 방법이다. 또한, 건설업을 중심으로 형성된 강력한 기업, 금융, 그리고 지역의 기득권 네트워크는 새로운 정책보다 기존의 사업 모델이 유지되기를 바란다. 혁신 성장은 새로운 기업과 새로운 기회를 만들지만, 동시에 기존 산업의 기득권을 위협할 수 있다. 결국 정부는 새로운 도전을 통해 갈등을 감수하기보다, 기존의 기득권 구조와 쉽게 타협하며 정치적 안정을 꾀하는 길을 선택한 셈이다.

결론적으로, 문재인 정부는 '사람 중심 경제'라는 새로운 비전을 제시하며 출발했지만, 코로나 사태의 위기 극복에 치중하면서 혁신 생태계 구축이라는 구조개혁을 구체화하는 데 실패했다. 그리고 그 공백은 미래를 향한 투자가 아닌, 관료주의의 경로의존성과 거버넌스의 단기 성과주의가 합작하여 만들어 낸 '건설주도 경제'라는 익숙한 과거로 채워졌다. 이는 한국 사회가 진정한 경제 패러다임의 전환을 이루기 위해 정책의 내용을 바꾸는 것뿐만 아니라, 정책을 결정하고 집행하는 시스템 자체를 개혁해야 한다는 무거운 과제를 남겼다.

소득주도성장 Income-led Growth

가계의 임금과 소득을 높여 소비를 진작시키고, 늘어난 소비가 기업 투자와 생산 확대로 이어져 경제 성장을 이끄는 경제 정책. 최저임금 인상, 비정규직의 정규직 전환 등이 주요 수단으로 활용되었다. 기존의 공급·수출 중심 성장에서 벗어나 내수와 분배를 강조하는 패러다임의 전환을 시도했다.

혁신성장 Innovative Growth

인공지능(AI), 데이터, 수소경제 등 미래 신기술과 신산업을 육성하여 새로운 성장 동력을 확보하려는 정책. 소득주도성장이 수요 측면을 강조한다면, 혁신성장은 공급 측면의 잠재력을 키우는 것을 목표로 했다.

공정경제 Fair Economy

대기업과 중소기업 간의 불공정한 거래 관행을 개선하고, 재벌의 경제력 남용을 막아 시장의 공정한 경쟁 질서를 확립하려는 정책. '갑을 관계'의 폐해를 줄여 상생 협력하는 경제 생태계를 만드는 데 중점을 두었다.

선의의 정책이 악화시킨 거품

모든 위기는 작은 균열에서 시작된다. 한국 부동산 시장의 파국 역시 마찬가지였다. 시장이 서서히 과열될 조짐을 보이던 그때, 정부는 갈림길에 서 있었다. 한쪽 길은 총부채원리금상환비율DSR 강화와 같은 강력한 금융 규제를 통해 시장의 레버리지 자체를 억제하는, 고통스럽지만 정석적인 해법이었다. 다른 한쪽 길은 시장의 근본적인 문제를 외면하고, 가격 상승으로 고통받는 서민들을 위한다는 명분 아래 돈을 푸는 손쉬운 길이었다. 초기에 새로운 길을 찾으려 나섰던 정부는 어쩔 수 없이 후자를 택했다.

역사는 종종 선한 의도가 비극적인 결과를 낳는 아이러니로 가득 차 있다. 최근 한국의 부동산 시장이 겪었던 극심한 혼란은 이러한 역설을 증명하는 가장 대표적인 사례 중 하나로 기록될 것이다. 이 위기는 악의

나 무능에서 비롯된 것이라기보다는, 오히려 시장을 안정시키고 서민의 주거 부담을 덜어주려는 고결한 목표에서 출발한 정책들이 의도치 않게 파국을 초래한 결과물에 가깝다. 임대 시장의 투명성을 높이고, 생애 최초 주택 구매자의 꿈을 지원하며, 세입자의 보증금 마련 부담을 덜어주겠다는 정책들은 하나하나 떼어놓고 보면 합리적이고 필요한 조치처럼 보였다.

하지만 정책은 진공 속에서 작동하지 않는다. 각기 다른 문제를 해결하기 위해 고안된 세 가지 핵심 정책—'등록임대사업자 제도', '정책금융 확대', 그리고 '전세대출 확대'—는 시장이라는 거대한 용광로 속에서 서로 뒤섞이며 누구도 예상치 못한 화학 반응을 일으켰다. 이들의 상호작용은 투기꾼에게 필요한 레버리지(전세대출), 수요 기반의 가격 상승 기대감(정책금융), 그리고 세금 없는 출구 전략(등록임대사업자 제도)이라는 삼박자를 완벽하게 제공했다. 선의의 깃발 아래 추진된 정책들이 어떻게 시장의 혼란을 부채질하는 비극으로 귀결되었는지, 그 과정은 많은 것을 시사한다.

투기를 조장한 등록임대사업자 제도

정부가 '임대주택 등록 활성화 방안'을 발표했을 때, 그 명분은 명확하고 설득력 있었다. 당시 주택 임대 시장의 상당 부분은 세원 포착이 어려운 소위 '그림자 시장'에 존재했다. 정부는 다주택자들이 보유한 주택을 제도권 안으로 끌어들여 임대차 시장의 투명성을 확보하고자 했다. 또한, 등록된 임대주택에 대해 의무 임대 기간(초기 4년 또는 8년)과 연 5%의 임대료 증액 상한을 적용함으로써 세입자에게 안정적인 거주 환경을 보장하는 것이 정책의 핵심 목표였다. 이는 '서민 주거 안정'이라는 국정 과제를 실현하기 위한 중요한 정책적 수단으로 제시되었다. 투기 세력으로 지목되던 다주택자들을 책임감 있는 장기 임대 공급자로 전환시키려는 시도였다.

문제는 조급함에서 시작되었다. 정부는 다주택자들의 자발적인 참여를 유도하기 위해 '당근'을 제시했는데, 이는 단순한 유인책을 넘어 거의 모든 규제를 무력화하는 수준의 파격적인 세제 혜택 꾸러미였다. 이는 부동산 투기를 억제하기 위해 설계된 세금 제도의 근간을 흔드는 조치였다.

첫째, 가장 강력한 혜택은 종합부동산세(종부세) 합산배제였다. 다주택자에게 종부세는 보유 주택의 공시가격을 모두 합산하여 누진세율을 적용하기 때문에 가장 큰 부담으로 작용한다. 그러나 임대사업자로 등록된 주택은 이 합산 과세 대상에서 제외되었다. 이는 사실상 해당 주택에 대한 종부세를 '면제'해 주는 것과 같은 효과를 낳았다. 수십 채의 집을 소유하더라도 임대 등록만 하면 종부세 부담을 거의 느끼지 않을 수 있는 길이 열린 것이다.

둘째, 양도소득세(양도세) 중과배제 및 장기보유특별공제 확대는 투기 이익 실현의 가장 큰 걸림돌을 제거해 주었다. 정부는 앞서 다주택자의 단기 시세차익을 막기 위해 최고 60%가 넘는 징벌적 수준의 양도

세 중과 방침을 밝혔었다. 하지만 임대주택으로 등록하면 이 중과세율 적용에서 완전히 벗어날 수 있었다. 여기에 더해, 8년 이상 장기 임대 시 최대 70%에 달하는 장기보유특별공제를 적용받아 양도 차익의 상당 부분을 세금 없이 합법적으로 가져갈 수 있게 되었다. 이는 비등록 다주택자와 비교할 때 세금 부담이 크게 차이 날 수 있는 엄청난 특혜였다. 이 외에도 취득세와 재산세의 대폭적인 감면 혜택까지 더해지면서, 임대사업자 등록은 다주택자에게 선택이 아닌 필수가 되었다.

정부는 사실상 다주택자들에게 '임대사업자로 등록하여 세금 천국을 누릴 것인가, 아니면 세금 지옥에 남을 것인가'라는 극단적인 선택지를 제시한 셈이다.

시장의 반응은 폭발적이었다. 2018년 상반기에만 7만 4천여 명이 신규 임대사업자로 등록했으며, 이는 전년도 같은 기간보다 2.8배나 급증한 수치였다. 이 기간에 새로 등록된 임대주택 수는 17만 7천 채에 달했다. 2017년 말 98만 채였던 전체 등록 임대주택은 불과 6개월 만에 115만 7천 채로 불어났다.

이러한 폭증은 단순히 임대 시장의 투명화를 바라는 순수한 동기에서 비롯된 것이 아니었다. 그 배경에는 정부 정책의 모순적인 타이밍이 결정적인 역할을 했다. 정부는 8.2 부동산 대책을 통해 다주택자에 대한 양도세 중과라는 강력한 '채찍'을 먼저 꺼내 들었다. 시장이 공포에 휩싸일 무렵, 뒤이어 임대사업자 등록이라는 거의 유일한 합법적 '탈출구'를 제시한 것이다. 양도세 폭탄을 맞고 매각할 것인가, 아니면 임대 등록을 통해 세금을 회피하고 자산을 유지할 것인가. 투자자들의 선택은 불을 보듯 뻔했다.

결과적으로 임대 시장 안정을 위해 설계된 방패는 투기꾼들이 세금과 규제를 피하는 가장 날카로운 칼이 되었다. 이 제도는 기존 다주택자의 세금 회피처가 되었을 뿐만 아니라, 오히려 신규 주택을 매입하여 임대 등록하는 투기를 부추기는 역효과를 낳았다. 세금 부담 없이 시세차익을 극대화할 수 있다는 확신은 투기 수요를 더욱 자극했다. 이렇게 등록된 주택들은 최소 8년 이상 매물 시장에 나올 수 없게 묶이면서, 가뜩이나 부족했던 매매용 주택 공급을 더욱 감소시키는 결과를 초래했다. 이는 곧바로 주택가격의 추가적인 상승 압력으로 작용했다. 세입자를 보호하려던 방패가 집값을 밀어 올리는 지렛대가 되어버린 셈이다.

이 정책 실패의 본질은 단순히 혜택이 과도했다는 데 있지 않다. 더 깊은 문제는 정부가 한 손으로는 투기를 억제한다며 세금의 몽둥이를 들고, 다른 한 손으로는 투기를 조장하는 세금 감면의 문을 활짝 열어놓은 시스템적 모순에 있다. 시장에 극도로 혼란스러운 신호를 보낸 이 정책적 비일관성은 정부 규제 전체의 신뢰도를 무너뜨렸고, 시장은 정부의 선한 의도가 아닌 명백한 재정적 허점을 향해 움직였다.

투기자금의 순환을 도운 정책금융의 확대

주택가격이 상승하면서 서민 가계가 주택을 구입하기 더 어렵게 되었다. 정부 정책의 실패로 인해 서민들만 피해를 보았다는 비판에 대해 정부는 서민 금융 확대로 대응했다. 정부가 디딤돌 대출이나 보금자리론과 같은 정책금융 상품을 확대할 때 내세운 명분은 언제나 '서민과 실수요자의 내 집 마련 지원'이었다. 생애최초 주택 구매자나 신혼부부를 위한 디딤돌 대출이나, 무주택 서민들을 위한 보금자리론 등은 주택 가격의 폭등으로 내 집 마련 꿈을 상실한 서민들에게 기회를 주기 위한 제도였다. 그러나 기본적으로 정책 대출이 늘어나는 것은 곧 주택의 수요를 확대하는 정책이기 때문에 거품이 있는 시기에는 매우 조심스럽게 시행해야 하는 제도이다. 불행하게도 이 제도는 곧 거품을 유지하는 수단으로 전락하고 말았다.

이 정책이 시장에 막대한 영향을 미친 핵심적인 이유는 바로 기술적인 세부 조항 하나에 있었다. 9억 원 이하 주택에 대해 총부채원리금상환비율DSR 규제를 적용하지 않은 것이다. DSR 규제에서 자유로워진 막대한 자금은 시장에 강력한 수요 충격을 가했다. 특히 대출 자격 기준인 9억 원 이하 아파트 시장에 수요가 집중되면서 여러 부작용이 나타났다.

첫째, 정책자금 공급이 주택 수요를 대폭 늘리는 효과를 발휘했다. 특히 이자율이 상승하던 시기에는 주택가격 하락세를 저지했고, 수도권을 중심으로 가파른 반등을 촉발하기도 했다. 둘째, 6억 원에서 9억 원 사이의 아파트에 수요가 몰리는 '쏠림 현상'이 발생하면서 해당 가격대 아파트 가격이 비정상적으로 급등했다. 9억 원을 살짝 넘는 아파트와의 가격 격차가 비상식적으로 벌어지는 왜곡이 일어났다. 셋째, '지금이 정부 자금을 이용하지 않으면 영원히 집을 살 수 없다'는 '패닉 바잉

(공황 구매)' 심리를 자극했다. 이러한 투기적 열풍은 특히 젊은 층을 중심으로 거세게 불었다.

서민의 주택 구매를 '돕기' 위한 정책이 공급이 따라오지 못하는 상황에서 수요만 폭발시켜 주택을 '더 비싸게' 만드는 역설을 낳았다. 특정 계층을 돕는 것을 넘어, 시장 전체의 가격 하단을 인위적으로 끌어올리는 결과를 초래한 것이다. 이는 복지 정책의 외피를 썼지만, 실제로는 자산 가치를 부양하기 위한 거시경제 부양책으로 기능했다. 정부가 부동산 가격 하락으로 인한 경제 충격을 완화하기 위해 주택 정책을 동원한 셈인데, 이는 결국 주택가격을 다시 상승시켜 정책 본연의 목표였던 주거 안정을 저해하는 자가당착에 빠지게 만들었다.

갭투자를 조장한 전세대출의 무분별한 확대

정부가 전세자금 대출 보증을 확대한 이유는 표면적으로 매우 단순하고 선의에 기반했다. 주택가격이 상승하고 전셋값도 올라 목돈 마련이 어려운 세입자들이 늘어나자, 거액의 전세 보증금을 쉽게 마련할 수 있도록 지원함으로써 주거 안정을 돕겠다는 것이었다. 이는 한국 고유의 전세 제도하에서 세입자들이 겪는 어려움을 덜어주기 위한 필수적인 금융 지원으로 여겨졌다.

이 정책이 어떻게 투기의 핵심 동력으로 변질되었는지를 이해하려면 먼저 '갭투자'의 원리를 알아야 한다. 갭투자란 주택의 매매가격과 전세

가격의 차액gap만큼만 자기자본을 투입하고, 나머지 잔금은 세입자에게 받은 전세 보증금으로 충당하여 주택을 매입하는 방식이다. 여기서 핵심은 전세가율(매매가 대비 전세가 비율)이다. 전세가율이 높을수록 투자에 필요한 자기자본, 즉 '갭'이 줄어든다.

정부의 전세대출 보증 확대는 이 갭투자 메커니즘에 강력한 터보 엔진을 달아주었다. 주택도시보증공사HUG와 같은 공적 보증기관이 전세대출에 대해 100% 보증을 제공하기 시작한 것이 결정적이었다. 이 조치는 시장의 모든 규칙을 바꾸어 놓았다.

상업은행 입장에서 전세대출은 완전한 무위험 상품이 되었다. 정부가 100% 손실을 보전해 주기 때문에 은행은 대출 심사를 까다롭게 할 이유가 사라졌다. 차주의 소득이나 상환 능력을 면밀히 따지기보다 대출을 최대한 많이 내주는 것이 이익이 되는 구조가 만들어졌다.

그 결과, 임대차 시장으로 막대한 규모의 '쉬운 돈'이 흘러 들어갔다. 세입자들은 이전보다 훨씬 큰 금액의 전세 보증금을 손쉽게 빌릴 수 있게 되었다.

이로 인해 시장에서는 파괴적인 연쇄 반응이 일어났다. 먼저 전세대출이 쉬워지자, 100% 보증을 등에 업은 세입자들이 인위적으로 부풀려진 구매력을 가지고 시장에 진입한다. 전세 수요가 늘어나면서 전세가격이 급등하기 시작한다. 집주인들은 세입자들이 더 많은 돈을 빌릴 수 있다는 사실을 간파하고, 그에 맞춰 전세가격을 올린다. 세입자를 위한 정부 지원금이 고스란히 집주인의 주머니로 흘러 들어가는 '정책 효과의 이전'이 발생한다. 급등한 전세가격은 전세가율을 밀어 올리고, 이는 갭투자자가 주택을 매입하는 데 필요한 자기자본의 크기인 '갭'의 크기를 극적으로 줄여준다. 이제 투기꾼들은 세입자가 정부 보증으로 빌린 대출금을 활용해 자기 돈은 거의 들이지 않고 주택을 사들일 수 있게 된다. 세입자를 돕기 위한 정책이 투기꾼을 위한 핵심 자금 조달 수단으로 전락한 것이다.

이것이 바로 이 정책의 가장 큰 비극이다. 주거 안정을 위해 정부 대출을 받은 세입자는 자신도 모르는 사이에, 자신이 살고 있는 집의 가격을 밀어 올리는 투기꾼에게 자금을 대주는 역할을 하게 된 것이다. 이는 결국 미래에 자신의 내 집 마련의 꿈을 더욱 멀어지게 만드는 부메랑이 되어 돌아왔다. 100% 보증이라는 구조는 시장의 리스크 평가 기능을 완전히 마비시켰다. 대출 심사라는 안전장치를 스스로 제거함으로써, 정부는 대출 부실의 위험은 고스란히 공공 부문(즉, 국민 세금)에 떠넘기고, 자산 가격 상승의 이익은 오직 민간 투기꾼이 독차지하는 극단적인 도덕적 해이를 조장했다.

투기를 조장한 정부 정책 실패

주택가격이 안정되었을 때는 큰 문제가 없는 정책이지만, 불안정한 시장에서는 폭발력이 강한 선의의 정책들이 이어지면서 시장에는 불안감이 감돌았다. DSR 규제와 같은 강력한 규제를 통해 주택가격 상승을 억제하지 않으면서, 이 세 가지 정책이 시장에서 결합했을 때 그 파괴력은 기하급수적으로 커졌다. 이들은 서로의 약점을 보완하며 투기를 위한 완벽한 '3위일체' 시스템을 구축했다.

첫째, 연료(레버리지). 전세대출의 무분별한 확대는 투기꾼들이 최소한의 자기자본으로 시장에 진입할 수 있도록 값싸고 강력한 레버리지라는 '연료'를 공급했다.

둘째, 산소(가격 상승 기대감). 정책금융의 확대는 시장의 자연스러운 가격 조정을 막고 인위적인 수요를 창출함으로써, 자산 가격은 계속 오를 것이라는 강력한 기대감이라는 '산소'를 불어넣었다. 투기는 미래의 가격 상승에 대한 믿음 없이는 성립할 수 없다.

셋째, 발화물(인센티브). 등록임대사업자 제도는 투기꾼들이 자산을 안전하게 보유하고, 막대한 시세차익을 세금 한 푼 내지 않고 실현할 수 있는 완벽한 '발화물'을 제공했다.

서민 주거 안정이라는 하나의 목표를 향했던 세 갈래의 선의는 서로 얽히고설키며 본래의 목적을 배반했다. 시장의 불길을 잡기 위해 뿌린 물이 실제로는 기름이었음이 드러났을 때, 그 불길은 이미 걷잡을 수 없이 번진 후였다. 금융 규제의 실패라는 원죄 위에 세워진 정책들은 평범한 시민들을 화마 속으로 밀어 넣었고, 그들은 선한 의도가 만들어 낸 지옥 속에서 혹독한 대가를 치러야 했다.

종합부동산세 Comprehensive Real Estate Tax

개인이 보유한 부동산의 공시가격을 합산하여 일정 기준을 초과하는 경우 부과되는 세금. 주택 수가 많거나 고가주택을 보유할수록 세율이 높아지는 누진세 구조로 되어 있어, 다주택자에게는 보유세 부담을 가중시키는 핵심적인 규제 수단으로 사용된다.

양도소득세 Capital Gains Tax on Real Estate

주택 등 부동산을 매각하여 얻은 시세차익(양도소득)에 대해 부과되는 세금. 특히 다주택자가 단기간에 주택을 팔아 이익을 남기는 것을 막기 위해, 보유 주택 수와 기간에 따라 기본세율에 추가 세율을 더하는 '중과세' 제도가 운용되고 있다.

갭투자 Gap Investment

주택의 매매가격과 전세가격의 차액만큼만 자기자본을 투입하고, 나머지는 세입자에게 받은 전세 보증금으로 충당하여 주택을 매입하는 투자 방식. 주로 시세차익을 목적으로 하며, 적은 돈으로 레버리지를 극대화하는 방법으로 활용된다.

전세가율

주택 매매가격 대비 전세가격의 비율. 전세가율이 높을수록 매매가와 전세가의 차액, 즉 '갭'이 줄어들어 갭투자에 필요한 자기자본이 적어진다. 예를 들어 5억 원짜리 아파트의 전세가율이 80%(전세금 4억 원)라면 1억 원으로 갭투자가 가능하게 된다.

레버리지 Leverage

'지렛대'라는 뜻으로, 금융에서는 타인의 자본(부채)을 지렛대처럼 이용하여 자기자본의 이익률을 높이는 효과를 의미한다. 부동산 시장에서는 전세 보증금이나 대출을 활용해 실제 자기자본보다 훨씬 큰 규모의 주택을 매입하는 것을 의미한다.

코로나 위기로 폭증한 가계부채

2020년 초 발발한 코로나19 팬데믹은 단순한 보건 위기를 넘어, 21세기 세계 경제 시스템의 근간을 뒤흔든 미증유의 외생적 충격이었다. 공급망 붕괴와 사회적 거리두기로 인한 수요 절벽이 동시에 발생하며, 각국 정부는 대공황 이후 가장 심각한 경기침체의 위기를 맞았다. 이 과정에서 위기 대응의 철학을 둘러싼 근본적인 분기점이 드러났다. 한편에는 국가의 재정을 방패삼아 위기의 충격을 직접 흡수한 국가들이 있었다. 다른 한편에는 통화정책과 민간 신용 팽창에 의존해 위기를 우회하려 한 국가가 있었다.

미국과 유럽 주요국이 전자의 길을 택했다. 이들은 국가가 적극적으로 빚을 내어 가계 소득을 직접 보전하고 고용을 유지하는 '재정적 대응'을 위기 극복의 핵심 전략으로 삼았다. 반면 대한민국은 후자의 길을 걸었다. 표면적으로는 재정 건전성을 유지하는 듯 보였으나, 실질적으로는 초저금리와 유동성 공급을 통해 위기 대응의 책임을 가계와 기업의 대차대조표로 전가했다. 이는 위기의 충격을 민간 부문이 빚을 내어 감당하게 하는 '비용의 사유화 privatization of costs'에 가까웠다.

민간 부채로 코로나 위기에 대응한 한국 경제

팬데믹이라는 전대미문의 경제적 충격에 맞서 서구 선진국들은 주저 없이 국가 재정이라는 '최종 병기'를 꺼내 들었다. 이들의 대응은 규모, 메커니즘, 그리고 그 기저에 깔린 철학 모든 면에서 한국과 극명한 대조를 보였다. 이는 위기 극복의 비용을 국가가 우선적으로 부담하겠다는 명확한 사회적 합의의 결과물이었다.

서구 국가들의 재정 대응 규모는 가히 압도적이었다. 국제통화기금IMF과 주요 연구기관의 자료에 따르면, 미국은 2020년 GDP 대비 25.5%에 달하는 천문학적인 재정 및 금융 지원책을 쏟아부었다. 영국(19.3%), 독일(15.3%), 일본(16.7%) 등 다른 G7 국가들 역시 GDP의 15%를 훌쩍 넘는 막대한 재정을 투입했다. 이는 단순히 경기를 부양하는 수준을 넘어, 팬데믹으로 인해 멈춰버린 민간 경제의 소득 흐름을 국가 재정이 직접 대체하겠다는 의지의 표명이었다.

반면, 한국의 재정 조치 규모는 2020년 GDP 대비 6.4% 수준에 그쳤다. 정부는 이를 두고 '효율적 대응'이라 자평했지만, 이는 위기의 본질을 외면한 평가였다.

　서구 국가들은 2008년 글로벌 금융위기 당시 소극적인 재정 대응이 더 깊고 긴 침체를 불렀다는 값비싼 교훈을 잊지 않았다. 당시의 실수를 반복하지 않기 위해 '과잉 대응의 위험'을 감수하고서라도 '과소 대응의 함정'을 피하겠다는 '고 빅 Go Big' 철학이 정책 결정의 핵심 원칙으로 자리 잡았다. 이러한 역사적 학습과 정치적 결단이 부재했던 한국의 재정 당국은 전통적인 재정 건전성 논리에 발이 묶여 위기 대응의 '골든타임'을 놓치고 말았다.

　서구 국가들이 재정의 방파제를 쌓아 위기의 파고를 막아내는 동안, 한국은 전혀 다른 길을 선택했다. 재정 건전성이라는 도그마에 빠져있는 한국의 기획재정부는 팬데믹 초기부터 재정 건전성 유지를 정책의 최우선 순위에 두었다. 다른 선진국들에 비해 GDP 대비 국가채무 비율이 낮다는 점을 반복해서 강조하며, 한국의 재정 여력이 양호하다고 주장하면서도 재정 지출의 확대는 극도로 억제했다. 이러한 기조 하에 편성된 재정 지원은 소상공인과 자영업자에 대한 대출 지원에 집중되었고, 전국민 대상의 재난지원금은 몇 차례의 제한적인 규모로 집행되는 데 그쳤다. 정부는 이러한 소규모 재정 투입으로 경제 충격을 방어한 것을 "효율적 대응"이라고 포장했지만, 이는 문제의 본질을 호도하는 것이었다.

　결과적으로 기재부는 국가의 대차대조표를 깨끗하게 유지하는 데는 성공했을지 모른다. 하지만 그 대가로 민간 부문의 대차대조표는 돌이킬 수 없이 악화되었다. 국가 전체의 총부채(공공부채 + 민간부채)는 급증했지만, 정부는 공공부채만을 조명하며 '재정 건전성의 착시'를 만들어 냈다. 위기의 비용은 사라진 것이 아니라, 공공의 영역에서 사적 영역으로 은밀하게 이전되었을 뿐이다.

재정 당국이 뒷짐을 지고 있는 사이, 한국은행은 사실상 위기 대응의 유일한 주체로 전면에 나섰다. 한국은행 금융통화위원회는 2020년 3월과 5월, 두 차례에 걸쳐 기준금리를 총 0.75%p 인하하며 사상 최저 수준인 연 0.5%의 '제로금리' 시대를 열었다. 이는 가계와 기업의 이자 부담을 덜어주고 대출을 통한 소비와 투자를 촉진함으로써 경기를 방어하려는 의도였다.

그러나 이러한 통화정책 중심의 대응은 근본적인 한계를 내포하고 있었다. 재정 정책이 특정 계층(예: 실업자, 저소득층)에 선별적으로 유동성을 공급하는 '정밀 타격'이 가능한 반면, 기준금리 인하는 경제 전반에 무차별적으로 유동성을 살포하는 '융단폭격'과 같다. 특히, 팬데믹으로 인해 마땅한 투자처와 소비처가 사라진 상황에서, 중앙은행이 푼 막대한 유동성은 생산적인 실물 경제로 흘러가지 못했다. 대신 가장 매력적인 투자처로 인식되던 자산시장, 즉 부동산으로 몰려들 수밖에 없는 구조적 환경이 조성되었다. 결국 한국은행의 통화 완화는 경기침체를 막는 소방수의 역할을 넘어, 자산시장 버블을 키우는 방화범의 역할까지 떠맡게 되는 비극적 결과를 초래했다.

불협화음의 교향곡이 된 정책 실패

한국의 코로나19 대응 과정은 단일 기관의 실책이 아닌, 경제 정책을 관장하는 핵심 주체들 간의 총체적이고 시스템적인 실패였다. 기획재정부, 한국은행, 금융위원회는 각자의 목표와 논리에 매몰되어 서로 상충하는 정책을 쏟아냈다. 이들의 불협화음은 단 2년이라는 압축된 시간 안에 자산 버블과 가계부채 위기라는 파국적 결과를 낳았다. 이는 명백한 '압축적 정책 실패'였다.

기획재정부는 위기 대응의 컨트롤타워 역할을 포기하고 재정 건전성이라는 단일 목표에 집착했다. 이들은 대규모 재정 지출을 통한 직접적인 소득 보전 대신, 추경을 통한 제한적인 지원에 그치며 시장에 거대한 유동성 공백을 만들었다. 기재부의 이러한 소극적 태도는 두 가지 치명적인 결과를 낳았다. 첫째, 한국은행이 필요 이상으로 공격적인 통화 완화 정책을 펼 수밖에 없는 환경을 조성했다. 둘째, 재정의 소득 재분배 및 경기 안정화 기능이 마비되면서, 통화 완화로 풀린 유동성이 취약 계층의 소득 보전이 아닌 자산 계층의 부 축적 수단으로 변질되도록 방치했다. 기재부는 국가 재정의 장부를 지키는 데는 성공했지만, 국가 경제 전체의 안정성을 무너뜨리는 데 결정적인 원인을 제공했다.

재정의 부재 속에서 유일한 구원투수로 등판한 한국은행은 경기 방어라는 지상 과제를 수행하기 위해 통화정책의 엑셀을 끝까지 밟았다. 사상 최저 금리와 무제한 유동성 공급은 단기적인 금융시장 안정과 경기 급락 방어에는 일부 기여했을지 모른다. 그러나 재정이라는 '스펀지'

가 부재한 상황에서 쏟아부은 막대한 유동성은 고스란히 자산시장으로 흘러 들어갔다. 한은은 자신의 정책이 초래할 자산 버블과 가계부채 급증이라는 부작용을 애써 외면하거나, 이를 금융당국의 미시건전성 규제 영역으로 떠넘겼다. 거시경제 안정이라는 본연의 임무를 수행하는 과정에서, 금융 안정이라는 또 다른 핵심 책무를 방기한 셈이다.

금융위원회는 거시건전성을 감독하고 대출을 규제해야 할 책임이 있었지만, 항상 뒤 늦게 그것도 엉성한 대책으로 일관하면서 사태를 악화시켰다. 한국은행이 유동성의 홍수를 일으키는 동안, 금융위는 마지못해 땜질식 처방으로 일관했다. 가계부채 급증의 핵심 통로였던 총부채원리금상환비율(DSR) 규제 강화는 번번이 지연되었고, 초기에는 고소득자의 고액 신용대출에만 한정적으로 적용되는 등 실효성이 거의 없었다. 규제가 발표될 때마다 수많은 예외 조항을 두어 사실상 '누더기 규제'로 전락했다. 비전문가들이 가계부채 문제의 심각성을 인식하지 못하는 상황에서, 현장에서 문제를 가장 잘 알 수 있는 금융위가 눈을 감아버린 것이다. 이후에도 스트레스 DSR 제도의 단계적 시행 시기를 연기하는 등, 금융위는 시장의 과열을 진정시키기보다는 경기 부양 기조에 편승하려는 정치적 압력에 굴복하는 모습을 보였다. 숟가락으로 댐을 쌓으려는 동안, 중앙은행은 수문을 활짝 열어젖힌 격이었다.

이 세 기관의 엇박자는 각 기관이 단기적이고 분절된 목표에만 집중하도록 만드는 왜곡된 유인 구조에서 비롯되었다. 기재부는 국가채무비율을 낮게 유지하는 것이 지상 최고의 목표인 것처럼 내세우며 서민 가계가 몰락하는 것을 방치했다. 사실상 서민 경제의 피폐화를 방치하면서도 '유능한 재정 관료'로 칭송받을 수 있었다. 한국은행은 경기침체를 막으면 중앙은행의 역할을 다한 것으로 평가받았다. 가계부채의 문제에 대해서 경고음 한번 제대로 내지 않으면서, 막대한 자금이 부동산으로 흘러 들어가는 것을 방치했다. 금융위는 대출 규제 강화로 경기를 위축시킨다는 비판을 피하는 것이 급선무였다. 이처럼 각 기관이 자신의 영역에서 단기적인 성공을 추구하는 동안, 국가 경제 전체는 장기적인 파탄의 길로 접어들었다. 위기를 총체적으로 조망하고 정책을 조율하는 거버넌스의 부재가 빚어낸 예고된 참사였다.

부채의 늪에 빠진 한국 경제

정책 실패의 청구서는 어김없이 날아들었다. 정부가 아낀 재정 비용은 가계가 짊어져야 할 막대한 부채로 전환되었다. '누가 위기의 비용을 부담했는가?'라는 질문에, 한국 사회는 '영끌(영혼까지 끌어모아 대출)'로 내 집 마련에 나선 청년 세대와 빚으로 생계를 유지해야 했던 자영업자들이라고 답하게 되었다. 한국 경제는 팬데믹의 상흔을 치유하기는커녕, '부채의 늪'이라는 더 깊고 치명적인 수렁에 빠져들었다.

재정의 역할 부재 속에서 한국은행이 푼 막대한 유동성은 갈 곳을 잃었다. 팬데믹으로 기업의 설비 투자는 위축되었고, 가계의 소비는 제약받았다. 이 상황에서 초저금리는 부채를 통한 자산 매입의 기회비용을 거의 제로로 만들었다. 결국 돈의 물결은 하나의 목적지, 즉 부동산 시장으로 향했다.

'공급부족'이라는 언론의 프레임은 이러한 투기적 수요에 불을 붙였다. 하지만 실제 통계는 당시 주택 공급 물량이 결코 부족하지 않았음을 보여준다. 문제의 본질은 공급이 아니라, 정책 실패가 만들어 낸 비이성적인 '패닉 바잉 panic buying' 수요였다. 하루가 다르게 치솟는 아파트 가격을 보며, 지금 빚을 내서라도 집을 사지 않으면 영원히 뒤처질 것이라는 공포가 사회 전체를 지배했다. 개별 경제 주체의 합리적 선택이 모여 거시경제 전체를 파국으로 이끄는 '구성의 모순'이 현실화된 것이다.

그 결과는 참혹했다. 대한민국의 명목 GDP 대비 가계부채 비율은 팬데믹 기간 동안 수직으로 상승하여 100%를 훌쩍 넘어섰다. 이는 스위스, 호주 등 일부 국가를 제외하면 전 세계에서 가장 높은 수준이며, 미국(약 70%대), 영국, 독일, 프랑스(100% 미만) 등 주요 선진국과 비교할 수 없을 정도로 위험한 수치다.

더 심각한 지표는 처분가능소득 대비 가계부채 비율이다. 이 비율은 180%를 넘어 200%에 육박하며, 가계가 벌어들인 소득의 거의 두 배에 달하는 빚을 지고 있다는 것을 의미한다. 이는 가계의 채무 상환 능력이 한계에 도달했음을 보여주는 적신호다. 특히 주택 구입과 자산 투자를 위해 대출 시장에 뛰어든 청년층의 부채가 급증하면서, 미래 세대의 소비 여력을 현재로 끌어다 쓴 형국이 되었다.

결론적으로, 대한민국 정부는 팬데믹 대응 과정에서 재정 건전성을 지키는 데 성공했지만, 국가 경제 전체의 건전성은 심각하게 훼손되었다. 위기의 비용은 사라지지 않고, 공공 부문에서 민간 부문으로, 특히 가계 부문으로 고스란히 전가되었다.

이 과정에서 발생한 부채는 일시적인 정부 재정 적자와는 질적으로 다르다. 정부부채는 경기 회복기에 세수 증대를 통해 점진적으로 관리할 수 있지만, 한번 급증한 가계부채는 쉽게 줄어들지 않는 '톱니 효과ratchet effect'를 가진다. 폭등한 가격에 30~40년 만기 주택담보대출을 받은 가계는 금리 인상기에도 원리금 상환 부담을 고스란히 떠안아야 한다. 2020년과 2021년의 정책 실패는 한 세대의 대차대조표에 영구적인 족쇄를 채운 것이다. 이는 단순한 경제 문제를 넘어, 자산 보유 여부에 따라 계층을 나누고 세대 간 갈등을 증폭시키는 심각한 사회적 문제로 비화했다. 결국 정부가 회피한 비용은 사회 전체의 불평등 심화와 미래 성장 잠재력 훼손이라는 더 큰 대가로 돌아오고 있다.

다시 드러난 거버넌스 문제

코로나19 팬데믹 대응 과정에서 나타난 '압축적 정책 실패'는 일회성 실수가 아니다. 이는 한국 경제 시스템에 내재된 더 깊고 구조적인 병, 즉 '잘못된 거버넌스의 구조적 실패'라는 고질병이 임계점을 넘어 발현된 증상이다. 부처 간 칸막이, 단기 성과주의, 그리고 위기관리 컨트롤타워의 부재로 인해 한국 경제는 반복적으로 위기를 맞고 있으며, 이번 위기를 통해 그 민낯이 다시 한번 드러났을 뿐이다.

이번 사태는 정부가 금융 시스템을 통제해 목표를 달성하려 했던 '관치금융'의 망령이 21세기에도 여전히 살아있음을 보여준다. 위기 상황에서 투명하고 민주적인 재정 확대 절차를 밟는 대신, 무분별한 유동성 공급을 요구했다. 한국은행은 독자적인 판단에 따라 금리인하의 효과가 실물경제에 미치도록 요구하면서 유동성을 공급해야 했으나, 풀린 돈이 부동산에 몰리는 것을 방치했다. 금융건전성은 고려하지도 않고 경기부양에만 치우치는 손쉬운 길을 택한 것은 과거 개발연대의 정책 관성에서 한 걸음도 나아가지 못했음을 의미한다. 각 정책 담당 부서의 독립성과 책임 소재는 불분명해지고, 시스템 리스크 관리는 뒷전으로 밀려났다.

한국의 거버넌스 문제는 세 가지 측면에서 명확하게 드러난다. 첫째는 사일로화된 부처 이기주의다. 기재부, 한은, 금융위는 국가 경제라는 공동의 배를 운항하는 조타수가 아니라, 각자의 구명보트만 챙기는 선원이었다. 거시경제 리스크를 통합적으로 관리하고 정책을 조율하는 강력한 컨트롤타워가 부재한 상황에서, 각 기관은 자신의 좁은 시야와 단기적 이해관계에 따라 움직였다.

둘째는 만성적인 규제 지체 현상이다. 금융 규제는 언제나 시장의 속도를 따라가지 못했다. 특히 정치적 압력에 취약한 구조 속에서, 금융위는 경기 부양이라는 대의에 밀려 적시에 강력한 대출 규제를 시행하는 데 실패했다. 이는 시장에 '정부는 결코 자산 가격 하락을 용인하지 않을 것'이라는 잘못된 신호를 주었고, 도덕적 해이를 부추겼다.

세 번째는 책임 소재가 불분명하다. 이 거대한 정책 실패의 결과에 대해 책임지는 기관은 아무도 없었다. 각 기관은 자신의 정책이 다른 영역에 미친 부정적인 외부효과에 대해 눈을 감았다. 이러한 책임성의 부재는 미래에 유사한 위기가 닥쳤을 때 똑같은 실수가 반복될 수밖에 없는 구조를 고착화시킨다.

결국, 한국의 팬데믹 대응이 남긴 가장 큰 유산은 천문학적인 규모로 불어난 가계부채다. 이 부채는 한국 경제의 소비를 억제해 장기 침체를 불가피하게 만들기 때문에 미래를 담보로 잡힌 인질과 같다. 이는 향후 통화정책의 자율성을 심각하게 제약하고, 글로벌 경제 충격에 대한 회복력을 약화시키며, 작은 금리 변화에도 경제 전체가 흔들리는 취약한 구조를 만들었다.

코로나19 위기를 잘못 관리한 대가는 단순히 경제적 상흔에 그치지 않는다. 이는 한국의 경제 거버넌스 시스템에 대한 근본적인 개혁이 얼마나 시급한 과제인지를 알리는 가장 강력한 경고등이다. 과거부터 이어져 온 거버넌스의 실패가 이번 위기를 통해 미래의 리스크를 극적으로 증폭시키는 고리를 완성한 것이다. 이 고리를 끊어내지 못한다면, 대한민국은 다음 위기 앞에서 또다시 '빚으로 넘기는 나라'의 운명을 반복하게 될 것이다.

재정 정책 Fiscal Policy

정부가 세금(수입)과 지출을 조절하여 경기를 안정시키고 소득을 재분배하는 정책. 코로나 위기 당시 미국과 유럽은 재난지원금 지급, 실업수당 확대 등 적극적인 재정 정책을 통해 가계 소득을 직접 보전했다.

통화 정책 Monetary Policy

중앙은행(한국은행)이 기준금리나 통화량을 조절하여 물가 안정과 금융 안정을 꾀하는 정책. 한국은 코로나 위기 대응에서 재정 정책보다 기준금리를 사상 최저로 낮추는 통화 정책에 크게 의존했다.

재정 건전성 Fiscal Soundness

국가의 재정 상태가 튼튼한 정도를 나타내는 지표로, 주로 국가채무 규모 등으로 판단한다. 한국 기획재정부는 미래 세대 부담 등을 이유로 재정 건전성 유지를 우선시하며 팬데믹 기간 중 적극적인 재정 지출에 소극적이었다.

국가채무 National Debt

정부가 진 빚을 의미한다. 재정 정책을 위해 지출이 수입보다 많아지면(재정 적자) 국가채무가 늘어난다. 서구 선진국들은 팬데믹 대응 과정에서 국가채무 급증을 감수했다.

가계부채Household Debt

가계(개인)가 금융기관 등에서 빌린 돈. 한국은 팬데믹 기간 동안 정부의 대출 확대 정책으로 인해 GDP 대비 가계부채 비율이 세계 최고 수준으로 급증했다.

유동성Liquidity

경제 내에 돌고 있는 돈의 양을 의미. 중앙은행의 저금리 정책은 시중 유동성을 크게 늘렸고, 이 자금이 생산적인 투자 대신 부동산 등 자산시장으로 흘러 들어가 가격 폭등을 유발했다.

관치금융Government-controlled Finance

정부가 금융시장에 직접 개입하고 통제하는 방식을 의미한다. 위기 시 재정 대신 금융 시스템을 동원해 신용을 팽창시키는 방식은 한국의 고질적인 관치금융 관행의 연장선으로 비판할 수 있다.

비용의 사유화 Privatization of Costs

본문에서 사용된 용어로, 국가가 재정을 통해 부담해야 할 위기 대응의 비용을 민간 부문(가계, 기업)이 빚을 내어 감당하도록 전가하는 현상을 의미한다.

5단계

패닉 바잉과
투기 광풍

| 1 |

거품의 불쏘시개를 쌓아온 유동성 빌드업

2017년 이후 대한민국을 휩쓴 부동산 광풍은 어느 날 갑자기 나타난 현상이 아니다. 그것은 외환위기 이후 20여 년에 걸쳐 체계적으로, 그리고 반복적으로 축적된 '유동성 빌드업 Liquidity Build-up'이라는 거대한 토대 위에서 피어난 불꽃이었다. 이 과정은 마치 꺼지지 않는 불길에 주기적으로 기름을 붓는 것과 같았다. 불길은 잠시 잦아드는 듯하다가도, 이내 더 큰 화염으로 타오르기를 반복했다.

모든 것의 시작은 1997년 외환위기였다. 위기 극복을 위해 정부는 저금리 기조를 유지하며 시장에 막대한 유동성을 쏟아부었다. 2000년 약 200조 원 수준이던 가계신용은 불과 2년 만인 2002년 450조 원을 돌파하며 두 배 이상 폭증했다. 갈 곳을 잃은 돈은 가장 안전하고 확실한 수익처로 여겨지는 부동산 시장으로 몰려들었고, 이것이 거품의 시작, 최초의 불씨가 되었다.

문제는 이 불씨를 끄려는 시도와 다시 지피려는 시도가 정권의 성격에 따라 반복되며, 결과적으로 불길만 키웠다는 점이다. 참여정부(2003-2008)는 급등하는 집값을 잡기 위해 주택담보대출비율LTV 및 총부채상환비율DTI 규제를 도입하고 종합부동산세를 신설하는 등 강력한 안정화 정책을 펼쳤다. 그러나 이미 시장에 풀린 유동성은 사라지지 않은 채, 규제가 풀리기만을 기다리는 대기자금으로 잠복해 있었다.

이후 경기 부양을 명분으로 집권에 성공한 이명박 정부(2008-2013)와 박근혜 정부(2013-2017)는 기다렸다는 듯이 규제 완화에 나섰다. 특히 '빚내서 집 사라'는 신호를 보낸 박근혜 정부 시절의 정책은 결정적이었다. 정부가 부동산 부양을 위해 LTV와 DTI 규제를 대폭 완화하자 가계부채는 다시 한번 폭발적으로 증가했다. 이명박 정부 5년간 약 299조 원(2007년 말 665조 원 -> 2012년 말 964조 원)이 증가했던 가계신용은, 박근혜 정부 4년 만에 무려 379조 원(2012년 말 964조 원 -> 2016년 말 1,343조 원)이 늘어나며, 이 추세가 이어져 2017년 말에는 1,451조 원이 되었다.

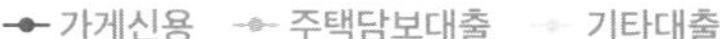

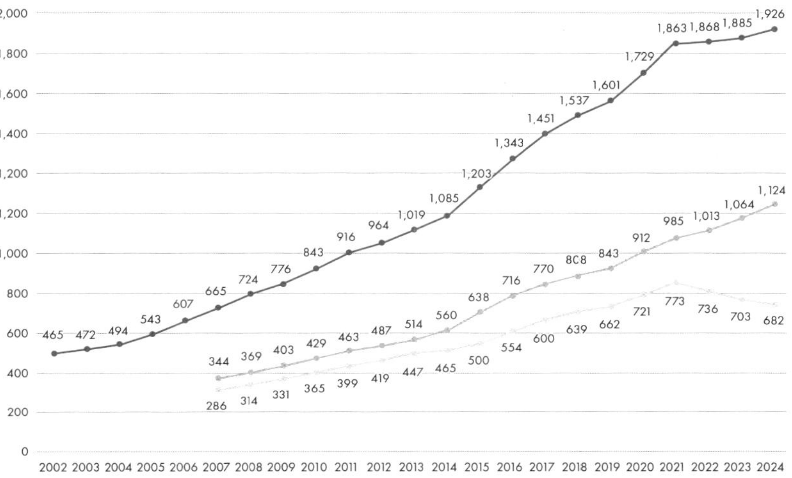

가계신용, 주택담보대출, 기타대출 추이(2002~2024)
자료 : 한국은행 경제통계시스템 ECOS

이러한 정책의 악순환은 가계신용과 주택담보대출의 계단식 증가라는 뚜렷한 패턴을 만들어 냈다.

1단계 (2000-2002): 외환위기 극복 과정에서 유동성 공급으로 가계부채 급증.

2단계 (2003-2008): 규제 강화로 증가세가 둔화되지만, 부채 수준은 꾸준히 증가.

3단계 (2008-2017): 규제 완화와 경기 부양책으로 다시 한번 급격히 상승하며 새로운 부채의 계단을 형성하게 되고, 특히 2014년 이후 주택담보대출이 급증.

결국 가격이 폭등한 후 규제로 시장이 안정되어도, 이미 폭증한 가계부채로 인해 주택가격은 이전 수준으로 회귀하지 않았다. 대신 새로운 가격대를 유지하며 숨을 고르다가, 다음 부양책이 나오면 다시 한번 도약하는 패턴이 굳어진 것이다. 이 과정에서 대중의 뇌리에는 '부동산은 결국 오른다'는 '부동산 불패' 신화가 각인되었다.

'유동성 빌드업'이란 이처럼 반복된 유동성 공급과 정치적 논리에 따른 정책 실패가 맞물려, 가계부채를 땔감 삼아 부동산 시장의 거품을 지속적으로 키워온 구조적 과정 그 자체를 의미한다. 이는 단순한 자금의 축적을 넘어, '부동산 불패'라는 사회적 신념과 '빚'이라는 금융 시스템이 결합한 거대한 괴물이었다. 20여 년간 계단식으로 차곡차곡 쌓아 올린 이 거대한 유동성의 탑은, 작은 충격에도 와르르 무너질 수 있는 위태로운 상태로 2017년을 맞이하고 있었다. 불쏘시개가 충분히 쌓인 상황에서, 투기꾼들은 몰려다니며 여기저기 불을 붙이려고 시도했고, 언론은 광풍을 일으킬 바람을 만들기 위해 불안감을 부추기기 시작했다.

초저금리 시대와 통화량 팽창

코로나19 팬데믹으로 인한 경기침체 우려에 대응하기 위해 한국은행은 2020년 5월, 기준금리를 사상 최저 수준인 0.5%로 인하하는 결정을 내렸다. 이 결정은 시중에 막대한 유동성을 공급하는 신호탄이 되었다. 통화량이 급증했고, 이는 광의통화M2 통계로 드러난다. 2021년 9월 기준 M2(평잔) 증가율은 전년 동월 대비 12.8%에 달할 정도로 빠르게 늘었다. 이러한 통화량 팽창은 경제 내에 유통되는 화폐의 총량이 폭발적으로 증가했음을 시사하며, 이 자금은 마땅한 투자처를 찾지 못하고 부동산 시장으로 흘러 들어갔다.

이러한 환경은 주택담보대출에 대한 리스크와 이익에 대한 계산법을 근본적으로 바꾸어 놓았다. 금리가 제로에 가까워지면서 대출 이자의 비용은 무시할 수 있을 정도로 낮아졌고, 이는 부채를 활용한 자산 매입을 단순히 매력적인 선택이 아니라 필수적인 생존 전략처럼 보이게 만들었다.

초저금리 환경은 다시 가계부채를 폭발적으로 증가시켰다. 2024년 말 기준, 한국의 가계신용 잔액은 1,926조 원에 달했으며, 특히 2021년 1년 동안 가계신용은 무려 139조 원이나 급증하며 가파른 상승세를 보였다. 가계부채가 급증하면서 2021년 1분기 말에는 처분가능소득 대비 가계부채 비율이 171.5%까지 치솟아, 경제 전반에 걸쳐 위험한 수준의 레버리지가 쌓였음을 보여주었다.

이러한 현상은 저금리 정책이 의도와는 다른 결과를 낳았음을 보여준다. 정부와 한국은행은 팬데믹으로 인해 중소기업과 자영업자의 연쇄도산을 우려해 대출을 장려했지만, 사회적 거리두기와 경제적 불확실성으로 소비 채널이 제한되면서 실물 경제를 활성화하는 자금의 비중은 크지 않았다. 대신 저수익 환경에서 안전자산이자 높은 성장 기회로 인식된 부동산과 주식 등 자산시장으로 집중적으로 유입되었다. 이는 유동성이 자산 가격을 밀어 올리고, 상승한 자산 가격이 다시 더 많은 유동성을 끌어들이는 순환 고리를 형성하며 자산 가치를 실물 경제의 펀더멘털과 분리시켰다.

용어 설명

유동성 빌드업

본문에서 사용된 용어로, 1997년 외환위기 이후 반복된 정부의 저금리 기조와 경기 부양책이 가계부채를 계단식으로 증가시키고, 이 자금이 부동산 시장으로 유입되어 자산 거품의 잠재적 에너지를 장기간에 걸쳐 축적해 온 구조적 과정을 의미한다.

가계신용

일반 가정이 은행 등 금융기관에서 직접 빌린 돈(가계대출)과 신용카드 등으로 외상 구매한 금액(판매신용)을 합한 것으로, 가계 부문의 총체적인 빚의 규모를 나타내는 지표다.

광의통화M2, Broad Money

현금, 요구불예금 등 즉시 현금화가 가능한 M1(협의통화)에 만기 2년 미만의 정기 예·적금, 금융채, 수익증권 등 유동성이 다소 낮은 금융상품까지 포함한 통화 지표다. 시중 통화량(유동성)의 규모를 파악하는 데 널리 사용된다.

불안의 증폭: 언론과 건설 자본의 합창

앞에서 말한 막대한 유동성이 부동산 시장을 달구는 '연료'였다면, 이 연료에 불을 붙이고 바람을 불어넣어 광풍으로 만든 것은 바로 언론이었다. 이 시기 언론은 중립적인 관찰자의 역할을 넘어, 시장의 적극적인 참여자player로 기능했다. 특히 민주언론시민연합(민언련) 등 시민단체 보고서들은 언론이 주요 광고주인 건설 산업의 상업적 이해관계와 일치하는 방향으로 대중의 불안감을 증폭시키고 여론을 형성했음을 고발하고 있다.

한국 경제에서 언론과 건설 자본의 유착은 더 이상 의혹이 아닌 구조적 현실이 되었다. 민언련 보고서에 따르면, 건설 자본은 이미 한국 언론 지형의 핵심적인 일부가 되었다. 대형 건설업체가 방송과 신문사를 소유하고 있으며 이들 언론이 다시 부동산 불안감을 증폭시키는 확성기가 되었다.

건설업체가 소유하지 않더라도 언론은 광고 수익이라는 또 다른 끈으로 유착 관계를 형상한다. 2020년 민언련 보고서에 따르면, 7개 주요 일간지 지면 광고의 11.22%가 부동산 광고였으며, 특히 보수 성향으로 분류되는 3개 신문은 전체 부동산 광고의 65.3%를 차지했다. 이는 부동산 시장의 활황이 곧 언론사의 주 수입원과 직결됨을 의미한다. 건설사가 언론사를 소유하고, 언론사는 건설사의 광고로 운영되는 이러한 공생 관계는 '미디어-건설 복합체'라 부를 만한 강력한 이익 공동체를 형성한다.

미디어-건설 복합체는 시장의 불안 심리를 부추기기 위해 두 가지 핵심적인 프레임을 사회에 유포했다. 바로 '세금폭탄론'과 '공급부족론'이다. 이 과정에서 '전문가'로 포장된 이익 대변자들이 확성기 역할을 했다.

'세금폭탄론'은 참여정부 시절 종합부동산세 도입 때부터 정부의 부동산 안정화 정책을 공격하는 가장 효과적인 무기였다. 한국의 부동산 보유세는 다른 나라에 비해 현저히 낮아 투기적 수요를 억제하기 어려운 구조적 문제를 안고 있다. 그런데도, 정부가 이를 정상화하려고 시도할 때마다 미디어-건설 복합체는 '세금폭탄' 프레임을 동원해 격렬하게 저항했다. 종부세가 전체 인구의 극소수에게만 해당됨에도 불구하고, 마치 모든 국민이 감당할 수 없는 세금 부담을 지게 될 것처럼 불안감을 조장했다. 이러한 보도 행태는 안정적인 주거 복지 확립이라는 공공의 이익보다 투기를 통한 이익 실현을 옹호하는 한국 언론의 핵심적인 논조를 명확히 보여준다.

'공급부족론'은 또 다른 축이었다. 이 주장의 가장 큰 문제는 경제학의 기본 원칙을 왜곡하는 데 있다. 경제학에서 '수요Demand'란 단순히 '사고 싶다'는 욕망Wants이 아니라, 구매할 의사와 구매할 능력Ability to Pay이 결합될 때 성립한다. 현대 금융 시스템에서 구매 능력이란 보유한 현금을 의미하며, 부채를 포함한다면 미래의 소득으로 갚을 수 있는 부채를 의미한다. 총부채원리금상환비율DSR이 바로 이렇게 미래의 소득에 맞는 대출을 규정한 것이다. 그러나 공급부족론자들은 이러한 구매 능력을 무시한 채, 막연한 구매 '의도'나 '욕망' 자체를 수요로 간주한다. 이런 정의에 따르면 주택 공급은 언제나, 영원히 부족할 수밖에 없다. 주택뿐만 아니라 인간이 원하는 모든 재화는 원천적으로 공급부족일 수밖에 없다. 인간의 욕망은 무한한데 이를 충족시킬 재화는 유한하기 때문이다. 그래서 경제학 교과서에서는 반드시 지불능력이 있는 구매 의도만 수요로 정의한다.

이처럼 경제학 원론에도 맞지 않는 주장이 한국 사회에 여과 없이 퍼져나간 데에는 건설업계의 이익을 대변하는 전문가들과 이를 무비판적으로 중계한 언론의 역할이 결정적이었다. 예를 들어, 건설사들의 이익단체인 대한건설협회가 출연해 만든 한국건설산업연구원의 연구원들은 언론에 '중립적인 전문가'로 소개되며 꾸준히 공급부족론을 주장해 왔다. 실제로 한국의 경우 다른 선진국에 비해 공급이 과도하게 증가한 경우이며, 특히 멀쩡한 주택을 허무는 재건축방식으로 인해, 끝없이 건설해도 실제로 공급은 크게 늘지 않는다. 기형적으로 주택 건설이 늘어나고, 미디어-건설 복합체의 배만 불리는 사이 경제는 병들어 왔다.

정부의 침묵과 여론전의 완벽한 패배

미디어-건설 복합체가 총력전을 펼치는 동안, 정부의 대응은 놀라울 정도로 무기력했다. 정부는 20여 차례가 넘는 대책을 쏟아냈지만, 정작 가장 중요한 여론전에서는 완벽히 패배했다. 특히 수동적인 자세를 견제한 경제관료들은 이러한 대국민 설득은 자기 일이 아닌 듯한 자세로 일관했다. 잘못된 논리가 한국 사회를 뒤덮어도 이를 반박하지 않는 모습을 보였다.

첫째, 정부는 현재의 주택가격이 정상적인 수요-공급 논리로는 설명할 수 없는 '거품' 상태라는 점을 국민에게 적극적으로 알리지 않았다. 올바른 수요(구매 능력 기반)에 근거할 때 현재 가격이 얼마나 비이성적인 수준인지, 그리고 이 거품이 언젠가는 터질 수밖에 없고 그 경우 많은 서민들이 피해를 볼 것이라는 명쾌한 논리를 제시하지 않았다. 사태가 심각한데도 정부가 거품을 인정하는 경우 시장의 붕괴를 우려하기까지 했다. 일본이 무너지기 직전까지 정부 관료들이 거품을 인정하지 않는 것과 판박이 모습을 보였다.

둘째, 거품 붕괴의 위험성을 경고하는 데 실패했다. 가계부채의 급증이 금융 시스템에 어떤 위협이 되는지, 그리고 국가 경제가 생산적인 부문이 아닌 부동산에만 쏠리면서 혁신 동력을 잃고 어떻게 병들어가고 있는지를 대중이 이해할 수 있는 언어로 설명하고 설득하는 노력이 전무했다. 정부가 이런 노력을 기울일 때 금융기관이나 개인들은 대출을 일으킬 때 더 신중하게 고려하게 된다. 특히 금융기관의 건전성 문제에 대해 정부가 지속적으로 지적했어야 함에도 하지 않았다.

셋째, 보유세 강화의 장기적 중요성을 홍보하지 않았다. 한 국가가 장기적으로 성장하기 위해서는 투기 수요를 억제하고 부동산 시장을 안정시키는 것이 중요하고, 이를 위해 보유세 정상화가 왜 필요한지에 대한 사회적 공감대를 형성하려는 노력을 기울이지 않았다. 이로 인해 미디어-건설 복합체의 '세금폭탄' 프레임이 아무런 저항 없이 대중에게 각인되는 결과를 낳았다.

이러한 총체적 홍보 실패의 배경에는 책임지지 않으려는 관료주의가 있었다. 대국민 소통은 성과로 인정받기 어려운 반면, 논란에 휘말릴 위험은 크기 때문에 관료들은 적극적으로 나서지 않았다. 정치인들 역시 건설업계를 등에 업은 전문가들의 논리를 반박하고 국민을 설득할 능력과 의지가 부족했다. 그 결과, 정부는 의미 있는 대책을 내놓고서도 시장의 기대 심리를 전혀 통제하지 못했다. 오히려 정부의 규제 발표가 '곧 가격이 더 오를 것이니 지금 사야 한다'는 역설적인 매수 신호로 작동하는 최악의 상황이 반복되었다. 이는 정책의 내용만큼이나, 정책에 대한 신뢰와 소통이 시장 안정에 얼마나 결정적인지를 보여주는 뼈아픈 교훈이었다.

금융정책의 교훈을 살리지 못한 부동산 대책

중앙은행의 금융정책과 관련해서 오랫동안 연구되고 공감을 얻은 것은 정부에 대한 신뢰가 중요하며, 이를 통해 시장의 기대심리를 적절히 관리하는 것이 정책의 성패에 핵심적이라는 이론이다. 그래서 중앙은행은 시장의 기대심리를 안정적으로 관리하기 위해 포워드 가이던스Forward Guidance를 미리 발표해서, 중앙은행이 바라보는 경제전망을 알린다. 그런데도 불안심리가 시장을 지배할 때는 강력하고 선제적인 금융정책preemptive monetary policy를 써서, 초반에 심리를 안정시키려 노력한다.

이러한 금융정책의 교훈은 1970년대 인플레이션을 제대로 잡지 못한 교훈에서 비롯되었다. 정부가 사후적으로 이자율을 조금씩 올리면서 시장의 반응에 따라가며 미세조정fine tuning을 통한 관리에 집중하자, 시장은 경기 진작을 위해 이자율을 올리지 못할 것이라는 기대심리가 확산되면서 인플레이션 폭증의 원인이 되었다. 결국 폴 볼커 연준의장이 들어서면서 경기침체를 감수하면서 정책금리를 20%에 육박하는 수준까지 올리면서 기대심리를 불식시킬 수 있었고, 그 이후 언제든 선제적이고 압도적인 금융정책을 두려워한 시장은 인플레이션 기대심리를 안정적으로 유지하고 있다.

이런 교훈을 살리지 못하고 지난 20여 년간 한국의 부동산 시장이 불안한 국면에서 한국의 정책당국은 시장의 심리를 안정시키기 위한 대책을 펴지 않았다. 또한 부동산 투기가 기승을 부릴 때도, 항상 사후적으로 수동적인 대책으로 일관했다. 선제적(preemptive)이고 공격적(aggressive)인 정책 수단을 동원해 시장의 심리를 압도하는(overwhelming) 정책을 펴는 적극적 모습은 보이지 않았다. 정책을 담당하는 관료들은 마치 미디어-건설 복합체의 잘못된 세금폭탄론과 공급부족론에 동조하는 듯한 발언을 하면서 정책 신뢰도를 스스로 깎는 경우도 꽤 있었다. 누구 하나 책임지는 모습을 보이지 않으면서, 매번 시장에 끌려다니는 모습으로 일관하다 보니 시장의 신뢰를 얻을 수 없었다.

정부가 가진 강력한 홍보 수단을 이런 불안심리를 잡는 데 사용하지 않는 상황에서 여론은 건설업체의 물량 지원을 받는 언론이 주도했다. 신축 아파트 청약을 촉진하기 위한 광고가 도배를 하면서, 같은 지면에 주택가격 폭등과 관련한 기사로 지면을 채우기 일쑤였다. 대중의 심리를 오도하는 이러한 기사를 방관하면서, 정부는 수수방관하는 사이 부동산 가격은 폭등하는 악순환이 반복되고 있다.

미디어-건설 복합체 Media-Construction Complex
건설 자본이 언론사를 직접 소유하거나, 언론사가 건설사의 광고 수익에 크게 의존함으로써 형성되는 강력한 이익 공동체를 지칭하는 용어다. 이들은 부동산 시장 활성화라는 공동의 목표를 위해 여론 형성에 직간접적인 영향력을 행사한다.

공급부족론Supply Shortage Theory
주택가격 상승의 근본 원인이 신규 주택 공급의 절대적인 부족에 있다는 주장이다. 주로 건설업계와 관련 연구기관, 일부 언론에서 제기하며, 정부의 수요 억제 정책을 비판하고 대규모 공급 확대를 유일한 해결책으로 제시하는 경향이 있다.

세금폭탄론Tax Bomb Theory
정부의 부동산 보유세(종합부동산세 등) 강화 정책이 특정 부유층이 아닌 일반 중산층과 서민에게까지 과도한 세금 부담을 안겨줄 것이라는 주장이다. 조세 저항을 유도하고 정책에 대한 부정적 여론을 형성하기 위한 프레임으로 자주 사용된다.

| 3 |
수도권 집중과 공급의 역설

미디어-건설 복합체가 퍼뜨린 '공급부족론'은 부동산 위기의 본질을 가리는 연막이었다. 진짜 문제는 주택 수의 절대적 부족이 아니라, 모든 자원이 수도권이라는 단일 지점으로 쏠리는 대한민국의 기형적인 국토 구조에 있었다. 정부의 주택 정책이 이 근본적인 문제를 외면한 채 수도권 내 공급에만 매달리면서, 오히려 수도권 집중을 심화시키고 가격을 폭등시키는 역설을 낳았다.

대한민국은 사실상 '수도권'과 '그 외 지역'이라는 두 개의 나라로 나뉘어 있다. 기업, 교육, 문화, 행정 등 사회의 모든 핵심 기능이 수도권에 집중되어 있다. 이러한 쏠림 현상은 우연이 아니다. 과거에는 그래도 '수도권 과밀억제정책'을 통해 국토의 균형발전을 꾀했으나, 2000년대 이후 '규제 완화'라는 이름 아래 이러한 노력들이 무력화되면서 수도권으로의 인구 및 자원 집중은 더욱 가속화되었다.

　문제는 정부의 대응 방식이었다. 수도권으로 인구가 몰려 주거 상황이 악화되자, 정부는 교통망 확충 등 사회간접자본(SOC) 투자를 늘리고 3기 신도시와 같은 대규모 주택 공급을 수도권에 집중하는 방식으로 대응했다. 이는 단기적인 주거난 해소에는 도움이 될지 모르나, 장기적으로는 수도권의 편의성과 가치를 더욱 높여 더 많은 인구와 자원을 끌어들이는 '블랙홀' 효과를 강화하는 자가당착적 정책이었다.

　수도권 집중은 필연적으로 부동산 가격의 극심한 양극화를 초래했다. 한국은행 경제통계시스템에 따르면, 2017년을 100으로 봤을 때 2024년 12월 수도권 아파트 매매 실거래가격 지수는 146.5에 달한 반면, 지방은 105.7에 그쳤다. 이 격차는 17년 만에 가장 크게 벌어진 수치다.

　이러한 가격 격차는 새로운 투기 수요를 창출했다. 지방에서는 자산 가치가 정체되거나 하락하는 반면, 수도권 부동산은 '절대 실패하지 않는 안전자산'으로 인식되었다. 그 결과, 지방의 소득이 높은 계층에서 자산 증식을 위해서나 아니면 자녀들의 교육을 위한 개인적인 이유에 의해 너도나도 서울 아파트를 사들이는 '원정 투자'가 급증했다. 한국부동산원에 따르면, 2017년 19.9%였던 외지인의 서울 아파트 매입 비중은 2023년에는 24.6%로 역대 최고치를 기록했다. 결국 수도권에 주택을 공급하면 수도권 무주택자의 내 집 마련을 위한 수단이 되는 것이 아니라, 지방 자산가들의 수도권 쏠림 현상을 강화하는 역할을 하게 된 셈이다.

시장을 왜곡하는 공급부족론

이 지점에서 언론이 퍼뜨린 '공급부족론'의 기만성이 명확히 드러난다. 언론은 두 가지 측면에서 시장을 왜곡했다. 첫째, 2절에서 지적했듯 구매 능력을 고려하지 않은 투기적 '욕망'까지 '수요'로 간주하며 공급이 항상 부족하다는 착시를 만들어 냈다. 둘째, 이러한 수요가 전국에 고르게 분포하는 것이 아니라 수도권이라는 특정 지역에 비정상적으로 집중되고 있다는 구조적 문제는 감추기에 바빴다.

결국 시장은 '이중의 공급부족'이라는 함정에 빠졌다. 하나는 투기 수요를 실제 수요로 착각해 만들어진 '허상의 공급부족'이고, 다른 하나는 수도권 집중으로 인해 발생하는 '구조적 공급부족'이다. 언론은 이 두 가지를 뒤섞어 공포를 극대화했고, 정부는 문제의 근본 원인인 수도권 집중 억제 정책과 국가균형발전은 외면한 채, 미디어-건설 복합체가 요구하는 '수도권 공급 확대'라는 처방에만 매달렸다. 이는 불길의 원인인 기름 유출은 방치한 채, 불타는 곳에 부채질만 한 꼴이었다.

수도권 과밀억제정책

수도권의 인구 및 산업 집중을 억제하고 국토의 균형발전을 유도하기 위해 시행된 일련의 정책이다. 1982년 제정된 '수도권정비계획법'을 근간으로 하며, 공장·대학 신설 제한, 개발부담금 부과 등의 수단을 포함한다.

가격 양극화

특정 지역(수도권)의 부동산 가격은 급등하는 반면, 다른 지역(지방)의 가격은 정체되거나 하락하여 지역 간 자산 가치 격차가 극심해지는 현상을 의미한다.

국가균형발전정책

수도권에 집중된 기능을 지방으로 분산하고, 지방의 자립적 발전 역량을 강화하여 전국이 고르게 발전하도록 하는 것을 목표로 하는 국가 정책이다. 공공기관 지방 이전, 지역 특화 산업 육성 등이 주요 내용이다.

| 4 |

패닉 바잉과 영끌의 상처

5단계 패닉 바잉과 투기 광풍

금융위기의 5단계는 집단적 광기가 시장을 지배하는, 가장 위험하고 극적인 국면이다. 합리적인 개인들이 모여 '나만 뒤처질 수 없다'는 극도의 불안감에 사로잡힐 때, 시장은 마치 벼랑을 향해 함께 행진하는 것처럼 비이성적인 과열에 휩싸인다. 자산 가격은 본질적 가치를 상실한 채 치솟고, 대중은 이 위험한 행렬에서 이탈하면 부의 사다리에서 떨어지는 것으로 여기며 공포에 떤다. 역사적으로 수많은 사례에서 보았듯이 투기의 광풍이 휘몰아치면 모두 이성을 잃게 되고 정상적인 경제 운영이 어려워진다.

과잉 유동성, 미디어-건설 복합체가 증폭시킨 불안감, 수도권 집중이라는 구조적 모순이 한데 뒤엉키면서, 시장은 마침내 평범한 서민들의 이성마저 삼켜버렸다. '지금 사지 않으면 영원히 기회를 놓친다'는 극도의 공포가 사회 전체를 지배했고, 이는 '패닉 바잉'과 '영끌(영혼까지 끌어모으기)'이라는 비극적인 사회 현상으로 폭발했다.

정상적인 시장이라면 가격이 상승하면 수요가 줄어드는 것이 상식이다. 그러나 이 시기 부동산 시장은 경제학의 기본 원리를 뒤엎는 기현상을 보였다. 가격이 오를수록 오히려 '더 오르기 전에 사야 한다'는 불안 심리가 시장을 지배했고, 이것이 다시 수요를 폭발시켜 가격을 밀어 올리는 거품의 악순환을 만들어 냈다. 이는 합리적 투자 판단이 아닌, '나만 뒤처질 수 없다'는 공포 FOMO, Fear Of Missing Out에 기반한 심리적 공황 상태였다.

이러한 집단 심리는 "자고 나면 1억 원이 올랐다"는 식의 이야기가 만연하면서 걷잡을 수 없이 확산되었다. 여기저기 어처구니없는 경험담이 온라인 커뮤니티를 통해 퍼져나가며 무주택자들의 불안감을 극도로 자극했다. 집을 사도 대출 이자 걱정에 불안하고, 집을 안 사면 벼락거지가 될까 불안한, 진퇴양난의 심리 상태에 빠진 서민들은 결국 비이성적인 추격 매수에 나설 수밖에 없었다.

1부에서 소개했던 수많은 국가의 부동산 거품의 사례에서 보듯이, 한국에서도 비이성적 과열이 지배하는 패닉 바잉 현상이 나타났다. 아파트 가격은 천정부지로 오르고, 이는 다시 능력이 되지 않는 서민들의 불안감을 부추겼다. 이러한 패닉 바잉의 중심에는 '영끌'이라는 신조어가 있었다. 언론은 2030세대가 '영혼까지 끌어모아' 빚을 내 집을 사는 현상을 경쟁적으로 보도하며 사회적 불안감을 더욱 증폭시켰다. "이유 있는 2030 아파트 '영끌'", "대세가 된 '영끌'"과 같은 자극적인 헤드라인은 청년층을 투기 시장으로 내모는 역할을 했다.

더 큰 문제는 언론이 서민을 위한다는 명분으로 사실상 주택 투기를 조장하는 정책을 요구했다는 점이다. 언론은 무주택 청년이나 서민들의 설움을 강조하며 정부 정책에 대한 불만을 조장하면, 정치권과 관료들은 서둘러 디딤돌 대출이나 전세대출 등 정책금융을 확대하는 대책을 발표하는 모습이 반복되었다.

버티고 버티던 서민들은 백기를 들었다. 정부가 시장의 광기를 진정시킬 것이라는 마지막 희망이 사라지자, 더 이상 기다리는 것은 위험하다는 판단이 확산되었다. 무리한 대출의 위험성을 알면서도, 평생 주거 불안에 시달릴 것이라는 공포가 더 컸다. 이는 자발적인 투자가 아닌, 사회적 분위기와 정부의 무능에 의해 강제된 '영끌'이었다.

정부는 마땅히 무리한 대출을 억제하고 가계부채 리스크를 관리해야 할 책임이 있었다. 그러나 20여 차례의 잦은 대책에도 불구하고 시장의 신뢰를 잃은 정부는 사실상 손을 놓고 있었다. 심지어 금리가 오르는 기간에도 월 상환액이 두 배 가까이 치솟아 빚 갚기에 허덕이다, 결국 집이 경매로 넘어가는 '영끌족'의 비극이 속출하는 동안에도, 정부는 이 현상을 막지 못했다. 오히려 정부의 무대책이 '영끌'을 방치하고, 그 '영끌'이 다시 거품을 증폭시키는 최악의 악순환을 완성시킨 셈이다. 이 과정에서 서민들은 집을 사도 고금리에 고통을 받게 되고, 집을 팔아도 상실감과 뒤처지는 공포에 시달리는 깊은 우울증과 심리적 내상을 입게 되었다.

희망을 잃은 사회, 남겨진 상흔

부동산 광풍이 남긴 상처는 단순히 경제적 손실로 끝나지 않는다. 그것은 한국 사회의 심리적 안정감을 송두리째 흔들어 놓았다. 수십 차례의 부동산 대책 실패는 정부의 정책 능력에 대한 국민적 신뢰를 완전히 무너뜨렸다. 전직 청와대 고위 관계자조차 '정책 신뢰'를 잃은 것이 "뼈아픈" 실패였다고 인정할 정도였다. 정부가 시장을 안정시킬 수 있다는 믿음이 사라지자, 사회는 공동의 이익을 추구하기보다 개인의 부 증식만을 위해 경쟁하는 거대한 투기판으로 변질되었다. '부동산 불패' 신화는 더 이상 단순한 믿음이 아니라, 정부도 어쩔 수 없는 시장의 유일한 법칙처럼 받아들여졌다.

국가가 생산적인 사업에 집중해서 대외 경쟁력을 높이고 이를 통해 장기적인 성장 기반을 만들어가야 하는 기본적인 책무에 대해서는 아무도 관심을 두지 않는 경제가 되었다. 앞서 지적했듯이 다른 나라에서 부동산 투기로 인해 경제위기를 겪은 수많은 사례가 있었음에도, 각자 당장의 이익을 위해 불로 뛰어드는 불나방의 모습이 되어버렸다.

공론장은 모두 부동산 투기를 논의하는 장이 지배하게 되었다. 저출산으로 경제가 무너져 가고 있고, 장기적으로 국가 소멸이 피할 수 없는 현실이 되었음에도 이를 극복하기 위한 논의보다는 영끌과 패닉 바잉을 부추기는 논의만이 활발하게 진행되고 있다. 모두의 관심이 부동산으로 한몫 벌어보자는데 집중되어 있으니 어쩔 수 없는 일이다. 경제 전체가 매일매일 경마장에 출근하는 격이 되었다.

광풍의 가장 큰 피해는 '건전하게 열심히 노력해서는 집 한 채 제대로 살 수 없는 사회'라는 깊은 자조감을 사회 전반에 각인시킨 것이다. 4년간 근로소득이 7% 오를 때 서울 아파트값이 93% 폭등하는 현실은, 노동의 가치를 조롱하는 것처럼 보였다. 이는 특히 청년 세대에게 치명적이었다. 2020년 한 조사에서 청년의 81.3%는 부동산 등 재산 불평등이 우리 사회에서 가장 심각한 불평등이라고 응답했다는 보도도 있었다. '계층 이동의 사다리'가 부서졌다는 인식은 더 이상 비관론이 아닌, 냉혹한 현실로 받아들여졌다.

부동산 가격의 상승은 자산을 보유한 계층의 부를 늘리고, 그 부동산을 이용하는 사람들이 지불해야 하는 지대rent를 높여 사업을 시작하는 청년 세대의 부담을 높였다. 이는 청년세대로부터 기성세대로 부를 이전시키는 구조를 고착화시켰다. 청년들이 기성세대에게 지대를 지불하지만, 고령화로 인해 기성세대의 소비는 늘지 않아 경제는 침체 가능성이 높아진다. 부동산 가격의 상승은 개인에게는 이익을 줄 수도 있고 손실을 끼칠 수도 있겠지만, 경제 전체적으로는 암울한 미래를 확정하는 결과를 초래했다.

경제가 건설업과 부동산업에 집중하다 보니 장기 성장을 위한 투자가 이루어지지 않고, 이는 다시 일자리가 늘어나지 않는 결과로 이어졌다. 생산가능인구가 줄어드는데도 실업률이 줄어들지 않고 있다는 것은 청년들에게 주어지는 취업기회가 줄어드는 것을 의미한다. 청년들은 영문도 모른 채 일자리는 없고 주택가격은 천정부지로 올라 열심히 일을 해도 집 한 채 구할 수 없는 경제에 던져지게 되었다. 자산 가격 상승은 기존의 자산 보유자들의 부를 늘려주었으나, 새롭게 시장에 진입하는 청년들에게는 커다란 장벽으로 다가왔다. 청년들에게는 당혹스러운 상황이 되고, 기성세대에 대한 불만으로 이어질 것이다.

과거 땀 흘려 세계에서 가장 빠른 경제 성장을 이룩한 기성세대 역시 고령화로 인해 불안한 미래를 마주하고 있다. 배를 곯고 아무것도 없는 상태에서 번영을 이끌어온 그들은 청년들의 이런 불만을 납득하기 어렵다. 부동산 가격의 상승은 청년들을 실의에 빠지게 하고, 사회 전체적으로 자조적인 분위기를 만드는 핵심 요인이 되었다.

희망의 상실과 이념의 퇴조

과거 진보적 정부가 집권하는 것은 불가능하다고 여겨지던 시대가 있었다. 그러나 민주화를 달성한 이후 새로운 사회를 만들겠다는 열망이 이어져 평화로운 정권교체가 자연스럽게 이루어지는 사회가 되었다. 새로운 정부에서 새로운 정책을 들고나오면서 더 역동적인 경제를 추구하고 있는 점이 일본과는 가장 큰 차이를 만들어 내 왔다. 이런 상황에서 부동산 거품으로 인한 가장 큰 손실은 진보 정부를 지지하며 더 평등하고 안정적인 사회, 서구의 사민주의에 기반한 복지사회와 같은 모델을 꿈꾸었던 수많은 시민들의 희망이 꺾였다는 점이다. 부동산 문제 해결을 자신했던 정부의 실패는 진보적 가치와 정책 전반에 대한 깊은 회의감을 낳았다. 소득 불평등보다 훨씬 더 극심하게 벌어진 자산 불평

등은 한국 사회가 분배와 복지를 강조하는 사민주의적 가치에서 멀어
지게 만들었다. 동시에, 자산 가격 폭등이 불로소득만을 양산하는 현실
은 건강한 자본주의 발전에 대한 근본적인 의구심마저 키웠다.

결국 부동산 광풍은 한국 경제를 언제든 위기를 맞을 수 있는 취약
한 상태로 전락시켰다. 2024년 말 기준 1,926조 원에 달하는 가계신용
은 한국 경제의 가장 큰 뇌관이 되었다. 버틸 힘을 잃어버린 서민들에게
는 금리 인상, 경기침체, 자산 가격 하락이라는 '퍼펙트 스톰'이 다가오
고 있다. 희망을 잃고 빚의 무게에 짓눌린 사회는 작은 외부 충격에도
쉽게 무너질 수 있는 모래성과 같다. 부동산 광풍이 남긴 것은 화려한
자산 가격의 신기루가 아니라, 신뢰와 희망이 무너진 폐허뿐이다.

패닉 바잉

가격 폭등이나 물량 소진에 대한 불안감으로 인해 가격에 상관없이 특정 상품(주식, 부동산 등)을 사들이는 현상. '공황 구매'라고도 한다.

영끌

'영혼까지 끌어모은다'는 뜻의 신조어. 주택담보대출뿐만 아니라 신용대출, 마이너스 통장 등 가능한 모든 수단을 동원해 자금을 마련하는 행위를 지칭한다.

사민주의Social Democracy

사회민주주의의 줄임말로, 자본주의 체제 안에서 의회 민주주의를 통해 점진적인 사회 개혁을 추구하고, 보편적 복지국가와 소득 재분배를 지향하는 정치 이념이다.

정부의 오판과
뒷북 대응

|1|
바퀴벌레의 경고

한국 경제는 금융위기의 6단계로 들어섰다. 부동산 거품은 커질 대로 커지고 가계부채는 늘어만 가면서 원리금 상환 부담이 늘어나 내수 침체가 이어지고 있다. 비대해진 건설업과 부동산업이 블랙홀이 되어 자금을 빨아들이면서, 혁신부문에는 상대적으로 자금이 돌지 않아 한국 기업의 경쟁력은 나날이 떨어지고 있다. 저출산과 고령화로 경제는 활력을 잃고 시름시름 앓고 있다. 거품이 터지기 직전의 위험 신호들이 곳곳에서 나타나고 있다.

"부엌에서 바퀴벌레 한 마리를 발견했다면, 벽장 안에는 수백 마리가 숨어있다고 생각해야 한다." 월스트리트에서 유래한 이 '바퀴벌레 이론'은 금융시장의 위기를 설명하는 가장 직관적인 비유다. 눈에 보이는 하나의 부실 사건은, 보이지 않는 곳에 훨씬 더 거대하고 구조적인 문제가 도사리고 있다는 강력한 신호라는 뜻이다. 최근 한국 경제에 나타난 일련의 금융 사고들은 바로 이 벽장 속 수많은 바퀴벌레들을 암시하는 중요한 사례들이었다. 각각 다른 모습으로 나타났지만, 모두 팬데믹 기간 동안 저금리와 부동산 광풍에 기대어 쌓아 올린 '부채의 성'이 무너지고 있다는 동일한 경고를 보내고 있었다.

첫 번째 바퀴벌레: 레고랜드 사태와 신뢰의 붕괴

2022년 9월, 강원도가 레고랜드 개발을 위해 발행한 2,050억 원 규모의 자산유동화기업어음ABCP에 대한 지급보증 의무를 이행하지 않겠다고 선언하면서 금융시장이 얼어붙었다. 지방자치단체가 보증한 채권마저 부도날 수 있다는 사실은 시장에 엄청난 충격을 안겼다. 이는 단순히 한 지방정부의 채무불이행이 아니었다. 대한민국 금융 시스템의 가장 밑바닥에 깔려 있던 '공공 부문은 절대 망하지 않는다'는 믿음이 흔들렸고 가뜩이나 취약한 금융시장의 신뢰를 무너뜨렸다.

그 파장은 즉각적이고 파괴적이었다. 채권시장의 거래가 중단되었고, 투자자들은 '지자체도 못 믿는데, 건설사 보증을 어떻게 믿나'는 공포에 휩싸여 부동산 프로젝트 파이낸싱PF 시장의 돈줄이 순식간에 말라붙었다. 만기가 돌아온 부동산 프로젝트 관련 채권은 차환 발행이 불가능해졌고, 수많은 건설사와 증권사들이 당장의 현금을 구하지 못해 흑자 도산의 위기에 내몰렸다. 정부는 부랴부랴 50조 원 이상의 유동성

공급 프로그램을 가동하며 급한 불을 껐지만, 이는 곪아 터진 상처를 소독하고 도려내는 근본적인 치료가 될 수는 없었다. 피가 나는 곳을 일단 거즈로 틀어막는 응급 처치로 당장의 유동성 위기는 막았지만, 부실 사업장을 정리할 골든타임을 놓치게 되었다. 문제의 본질인 프로젝트 파이낸싱 부실을 수면 아래로 다시 가라앉히는 결과를 낳았다. 레고랜드라는 첫 번째 바퀴벌레는 한국 경제의 혈관 곳곳에 부동산 PF라는 콜레스테롤이 얼마나 위험하게 쌓여 있는지를 처음으로 드러낸 명백한 경고였다.

두 번째 바퀴벌레: 흥국생명 사태와 '공인된 분식회계'의 역습

레고랜드 사태로 채권시장의 신뢰가 이미 흔들리던 2022년 11월, 이번에는 흥국생명이 또 다른 종류의 바퀴벌레를 드러냈다. 흥국생명은 5억 달러 규모의 외화 신종자본증권(영구채)에 대한 조기상환권(콜옵션)을 행사하지 않겠다고 선언했다. 이 사건의 본질을 이해하기 위해서는 신종자본증권이라는 금융상품의 기만적인 속성을 먼저 알아야 한다.

신종자본증권은 만기가 없거나 매우 길어(통상 30년 이상) 회계상 '자본'으로 인정받지만, 실질은 이자를 지급해야 하는 '부채'다. 금융기관들은 자기자본비율을 손쉽게 끌어올리기 위해 이 '공인된 분식회계' 수단을 애용해 왔다. 채권자(투자자) 입장에서는 이것이 사실상 부채이기에, 발행 후 5년이 되는 시점에 발행사가 조기상환권(콜옵션)을 행사해 갚아줄 것이라는 불문율에 의거해 투자한다. 만약 상환하지 않으면 금리가 가산되는 조건이 붙어있지만 대체로 상환을 전제로 투자하는 것이 관행처럼 자리 잡았다.

흥국생명은 바로 이 불문율을 깨뜨렸다. 흥국생명의 재무 건전성 자체에는 큰 문제가 없었지만, 시장의 약속을 어긴 대가는 혹독했다. 글로벌 투자자들은 '한국 금융기관은 약속을 지키지 않는다'는 의심을 품기 시작했고, 다른 모든 한국계 금융기관들이 발행한 채권의 가격도 폭락하며 자금 조달 시장 전체가 급격히 얼어붙었다. 초기에 "문제가 없다"던 금융당국은 시장의 거센 반발에 결국 입장을 바꿨고, 주요 시중은행들이 유동성을 공급하는 방식으로 사태를 수습했다. 이 사건은 신용리스크가 아닌 '신뢰'와 '유동성' 리스크만으로도 시스템 전체가 마비될 수 있을 정도로 한국의 금융시장이 취약하다는 것을 보여주었으며, 제2금융권의 문제가 은행권의 부담으로 전가되는 위기 전이의 교과서적인 사례도 되었다. 문제가 발생하면 근본적인 원인을 찾아 해결하기보다는 이번에도 역시 유동성 공급을 통해 덮기에 급급했다.

세 번째 바퀴벌레: 새마을금고 뱅크런과 제2금융권의 민낯

2023년 여름, 전국을 강타한 새마을금고 뱅크런 사태는 부동산 PF 부실이 어떻게 금융 시스템의 가장 약한 고리를 무너뜨릴 수 있는지 보여준 사례였다. 일부 새마을금고 지점의 부동산 PF대출 부실 소식이

전해지자, 예금자들의 불안 심리가 폭발하며 전국적인 예금 인출 사태로 번졌다.

새마을금고는 서민들에게 상대적으로 높은 금리를 제공해서 예금을 모았지만, 내수가 침체되는 상황에서 수익을 내기 힘들었다. 수익을 내기 위해 지난 몇 년간 고위험-고수익을 추구하며 부동산 관련 대출을 두 배로 늘리는 동안 연체율은 9% 이상으로 치솟았다. 과거 미국이나 한국의 저축은행들에서 대규모 부실 사태가 발생했듯이 고금리로 예금을 끌어온 소형 금융기관에서는 언제든 같은 문제가 발생할 수 있다. 따라서 금융당국에서는 항상 건전성 관리에 관심을 두어야 한다. 그러나 새마을금고의 감독기관은 금융건전성 관리와는 무관한 행정안전부라서 원천적으로 관리 감독이 소홀한 사각지대였다.

정부는 부실 금고의 인수합병으로 법적 보호 한도인 5천만 원을 넘어 예금 전액이 보장받는다는 홍보를 하며 겨우 사태를 진정시켰다. 이는 감독의 사각지대에 있던 제2금융권의 부실이 시스템 전체를 위협하는 뇌관이 될 수 있음을 인정한 셈이다. 하지만 이 사태 이후 발표된 PF 대책들은 시장의 신뢰를 회복하기에 역부족이었다. 금융당국은 부실 사업장에 대한 '옥석 가리기'를 공언했지만, 실제로는 만기 연장과 이자 유예를 통해 부실을 이연시키는 데 급급했다. 작은 새마을금고도 제대로 처리하지 못하면서 정책 당국의 관리능력에 한계가 있음을 보여주는 사례가 되었다. 심지어 일부 금융기관들은 부실을 숨기기 위해 자회사를 설립해 부실채권을 넘기는 방식의 '분식회계'를 하기도 해, 정부의 감독 능력을 더욱 의심하게 만들었다. 이는 문제 해결에 대한 의지보다는 어떻게든 위기를 뒤로 미루려는 정책 당국의 의도를 드러낸 것이고, 전형적인 정부 실패의 사례로 보인다.

네 번째 바퀴벌레: 태영건설 워크아웃과 '대마불사'의 신화

2023년 말, 시공능력평가 16위의 대형 건설사인 태영건설이 부동산 PF 부실을 감당하지 못하고 워크아웃(기업개선작업)을 신청하면서 위기는 정점에 달했다. 이는 PF 문제가 일부 부실 사업장이나 제2금융권에 국한된 것이 아니라, 대형 건설사마저 무너뜨릴 수 있는 구조적 문제임을 만천하에 드러낸 사건이었다.

태영건설 사태는 '대마불사大馬不死, Too Big to Fail'의 신화가 어떻게 작동하는지를 여실히 보여주었다. 정부와 채권단은 태영건설의 붕괴가 가져올 시스템적 충격을 막기 위해 총력을 기울여 워크아웃을 성사시켰다. 하지만 그 이면에서는 수많은 중소·지방 건설업체들이 자금난을 이기지 못하고 소리 소문 없이 쓰러져 가고 있었다. 정부는 부실 건설사에 대한 과감한 구조조정 대신, 미분양 주택을 사들이는 방식으로 연착륙을 유도했다. 이는 부실의 근본 원인을 제거하기보다, 또 다른 형태의 공적 자금을 투입해 문제를 이연시키는 '에버그리닝'의 전형적인 모습이었다. 부동산 호황기 우후죽순처럼 늘어난 건설사는 과잉투자로 인해, 서로 제 살 깎아 먹기 경쟁을 하고 있는 셈이다. 부실 건설사를 정리해야 나머지 건설사들을 정상화할 수 있을 텐데, 이런 방식으로 에버그리닝이 진행되면서 대부분 수익성이 악화되는 상황에 처했다. 쉽게 해결할 수 있는 문제를 미루면서 좀비기업이 늘어나는 문제를 키우는 에버그리닝의 대표적인 폐해가 드러나는 부분이다.

다섯 번째 바퀴벌레: '영끌족'의 비명과 경매 시장의 급증

기업과 금융기관의 문제가 연이어 터져 나오는 동안, 가계 부문에서도 조용한 비명이 터져 나오기 시작했다. 2022년 하반기부터 법원 경매 시장에 나오는 아파트 물건이 급증하기 시작한 것이다. 특히 주목할 점은, 이러한 경매 물건 증가가 2020~2021년 부동산 광풍 시기 '영끌족'의 성지로 불렸던 서울 외곽의 노원·도봉·강북구 등 특정 지역에 집중되었다는 사실이다.

이는 가계부채 문제의 첫 번째 가시적인 파열 신호로 볼 수 있다. 저금리를 믿고 소득을 초과하는 과도한 대출로 내 집 마련에 나섰던 젊은 층이, 가파른 금리 인상의 직격탄을 맞고 버티지 못해 소중한 보금자리를 내놓게 된 것이다. 한때 '성공 신화'로 포장되었던 '영끌'이 이제는 감당할 수 없는 빚의 굴레가 되어 개인의 삶을 파괴하기 시작했음을 보여주는 비극적인 사례다. 이 '영끌족의 눈물'은 개별 가계의 불행을 넘어, 과도한 가계부채가 한국 경제 전체에 얼마나 큰 잠재적 위험으로 자리잡고 있는지를 보여주는 또 하나의 명백한 바퀴벌레였다.

레고랜드, 흥국생명, 새마을금고, 태영건설, 그리고 영끌족의 비명.

이 바퀴벌레는 각각 신용, 유동성, 제2금융권, 건설업, 가계라는 각기 다른 영역에서 나타났지만, 모두 과거 저금리와 부동산 광풍에 기대어 쌓아 올린 '부채의 성'이 무너지고 있다는 동일한 경고를 보내고 있었다. 그리고 이 경고음 뒤에는, 2절에서 살펴볼 훨씬 더 거대한 부실의 그림자가 숨어있었다.

바퀴벌레 이론 Cockroach Theory

금융시장에서 하나의 악재가 드러나면, 보이지 않는 곳에 더 많은 잠재적 악재가 존재할 가능성이 높다는 이론이다.

프로젝트 파이낸싱PF, Project Financing

특정 프로젝트의 미래 현금흐름(수익성)을 담보로 자금을 조달하는 금융 기법이다. 부동산 개발 사업에서 주로 사용되며, 사업이 좌초되면 대출금 전체가 부실화될 위험이 크다.

자산유동화기업어음ABCP, Asset-Backed Commercial Paper

부동산 PF 대출채권 등 유동성이 낮은 자산을 담보로 발행하는 단기 기업어음이다. 주로 3개월 단위로 차환 발행되는데, 시장이 경색되면 차환이 막혀 유동성 위기를 유발할 수 있다.

에버그리닝Evergreening

부실화된 대출이나 채권에 대해 만기를 연장해 주거나 추가 자금을 지원해 줌으로써, 회계장부상 부실이 드러나지 않도록 하는 관행을 의미한다. '상록수'처럼 항상 푸르게 유지한다는 뜻에서 유래했으며, 문제 해결을 뒤로 미루는 '폭탄 돌리기'의 일종이다.

부채 위에 놓인 위태로운 한국 경제

코로나19 팬데믹이라는 전대미문의 위기 앞에서, 한국 경제는 다른 선진국들과는 다른 방식으로 대응했다. 미국, 유럽 등이 막대한 재정을 풀어 가계와 기업에 직접 현금을 지원하는 방식을 택한 반면, 한국은 재정 투입을 최소화하고 초저금리와 대출 확대를 통해 민간이 스스로 빚을 내 위기를 버티게 하는 길을 선택했다. 이 선택은 단기적으로 국가 재정 건전성을 지키는 것처럼 보였지만, 장기적으로는 경제 전반에 걸쳐 거대한 '부채 지뢰밭'을 만드는 결과를 낳았다.

부채로 위기를 극복하는 한국 정부의 정책은 이미 과도한 수준이었던 민간 부문의 부채 의존도를 급격히 증가시켰다. 민간부문의 부채를 측정하는 자료인 명목 국내총생산(GDP) 대비 가계신용은 89.9%이고 기업신용은 110.2%이며 둘을 합한 민간신용레버리지는 200.1%인데, 이는 다른 나라에 비해 매우 높은 수준이고 팬데믹 기간 중 악화되었다. 일본의 버블경제 초기 이 비율이 200%를 갓 넘은 수준이었음을 감안할 때, 이제는 가계부채 뿐 아니라 기업부채도 위험 수준에 도달했음을 알 수 있다.

상환할 수 없는 가계부채의 증가

비이성적인 투기 광풍을 겪으면서 한국의 가계부채는 이미 상환 가능한 수준을 넘어섰고, 금융위기의 뇌관이 된 지 오래다. 그러면서도 계속 투기를 조장하려는 언론의 논조에 따라 국내에서 그 위험한 상황에 대해 거의 논의가 이루어지지 않고 있다. 2024년 말과 2025년 초 한국 경제의 부채 상황은 표면적으로는 다소 진정되는 듯 보였다. 민간신용 레버리지가 하락하는 등 외형상으로는 부채 축소(디레버리징)가 진행되는 것처럼 보였다. 그러나 2025년 3월 발표된 한국은행의 금융안정상황 보도자료를 보면 여전히 가계와 기업 곳곳에서 취약성이 드러나며 위태로운 지뢰밭을 걷고 있다.

2024년 말 기준, 가계가 짊어진 빚, 즉 가계신용 잔액은 1,925.9조 원이라는 천문학적인 액수에 달했다. 가계의 빚 상환 능력을 보여주는 핵심 지표인 처분가능소득 대비 가계부채 비율은 무려 145.0%로 추정되어, 벌어들이는 소득에 비해 과도한 빚을 지고 있는 현실을 여실히 드러냈다.

그중에서 주택담보대출이 1,123.8조 원이며 이전보다 증가율이 조금씩 줄어들고 있다. 기타대출은 681.7조 원이며 2021년 이후 줄어들고 있는 것은 다행이지만, 여전히 감당하기 어려운 수준이다.

특히 우려스러운 점은 고위험 가구이다. 한국은행은 보유한 자산보다 부채액이 더 크면서(DTA>100%), 동시에 원리금 상환액이 소득의 40%가 넘어가는 (DSR>40%) 가계를 고위험가구로 분류하고 있다. 2024년 말 가계금융복지조사에서 전체 금융부채 보유 가구의 3.2%인 38.6만 가구가 약 72.3조 원의 부채를 안고 있는 고위험 가구로 판단하고 있다. 소득이나 자산 중 하나라도 상환 능력이 부족하다고 판단되는 가구의 비중은 26.5%이며, 318만 가구가 금융부채의 34.8%인 512조 원을 차지하고 있다.

장기간 원리금 갚기에 허덕이며 상환이 어려운 가계가 늘어나고 있는데, 특히 자영업자들의 사정이 어렵다. 자영업자들은 팬데믹으로 가장 큰 타격을 입었다. 팬데믹이 끝나면 경기가 좋아질 것으로 예상하고 빚을 얻어 버텼으나, 팬데믹이 끝나고 나서도 내수 침체가 지속되는 바람에 자영업자들은 벼랑 끝에 몰리게 되었다. 팬데믹 기간 중 늘린 대출의 원리금을 갚기에 버거워 다시 빚을 내야 하는 처지에 몰린 것이다.

2024년 말 기준 개인사업자 대출과 가계대출을 합한 자영업자 대출 차주수는 311.5만 명이며, 대출 잔액은 1,064.2조 원으로 집계되었다. 이 중에서 개인사업자 대출이 714.3조 원이고 가계대출이 350.0조 원이다. 사업자대출과 가계대출을 동시에 보유하고 있는 자영업자는 241.1만 명이며, 그 부채 액수는 881.5조 원에 달한다. 자영업자들이 사업자대출과 가계대출을 막론하고 가능한 대출을 모두 끌어 쓰고 있음을 보여주고 있다.

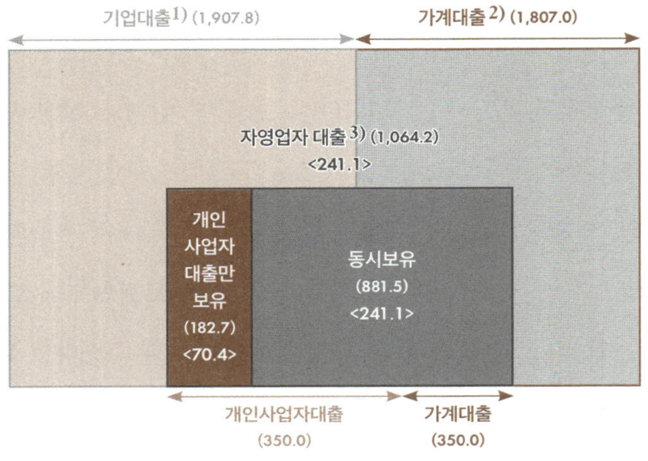

자영업자 대출 현황[4]

2024년말 자영업자 대출 차주 수는 311.5만명, 대출 잔액은 1,064.2조원

출처: 한국은행 시산(가계부채DB), 금융기관 업무보고서

자영업자 대출은 은행권이 640.7조 원이며 상대적으로 이자율이 높은 비은행 대출이 423.6조 원인데, 비은행 중에서는 상호금융이 300조 원 이상을 차지하고 있다. 자영업 대출에서 문제가 발생할 경우 상호금융이 취약한 부문이 된다. 한계에 도달한 상황이기에 대출 증가율은 전년 동기대비 은행권 1.2%, 비은행권 0.8%에 불과했다. 자영업자의 경우 더 이상 빚을 내기도 어려운 상황에 처해 있으며, 빚을 얻어 빚을 갚는

1) 금융기관 업무보고서 기준
2) 가계신용통계 가계대출(판매신용 제외) 기준
3) 가계부채DB 추정치 기준
4) 2024년말 기준, ( )내는 대출 잔액(조원), < >내는 차주 수(만명)

통로가 서서히 막히고 있다는 것을 알 수 있다.

더 큰 문제는 자영업 가구의 재무 건전성이다. 2024년 가계금융복지조사에 따르면 이들은 평균적으로 보유한 금융자산보다 금융부채가 더 많은 '금융순부채' 상태에 놓여 있었으며, 소득대비 원리금상환부담 DSR은 34.9%로 비자영업 가구(27.4%)보다 훨씬 높아 유동성 위기에 더 취약한 구조를 가지고 있었다. 특히 DSR이 40%를 넘어 부채 상환 능력이 취약한 고위험 자영업 가구가 전체 자영업 가구 금융부채의 6.2%를 차지하고 있어, 이들의 부실이 금융 시스템 전체로 번질 수 있다는 우려를 낳고 있다.

어느새 쌓인 또 다른 뇌관, 기업부채

2025년 1분기 말 기준 금융기관의 기업대출 잔액은 총 1,920.4조 원이었다. 이 중 은행권 대출이 1,325.0조 원인데, 다시 일반은행이 779.8조 원이고 특수은행이 520.4조 원이다. 전년도 같은 기간보다 4% 내외 증가했다. 특수은행은 주로 정책금융을 담당하는 은행들이기 때문에 정부의 관치금융에 의한 대출이 520.4조 원에 달한다는 것은 한국의 기업 대출이 매우 기형적이라는 것을 의미한다. 대기업에서 문제가 발생했을 때 산업은행을 비롯한 특수은행이 부실을 떠맡아 미봉책으로 해결해 온 결과 이런 기형적 결과가 되었다. 경제에 큰 충격이 오면 정책 금융기관이 가장 먼저 타격을 입는 구조가 되었고, 자동적으로 공적 자금의 투입을 초래할 수밖에 없게 되었다.

비은행금융기관의 기업대출도 595.4조 원으로 전년 동기 대비 0.5%에 증가하는 데 그쳤는데, 이는 이들 금융기관의 대출 여력이 급격히 줄어들었음을 의미한다. 이중 상호금융이 394.4조 원으로 66.2%에 달하고 있음을 주목할 필요가 있다. 농협을 비롯한 협동조합과 새마을금고가 해당하는데, 이들이 부실화될 때 예금 보호는 중앙회의 기금으로 충당해야 한다. 물론 턱없이 부족한 수준이기 때문에 문제가 발생하면 공적자금 투입이 불가피하다. 그 외 보험회사 93.3조 원, 여신전문금융회사 66.6조 원, 저축은행이 41.2조 원을 대출해 주고 있다.

기업 부채의 심각성은 규모보다 질적인 측면에서 극명하게 드러난다. 바로 대기업과 중소기업 간의 극심한 양극화다. 대기업 대출은 308.5조 원이고, 중소기업 대출이 1,608.0조 원인데, 이는 다시 중소법인이 899.7조 원이고 개인사업자가 708.3조 원을 차지하고 있다.

2024년 기준, 영업이익으로 이자 비용을 얼마나 감당할 수 있는지를 보여주는 이자보상배율에서 이러한 격차가 확연히 나타났다. 대기업은 4.0배로 전년(2.1배)보다 크게 개선된 반면, 중소기업은 오히려 -0.3배에서 -0.7배로 악화되었다. 이는 중소기업들이 영업 활동으로 벌어들인 돈으로 이자조차 내지 못하는 처참한 현실을 반영한다. 게다가 이자보상배율이 1 미만인 취약기업 비중이 대기업은 30.2%이고 중소기업은 무려 57.4%에 달해 전체 평균 43.7%에 달한다는 사실은, 한국 기업들의 상당수가 빚을 추가로 얻어야만 빚을 갚을 수 있는 좀비기업화 하고 있음을 시사하고 있다.

숨겨진 뇌관, 부동산 그림자 금융

2025년 3월에 발표된 한국은행의 금융안정상황 보도자료는 부동산 금융 익스포저를 특별히 분석하고 있다. 익스포저는 잠재적 손실 규모를 의미한다. 2024년 말 기준 가계와 기업을 포함한 각종 부동산 관련 대출 총액은 2,681.6조 원으로 집계되었으며, 부동산 관련 보증 1,064.1조 원 및 금융투자상품 375.9조 원을 포함하면, 현재 한국 경제의 부동산금융 익스포저는 무려 4.121.6조 원으로 상상을 초월하는 수준에 달하고 있다. 예상치 못한 파생상품의 부실이 글로벌 금융위기로 확산되었던 2008년의 교훈을 되살려보면, 이 보이지 않는 익스포저들은 위기 발생시 얼마나 큰 충격을 줄지 가늠하기 어려운 정도이다.

		2,681.6
부동산 관련 대출(1+2+3+4+5)		2,681.6
	1. 가계 부동산 대출	1,309.5
	2. 일반기업 부동산 담보 대출	694.2
	3. 부동산, 건설업종 기업대출	623.3
	4. 부동산 PF 대출	187.3
	5. 중복 차감(-)	132.7
부동산 관련 보증		1,064.1
금융투자상품		375.9
계		4,121.6

2024년말 기준 부동산 금융 익스포저 구성 및 구성

자료: 한국은행, 금융감독원, 금융기관 업무보고서 등

출처: 한국은행(2025). 금융안정 상황(2025년 3월). 서울

한국 경제에 위기가 불가피한 이유는 막대한 돈이 우리 경제에서 가장 비효율적인 곳으로 빨려 들어가고 있기 때문이다. 한국은행은 부동산업이 전 산업 중 대출 집중도는 가장 높지만, 정작 투입된 자본 대비 부가가치를 창출하는 능력(자본생산성)은 가장 낮다고 지적한다. 이 블랙홀은 다른 생산적인 부문으로 가야 할 자양분마저 모조리 빨아들인다. 보고서는 부동산 신용이 늘어날수록 제조업과 같은 고부가가치 부문에 대한 대출이 줄어드는 '구축 효과'가 뚜렷하게 나타난다고 분석한다.

그 결과 기이한 현상이 벌어졌다. 경제는 어려워지는데 부동산업 관련 사업체 수는 폭발적으로 증가했다. 2014년부터 2023년까지 국세청에 신고한 부동산업 사업체 수는 80% 이상 폭발적으로 급증해, 146.5만 개 업체에서 267.5만 개로 증가했다. 부동산 임대업을 포함한 개인사업체를 포함한 숫자인데, 돈과 사업체, 그리고 인력까지 모두 부동산이라는 거대한 블랙홀로 빨려 들어간 것이다. 이는 우리 경제의 미래를 암울하게 만드는 가장 심각한 구조적 문제다.

결론적으로 팬데믹 이후 한국 경제는 가계와 기업 모두 빚더미에 눌려 있다. 최근 총량적인 부채비율은 다소 하락하고 있지만, 취약차주, 자영업자, 중소기업, 부동산 관련 부문 등 곳곳에 도사린 위험 요인들은 한국 경제의 앞날에 짙은 그림자를 드리우고 있었다. 마치 살얼음판을 걷듯, 작은 충격에도 연쇄적인 부실로 이어질 수 있는 아슬아슬한 상황이다.

막대한 빚에 눌려 있는 한국 경제는 외부 충격에 매우 취약한 상태가 되었다. 이 거대한 지뢰밭에 불을 붙인 것은 글로벌 금리 인상이었다. 팬데믹 기간에 풀린 막대한 유동성이 전 세계적인 인플레이션을 촉발하자, 미국 연방준비제도Fed는 2022년부터 공격적인 금리 인상에 나섰다. 한국은행 역시 이러한 흐름에 동참할 수밖에 없었다. 내수 경기침체라는 부담이 있었지만, 한미 간 금리 격차가 벌어지면 발생할 수 있는 급격한 자본 유출과 원화 가치 하락 등 외환시장의 충격을 막는 것이 더 시급한 과제였기 때문이다. 또한 부동산 시장 과열과 금융 안정을 고려해야 하는 한국은행의 입장에서는 어쩔 수 없이 금리인상에 나설 수밖에 없었다.

2021년 8월 0.75%였던 기준금리는 2023년 1월 3.5%까지 가파르게 상승했다. 이 결정은 두 가지 경로로 한국 경제에 직접적인 충격을 가했다. 첫째, 채무자에게 직접적인 충격을 주었다. 한국은 변동금리 대출 비중이 유독 높아, 기준금리 인상이 즉각적으로 대출 이자 부담 증가로 이어지는 구조다. 둘째, 채권시장에 충격을 주었다. 금리가 상승하자 과거 저금리 시절에 발행된 채권들의 가격이 폭락하며 금융기관들의 막대한 평가손실로 이어졌고, 자금 시장의 경색을 유발했다. 결국 팬데믹 위기를 넘기 위해 쌓아 올린 '부채의 성'은 금리 인상이라는 기폭 장치가 작동하면서, 성의 기반부터 무너져 내리기 시작했다.

2024년 말과 2025년 초, 한국 경제의 부채 시계는 점점 흐려지고 있었다. 총량적인 부채 규모는 다소 조정되는 듯 보였지만, 곳곳에서 연체율이 급등하며 부실의 뇌관이 터질 수 있다는 경고음이 울려 퍼졌다. 특히 가계와 기업 부문 모두에서 취약 고리를 중심으로 위험이 빠르게 확산되는 양상을 보이고 있다.

2025년 1분기 말 기준, 전체 금융권의 가계대출 연체율은 1.05%로, 2022년 하반기 이후 시작된 상승세를 멈추지 않았다. 대출 유형별로 보면, 주택담보대출 연체율은 0.44%로 비교적 안정적인 모습을 보였으나, 기타대출(신용대출 등) 연체율은 2.08%로 훨씬 높아 가계의 비주택 관련 자금 사정이 더 악화되고 있음을 시사했다.

더욱 심각한 문제는 금융업권 간의 격차였다. 은행권의 가계대출 연체율은 0.41%로 장기 평균(0.42%) 수준을 유지하며 비교적 완만한 오름세를 보인 반면, 상대적으로 취약차주 비중이 높은 비은행금융기관의 연체율은 장기 평균(2.36%) 수준에 달하는 2.38%까지 급격히 상승하고 있다. 이는 금리 상승기에 취약계층의 상환 부담이 비은행권을 중심으로 빠르게 가중되고 있음을 보여주는 명백한 증거였다.

특히 자영업자 대출의 연체율은 더욱 심각했다. 2025년 1분기 말 전체 자영업자 대출 연체율은 1.88%로 장기 평균(1.39%)을 훌쩍 넘어섰다. 은행권(0.53%)과 비은행권(3.92%) 간 격차는 극심했으며, 무엇보다 여러 곳에서 빚을 지고 소득이나 신용도가 낮은 취약 자영업자의 연체율은 무려 12.24%에 달해 장기 평균(8.35%)을 크게 웃돌며 부실 위험의 핵심 진원지임을 드러냈다.

기업부문 역시 연체율 상승세가 뚜렷했다. 2025년 1분기 말 기준,

금융기관의 기업대출 연체율은 2.84%로, 2024년 3분기 말(2.43%) 대비 0.41%포인트 상승하며 장기 평균(1.57%)을 훨씬 웃돌았다.

은행권과 비은행권의 격차는 가계 부문보다 더욱 벌어졌다. 은행의 기업대출 연체율은 0.62%로 소폭 상승에 그쳤지만, 비은행금융기관은 7.43%까지 치솟았다. 특히 저축은행(13.61%)과 상호금융(9.74%)의 연체율은 매우 높은 수준을 기록하며 부실 위험을 경고했다.

기업 규모별로 보면, 대기업 대출 연체율은 0.11%로 여전히 낮은 수준을 유지했지만, 중소기업 대출 연체율은 3.37%로 상당폭 상승하며 불안한 모습을 이어갔다. 업종별로는 부동산 경기 부진의 여파가 그대로 반영되었다. 3월 말 기준 전금융업권 건설업 연체율은 6.16%이고 부동산업은 3.28에 달했고, 2020년 이후 계속 높아지고 있다. 이는 고금리 지속과 부동산 시장 침체 장기화로 관련 기업들의 자금난이 심화되고 있음을 보여준다.

결론적으로, 2025년 초 한국 금융 시스템은 높아진 연체율이라는 경고등 아래 놓여 있었다. 가계 부문에서는 비은행권과 자영업자 등 취약 고리의 부실 위험이, 기업 부문에서는 중소기업과 부동산 관련 업종의 부실 가능성이 시스템 전체를 위협하는 잠재적 뇌관으로 작용하고 있었다. 장기 평균을 넘어서는 연체율 지표들은 과거 어느 때보다 부실 위험 관리가 시급함을 강력하게 시사하고 있었다.

<h2 align="center">장부에서 부실 지우기</h2>

　전체적으로 연체율이 높아져 위기의 징후를 보여주고 있지만, 이러한 지표만으로는 위기의 전체 그림을 볼 수 없다. 특히 은행권의 연체율은 상대적으로 낮게 유지되고 있는데, 이는 은행의 자산이 건전해서가 아니라 막대한 이익을 바탕으로 부실채권을 대규모로 매각하거나 상각하여 장부에서 지워버리는 '통계적 착시'에 기인한다. 5대 시중은행은 2024년 한 해에만 7조 1,019억 원에 달하는 부실채권을 정리했는데, 이는 2년 전인 2022년(2조 3,013억 원)의 3배가 넘는 규모다. 빚 때문에 경제가 위험한 상태로 치닫고 있는데, 포장된 연체율을 내세우며 경제의 펀더멘털은 튼튼하다고 주장하던 외환위기 당시 정부 당국의 모습을 떠올리게 한다.

　저축은행이나 상호금융 등 제2금융권은 이러한 부실채권 정리 능력이 현저히 떨어져 연체율을 포장할 수단도 없다. 이로 인해 이들 취약 금융권의 부실은 서서히 드러나고 있다. 2024년 말 기준 저축은행의 고정이하여신비율은 10.66%로 전년 말(7.75%) 대비 급등했으며, 특히 2024년 6월 말 기준 저축은행과 상호금융의 PF 고정이하여신비율은 각각 29.7%, 19.7%까지 폭등했다. 은행이 이익 잔치를 벌이며 장부를 정리하고 있지만, 제2금융권의 부실이 드러나면서 은행의 건전성도 우려되고 있다.

　최근 보도를 보면 은행은 연일 사상 최고 수익을 올리고 있다. 2024년 기준 5대 시중은행의 순이자이익은 38조 9천억 원에 달하는 것으로 보도된 바 있다. 은행이 사상 최고 수익을 올리는 것은 거꾸로 가계와 기업의 이자 부담이 커진다는 것을 의미한다. 부채에 허덕이는 가계와 기업이 부실화될 수밖에 없는 이면에 금융기관의 높은 수익이 있다. 은행은 이 막대한 수익을 이용해 에버그리닝을 자행하고 있는 것이다. 그러나 금융의 수익 기반인 가계와 기업이 무너지는데 은행의 건전성이 유지될 수는 없다. 지금은 마치 카드사태 당시 가계는 피폐화되는데 막대한 수익을 올리던 카드회사들이 연쇄 파산에 몰렸을 때를 연상하게 한다.

살찐 고양이들로 알려진 금융기관들이 가계의 돈을 빨아들이고 있는데, 이는 또 역설적으로 한국 경제의 성장률을 높이는 효과를 발휘한다. 금융기관의 부가가치가 높아지기 때문이다. 결국 경제를 무너뜨리는 가계부채가 외형상 경제성장률을 높여 경제를 평가할 때 착시현상을 일으키게 된다. 사상 최대의 은행 수익이라는 헤드라인 뒤에는 위기에 빠진 경제를 푸르게 보이게 하는 또 다른 에버그리닝이 작동하고 있다.

연체율 Delinquency Rate
금융기관의 총대출채권 중에서 원금이나 이자를 약속된 날짜(통상 1개월 이상)에 상환하지 못한 금액이 차지하는 비율이다. 금융기관 자산 건전성의 대표적인 후행 지표다.

고정이하여신비율 Substandard-and-Below Loan Ratio
금융기관의 총여신 중에서 부실 가능성이 큰 '고정', '회수의문', '추정손실'로 분류된 여신(통상 3개월 이상 연체)의 합계가 차지하는 비율이다. 연체율보다 더 엄격한 기준으로 잠재적 부실 위험을 보여주는 지표다.

에버그리닝으로 시간 끌기

건강한 시장경제 시스템 안에는 마치 살아있는 유기체처럼 스스로를 정화하고 균형을 찾아가는 놀라운 자정 능력이 있다. 혁신을 강조하는 경제학자 슘페터가 '창조적 파괴Creative Destruction'라고 명명했듯이, 비효율적이거나 경쟁력을 상실한 낡은 것들은 자연스럽게 소멸하고, 그 자리를 혁신적이고 생산적인 새로운 것들이 채우는 역동적인 과정을 통해 경제는 끊임없이 발전한다.

앞서 지적한 대로 집안의 어두운 구석에서 바퀴벌레 한 마리가 눈에 띄었다면, 이미 보이지 않는 곳에 수십, 수백 마리가 번식하고 있다는 강력한 경고 신호인 것과 같다. 경제 시스템에서도 부실의 징후, 예를 들어 한계기업의 증가나 금융기관의 건전성 악화 같은 '바퀴벌레'가 나타나기 시작하면, 이는 빙산의 일각일 뿐이며 그 아래에는 더 심각한 구조적 문제가 도사리고 있음을 암시한다.

이때 정상적인 시장경제라면 '자동 안정 장치'가 작동해야 한다. 마치 인체의 면역 체계가 이상 세포를 찾아서 제거하듯, 시장은 부실기업과 금융기관을 걸러내는 자연적인 구조조정 과정을 가동시킨다. 부실기업은 자금 조달에 어려움을 겪고 결국 파산하거나 더 건실한 기업에 흡수 합병된다. 부실 금융기관 역시 예금 인출 사태나 자본 잠식 위기에 직면하여 문을 닫거나 다른 금융기관과의 통폐합을 통해 정리된다.

물론 이 과정은 당사자들에게는 매우 고통스럽다. 실업자가 발생하고, 투자자들은 손실을 입으며, 지역 경제는 침체를 겪기도 한다. 하지만 이는 마치 병든 가지를 잘라내야 나무 전체가 건강하게 자랄 수 있듯이, 시스템 전체의 장기적인 건강과 지속 가능한 성장을 위해 반드시 필요한, 때로는 피할 수 없는 성장통이다. 암세포를 조기에 발견해서 제거하지 못하면, 나중에는 감당하기 힘들게 커지게 된다. 마찬가지로 더 큰 위기가 닥치기 전에 시스템의 취약성을 제거하고 자원을 보다 생산적인 곳으로 재분배하는 것이 시장경제 본연의 자정 작용인 것이다.

그러나 안타깝게도 현재 한국 경제, 특히 금융 부문에서는 이 중요한 자동 안정 장치가 제대로 작동하지 않거나 의도적으로 지연되는 현상이 빈번하게 목격된다. 부실의 명백한 징후들이 곳곳에서 나타나고 있음에도 불구하고, 시장 원리에 따른 자연스러운 구조조정은 일어나지 않는다. 어딘가 브레이크가 고장 난 자동차처럼, 위험 신호가 울리는데도 멈추지 않고 질주하는 듯한 불안한 모습이다. 왜 한국 경제는 이 필수적인 자정 능력을 상실한 것처럼 보일까? 그 근본적인 원인은 '에버그리닝'이라는, 부실을 감추고 시간을 벌려는 금융 관행과, 이를 용인하고 심지어 조장하기까지 하는 복합적인 구조적 문제들, 그리고 관치금융의 문제가 근간에 있다.

에버그리닝이란

'에버그리닝Evergreening'은 문자 그대로 해석하면 '늘 푸르게 유지한다'는 긍정적인 의미를 내포하는 듯 보이지만, 금융계에서는 전혀 다른, 오히려 부정적인 의미로 통용된다. 이는 상환 능력을 상실한 부실 차입자(기업 또는 가계)의 부채를 정리하는 대신 대출 만기를 계속 연장해 주거나, 심지어 새로운 대출을 내주어 기존 대출의 원리금을 상환하게 함으로써, 해당 대출이 마치 정상적으로 유지되는 것처럼 보이게 만드는 행위를 총칭하는 용어다. 본질적으로는 부실채권을 정상채권으로 둔갑시키는 일종의 '금융 분식회계'이며, 문제의 근본적인 해결을 외면한 채 폭탄 돌리기를 하는 것과 다름없으며, 작은 폭탄들이 쌓여가면서 커다란 위기의 기폭제가 될 가능성을 높이는 행위를 뜻한다.

에버그리닝은 병든 환자에게 근본적인 수술 대신 진통제만 계속 처방하는 행위와 같다. 당장의 고통은 줄여주지만, 병은 몸속에서 계속 자라나 결국 손쓸 수 없는 상태에 이르게 만든다. 신체 각 부분의 작은 병들을 해결하지 않고 쌓여만 가니, 문제가 발생하면 극복하기 어려운 중병으로 진행되게 된다.

금융시장에서 에버그리닝은 만기 연장이나 대환대출, 신규자금 대출 방식으로 이루어진다. 상환능력이 없는 부실 차주에게 상환을 미루거나 신규 자금을 공급해서 부실채권이 되지 않도록 하는 방식이다. 심지어 이자를 깎아주기도 하면서 정상 대출인 것으로 가장하는 등 다양한 방식이 동원된다.

에버그리닝은 처음에는 부실을 감추지만 이것이 확산되어 시스템 위기가 되는 금융위기가 반복되었기 때문에, 이를 막기 위해 각국에서는 건전성 규제를 도입해 시행 중이다. 한국도 마찬가지다. 대표적인 것이 자산건전성 분류 기준이다. 금융기관은 보유한 대출 채권을 차입자의 상환 능력과 연체 여부 등에 따라 '정상', '요주의', '고정', '회수의문', '추정손실'의 5단계로 분류하고, 각각의 대출에 대해 적절한 조치를 취하도록 규정하고 있다. 예를 들면, 각 단계별로 정해진 비율만큼 대손충당금을 적립해야 하고 위험가중치가 높아진다. 이는 미래에 발생할 수 있는 손실에 미리 대비하기 위한 완충 장치다. '고정' 이하 여신은 부실채권NPL: Non-Performing Loan으로 간주되며, 금융기관의 건전성을 평가하는 중요한 지표가 되고, 위험가중치가 높아져 자기자본비율이 낮아지게 되면 새로운 자본을 수혈해야 한다고 규정한다. 이러한 지표를 통해 금융기관의 건전성을 상시적으로 평가하고, 사전에 위험요소를 제거해서 금융시장에 대한 충격을 줄이는 것이 감독당국의 주 업무이다.

하지만 이러한 정교한 금융건전성 규제들은 현실에서 종종 그 취지가 무색해지곤 한다. 여기저기 바퀴벌레가 출몰하는 것을 보면서도 종종 집안 전체를 뒤집어서 청소하기를 꺼려하는 심리상태와 마찬가지이다. 금융당국도 문제를 일으키지 않고 덮기를 바라는 경우가 많다. 심지어 경제위기 가능성이 높아지거나 특정 산업의 부실이 심화될 경우, 금융당국은 종종 '경기 안정'이나 '시스템 리스크 방지'라는 명분 아래 이러한 규제를 일시적으로 완화하거나 유연하게 적용하는 '규제적 관용Regulatory Forbearance'을 베풀곤 한다. 금융부문의 부실이 전반적으로 드러나게 되면 금융기관의 자기자본 비율 계산 방식을 바꾼다거나 해서 덮는 경우를 말한다. 이러한 규제 완화는 금융기관에게 부실을 숨기고 에버그리닝을 지속할 수 있는 합법적인 통로를 열어주며, 결국 금융건전성 정책의 근간을 흔들고 규제 자체를 무력화시키는 악순환을 초래한다.

정책 실패와 에버그리닝의 유혹

한국 사회에서 에버그리닝 관행이 유독 뿌리 깊게 자리 잡은 배경에는 금융기관 자체의 문제뿐만 아니라, 정부 주도의 경제 성장 과정에서 형성된 '관치금융'의 오랜 그림자가 짙게 드리워져 있다. 이는 한국에서의 에버그리닝이 단순한 시장 실패를 넘어 정부 실패의 성격을 강하게 띠게 되는 이유이기도 하다. 위기의 파수꾼들이 위기를 막는 것이 아니라 에버그리닝을 통해 파국의 설계자가 되는 것이다.

경제 관료들과 정치권의 입장에서 부실기업이나 금융기관의 퇴출은 결코 반가운 소식이 아니다. 당장 부동산 거품 붕괴와 주택담보대출 연체율 급증, 건설회사의 줄도산, 눈앞에 닥칠 대량 실업, 협력업체의 연쇄 도산, 지역 경제의 급격한 침체, 주가 폭락과 금융시장 불안정 등은 엄청 난 사회·경제적 비용일 뿐만 아니라, 정권의 지지율 하락과 직결되는 민 감한 정치적 문제이기 때문이다. 이는 결국 '님투NIMTOO: Not In My Term Of Office' 현상, 즉 "내 임기 중에만 큰 문제가 터지지 않으면 된다"는 식 의 근시안적이고 무책임한 태도로 귀결된다. 당장의 정치적 부담을 피 하고자 구조조정이라는 외과 수술 대신 에버그리닝이라는 임시방편적 인 처방을 선택하고 문제를 후임자에게 넘기는 무책임한 정책이 반복 된다.

금융기관 역시 이러한 정치적 역학관계 속에서 에버그리닝을 선택할 충분한 동기를 갖게 된다. 금융기관 입장에서 부실을 공식적으로 인정 하는 순간, 막대한 규모의 대손충당금을 쌓아야 한다. 이는 당장의 순 이익을 급감시키고, 고정이하여신비율 등 건전성 지표를 악화시켜 경영 평가와 주가에 치명적인 영향을 미친다. 특히 금융시장은 이러한 위험 신호에 매우 민감하기에 자칫 자금 경색으로 이어지고, 도산할 가능성 까지 제기된다. 따라서 어떻게든 부실을 '정상' 자산으로 둔갑시켜 시간 을 버는 것이 단기적으로는 이익이다. 특히 정부가 특정 산업이나 기업 의 구조조정에 미온적인 태도를 보이거나, 심지어 암묵적으로 에버그리 닝을 용인 또는 지원하는 신호를 보낸다면, 금융기관으로서는 더욱 적 극적으로 에버그리닝에 나설 유인이 생긴다.

결국, 단기적 안정을 추구하는 정부와 단기적 이익을 추구하는 금융 권의 이해관계가 맞아떨어지면서 '에버그리닝'이라는 중독성 강한 마

약에 한국 경제 전체가 오랫동안 중독되어 왔기 때문에, 한국 금융시장
은 이제 정상적인 자정 작용이 무엇인지조차 잊어버린 상태가 되었다.

에버그리닝의 온상으로 전락한 한국 경제

일본이 구조적인 문제로 에버그리닝에서 빠져나오지 못하면서 잃어버린 30년을 맞은 것처럼, 일본의 관치경제에 의한 자원 배분 방식을 모방해서 성장해 온 한국 경제 역시 유독 에버그리닝이라는 병폐가 만연하기 쉬운 구조적 취약점들을 복합적으로 안고 있다. 이는 마치 특정 질병에 걸리기 쉬운 유전적 소인을 가진 것과 유사하다.

첫째, 부동산 불패 신화와 거품으로 에버그리닝이 심화되었다. 일본에서 토지신화로 불리는 부동산 불패신화가 무분별한 금융 대출에 대한 경계심을 없앤 것과 같다. '부동산 가격은 결국 오른다'는 믿음은 금융기관과 차입자 모두에게 위험한 착시를 불러일으켰다. 금융기관들은 부풀려진 부동산 담보 가치만 믿고 사업성이 부족한 프로젝트 파이낸싱(PF) 대출이나 상환 능력이 의심스러운 가계의 주택담보대출을 무분별하게 늘려왔다. 부동산 거품이 꺼지면 모두 무너질 위태로운 대출이지만 금융기관은 엄격한 리스크 관리보다는 당장의 대출 실적 경쟁에 매몰되기 쉬웠고, 정부 역시 방만한 대출을 방관하는 한편 부동산 가격 급락이 가져올 충격을 우려하여 부실 사업장이나 대출의 정리를 주저하게 만들었다.

둘째, 관치금융의 유산과 건설과 부동산업 집중 현상으로 에버그리닝이 심화되었다. 주택가격에 거품이 일면서 건설업과 부동산업에 자금이 쏠리는 현상이 발생했다. 한국은행이 이자율을 낮추면 유동성은 생산적인 부문이 아니라 부동산업으로 집중되었다. 일단 경제 전체에서 비중이 커진 늘어난 건설업과 부동산업은 정부가 결코 망하게 내버려두지 않을 것이라는 '대마불사'의 믿음을 제공하고 있다. 정치인들의 끝없는 건설업 지원 주장은 시장 참여자들에게 심각한 도덕적 해이Moral Hazard를 심어주었다. 부실 덩어리 부동산 PF대출을 정리하기보다는 정부의 구제 정책을 기다리며 버티고 있고, 정부도 이런저런 구실을 대며 차일피일 정리를 미루고 있다. 위기가 닥쳐도 정부가 활성화 대책이나 구제금융 등을 통해 해결해 줄 것이라는 기대감으로 인해, 건설업과 부동산업은 반복적으로 더 비대해져 왔다.

셋째, 저금리와 과잉 유동성 환경은 자연적인 에버그리닝의 환경이 되었다. 부실기업을 정리하지 않은 상태에서 금리를 낮추면서, 수익성이 떨어지거나 사업 전망이 불투명한 '좀비 기업'조차도 생존을 이어갈 수 있게 했다. 미디어-건설 복합체는 끊임없이 금리인하를 주장하고, 한국은행이 이자율을 낮추면 자금은 다시 건설업과 부동산업으로 몰리는 악순환이 반복됐다. 글로벌 금융위기 이후 장기간 지속된 저금리 기조와 팬데믹 이후 풀린 막대한 유동성은 이러한 상황을 악화시켰으며, 이는 시장의 자연스러운 퇴출 메커니즘을 심각하게 저해하고, 자원이 생산적인 곳으로 흘러가지 못하게 막는 핵심적인 구조조정 장애 요인으로 작용했다.

이처럼 한국 경제는 부동산 거품, 관치금융과 부동산업 비대화, 이를 지탱하는 저금리·과잉 유동성이라는, 에버그리닝을 유발하고 확산시키는 거의 모든 구조적 조건들을 동시에 갖추고 있다.

한국의 노골적인 에버그리닝 사례들

최근 한국 금융시장 곳곳에서는 더 이상 숨기기 어려울 정도로 부실의 징후가 드러나는데도 정부는 에버그리닝으로 일관하고 있다. 최근의 몇몇 사례를 보자.

첫째, 부동산 PF 부실에 대한 계속되는 땜질 처방이 이어지고 있다. 한국의 부동산 PF는 지분 투자가 활성화된 다른 나라와는 달리 대부분 차입으로 자금을 조달하는 경우가 많은데, 역으로 사업성이 악화되면 무분별하게 늘어난 사업장이 동시에 부실화되는 문제가 발생한다. 이에 따라 한국 경제의 최대 뇌관으로 지목되는 부동산 PF 부실 문제는 숫자로 명확히 드러난다. 2024년 1분기 말 기준, 전 금융권의 PF대출 연체율은 3.55%로 급등했다. 특히 위기는 제2금융권에 집중되어, 증권사의 PF 연체율은 17.57%, 저축은행은 11.26%라는 충격적인 수치를 기록했다. 더욱 심각한 것은 사업 초기 단계의 토지담보대출 연체율이 30%에 육박한다는 점이다. PF대출은 부동산 경기가 좋아지지 않는다면 부실을 벗어날 수 없다. 부동산 경기가 좋아지려면 거품이 커져야 하고, 가계대출이 더 늘어야 하는 등 한국 경제에 치명적인 결과를 초래할 것이기에 피해야 하는 상황인데도, 정부의 지원책만을 기대하면서 시간끌기로 일관하고 있다.

실제로 정부는 '옥석 가리기'를 통해 부실 PF 사업장을 정리하겠다고 여러 차례 공언했지만, 실제로는 2022년 레고랜드 사태 이후 PF 대주단 협약 등을 통해 90%가 넘는 사업장이 만기 연장으로 연명해 왔다. '질서 있는 연착륙'이라는 정책 목표는 사실상 '질서 있는 폭탄 돌리기'의 다른 이름이 되었다. 수많은 사업장들이 정리되지 않은 상태로 되어 있으니, 수익성이 있는 사업장도 제대로 활용하지 못해 자금 사정을 악화시키고 있다. 에버그리닝은 건전한 기업까지 물귀신처럼 물고 들어가는 폐해를 끼치고 있다.

둘째, 중소기업·자영업자 대출 연장 조치가 이어지고 있다. 코로나19 시기에 도입된 '대출 만기연장·상환유예' 조치는 2020년 4월 처음 시행된 이후 처음에는 정부가 강제하다가 나중에는 금융기관의 자율적 연장으로 하는 등 형태를 바꿔 이어지고 있다. 이 조치는 당장 숨통을 틔워주는 효과는 있었지만, 이미 생존 능력을 잃은 한계기업과 자영업자들이 빚으로 연명하는 구조를 고착화시켰다. 2025년 9월 조치 종료를 앞두고 그 후유증이 나타나고 있다. 2025년 1분기 기준, 전체 자영업자 대출 연체율은 1.88%로 10년 내 최고치를 기록했으며, 특히 다중채무, 저소득, 저신용 상태인 '취약 자영업자'의 연체율은 12.24%까지 치솟아 12년 만에 최고 수준에 도달했다. 2025년 6월 말 기준 약 44조 원의 지원 대상 대출이 남아있지만, 이 중 96.6%가 금융권 자율로 재연장될 예정이어서 부실의 현실화는 또다시 미래로 미뤄지고 있다. 이러한 수치는 에버그리닝이 낳은 '좀비 경제'의 단면을 여실히 보여준다. 부실 자영업자들이 유지되면 건전한 자영업자들 역시 수익을 내기 힘들다. 모두 다 파멸로 이어지는 길로 들어서고 있다.

셋째로, 주택 정책금융이라는 국가가 주도하는 '보이지 않는 에버그리닝'도 있다. 기업 부실만큼이나 심각한, 그러나 '서민 주거 안정'이라는 명분 뒤에 가려진 거대한 에버그리닝이 바로 가계부채와 부동산 시장에서 벌어지고 있다. 주택 정책금융이 취약계층 지원이라는 본래의 목표를 넘어, 부동산 시장 전체의 가격을 인위적으로 떠받치는 거대한 버팀목으로 변질된 것이다. 주택 정책금융 잔액은 2015년 말 GDP 대비 29.4%에서 2023년 말 52.0%로, 폭발적으로 증가했다. 이는 한국 경제성장률을 아득히 뛰어넘는 속도로, 국가가 의도적으로 부동산 시장에 유동성을 쏟아붓고 있음을 증명한다.

이러한 '보이지 않는 에버그리닝'의 핵심 통로는 총부채원리금상환비율(DSR) 규제의 예외 적용이다. 민간 금융기관의 DSR 규제를 강화한다고 하면서, 정책금융 대출은 예외를 두어 늘리면서 주택가격을 올리는 수요를 늘리는 역할을 했다. 2025년 1분기 기준, 전체 가계대출의 45.1%만이 DSR 규제를 받고 있는데, 만약 정책대출이 포함된다면 이

비율은 5.6%p나 상승할 것으로 추정된다.

더 나아가 지원 대상은 본래의 정책 목표를 완전히 벗어났다. '신생아 특례 대출'의 경우, 부부 합산 연소득 2억 원, 주택가격 9억 원까지 지원 대상에 포함시키면서 사실상 소득 상위 20% 가구까지 정책자금의 수혜를 받게 되었다. 이는 저소득층 주거 복지가 아닌, 시장 전체의 수요를 떠받치려는 의도임이 명백하다. 2023년 약 40조 원이 공급된 특례보금자리론이 2022년부터 시작된 주택가격 하락을 멈추고 상승세로 반전시킨 것은 정책금융이 어떻게 가격을 직접적으로 부양하는지를 보여주는 명백한 증거다. 이는 부동산 시장 전체를 하나의 '대마불사' 개체로 간주하고, 가격 조정을 막기 위해 공적 자금을 계속 투입하는 국가 주도의 에버그리닝으로 간주할 수 있다.

국가 시스템까지 동원한 궁극의 에버그리닝

에버그리닝은 개별 금융기관이나 기업 차원을 넘어, 때로는 국가 시스템 전체가 동원되는 형태로 나타나기도 한다. 이는 문제의 복잡성을 가중시키고 해결을 더욱 어렵게 만들며, 잠재적인 시스템 리스크를 극단적으로 증폭시킨다는 점에서 가장 위험한 형태의 에버그리닝이라 할 수 있다.

첫째, 정책금융기관의 '총알받이' 역할과 부실의 사회화를 들 수 있다. 관치금융의 가장 직접적이고 강력한 수단은 산업은행, 기업은행, 신용보증기금과 같은 정책금융기관을 동원하는 것이다. 이들 국책은행의 규모는 상상을 초월한다. 2020년 기준 산업은행의 총자산은 약 305조 원, 기업은행은 약 321조 원에 달했으며, 이는 당시 국내 은행권 총여신의 10%를 훌쩍 넘는 막대한 규모다. 이들은 민간 금융기관이 리스크 때문에 꺼리는 영역에 정부의 정책적 판단에 따라 자금을 공급하는 '총알받이' 역할을 수행한다.

과거 대기업 구조조정 사례는 이 메커니즘이 어떻게 작동하는지를 명확히 보여준다. 대우조선해양은 산업은행과 수출입은행이 약 20년간 10조 원이 넘는 공적자금을 투입하며 사실상 파산 상태의 회사를 연명시켰다. 이는 시장 논리가 아닌 정치 논리에 따른 '밑 빠진 독에 물 붓기'라는 비판을 받은 바 있다. STX조선해양은 2013년 자율협약 이후 채권단은 4조 5천억 원이 넘는 자금을 쏟아부었지만 정상화에 실패했다. HMM(구 현대상선)은 2016년 유동성 위기 당시 산업은행이 최대주주가 되어 7년간 공적자금으로 관리하며 그나마 회사를 정상화시킨 사례이다.

이러한 과정은 본질적으로 민간 부문의 부실 위험을 공공 부문, 즉 국민의 세금으로 이전시키는 과정이다. 민간 기업과 금융기관은 고위험 투자로 막대한 이익을 추구하되, 그 결과로 발생하는 손실은 정책금융이라는 안전망을 통해 사회 전체에 떠넘기는 구조가 고착화된다. 일단 정책금융기관이 떠안게 되면 그 순간부터 합법적인 에버그리닝 절차로 들어가게 된다. 이러한 과정이 반복되면서 '이익의 사유화, 손실의 사회화'라는 심각한 도덕적 해이가 시스템 전반에 만연하게 된다. 결국, 투기적인 투자로 '잔치를 벌인' 주체들은 아무런 책임을 지지 않고, 그들이 남긴 값비싼 청구서는 성실한 대다수 국민의 부담으로 돌아오게 되는 것이다.

둘째, 중앙은행의 가장 강력한 진통제인 저금리가 있다. 앞서 지적한 대로 저금리 기조는 이자 상환 능력만 간신히 유지하는 '좀비 기업'들을 생존시키는 가장 효과적인 수단이다. 금리가 낮으면 부실의 고통이 느껴지지 않기 때문이다. 금리 인상기에 부실이 터져 나오자, 시장에서 섣부른 금리인하 기대감이 형성되는 것 자체가 이미 한국 경제가 에버그리닝에 얼마나 깊이 중독되어 있는지를 보여주는 증상이다.

중앙은행인 한국은행은 한국 경제에 치명적인 위기를 불러올 수 있는 부동산 거품에 대해 사실상 방조해 왔다. 지난 10여 년간 한국은행이 자금을 풀면 주택담보대출과 부동산업으로만 흘러 들어가는 것을 뻔히 알면서도, 건설업계와 부동산업계의 사주를 받은 언론이 금리인하를 외치면 마지못해 따라가는 듯한 자세로 일관해 왔다. 결국 이러한 한국은행의 정책은 한국 경제 전반에 걸쳐 한계기업의 생존을 용이하게 만들고 시장의 자연스러운 구조조정 과정을 방해하는 부작용을 낳고 있다.

셋째, 예금자 보호 한도 상향도 에버그리닝을 조장하는 수단이 된다. 2025년 9월부터 시행된 예금자 보호 한도 1억 원 상향 조치 역시 이러한 맥락에서 해석될 수 있다. 표면적으로는 2001년 이후 동결된 한도를 경제 규모에 맞게 현실화하고 예금자를 보호하자는 취지이지만, 그 이면에는 2023년 새마을금고 사태와 같은 제2금융권의 뱅크런을 막아,

부실 금융기관의 연쇄 붕괴를 차단하려는 의도가 깔려 있다. 앞서 소개한 대로 미국의 저축대부조합사태는 바로 예금자보호한도 상향으로 사태가 악화된 대표적인 사례이다.

이는 부실 기관에 대한 시장의 자정 작용(예금 인출)을 인위적으로 막고, 정부가 부실을 처리할 시간을 벌기 위한 일종의 '시스템적 에버그리닝'에 해당한다. 하지만 이 정책은 심각한 부작용을 낳을 수 있다. 예금자들이 금융기관의 건전성을 따지기보다 고금리만 좇아 위험한 저축은행 등으로 자금을 옮기는 '머니 무브'를 유발할 수 있으며, 이는 부실 금융기관의 도덕적 해이를 부추겨 더 위험한 투자를 하게 만들 수 있다. 적극적인 구조조정을 실행하면서 동시에 보호한도를 상향했어야 하지만, 에버그리닝을 방조하고자 하는 금융당국은 그렇게 하지 않았다.

|5|
골든타임이 흘러간다

에버그리닝은 마치 강력한 진통제와 같다. 당장의 극심한 고통을 잠시 잊게 해주고, 환자에게 시간을 벌어주는 것처럼 보인다. 하지만 병의 근본 원인을 치료하지 않고 진통제에만 의존하면, 병은 더욱 깊어지고 결국에는 손쓸 수 없는 상태에 이를 수 있다. 한국 경제는 오랫동안 이 '에버그리닝'이라는 진통제에 의존하며 구조조정이라는 근본적인 치료를 미루어 왔다. 시장의 자정 능력을 스스로 마비시키고, 단기적인 정치적 계산과 관료주의적 편의주의에 빠져 정책 실패를 감추었으며, 저금리, 부동산 거품, 관치금융이라는 구조적인 문제들을 외면한 결과, 우리 경제 곳곳에는 부실이라는 이름의 시한폭탄들이 조용히 시계 소리를 내며 쌓여가고 있다.

정부의 소극적이고 지연된 대응, 즉 부실을 털어내기보다 이연시키는 '에버그리닝' 정책으로 일관한 6단계의 과정은 위기를 해결할 마지막 기회였던 '골든타임'을 스스로 상실하는 과정이었다. 단기적인 충격을 회피하려는 정치적 고려가 구조개혁의 시급성보다 우위에 서면서, 경제 시스템 전반에 걸쳐 부실은 더욱 깊고 넓게 확산되었다. 이는 단순히 문제를 미래로 떠넘기는 것을 넘어, 잠재적 위험을 시스템 리스크로 키워 미래에 더 큰 충격으로 돌아올 수밖에 없는 재앙의 서곡을 연주한 것과 다름없다.

늘어나는 좀비기업과 생산성 하락

정부의 에버그리닝 정책은 단순한 생명 연장 장치가 아니라, 경제 전반의 활력을 앗아가는 독(毒)과 같다. 시장의 자원 배분 기능을 왜곡하고 자본의 효율적 사용을 가로막아 국가 경제의 생산성을 구조적으로 잠식하기 때문이다. 2025년 9월 발표된 한국은행의 금융안정상황 보도자료에 따르면 이러한 경제의 '경화sclerosis' 현상이 일시적 경기 요인이 아닌, 만성적이고 구조적인 병폐로 굳어지고 있음을 명확히 보여준다.

첫째, 한계기업 상태가 고착화되고 있다. 한계기업 상태를 3년 이상 지속하는 기업의 비중은 2023년 36.5%에서 2024년 44.8%로 불과 1년 만에 8.3%포인트나 급증했다. 이는 한 번 한계기업으로 전락하면 정상 기업으로 회복하기가 점점 더 어려워지고 있음을 의미한다. 둘째, 회생의 문이 좁아지고 있다. 한계기업이 다음 해에 정상 기업으로 회복되는 비율은 2023년 16.3%에서 2024년 12.8%로 뚜렷하게 감소했다. 시장의 자정 능력이 사실상 마비 상태에 이르렀다는 신호다. 셋째, 부실의 질이 악화되고 있다. 한계기업 중에서도 매출액이 지속적으로 감소하거나 부채비율이 과도하게 높은 '고위험 한계기업'의 비중 역시 2023년 5.5%에서 2024년 7.0%로 상승했다. 가장 병든 기업들이 정리되지 않고 시스템 내에 잔존하며 전체의 건강을 해치고 있는 것이다.

이러한 좀비 기업의 만연은 단순히 해당 기업의 문제로 끝나지 않는다. 이들은 한정된 금융자원과 노동력을 독점하여 건강한 기업의 성장을 가로막는 '구축 효과crowding-out effect'를 유발한다. 한국은행의 분석에 따르면, 특정 산업 내 한계기업 비중이 10%포인트 상승할 경우, 해당 산업의 정상 기업들은 매출액 증가율이 2.04%포인트, 총자산이익률ROA이 0.51%포인트 하락하는 것으로 나타났다. 심지어 정상 기업의 평균 차입 이자율마저 0.11%포인트 상승시켜 경영 부담을 가중시킨다. 이는 좀비 기업을 살리기 위한 정책이 역설적으로 경제의 미래를 책임질 건강한 기업들을 죽이는 결과를 초래하고 있음을 보여준다.

부실의 전이와 시스템 리스크 증폭

정책 실패의 가장 위험한 측면은 기업 부실과 가계 부실이라는 두 개의 시한폭탄을 하나의 도화선으로 연결해 놓았다는 점이다. 정부는 부실 건설사와 부동산 PF를 살리기 위해 한편으로는 신용보증과 만기 연장을 남발하고, 다른 한편으로는 가계에 막대한 규모의 대출을 공급하여 부동산 수요를 인위적으로 떠받치는 정책을 동시에 추진했다. 이로 인해 어느 한쪽의 충격이 다른 쪽으로 즉시 전이되어 시스템 전체를 붕괴시키는 '연쇄 붕괴chain collapse'의 시나리오가 현실화되고 있다.

위기의 진원지는 단연 부동산 부문이다. 전체 기업의 39.4%가 한계기업인 이 분야는 불투명하고 위험성이 높은 PF대출을 통해 한국 경제의 가장 취약한 고리가 되었다. 정부는 이 고리가 끊어지는 것을 막기위해 가계의 빚을 동원했다. 전체 주택 관련 대출에서 정책금융이 차지하는 비중은 2015년 말 16.9%에서 2024년 말 28.1%로 급증했다.

이로써 기업과 가계를 잇는 '파멸의 고리'가 완성되었다. 좀비 건설사는 DSR 규제를 우회한 정부의 정책대출을 받은 가계에 아파트를 팔아야만 생존할 수 있다. 반대로 가계는 PF 사업이 무사히 진행되어야 소득과 자산 가치를 유지할 수 있다. 이 구조 하에서 PF 부실이 본격화되면 주택 공급이 끊기고 건설업 일자리가 사라져 가계 소득에 직접적인 타격을 준다. 반대로 금리 인상이나 경기침체로 가계가 디레버리징(부채 축소)에 나서거나 주택가격이 하락하면, 이는 즉시 PF 사업의 부실과 건설사의 도산으로 이어진다.

이는 정부의 에버그리닝으로 인해 안정의 환상을 만들어 낸 것에 불과하다. 한편으로는 시중은행의 대출을 DSR로 억제하는 것처럼 보이면서, 다른 한편으로는 공적 기관을 통해 더 큰 구멍을 뚫어 시스템 리스크를 키웠다. 더 심각한 문제는 이 리스크의 최종 책임자가 정부 자신이라는 점이다. HUG의 전세보증과 PF 보증 등은 부실 발생 시 그 손실이 대출을 실행한 금융기관이 아닌, 국민의 세금으로 메워야 하는 공적자금으로 전가되는 구조다. 이는 다음 금융위기가 과거처럼 정부가 구원투수로 나설 수 있는 '민간 부문의 위기'가 아니라, 처음부터 정부의 재정 건전성을 뒤흔드는 '국가 부채의 위기'로 번질 것임을 예고한다. 구조해야 할 주체가 이미 구조 대상과 한 몸으로 묶여버린 형국이다.

지금까지의 분석을 종합하면, 에버그리닝으로 대표되는 현 정책 기조는 단발적인 실수의 나열이 아니라, 시장 기능에 대한 불신과 단기적 안정에 대한 집착이 낳은 체계적인 '관치금융'으로의 회귀다. 일본의 실패에서 아무런 교훈도 얻지 못한 채 좀비 기업을 양산하고, 국가 생산성의 근간을 허물었으며, 기업과 가계를 파멸의 고리로 엮어 시스템 전체를 극도의 취약성에 노출시켰다. 이는 정책 당국이 시장의 자율적인 조정을 통해 경제가 체질을 개선할 수 있었던 마지막 '골든타임'을 스스로 걷어찬 행위다.

'골든타임'이란 저금리와 비교적 안정적인 글로벌 경제 환경 속에서, 고통스럽더라도 질서 있는 구조조정을 감내할 수 있었던 시기를 의미한다. 이 시기에 경제의 환부를 도려내는 수술을 하는 대신, 정책 당국은 강력한 마약성 진통제를 투여하여 고통을 잠시 잊게 하는 길을 택했다. 그 결과 병은 더욱 깊어져 이제는 시스템 전체로 전이되었다.

부실 이연 정책은 시간을 벌어준 것이 아니라, 최종적으로 치러야 할 사회적 비용의 규모를 기하급수적으로 키웠을 뿐이다. 오늘 작은 불씨를 끄는 것을 주저한 대가는 내일 온 산을 태울 거대한 산불로 돌아올 것이다. 눈앞에 다가온 위기는 예측 불가능한 '블랙 스완'이 아니다. 그

것은 충분히 예견되었고, 피할 수 있었으며, 궁극적으로는 정책당국에 의해 '선택된 재앙'이며 의도적으로 숨겨진 '회색 코뿔소'이다. 이 안이하고 우유부단했던 정책 결정의 청구서는, 정책 입안자들이 아닌 이 나라의 미래 경제와 다음 세대가 감당하게 될 것이다.

7단계

파국의 비용은
서민에게

위기를 말하지 않는 경제

경제학자로서 최근 한국 경제의 위기를 알리기 위해 노력해 왔다. 그럴 때마다 섬뜩한 느낌이 든다. 국가 전체가 소멸될 위기를 향해, 반복되는 경제위기를 향해 달려가고 있다고 통계를 이용해서 알리는데, 상대의 반응이 없다. 이 싸한 느낌은 뭘까. 사람들은 그저 무감각해진 것일까. 내 일이 아니야, 정부가 알아서 잘하고 있을 거야. 그런 심정일까. 정치인들이나 언론인들, 심지어 전문가들을 만나도 같은 반응이다. 심지어 위기가 반드시 올 거라고 공감하는 사람들조차 무력감을 느끼는지 반응이 없다.

한국 경제를 바라보고 있으면 한 폭의 초현실주의 그림을 보는 듯한 느낌을 받을 때가 많다. 눈앞의 데이터들은 분명 재앙의 전조를 가리키고 있는데, 사회의 주류 담론은 마치 아무 일도 없다는 듯이, 혹은 오히려 더 큰 잔치를 준비해야 한다는 듯이 흘러간다. 위기의 한복판에서 자산 가격 폭등에 환호하는 한국 사회의 모습에 할 말을 잃고 만다. 미친 듯이 절벽을 향해 질주하면서도 차 안의 모든 사람들은 더 빨리 달리라고 외치는 듯한 부조화의 광경에서 느껴지는 감정은 불안을 넘어 섬뜩함에 가깝다.

이 책에서 반복해서 강조했듯이 위기의 징후는 도처에 널려 있다. 장기 성장률은 구조적으로 저하하고 있고, 세계 최저 수준의 출산율과 가장 빠른 속도의 고령화는 국가의 미래 성장 전망을 암울하게 만든다. 한국은행을 비롯한 중요 경제기관들은 특단의 대책이 없다면 장기침체는 정해진 미래라는 경고음을 반복적으로 내고 있다.

거품은 영원히 지속될 수 없다. 외부 충격이든 내부의 임계점 도달이든, 어느 순간 부동산 가격은 본격적인 하락세로 접어들 것이다. '부동산 불패 신화'가 깨지는 순간, 시장은 이성이 마비된 공포의 도가니로 변한다. 너도나도 자산을 팔기 위해 움직이지만, 사려는 사람은 아무도 없다. 가격 하락은 우리 경제 곳곳에 설치되었던 4개의 시한폭탄 뇌관을 동시에 누르는 효과를 낳는다.

첫째, 부동산업 및 건설업의 연쇄 부도는 불가피하다. 한국은행 보고서에 따르면, 부동산업은 초기 투자자금에 대한 외부자금 의존도가 매우 높은 업종이다. 특히 부동산 PF의 경우, 우리나라는 대부분의 자금을 빚으로 조달하는 구조여서 시장이 꺾이는 순간 곧바로 위기에 처한다. 미분양이 속출하고 사업성이 악화되면서 PF대출이 대규모 부실로 전환되고, 자금력이 취약한 건설사부터 문을 닫기 시작한다. 그 충격은 수많은 하도급·자재 업체 등으로 빠르게 번져나가 부동산업 생태계 전체의 연쇄 부도를 촉발한다.

둘째, 가계부채 부실이 예상된다. 한국은행 보고서가 지적하듯, 한국의 GDP 대비 민간신용 비율은 과거 일본 버블기의 최고 수준에 근접했다. 이 부채의 상당 부분은 가계가 보유하고 있으며, 그 자산의 64%가 부동산에 묶여 있다. 집값 하락은 곧바로 가계 자산의 붕괴를 의미한다. '영끌족'을 중심으로 담보가치 하락과 금리 부담을 이기지 못한 가계의 파산이 속출하고, 집을 팔아도 빚을 다 갚지 못하는 '깡통주택'이 사회 문제로 대두된다.

셋째, 자영업자 부채 부실이 가속화된다. 저성장과 내수 침체로 이미 한계에 몰린 자영업자들에게 부동산 가치 하락은 결정타가 된다. 가게 매출은 줄어드는데 담보가치마저 하락하면서 추가 대출은 막히고 기존 대출의 상환 압박은 거세진다. 결국 버티지 못한 자영업자들의 부채 문제가 한꺼번에 터져 나온다.

넷째, 한계기업의 파산이 확산된다. 에버그리닝으로 연명하던 '좀비기업'들 역시 더 이상 버틸 힘을 잃는다. 부동산 가격 하락은 이들 기업이 보유한 자산 가치를 떨어뜨리고, 신용경색으로 추가적인 '연명 자금' 조달이 불가능해지면서 연쇄적으로 쓰러진다.

이 4대 부실이 동시에 터져 나오면서 금융기관들은 막대한 손실을 입는다. 한국은행은 보고서에서 부동산 시장과 신용 시장의 연계성이 높아진 상황에서 부동산 가격이 급락할 경우, 채무불이행 증가가 금융기관 건전성 악화로 이어지고, 이는 다시 신용공급 축소와 실물경기 위축을 불러오는 부정적 피드백이 강화되면서 금융시스템 리스크가 발생할 수 있다고 명확히 경고한다. 이것이 바로 '부동산발 금융위기'의 참혹한 모습이다.

그런데 이 일촉즉발의 위기 상황 앞에서 정책 당국을 포함하여 한국 사회의 주요 주체들은 무엇을 하고 있는가? 언론과 건설업계가 결합한 '미디어-건설 복합체'는 위기 경고를 '시장 불안을 조장하는 무책임한 발언'으로 치부하며, 오히려 거품을 조장하는데 여념이 없다. 부동산 거품 때문에 발생한 복합 위기 앞에서, 빚내서 집사라는 유혹을 중단하지 않는다. 정치권은 끊임없이 지역 건설업을 볼모로 삼아, 부실 사업장에 대한 지원을 요구하고, 선거철마다 더 많은 유동성을 공급하라고 압박한다. 한국은행과 경제 관료들은 물가 안정과 금융 안정이라는 본연의 임무를 망각한 채 경기 부양을 한다며 금리인하의 명분을 찾고 있다.

위기를 위기로 받아들이지 않을 때, 위기는 필연적으로 파국이 된다. 병을 인정하지 않는 환자에게 치료의 기회가 주어지지 않는 것과 같은 이치다. 한국 사회에서 금융위기에 대한 논의는 금기시되어 왔다. 성장에 대한 굳건한 믿음, 부동산 불패 신화, 그리고 위기는 어떻게든 극복될 것이라는 막연한 낙관론이 불편한 진실을 외면하게 만들었다. 그렇기에 이 책이 담고 있는 경고들은 많은 이들에게 불편함을 줄 것이다. 그러나 퍼펙트 스톰이 몰려들고 있는데 바닷가에서 아이들이 뛰어놀게 내버려두는 것은 어리석음을 넘어 자멸 행위다. 한국 경제가 위기를 맞을 수밖에 없는 당위성은 경제 지표의 문제가 아니라, 부동산 거품이라는 광기에 사로잡혀 위기를 직시하기 거부하는 우리 사회의 집단적 침묵과 외면에 있다.

퍼펙트 스톰은 어떻게 찾아올까? 구조조정을 기피하는 정책당국이 안간힘을 써서 충격적인 파국을 막는다고 하더라도, 이미 체력이 저하될 대로 저하된 한국 경제가 언제까지 위기를 피할 수는 없다. 결국 내부 외부의 압력을 견디지 못하고 무너질 때까지 시간을 얼마나 끌 수 있는가의 문제에 지나지 않는다. 진통제를 맞아가면서 시간을 벌 수 있는 시나리오가 있다면, 순간적으로 총체적 파국을 맞을 가능성도 있다.

시나리오 1 - 일본식 장기 침체의 늪

한국 경제는 현재 일본이 갔던 길을 따라가고 있다. 거품을 인정하지 않고, 계속 부동산에 자금을 투입하고 있다. 건설과 부동산 경기 부양책을 반복하고 있고, 부실기업을 지원하는 에버그리닝이 일상화되어 버렸다. 정부가 동원할 수 있는 모든 정책 수단을 총동원하여 자산 시장의 급격한 붕괴를 막기 위해 안간힘을 쓰고 있다. 이는 정치적으로 가장 감내하기 쉬운 선택지처럼 보이지만, 그 대가는 경제 전체가 활력을 잃고 서서히 가라앉는 '일본화Japanification', 즉 장기 침체의 늪에 빠지는 것이다. 당장의 고통을 피하기 위해 부동산이라는 단일 자산에 국가의 명운을 걸고, 일본식 장기침체의 길로 들어서는 시나리오다.

이 시나리오에서 정부와 금융당국은 자산 가격의 하방 경직성을 유지하기 위해 필사적인 노력을 기울일 것이다. 이미 우리는 그 전조를 목격하고 있다. 주택 정책금융 잔액이 GDP의 52%를 넘어선 상황에서, 정부는 '신생아 특례 대출'과 같이 소득 상위 20%까지 포괄하는 파격적인 대출 상품을 통해 끊임없이 신규 수요를 창출하고 있다. 위기가 심화될 수록 이러한 정책은 더욱 강화될 것이다. 추가적인 특례 대출 상품이 출시되고, DSR 규제 예외는 더욱 확대하려 할 것이며, 신용보증기금과 주택도시보증공사 HUG 등은 부실 PF 사업장과 한계 건설사에 대한 보증을 더욱 늘려나갈 것이다. 이는 사실상 국가 재정을 투입해 부동산 시장의 '가격 하한선'을 설정하는 것과 같다.

'좀비 경제'의 고착화와 반복되는 '미니 위기'

이러한 정책의 필연적 결과는 '좀비 경제'의 고착화다. 2024년 말 기준, 이미 외부감사 기업의 17.1%가 이자도 갚지 못하는 한계기업이며, 이 중 44.8%는 3년 이상 한계 상태를 지속하고 있다. 정부의 유동성 공급은 이들 좀비 기업, 특히 부동산업(한계기업 비중 39.4%)과 건설업에 집중되어, 자본과 인력이 생산적인 혁신 부문으로 이동하는 것을 원천적으로 차단한다. 새싹이 돋아나야 할 땅의 양분을 죽어가는 거목이 모두 빨아들이는 형국이다. 그 결과 경제의 생산성은 구조적으로 저하되고 잠재성장률은 0%대에 수렴하며, 국가는 역동성을 잃고 서서히 늙어갈 것이다.

이 과정에서 시스템 전체의 붕괴는 없겠지만, '미니 위기'는 반복적으로 발생할 것이다. 이는 이 책의 서두에서 언급했던 '바퀴벌레 이론'이 현실화되는 과정이다. 부실이라는 습하고 어두운 환경이 시스템 전반에 만연해지자, 이제 바퀴벌레(위기의 징후)들은 더 이상 숨을 곳을 찾지 못하고 대낮에도 모습을 드러내기 시작한다. 2023년 새마을금고 뱅크런 사태, 저축은행들의 주기적인 유동성 위기, 특정 건설사의 부도설 등은 결코 개별적인 사건이 아니다. 이는 보이지 않는 곳이 이미 부실이라는 바퀴벌레 군단에 의해 완전히 점령당했음을 알리는, 섬뜩한 경고등이다. 정부는 그때마다 공적자금을 투입해 눈에 보이는 바퀴벌레 몇 마리를 잡으며 급한 불을 끄겠지만, 근본적인 서식 환경을 바꾸지 않는 한 바퀴벌레는 계속해서 나타날 수밖에 없다. 이는 병의 근원을 치료하는 것이 아니라 증상을 잠시 완화시키는 것에 불과하다.

일본보다 더 악화된 조건

1990년대 일본의 '잃어버린 10년'과 현재 한국의 상황은 정책적 대응 면에서 섬뜩할 정도로 유사하지만, 한국이 처한 기초 여건은 당시 일본보다 훨씬 더 취약하고 위험하다. 일본은 거품 붕괴라는 치명상을 입었을 때, 그 충격을 흡수할 수 있는 몇 겹의 두터운 갑옷을 입고 있었다. 반면 한국은 거의 맨몸으로 태풍을 맞아야 하는 형국이다.

가장 결정적인 차이는 외부 충격에 대한 회복력이다. 일본은 세계 최대의 순채권국으로서 막대한 규모의 해외자산과 외환보유고를 가지고 있었다. 이는 글로벌 금융위기가 발생했을 때 오히려 엔화가 안전자산으로 부상하며 자본이 유입되는 기현상을 낳는 기반이 되었다. 또한, 일본은 1억이 넘는 인구를 바탕으로 한 거대한 내수 시장을 가지고 있어, 수출이 흔들려도 경제 전체가 버틸 힘이 있었다.

반면 한국 경제는 구조적으로 외부 환경에 극도로 취약하다. 무역이 GDP의 상당 부분을 차지하는 소규모 개방경제인 한국은 글로벌 경기의 작은 바람에도 배 전체가 흔들린다. 2008년 글로벌 금융위기가 좋은 예다. 위기의 진원지는 미국이었지만, 한국은 급격한 외국인 자본 유출로 인해 원화 가치가 폭락하고 외환시장이 마비되는 '제2의 IMF 사태' 우려를 자아내기까지 했다. 이는 한국 금융시장이 글로벌 유동성의 흐름에 얼마나 민감하게 반응하는지를 극명하게 보여준다. 세계 경제가 흔들릴 때마다 외국인 투자자들은 한국을 가장 먼저 위험자산으로 분류하고 자금을 회수하며, 이는 곧바로 주가와 원화 가치의 동반 폭락으로 이어진다.

여기에 세계 최고 수준의 가계부채, 유례없는 속도의 저출산·고령화라는 내부의 구조적 약점까지 더해져 있다. 일본은 위기를 맞았을 때 높은 가계 저축률과 상대적으로 젊은 인구 구조라는 완충 장치가 있었지만, 한국은 이 모든 완충 장치가 부재한 상태다. 따라서 한국이 일본식 장기 침체의 길을 걷게 된다면, 그 모습은 일본과 같은 '완만한 쇠퇴'가 아닐 것이다. 외부 충격이 가해질 때마다 금융시장이 격렬하게 요동치고, 실물경제가 급격히 위축되는 훨씬 더 고통스럽고 불안정한 형태의 위기가 반복될 가능성이 높다. 이는 서서히 온도가 올라가는 냄비가 아니라, 외부에서 계속 뜨거운 물이 들어부어지는 냄비 속의 개구리와 같은 신세다. 뜨거운 물벼락을 맞을 때는 잠시 움츠러들었다가 조금 괜

찾아지면 아무 일 없었다는 듯이 다시 빚내서 집사라며 위기 불감증에

빠지는 모습을 보일 것이다.

시나리오 2 - 민스키 모멘트와 거품 붕괴

두 번째 시나리오는 정부의 통제 범위를 넘어 시장의 신뢰가 한순간에 붕괴하며 자산 가격이 폭락하는 '민스키 모멘트'의 도래다. 이는 에버그리닝으로 위태롭게 쌓아 올린 부채의 탑이 더 이상 무게를 견디지 못하고 무너져 내리는 그야말로 '퍼펙트 스톰'이 닥치는 상황이다. 이 길은 단기적으로 극심한 고통을 동반하지만, 시장의 힘에 의해 강제적인 구조조정을 단행하게 되는 경로이기도 하다.

민스키 모멘트는 예상치 못한, 어쩌면 사소해 보이는 사건에서 촉발될 수 있다. 시장의 예상을 뛰어넘는 대형 건설사의 갑작스러운 부도, 부동산 PF 부실을 감당하지 못한 주요 저축은행의 연쇄 파산, 혹은 미국의 예상치 못한 급격한 금리 인상이나 지정학적 리스크 같은 외부 충격이 그 기폭제가 될 수 있다. 현재 증권사의 PF 연체율이 17.57%, 저축은행이 11.26%에 달하는 상황에서, 금융시장은 이미 작은 충격에도 연쇄 반응을 일으킬 수 있는 극도로 취약한 상태에 놓여 있다.

거품이 붕괴되는 순간 거짓말처럼 모든 것이 멈출 것이다. 신뢰가 무너지는 순간, 시장은 얼어붙는다. 부동산 거래는 실종되고 매수자는 자취를 감춘다. 호가는 무의미해지고, 오직 급매물만이 간간이 헐값에 거래될 뿐이다. 법원 경매장에는 집주인의 비명과 함께 급매물이 쏟아져 나오지만, 낙찰가율은 끝없이 추락한다. 전세 시장에서는 '역전세난'이 사회 전체를 뒤흔드는 재앙이 된다. 보증금을 돌려받지 못한 세입자들은 새로운 집으로 이사 가지 못하고, 이는 또 다른 임대인의 자금 계획을 망가뜨리는 연쇄 효과를 낳는다. 거리에는 집에서 쫓겨난 사람들의 행렬이 이어질 것이다.

건설사와 시행사들의 연쇄 부도는 걷잡을 수 없이 확산된다. PF대출 만기 연장이 중단되고, 어디에 얼마나 숨어있는지 모르는 '그림자 금융'의 실체가 드러나면서 금융기관들은 서로를 믿지 못하고 돈줄을 잠근다. 극심한 신용경색Credit Crunch은 자금줄이 마른 기업들의 줄도산과 대량 실업으로 이어진다. 1997년 외환위기 당시 대기업 중심의 구조조정으로 수많은 중산층 가장들이 직장을 잃었던 악몽이, 이번에는 자영업자와 가계를 진앙으로 하여 훨씬 더 광범위하게 재현될 것이다. 코로나19 팬데믹 기간 동안 빚으로 연명해 온 수십만 자영업자들은 한계 상황에 내몰리고, '영끌'로 집을 산 가계는 자산가치 폭락과 이자 부담 급증의 이중고를 견디지 못하고 파산한다. 기업, 자영업자, 가계의 동시다발적 붕괴는 한국 경제 전체를 마비 상태로 몰아넣을 것이다.

바로 이 지점에서 한국 경제의 가장 치명적인 아킬레스건인 '외환위기'의 망령이 현실이 된다. 물론, 현재 한국의 외환보유고는 IMF 위기 당시와는 비교할 수 없을 정도로 튼튼하다. 또한, 과거와 달리 이제는 한국투자공사KIC와 국민연금, 그리고 '서학개미'들이 보유한 막대한 해외자산 역시 유사시 달러를 공급할 수 있는 중요한 완충 장치 역할을 한다. 이로 인해 과거보다 외환시장은 상대적으로 안정적인 구조를 갖추게 된 것이 사실이다.

하지만 과거에 없던 새로운, 그리고 더 무서운 위험 요인이 등장했다. 바로 실시간 해외 금융투자가 가능해진 환경이다. 한국 경제에 대한 희망이 줄어들수록, 국내 투자자들이 더 높은 수익과 안정을 찾아 해외로 자본을 옮기려는 유인은 매우 크다. 과거 일본의 '와타나베 부인'들이 제로금리를 피해 해외로 투자한 것의 복사판이 될 것이다.

그 신호탄은 이미 '서학개미'라는 이름으로 쏘아 올려졌다. 수많은 개인 투자자들이 한국 주식시장을 떠나 미국 등 해외 시장으로 눈을 돌린 것은, 단순히 더 높은 수익률을 좇는 현상을 넘어 더 이상 한국 시장에서는 희망을 찾을 수 없다는 집단적 불신의 표현이다. 위기가 본격화되면, 이러한 흐름은 개인 투자자 차원을 넘어 한국의 부유층과 자산가들의 본격적인 '자본 도피Capital Flight'현상으로 이어질 것이다. 그들은 원화 자산을 처분하여 달라나 해외 부동산 등 안전자산으로 옮겨갈 것이고, 이는 원화 가치 하락을 더욱 부채질하는 악순환을 만든다.

더욱 암울한 것은, 자본뿐만 아니라 희망을 잃은 인재들마저 한국을 떠나는 현상이 가속화될 수 있다는 점이다. 저성장과 자산 거품 붕괴로 미래를 비관하게 된 젊고 유능한 인재들이 해외에서 새로운 기회를 찾아 나서는 '두뇌 유출Brain Drain'이 심화될 것이다.

가장 우수한 인재들과 가장 스마트한 자본이 성장 잠재력을 잃은 조국을 등지는 현상, 이것이 바로 일부 남미 국가들이 겪었던 장기 쇠퇴의 전형적인 모습, 즉 '남미화'의 길이다. 한번 이 경로에 들어서면 국가는 회복의 동력을 상실한다. 혁신은 멈추고, 세금 기반은 무너지며, 남은 이들은 줄어드는 파이를 놓고 제로섬 게임을 벌이게 된다.

결국 우리 앞에 놓인 선택지는 일본화나 남미화, 아니면 그 중간 어디쯤이 될 것이다. 이 모든 것은 물론 가능성이지만, 그만큼 우리에게는 차악을 선택할 수밖에 없는 상황이다. 미래를 단정적으로 예언하려는 것이 아니다. 그러나 에버그리닝이라는 안일한 선택이 만들어 낸 시스템의 취약성은, 이러한 최악의 시나리오가 더 이상 영화 속 이야기가 아님을 경고하고 있다. 담담하게, 그리고 겸손하게 우리는 이 위험의 실체를 직시하고, 지금이라도 이 경고의 목소리에 귀를 기울여야 할 때다. 우리에게 마지막 남은 골든타임이 헛되이 흘러가고 있다.

| 4 |

그들만의 잔치, 비용은 서민에게

7단계 파국의 비용은 서민에게

경제 위기의 가장 참혹한 비용은 GDP 성장률이나 주가지수 같은 차가운 숫자로 측정되지 않는다. 그것은 평범한 사람들의 삶이 무너지는 소리, 희망이 사라진 자리에 절망이 들어서는 신음으로 기록된다. 그리고 그 고통의 기록은 이미 우리 사회의 가장 어두운 통계, 바로 자살률에서 명백하게 드러나고 있다.

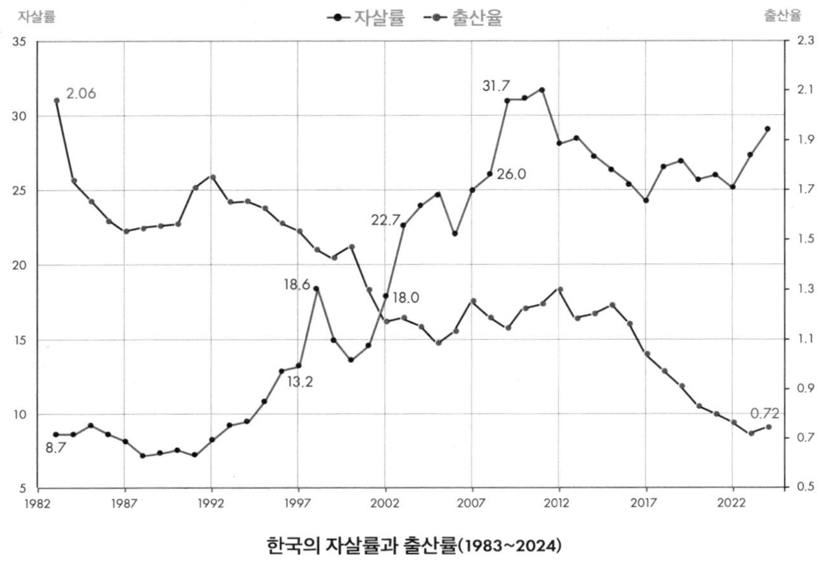

한국의 자살률과 출산률(1983~2024)
자료: 통계청 KOSIS 1

위 그래프는 지난 40년간 한국 사회가 걸어온 고통의 궤적을 압축적으로 보여준다. 1983년 인구 10만 명당 8.7명이었던 자살률은 등락을 거듭하며 장기적으로 우상향해 왔다. 특히 주목해야 할 것은 주요 경제위기 시점마다 자살률이 급등하는 패턴이다. 1998년 외환위기 직후 자살률은 13.2명에서 18.6명으로 폭증했다. 2003년 카드 사태 이후에는 18.0명에서 22.7명으로 치솟았고, 2008년 글로벌 금융위기 이후에는 26.0명에서 31.7명이라는 비극적인 정점을 찍었다. 이는 경제위기가 서민들의 삶에 얼마나 직접적이고 치명적인 직격탄을 날리는지를 보여주는 명백한 증거다.

한국의 자살률은 현재 OECD 국가 중 최고 수준이다. 1983년에는 자살률이 낮은 국가에 속했던 한국은 경제위기를 맞을 때마다 순위가 뛰어오르다가 최근에는 부동의 1위를 유지하고 있다. 안정추세를 유지하던 자살률이 다시 오르고 있어, 서민경제의 피폐화를 보여주는 지표가 아닌지 주의 깊게 보아야 한다. 특히 2003년 카드 사태 이후 급증했던 것처럼 부채의 덫은 서민가계를 급속도로 피폐화시킨다. 한국 사회가 투기 광풍에 휩싸여있을 때, 서민 경제는 무너져 왔다. 향후 암울한 경제전망을 전제로 할 때, 서민경제는 그야말로 절벽 끝으로 떠밀리고 있다.

동시에 합계출산율은 2.06명에서 0.72명으로 끝없이 추락했다. 이는 단순한 인구 통계의 변화가 아니다. 희망을 잃은 젊은 세대가 결혼과 출산을 포기하는 '수동적 자기 소멸'의 과정이다. 천정부지로 솟은 집값과 불안정한 고용 앞에서 미래를 설계할 수 없게 된 청년들은 스스로를 사회적 재생산 과정에서 배제시키고 있다. 1980년대 이후 잠재성장률의 지속적인 하락은 이처럼 서민 경제의 파괴와 사회적 활력의 소멸이라는 구체적인 비극으로 귀결된 것이다.

다가올 위기는 이보다 훨씬 더 파괴적인 모습으로 서민들의 삶을 덮칠 것이다. 과거 위기 때마다 정부의 최우선 관심사는 언제나 금융기관의 건전성이었다. 2003년 카드 사태 당시, 정부는 카드사들의 부실을 막기 위해 공적자금을 투입하고 채무 재조정을 지원했지만, 그 과정에서 빚의 굴레에 빠진 수백만 명의 신용불량자들은 사실상 방치되었다. 가계의 피폐화는 정책의 부수적 피해로 치부될 뿐, 결코 중심 과제가 아니었다.

이번에도 역사는 반복될 것이다. 정부는 시스템 붕괴를 막는다는 명분 아래 부실 금융기관과 건설사에 천문학적인 공적자금을 쏟아부을 것이다. 1997년 외환위기 당시, 국민들은 '금 모으기 운동'으로 나라를 살리는 데 힘을 보탰지만, 그 희생의 과실은 결국 구조조정을 통해 몸집을 불린 재벌들의 차지가 되었다. 이번에도 마찬가지다. 서민들의 고통을 담보로 살아남은 기업과 금융기관들은 다시 그들만의 잔치를 벌일 것이고, 그 비용은 고스란히 국민의 세금과 미래 세대의 몫으로 남게 될 것이다.

지금까지 우리는 당면한 경제위기가 어떻게 진행되어 왔는지, 7단계 과정을 통해 되짚어 보았다. 그 최종 단계로 한국 경제가 마주한 두 갈래의 파국 시나리오를 그려보았다. 하나는 정부의 필사적인 부실 이연으로 급격한 붕괴는 막지만, 경제 전체가 활력을 잃고 서서히 가라앉는 '일본식 장기 침체의 늪'이다. 다른 하나는 시장의 신뢰가 한순간에 무너지며 자산 시장과 금융 시스템, 그리고 실물경제가 동시에 붕괴하는 퍼펙트 스톰인 '급성 복합위기'의 길이다.

어떤 경로를 택하든 그 결론은 비극적이다. 위기의 비용은 거품으로 막대한 이익을 본 투기꾼과 미디어-건설 복합체, 돈을 대준 금융기관 등이나 정책 실패의 책임자들이 아닌, 대다수 평범한 서민과 미래 세대에게 전가될 것이다. '이익의 사유화, 손실의 사회화'라는 한국 사회의 오랜 병폐가 다시 한번 반복될 것이기 때문이다.

그러나 여기서 진단을 멈추는 것은 절망에 굴복하는 것이다. 위기의 원인과 전개 과정을 냉정하게 분석했다면, 이제는 그 위기를 넘어설 길

을 모색해야 한다. 파국은 피할 수 없더라도, 그 이후의 재건은 우리의
선택에 달려있다.

금융위기의 7단계 모델로 보는 한국 경제의 정해진 미래는 일본식 장기 침체이거나 아니면 민스키 모멘트로 시작하는 퍼펙트 스톰과 외환위기의 악몽이라는 갈림길이다. 반복적인 위기를 맞는 한국 경제의 구조적 문제는 과거 우리의 잘못된 선택의 결과이다. 금융위기의 극복과 함께 새로운 경제 패러다임을 구축하는 근본적인 치유의 길을 찾아나서야 한다.

금융위기의 7단계 모델로 보는 한국 경제의 정해진 미래는 일본식 장기 침체이거나 아니면 민스키 모멘트로 시작하는 퍼펙트 스톰과 외환위기의 악몽이라는 갈림길이다. 반복적인 위기를 맞는 한국 경제의 구조적 문제는 과거 우리의 잘못된 선택의 결과이다. 금융위기의 극복과 함께 새로운 경제 패러다임을 구축하는 근본적인 치유의 길을 찾아나서야 한다.

3부

치유의 길

일본의 '잃어버린 30년'이 보내는 경고

'넘버원 재팬'의 환상과 부동산 버블의 씨앗

제1장 일본의 '잃어버린 30년'이 보내는 경고

일본의 '잃어버린 30년' 이야기를 하는 것은 마치 거울 속의 우리 모습을 들여다보는 것과 비슷할지도 모른다. 남의 나라 과거사라고 치부하기에는, 1980년대 세계 경제를 호령했던 '넘버원 재팬'의 화려한 성공 신화와 그 이면에 도사리고 있던 위험, 그리고 결국 장기 침체의 늪에 빠져 허우적거렸던 그 모습이 현재 우리의 자화상과 섬뜩할 정도로 겹쳐 보이는 부분이 많기 때문이다.

고도성장 과정에서 일본을 벤치마킹했던 역사, 대기업 중심의 경제 구조, 부동산에 대한 뜨거운 열기, 빠르게 진행되는 고령화까지…. 마치 시간 여행을 하는 것처럼, 일본이 먼저 걸어갔던 길 위에서 비슷한 풍경들을 마주하고 있는 것은 아닌지 불안감이 드는 것이 사실이다.

일본 경제는 우리의 금융위기 7단계 모델이 잘 들어맞는 사례이다.

특히 시장의 파수꾼들이 자신들의 안위를 위해 에버그리닝으로 일관하며 경제를 장기 침체의 늪에 빠지게 한 대표적인 정부 실패 사례이다. 따라서 금융위기를 앞둔 한국 경제의 입장에서 일본의 경험을 자세히 복기하는 것은 단순한 과거 공부가 아니다. 어쩌면 우리의 미래를 비춰볼 수 있는 거울이자, 같은 실수를 반복하지 않기 위해 반드시 읽어야 할 '경고 매뉴얼'이다. 허우적거릴수록 더 깊이 빠져드는 늪처럼 장기 침체의 깊은 수렁 속에서 헤어 나오지 못한 일본을 돌아보면서 교훈을 살려야 한다.

1단계: 일본 넘버원의 신화와 새로운 도전

40년 전인 1980년대 중반, 도쿄의 밤은 꺼지지 않았다. 긴자의 네온사인은 뉴욕의 타임스퀘어보다 화려했고, 롯폰기의 고급 레스토랑은 세계 각국의 부호들로 넘쳐났다. 하버드대 교수 에즈라 보겔이 쓴 《재팬 애즈 넘버원Japan as No.1》은 단순한 책이 아니라, 시대의 진리처럼 받아들여졌다. 2차 세계대전 패전의 잿더미 위에서 불과 수십 년 만에 미국과 어깨를 나란히 하게 된 일본의 성공 신화는 그야말로 절정에 달해 있었다.

그 성공의 비결은 무엇이었을까? 그것은 바로 '모노즈쿠리ものづくり'로 상징되는 일본 제조업의 압도적인 힘이었다. 소니Sony의 워크맨은 전 세계 젊은이들의 라이프스타일을 바꾸었고, 파나소닉Panasonic의 VCR

은 안방극장을 점령했다. TV를 비롯한 전자제품 시장에서 'Made in Japan'은 혁신과 품질의 대명사였다.

자동차 산업의 역전 드라마는 더 극적이었다. 1970년대 초까지만 해도 도요타Toyota나 혼다Honda의 자동차는 그저 '값싼 소형차' 정도로 취급받았다. 하지만 두 차례의 석유 파동이 모든 것을 바꾸었다. 기름 먹는 하마 같던 미국 자동차에 질린 소비자들이 작고 경제적이며 품질 좋은 일본차에 열광하기 시작한 것이다. 일본 기업들은 이 기회를 놓치지 않았다. 그들은 끊임없는 품질 개선카이젠, 改善과 혁신적인 생산 방식(도요타 생산 시스템)을 통해, 미국 자동차 산업의 심장부인 디트로이트를 공포에 떨게 만들었다.

이러한 역동성은 전자와 자동차에만 국한되지 않았다. 포항제철이 모델로 삼았던 신일본제철은 세계 최고의 철강 회사로 군림했고, 화학, 조선, 그리고 반도체 산업에 이르기까지 일본 기업들은 무서운 속도로 미국의 아성을 추격하고 있었다. 일본인들의 자부심과 자신감은 하늘을 찔렀고, 마치 거침없이 질주하는 최신형 스포츠카처럼, 일본 경제는 영원히 성장할 것만 같았다.

하지만 모든 것이 완벽해 보이는 그 찬란한 성공 신화 속에도, 눈에 잘 띄지 않는 어두운 그림자, 즉 나중에 거대한 위기로 번질 '버블의 씨앗'들이 이미 자라고 있었다.

첫째, 성공에 대한 지나친 '자신감'과 '낙관론'이었다. "일본 경제는 특별하다!", "우리의 방식이 세계 최고다!"라는 믿음은 합리적 분석을 마비시켰다. 특히 "땅값은 절대 떨어지지 않는다!"는 '토지 신화土地神話'는 거의 종교적인 믿음 수준이었다. 국토가 좁고 인구가 밀집한 일본의 특성상 부동산은 가장 안전하고 확실한 자산이라는 믿음이 사회 전체를 지배했다. 마치 무적함대라도 된 듯, 실패나 위기의 가능성 자체를 애써 외면하는 분위기였다.

둘째, 독특한 '금융 시스템 구조'도 문제의 씨앗을 품고 있었다. 당시 일본은 은행이 자금 흐름의 대부분을 통제하는 '은행 중심' 금융 시스템이었고, 정부(특히 막강한 힘을 가졌던 대장성)와 은행, 기업 간의 관계가 매우 끈끈했다. 이는 정부 주도하에 경제 성장에 필요한 자금을 효율적으로 동원하는 데는 유리했지만, 시장 원리에 따른 투명한 경쟁이나 은행 스스로 위험을 관리하는 능력은 부족하게 만들었다.

셋째, 정부와 중앙은행(일본은행, BOJ)의 '정책 기조' 역시 결과적으로 버블을 키우는 토양을 제공했다. 당시 정책 당국의 최우선 목표는 단연 '경제 성장'과 '수출 경쟁력 유지'였다. 이를 위해 낮은 금리를 유지하며 기업 투자를 지원했고, 엔화 가치가 너무 오르는 것을 경계했다. 또한 금융 시스템의 '안정'을 지나치게 강조한 나머지, 은행 간의 건전한 경쟁을 막고 위험 관리를 소홀히 하게 만드는 부작용을 낳았다.

특히 당시 일본 금융계에는 '호송선단 방식護送船団方式'이라는 독특한 관행이 있었다. 함대가 가장 느린 배에 맞춰 함께 나아가듯, 정부와 일본은행이 가장 약한 은행도 망하지 않도록 뒤를 봐주며 함께 간다는 의미였다. 이는 은행들이 '어차피 정부가 구제해주겠지'라는 생각에 빠져 위험한 대출 경쟁에 뛰어들게 만드는 '도덕적 해이'를 부추겼다.

이미 1980년대 초중반부터 도쿄를 중심으로 땅값이 심상치 않게 오르고 있었지만, 정책 당국은 이를 '경제 성장에 따른 자연스러운 현상' 정도로 여기거나 '소비자 물가는 안정적이니 괜찮다'며 애써 외면하는 분위기였다. 섣불리 금리를 올렸다가 성장에 찬물을 끼얹을까 봐 주저했던 것이다. '성장'이라는 달콤한 과실에 취해 자산 가격 상승이라는 위험 신호를 간과하고 있었던 셈이다.

이처럼 1985년 이전 일본은 겉으로는 세계 최강의 경제 대국으로 보였지만, 속으로는 ①성공에 대한 지나친 자신감, ②은행 중심의 경직되고 관치官治 느낌이 강한 금융구조, ③자산 가격 안정보다 성장에 집중했던 정책 기조 같은, 나중에 큰 문제를 일으킬 씨앗들을 품고 있었다. 이 씨앗들은 아직 땅속에 묻혀 있었지만, 곧 '플라자 합의'라는 거대한 외부 충격이라는 비를 맞고 무섭게 싹을 틔우기 시작한다.

2단계: 플라자합의와 과잉 유동성 공급

잘나가던 일본 경제에 예상치 못한 거대한 충격파가 날아들었다. 1985년 9월, 뉴욕 플라자 호텔에 모인 미국, 일본, 서독, 영국, 프랑스 재무장관들이 합의한 내용, 이른바 '플라자 합의Plaza Accord'였다. 내용은 간단했다. 당시 심각한 무역 적자에 시달리던 미국을 돕기 위해, 일본 엔화와 독일 마르크화 가치를 인위적으로 높이고(평가절상) 달러 가치를 떨어뜨리기로 한 것이다.

이 합의는 즉각적인 효과를 나타냈다. 엔화 가치는 하늘 높은 줄 모르고 치솟기 시작했다. 1년 만에 엔/달러 환율이 240엔대에서 150엔대까지 떨어졌으니, 그야말로 '엔고' 쓰나미였다. 일본 사회 전체는 '엔고 불황'이라는 공포에 휩싸였다. 수출로 먹고사는 나라에서 환율이 이렇게 급변하니 당장 수출 기업들의 가격 경쟁력에 비상이 걸린 것이다. "이러다 일본 경제 망하는 거 아니냐!", "수출 기업 다 죽는다!"는 비명과 우려가 언론과 산업계에서 쏟아져 나왔다.

바로 이 지점에서 '파국의 설계자들' 모델의 2단계(마법의 주문)가 시작되었다. '혹시 모를 최악의 불황'을 막아야 한다는 두려움과 정치권 및 산업계의 강력한 경기 부양 요구에 떠밀려, 일본 정부와 일본은행BOJ은 극약 처방을 내놓았다. 바로 '초저금리 정책'이었다. 일본은행은 1986년부터 1987년 사이에 기준금리를 다섯 차례나 인하하여 2.5%라는 역사상 유례없이 낮은 수준까지 떨어뜨렸다. 이는 경기침체를 막기 위해 시중에 막대한 유동성을 공급하는, 선한 의도로 포장된 마법의 주문이었다.

하지만 현실은 정책 당국의 기대와는 전혀 다른 방향으로 흘러갔다. 당시 소니나 도요타 같은 일본의 간판급 초일류 기업들은 엔고라는 악재 속에서도 피나는 원가 절감과 압도적인 기술력을 바탕으로 해외 시장에서 그런대로 버텨나갔다. 그들은 이미 투자를 많이 해 놓았거나 미래의 불확실성으로 인해 설비 투자를 크게 늘리지 않았다. 아마 다른 기업들도 마찬가지였을 것이다. 그렇다면 은행에서 아주 싸게 빌릴 수 있게 된 돈, 그리고 시중에 넘쳐나던 막대한 자금들은 어디로 흘러갔을까?

일본은행의 저금리와 유동성 공급 정책으로 인해, 은행들은 일본은행에서 낮은 금리로 무한정 돈을 빌릴 수 있었기 때문에 대출을 하기만 하면 수익이 나는 구조가 되었다. 다음 그림은 당시 일본의 민간 부채(레버리지)가 얼마나 폭발적으로 증가했는지를 명확히 보여준다. 1985년 GDP 대비 162%였던 민간 부채는 버블이 정점에 달한 1990년에는 208%까지 치솟았다.

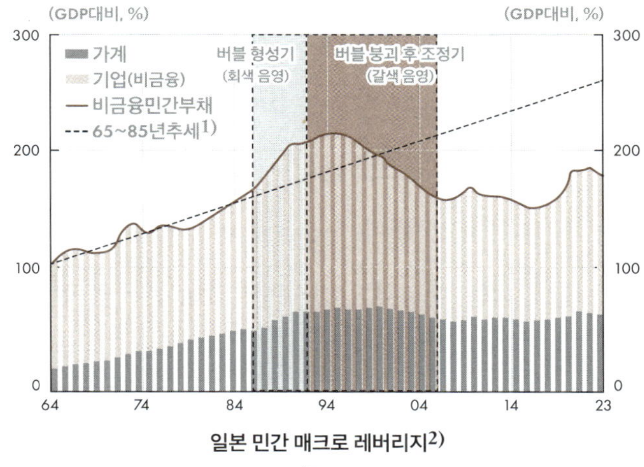

일본 민간 매크로 레버리지2)

자료: IMF

출처: 장태윤, 김남주, 손윤석(2025). 일본경제로부터 되새겨볼 교훈, BOK 이슈노트, 2025(14)

은행들이 대출을 늘리면서 마땅한 투자처를 찾지 못한 돈들은 당시 뜨겁게 달아오르기 시작하던 주식시장과 특히 부동산시장으로 파도처

---

1)   버블형성기('86~90년) 이전 증가추세
2)   가계+비금융기업 대출·채권 비율(GDP 대비)

럼 밀려들었다. 기업들조차 본업인 제조업은 뒷전이고 '자이테크財テク'
라고 불리는 금융투자에 열을 올렸다. 힘들게 공장 돌리고 신기술 개발
하는 것보다 은행에서 싼 이자로 돈 빌려서 땅이나 주식에 투자하는 게
훨씬 더 쉽고 빠르게 큰 수익을 안겨주는 것처럼 보였기 때문이다.

4단계: 정부의 감독 실패

플라자 합의 이후 불과 몇 년 사이에 민간신용이 빠르게 늘고, 대출
받은 돈이 주식과 부동산에 몰리면서 시장의 과열신호가 감지되었다.
그렇다면 파수꾼들은 무엇을 하고 있었는가? 왜 뻔히 눈앞에서 땅값,
집값, 주식 가격이 미친 듯이 오르는데 제대로 브레이크를 밟지 못했을
까? 당시에는 '자산 가격 안정'이 중앙은행의 명확한 정책 목표가 아니
었고, 소비자 물가CPI는 비교적 안정적이었기에 문제의 심각성을 간과
했다.

오히려 정부와 중앙은행은 플라자 합의로 인해 일본 경제가 침체로
들어갈 것을 걱정한 시장의 우려를 불식시킨 성공적인 정책 대응으로
간주했다. 버블경제로 인한 미래의 위험보다는 현재의 경기 활성화를
우선시하는 정치권과 관료들의 입장에서는 섣불리 달아오른 시장의 열
기를 식힐 이유가 없었다. 또한, 서둘러 금리를 올렸다가 이제 막 살아
나려는 경기에 찬물을 끼얹을까 봐 두려워하는 '성장 우선주의' 분위기
가 강했다.

고장 난 브레이크가 되어버린 정부는 이 광풍을 막기는커녕 오히려 부채질했다. 엔고로 어려워진 수출을 대신해 내수를 살린다는 명목으로 1987년 제정된 '리조트법(종합보양지역정비법)'은 전국적인 투기적 개발 붐으로 이어졌다. 전망이나 사업성은 제대로 따지지도 않고 너도나도 땅을 사서 리조트와 골프장을 짓는 데 혈안이 되었고, 은행들은 역시 '묻지 마! 대출'로 이를 뒷받침했다. 순식간에 일본 전역이 거대한 건설 현장으로 변했다.

모노즈쿠리

'물건을 만들다'는 뜻의 일본어로, 단순히 물건을 만드는 행위를 넘어 장인정신을 바탕으로 혼을 담아 최고의 제품을 만들려는 일본 제조업의 철학을 상징한다.

토지 신화

일본의 특수한 상황(좁은 국토, 높은 인구밀도)으로 인해 "부동산 가격은 절대 떨어지지 않는다"는 믿음이 사회 전반에 종교처럼 퍼져있던 현상을 말한다.

호송선단 방식

금융 당국이 가장 경쟁력 없는 금융기관도 도태되지 않도록 금리나 업무 범위를 규제하며 전체 금융 시스템을 함께 끌고 가는 방식. 이는 금융안정을 꾀했지만, 은행들의 경쟁력 약화와 도덕적 해이를 유발했다.

플라자 합의

1985년 9월, G5 재무장관들이 뉴욕 플라자 호텔에서 합의한, 달러화 가치를 하락시키고 일본 엔화와 독일 마르크화 가치를 상승시키기로 한 결정. 이는 일본의 '엔고 불황' 우려와 초저금리 정책을 촉발하는 계기가 되었다.

자이테크

'재무 테크놀로지'의 줄임말로, 기업이 본업이 아닌 금융투자를 통해 수익을 올리는 행위를 말한다. 버블 시기 일본 기업들 사이에 크게 유행했다.

리조트법総合保養地域整備法

1987년 일본 정부가 내수 활성화를 명목으로 제정한 법. 전국적인 리조트 및 골프장 건설 붐을 일으켜 부동산 투기를 부채질했다는 비판을 받는다.

붕괴의 서막인 민스키 모멘트가 오다

일본은행이 돈줄을 풀고 파수꾼인 정부가 손을 놓고 있다는 사실이 확인되자, 잠자고 있던 투기의 용이 깨어났다. 1980년대 후반 일본은 그야말로 역사상 전례 없는 '버블 경제'의 광란 속으로 빠져들었다. 주식과 부동산 가격은 중력을 거스르듯 하늘 높은 줄 모르고 치솟았다.

그 열기는 상상을 초월했다. "도쿄 땅을 전부 팔면 미국 전체를 살 수 있다"는, 지금 들으면 황당하지만, 당시에는 꽤 진지하게 받아들여졌던 말이 나올 정도였다. 실제로 도쿄 중심 상업지 땅값은 3년 만에 3배 가까이 뛰었고, 긴자 거리 땅 한 평이 수억 원을 호가한다는 뉴스도 심심치 않게 들렸다. 주식시장도 광란 상태였다. 닛케이 주가지수는 거침없이 상승하여 1989년 말에는 3만 9천 엔에 육박했고, 당시 일본 주식시장의 시가총액이 미국을 압도할 정도였다. 세계 10대 은행 순위에는 일본은행들이 상위권을 독차지했다. 바야흐로 '재팬 머니'가 세상을 지배하는 듯 보였다.

5단계: 비이성적 투기 열풍

아니, 땅이나 주식에 무슨 특별한 가치가 갑자기 생겨난 것도 아닐 텐데, 어떻게 가격이 그렇게까지 오를 수 있었을까? 여기에는 몇 가지 이유가 복합적으로 작용했다. 첫째, 넘쳐나는 돈과 초저금리가 투기의 '연료' 역할을 했고, 둘째, "가격은 계속 오른다"는 맹신에 가까운 기대 심리가 그 불을 지폈다. 특히 '땅값은 절대 떨어지지 않는다'는 '토지 신화'는 거의 종교적인 믿음 수준이었다. 여기에 셋째, 은행들이 경쟁적으로 대출을 늘리면서 기름을 부었다. 부동산을 담보로 또 대출을 받고, 그 돈으로 다시 부동산이나 주식을 사는 식의 '빚내서 하는 투자'가 만연했다. "이번에는 다르다"는 근거 없는 낙관론이 사회 전체를 지배했고, 주변 사람들이 모두 부동산이나 주식으로 돈을 버는 것을 보면서 '나만 뒤처질 수 없다'는 조바심과 탐욕이 사람들을 투기 광풍 속으로 밀어 넣었다.

이 엄청난 돈의 광풍이 일본 경제의 심장이었던 제조업이 아닌, 비생산적인 부동산으로 쏠린 것을 다음 그림에서 확인할 수 있다. 놀랍게도 이 시기 제조업의 부채비율은 오히려 하락한 반면, 부동산업의 부채비율은 수직으로 상승했다. 앞서 한국 경제에서도 최근 부동산업이 이상 비대해졌고, 그것이 매우 위험한 현상임을 지적한 바 있다. 일본의 사례를 통해 그 위험성을 다시 한번 확인할 수 있다.

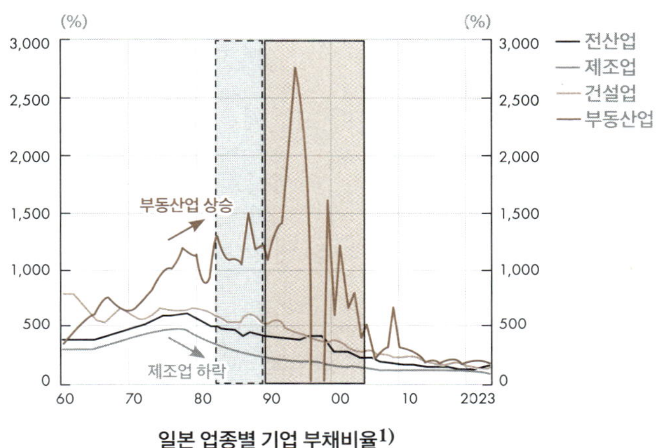

일본 업종별 기업 부채비율[1]

자료: 일본 재무성, 한국은행 조사국 계산

출처: 장태윤, 김남주, 손윤석(2025). 일본경제로부터 되새겨볼 교훈, BOK 이슈노트, 2025(14)

　기업들조차 본업은 뒷전이었다. 일본 특유의 뛰어난 제조업 경쟁력이나 경영 방식(예: 도요타 방식)을 배우겠다며 미국 기업들이 앞다투어 연구하던 바로 그 시기에, 정작 많은 일본 기업들은 '자이테크'라고 불리는 금융투자에 더 열을 올리는 아이러니한 상황이 벌어졌다. 힘들게 공장 돌리고 신기술 개발하는 것보다 은행에서 싼 이자로 돈 빌려서 땅이나 주식에 투자하는 게 훨씬 더 쉽고 빠르게 큰 수익을 안겨주는 것처럼 보였기 때문이다. "돈이 돈을 번다"는 말이 현실이 되는 듯했다.

　넘쳐나는 돈과 자신감을 바탕으로 일본 기업들은 미국 사냥에도 나

---

1) 　(부채/자기자본)×100, 부동산업은 버블 붕괴 이후 대차대조표 충격으로 급변동

섰다. 미쓰비시 부동산이 뉴욕의 상징인 록펠러 센터를 사들이고, 소니가 할리우드의 자존심 컬럼비아 픽처스를 인수하자 미국 사회는 충격에 휩싸였다. 이는 일본 경제의 황금기를 상징하는 사건들이었지만, 동시에 버블의 정점을 보여주는 위험 신호이기도 했다.

하지만 이 화려한 돈 잔치의 이면에는 어두운 그림자가 짙게 드리우고 있었다. 경제 전체의 자원이 비생산적인 부동산이나 금융 투기에 과도하게 집중되면서, 정작 일본 경제의 핵심 경쟁력이었던 제조업 분야의 연구개발이나 설비 투자는 상대적으로 위축되고 있었다. 당장은 큰 수익이 나지 않더라도 꾸준히 미래를 준비해야 할 분야는 소외되고, 똑똑한 인재들마저 더 쉽고 빠르게 돈을 벌 수 있을 것 같은 금융이나 부동산 업계로 몰려갔다. 버블은 단기적으로는 경제 규모를 부풀렸지만, 장기적으로는 일본 경제의 근간이었던 제조업의 경쟁력을 약화시키고 산업 구조의 왜곡을 심화시키는 결과를 낳고 있었다. 건강한 근육은 빠지는데 기름기(버블)만 잔뜩 끼는 위험한 상황이었다.

은행들은 이 광란의 파티에서 핵심적인 역할을 했다. 단순히 돈만 빌려준 것이 아니라, 넘쳐나는 예금을 바탕으로 대출 경쟁에 불을 붙이며 버블을 적극적으로 부추겼다. 부동산 담보 가치가 계속 오를 것이라는 기대 아래에 대출 심사 기준을 완화하거나 편법을 동원하기도 했고, 특히 부동산, 건설, 그리고 이들에게 다시 돈을 빌려주는 비은행 금융기관(예: 주택금융전문회사 '주센住專' 등)으로 대출을 집중하며 위험을 키웠다.

당시 일본 사회 전체는 광란의 시기인 5단계에 돌입했다. 전례 없는 풍요와 낙관론에 취해, 이른바 '버블 소비' 시대가 열렸다. 도쿄 밤거리는 흥청거렸고, 택시를 잡으려면 만 엔짜리 지폐를 흔들어야 한다는 말이 나올 정도였다. 고급 자동차, 명품 시계, 해외 명품들이 날개 돋친 듯 팔려나갔고, 파리나 뉴욕의 유명 미술품 경매장에는 일본인들이 큰손으로 등장하여 고흐의 '해바라기' 같은 명작들을 천문학적인 가격에 사들였다. 기업들의 접대 문화도 상상을 초월할 정도로 사치스러워졌다. 마치 영원히 끝나지 않을 것 같은 광란의 축제 분위기였다. '광란의 시대 Roaring 20's'라고 불리는 미국의 1920년대를 뛰어넘는 버블경제 시대였다.

이 비정상적인 과열 상태를 우려하고 경고하는 목소리도 분명히 있었다. 일부 소수 전문가나 언론에서 위험성을 지적했지만, 압도적인 낙관론과 '일본 경제는 특별하다'는 집단적인 믿음 속에서 그런 목소리는 묻히기 일쑤였다. 정책 당국자들 역시 버블의 위험을 알면서도 섣불리 긴축 정책을 폈다가 '파티를 망친 주범'으로 비난받을까 두려워하며 브레이크 밟기를 주저했다.

결국 버블 시대의 일본은 '가격은 영원히 오를 것이다'라는 신기루 위에 세워진, 화려하지만 속은 부실한 모래성이었다. 그 믿음이 깨지는 순간 모든 것이 한순간에 무너져 내릴 수 있는, 극도로 취약한 상태였다. 민스키 이론에 비추어 보면, 일본 경제 전체가 '폰지 금융' 단계, 즉 빚으로 빚을 막고 자산 가격 상승에만 의존하는 위태로운 상태에 깊숙이 빠져들고 있었다.

이 광란의 과정에서 초기 투자자, 부동산 부자, 공격적으로 사업을 확장했던 기업들, 그리고 은행 및 증권사들은 단기적으로 엄청난 부를 쌓았다. 하지만 그 이면에서는 치솟는 집값 때문에 평범한 월급쟁이들은 내 집 마련의 꿈을 포기해야 했고, 자산 보유자와 비보유자 간의 격차는 벌어지며 사회적 박탈감과 불만은 커져만 갔다. 버블은 결코 모두에게 이로운 축제가 아니었다. 그것은 단기적인 부의 환상 뒤에 경제 구조 왜곡, 사회적 불평등 심화라는 깊은 상처를 남기고 있었으며, 이제 그 화려했던 축제의 끝, 즉 붕괴의 시간이 서서히 다가오고 있었다.

6단계: 정부의 뒷북 대응, 골든 타임을 놓치다

영원할 것 같던 광란의 파티에도 서서히 끝이 보이기 시작했다. 하늘 높은 줄 모르고 치솟던 자산 가격에 마침내 정책 당국이 브레이크를 밟기 시작한 것이다. 그렇다면 왜 하필 그때였을까? 버블이 심각하다는 어떤 경고가 있었을까?

경고는 차고 넘쳤다. 이미 1980년대 후반부터 일부 소장파 경제학자들과 언론은 부동산 가격이 실물 경제와 괴리되어 있음을 지적했다. 하지만 더 결정적인 경고는 길거리에서 터져 나왔다. 천정부지로 치솟는 집값 때문에 평생 일해도 도쿄에 집 한 채 살 수 없게 된 서민들의 분노와 박탈감이 사회 문제로 비화되기 시작한 것이다. '토지 신화'가 만들어 낸 부의 격차는 더 이상 무시할 수 없는 수준에 이르렀고, 이는 정책 당국에 엄청난 정치적 압력으로 작용했다. 여기에 자산 가격 상승이 결국 소비자 물가 상승으로 이어질 수 있다는 일본은행 내부의 우려까지 더해졌다.

결국 일본은행은 1989년 5월부터 기준금리를 공격적으로 인상하기 시작했다. 불과 1년여 만에 금리를 2.5%에서 6%까지 끌어올렸고, 1990년 3월, 대장성은 부동산으로 흘러가는 돈줄을 직접 죄기 위해 모든 금융기관의 부동산 관련 대출 증가율을 총대출 증가율 이하로 억제하도록 하는 '부동산 관련 대출 총량 규제'라는 강력한 카드까지 꺼내 들었다.

정책 당국은 아마도 큰 혼란 없이 과열된 열기만 식히는 '연착륙'을 기대했을 것이다. 하지만 이미 한계 속도를 넘어 미친 듯이 달리던 자동차는 살짝만 브레이크를 밟아도 크게 휘청거릴 수밖에 없었다. 게다가 그 차에는 너무 많은 빚(부채)이라는 짐이 실려 있었다. 긴축 정책은 예상보다 훨씬 강력한 충격, 바로 '민스키 모멘트'로 다가왔다.

가장 먼저, 그리고 가장 극적으로 반응한 곳은 주식시장이었다. 1989년 12월 29일, 사상 최고치(38,915엔)를 찍었던 닛케이 평균 주가는 1990년 새해가 밝자마자 폭락하기 시작했다. 불과 9개월 만에 주가는 거의 반토막이 나며 버블 붕괴의 요란한 신호탄을 쏘아 올렸다. '불패 신화'를 자랑하던 부동산 가격은 주식보다는 조금 반응이 늦었지만, 1991년부터 본격적인 하락세로 돌아섰다. 그리고 그 하락은 주식시장보다 훨씬 더 깊고 오랫동안 이어졌다.

주가가 폭락하고, 절대 떨어지지 않을 것 같던 땅값마저 하락하기 시작하자 일본 사회는 술렁이기 시작했다. 하지만 정책 당국이나 금융기관들은 초기에 이 상황의 심각성을 제대로 인지하지 못했다. 그들은 '이 정도는 건전한 조정이야', '과열이 식으면 곧 회복될 거야'라는 막연한 기대를 가졌다.

거품이 두려운 것은 거품이기 때문이다. 바람이 불어 거품이 사라지면, 거품 시기에 고공 행진하던 주식 가격과 부동산 가격은 바닥을 찾지 못하고 수직 낙하하게 된다. 그동안 버블을 인정하지 않던 정책 당국이기에 버블이 꺼질 때의 이상 신호도 간파할 수 없었다. 버블에 기대어 호황을 누렸던 산업은 갑자기 땅이 꺼진 듯 버틸 곳이 없게 되었다. 이미 이때부터 버블 시기에 무리하게 빚을 내 사업을 확장했던 기업들이 쓰러지기 시작했다. 특히 부동산 개발 붐을 타고 과도한 빚으로 몸집을 불렸던 부동산 개발 회사나 건설회사 중에서 자금난을 견디지 못하고 도산하는 사례가 속출했다. 해외 리조트 개발 등으로 유명했지만 과도한 부채를 안고 있던 'EIE 인터내셔널' 같은 기업이 경영 위기에 처한 것이 대표적이다. 앞서 언급한 '리조트법'에 편승해 우후죽순처럼 생겨났던 골프장이나 리조트 개발 관련 기업들도 줄줄이 문을 닫기 시작했다.

부동산 기업들이 연쇄 도산하는 동안 일본 정부의 대응은 늦기만 했고, 방관에 가까웠다. 여러 국가의 예에서 보았듯이 부동산 가격이 폭락하면 곧 대규모 연쇄도산과 부실채권 문제로 인한 금융위기가 발생한다. 하지만 일본 정책 당국은 이것을 시스템 전체의 위기가 아닌, '개별 기업의 문제'로 치부하려는 경향이 강했다. 마치 거대한 배에 구멍이 나기 시작했는데도, '저건 작은 구멍일 뿐이야'라며 애써 외면하는 모습이었다.

그렇다면 금융기관들은 어떻게 대처했을까? 주식과 부동산 가격이 떨어지면 담보가치가 폭락하여 금융기관의 건전성에는 치명적인 문제가 발생한다. 하지만 은행들은 파산을 피하고 경영 실패를 감추기 위해 필사적으로 부실을 숨기고 시간을 끌었다. 온갖 회계 기법을 동원해 장부상 손실을 줄이고, 자회사를 만들어 부실채권을 슬쩍 떠넘기는 불법적인 수법까지 등장했다. 물론, 갚을 능력이 없는 부실기업에 계속 자금을 지원하며 숨만 붙여 놓는 '에버그리닝'이 광범위하게 이루어졌다.

왜 그렇게 대응이 늦었을까? 여러 이유가 복합적으로 작용했다. 첫째, 은행들이 정보를 제대로 공개하지 않아 부실채권 규모를 정확히 파악하기 어려웠다. 둘째, 막대한 공적 자금(국민 세금) 투입에 대한 정치적 부담감과 국민적 반감이 매우 컸다. 셋째, '호송선단 방식' 하에서 문제 은행 처리 원칙도 부족했고, 관료 조직 내부의 책임 회피나 부처 간 알력 다툼도 영향을 미쳤다는 주장도 있다. 넷째, '시간이 지나면 경기가 회복되고 부동산 가격도 다시 오르지 않을까' 하는 막연한 기대감도 신속한 결정을 방해했다. 결국 이 초기 대응의 실패는, 일본 경제를 다음 단계, 즉 에버그리닝과 좀비 경제라는 더 깊고 어두운 수렁으로 밀어 넣는 결정적인 원인이 되었다.

에버그리닝과 좀비 경제의 탄생

각국의 금융위기 사례에서 7단계를 맞으면 정부는 서둘러 위기를 극복하기 위해 고통을 감수하고 구조개혁에 나선다. 그러나 일본은 그렇게 하지 않았다. 그 결과 일본 경제는 사상 초유의 잃어버린 30년이란 비극을 맞게 되었다. 일본과 유사한 구조를 가진 한국 경제가 반드시 주목해서 관찰하고 교훈을 얻어야 하는 부분이다.

정책 당국이 초기 대응에 실패하면서 시간만 흘려보내는 사이, 일본 경제는 본격적인 위기의 수렁 속으로 빠져들었다. 특히 버블 붕괴의 직격탄을 맞은 은행 시스템은 완전히 마비 상태에 이르렀다. 1990년대는 일본에게 '잃어버린 10년'의 시작이자, 끔찍한 금융위기의 시대였다.

주식과 부동산 가격이 폭락하자, 이 자산을 담보로 막대한 돈을 빌려줬던 은행들은 대출금을 돌려받지 못하게 되었다. 이것이 바로 '부실

채권NPL'이다. 그런데 그 규모가 상상을 초월했다. 1990년대 중반 이후 공식 집계로도 수십조 엔, 비공식 추정치로는 당시 일본 GDP의 20% 이상인 100조 엔을 훌쩍 넘을 것이라는 분석까지 나올 정도였다. 국가 경제 전체를 마비시킬 수 있는 엄청난 규모의 '숨겨진 빚더미'가 은행 시스템 내부에 쌓여 있었던 것이다.

7단계: 에버그리닝과 장기침체

엄청난 부실이 쌓이는 동안 은행들은 대체 뭘 한 걸까? 당연히 파산했어야 하는 것 아닐까? 하지만 은행들은 파산을 피하고 경영 실패를 감추기 위해 필사적으로 부실을 숨기고 시간을 끌었다. 온갖 회계 기법을 동원해 장부상 손실을 줄이고, 자회사를 만들어 부실채권을 슬쩍 떠넘기는 '토바시飛ばし'라는 불법적인 수법까지 등장했다. 그 과정에서 갚을 능력이 없는 부실기업에 계속 자금을 지원하며 숨만 붙여 놓는 에버그리닝이 광범위하게 이루어졌다. 겉으로는 멀쩡해 보였지만 속은 이미 심각하게 곪아 터지고 있었던 것이다.

특히 '주센住専'이라고 불리는 주택금융전문회사들의 부실 문제는 1990년대 중반 일본 사회를 뒤흔든 뇌관이었다. 원래 서민 주택 마련을 돕기 위해 설립된 이 회사들은 버블 시기에 경쟁적으로 위험한 부동산 관련 대출을 엄청나게 늘렸다가 버블 붕괴 후 막대한 부실을 떠안게 되었다. 문제는 이 주센에 대형 은행들과 농협 계열 금융기관들이 많은 돈을 빌려주었기 때문에, 주센이 망하면 그 피해가 금융 시스템 전체로 번질 수 있었다는 점이다. 결국 1996년, 정부가 막대한 공적 자금(약 6,850억 엔)을 투입해 주센을 정리하기로 결정했지만, "왜 국민 세금으로 부실 금융기관을 구제하느냐!"는 엄청난 사회적 비판과 정치적 논란에 휩싸였다. 이는 결과적으로 다른 은행들의 부실채권 처리를 더욱 지연시키는 부작용까지 낳았다.

'은행은 절대 망하지 않는다'는 '호송선단' 신화에 대한 믿음은 여전히 강했지만, 마침내 그 믿음이 산산조각 나는 순간이 찾아왔다. 1997년과 1998년, 이전까지 주로 중소 금융기관 문제로 여겨졌던 위기가 마침내 대형 기관들로 번진 것이다. 1997년 11월, 일본 10대 은행 중 하나였던 홋카이도 타쿠쇼쿠 은행이 파산했고, 같은 달 4대 증권사 중 하나였던 야마이치 증권이 문을 닫으며 시장에 엄청난 충격을 주었다. 이듬해에는 장기신용은행이었던 일본장기신용은행LTCB과 일본채권신용은행NCB마저 부실 문제로 파산하여 정부 관리하에 놓이거나 일시 국유화되는 사태까지 벌어졌다. "절대 망하지 않을 것"이라 믿었던 거대 금융기관들의 연쇄 몰락은 일본 사회 전체에 엄청난 충격과 불안감을 안겨주었다. 마치 불침선不沈船이라 믿었던 타이타닉호가 침몰하는 것을 지켜보는 듯한 충격이었다.

그제야 일본 정부는 문제의 심각성을 깨닫고 더 이상 덮어둘 수 없다는 사실을 직시하게 되었다. 이때부터 비로소 막대한 공적 자금을 투입하여 부실채권을 정리하고 은행 자본을 확충하는 등 본격적인 금융 시스템 구조조정에 나서게 된다. 하지만 이미 너무 많은 시간을 허비한

뒤였다. 그 '지연된 대응'의 대가는 너무나 컸다.

은행들이 이렇게 자기 살기도 바쁘고 부실 문제에 허덕이는 동안, 정상적인 기업들이나 돈이 필요한 개인들에게는 돈줄이 막혔다. 이른바 '카시시부리貸し渋り', 즉 '대출 꺼림 현상' 또는 '신용 경색'이 극심하게 나타난 것이다. 은행들은 부실채권 문제 때문에 대출 심사를 극도로 강화하고 돈 빌려주기를 꺼렸다. 문제는 이게 부실기업뿐만 아니라 자금이 꼭 필요한 건실한 중소기업이나 개인들에게까지 영향을 미쳤다는 점이다. 멀쩡한 기업들이 자금난으로 쓰러지고, 가계는 소비를 줄이고, 경제 전체의 돈맥경화 현상이 심화되면서 실물 경제는 더욱 깊은 침체의 늪으로 빠져들었다.

은행들이 부실채권 처리를 미루고 끙끙 앓는 사이에, 그 피해는 고스란히 실물 경제로 전가되었다. 갚을 능력이 없는 기업들은 은행의 지원으로 겨우 연명하고(좀비 기업), 새롭고 혁신적인 기업들은 자금 지원을 받지 못해 성장하지 못하는 악순환이 반복되었다. 경제 전체가 활력을 잃고 생산성 낮은 '좀비 기업'들만 가득한 상태가 오랫동안 지속되는 결과를 낳은 것이다.

다음 그림은 일본 경제에서 부실채권 처리가 얼마나 지연되었는지를 잘 보여주고 있다. 가계와 기업대출을 합한 액수를 GDP로 나눈 비율을 의미하는 민간 매크로 레버리지는 90년대 초반 버블이 붕괴된 이후에도 오히려 늘어났음은 부실 기업들에 대해 대출을 연장하거나 오히려 늘려주었음을 의미한다. 1997년 은행 위기를 맞은 후에야 비로소 의미있는 부실채권 정리가 이루어졌음을 확인할 수 있다.

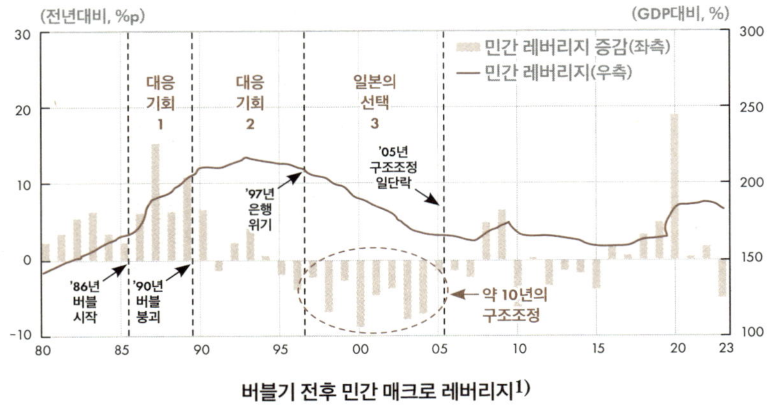

버블기 전후 민간 매크로 레버리지[1)]

자료: IMF

출처: 장태윤, 김남주, 손윤석(2025). 일본경제로부터 되새겨볼 교훈, BOK 이슈노트, 2025(14)

이 끔찍한 금융위기 과정에서 평범한 일본 서민들과 하루아침에 직장을 잃은 사람들은 말할 수 없는 고통을 겪었다. 평생 모은 자산 가치가 폭락하고, 안정적이라 믿었던 직장에서 해고당했으며, 취업 시장은 얼어붙어 젊은 세대는 희망을 잃었다. 좀비 기업들만 넘쳐나면서 임금은 오르지 않았고, 소비는 깊은 침체에 빠졌다. 통계 뒤에 가려진 수많은 사람들의 눈물과 한숨이 바로 '잃어버린 10년'의 진짜 모습이었다.

---

1)   민간(비금융)[=가계+비금융기업]의 대출채권 비율(GDP 대비)

부실 채권NPL, Non-Performing Loan

금융기관의 대출금 중 원리금이 제때 회수되지 않아 떼일 위험이 커진 채권. 부실 채권 규모는 은행의 건전성을 나타내는 중요한 지표다.

토바시飛ばし, Tobashi

일본 버블 붕괴 후 금융기관들이 부실 채권이나 평가 손실을 장부에서 숨기기 위해 자회사나 다른 회사로 일시적으로 떠넘기는 불법적인 회계 처리 수법.

주센住専, Jusen

'주택금융전문회사(住宅金融專門会社)'의 줄임말. 원래 서민 주택 마련 지원 목적으로 설립되었으나, 버블 시기 부동산 관련 대출을 크게 늘렸다가 버블 붕괴 후 막대한 부실을 안게 되어 1990년대 중반 큰 사회 문제를 야기했다.

카시시부리貸し渋り, Kashishiburi

은행 등 금융기관이 대출 심사를 강화하고 돈 빌려주기를 꺼리는 현상. 신용 경색과 유사한 의미로, 경제 전체의 돈맥경화를 유발하여 경기침체를 심화시킨다.

좀비 기업 Zombie Firm

영업이익으로 이자 비용조차 감당하지 못해 생존 능력을 상실했지만, 은행의 지원 등으로 간신히 연명하는 기업. 경제 전체의 생산성을 떨어뜨리고 자원 배분을 왜곡하는 문제점을 가진다.

4

에버그리닝으로 무너진 일본 경제

일본이 장기 침체에 빠진 결정적인 이유는 에버그리닝 때문이다. 우리가 일본으로부터 얻을 수 있는 가장 큰 교훈 역시 에버그리닝에 있다. 민스키 모멘트를 피하고자 하는 정치권과 관료들의 동기가 일본과 같은 한국 역시 이미 에버그리닝으로 많은 부실을 감추고 있기에 우리는 이 부분을 더 자세히 들여다볼 필요가 있다.

일본 은행들이 부실채권 처리를 미루고 '에버그리닝'이라는 손쉬운 길을 택한 끝에, 일본 경제 전체가 '좀비 경제'라는 깊은 수렁에 빠지게 되었다. 하지만 이 이야기는 단순히 금융 시스템의 실패로 끝나지 않는다. 경제의 심장인 금융 시스템이 부실채권이라는 혈전으로 막혀 신선한 피(자본)를 뇌(과학기술)와 근육(혁신기업)으로 보내지 못하게 되자, 한때 세계를 호령하던 거인, 일본 경제는 서서히 활력을 잃고 쓰러져 갔다.

이 복잡한 질병의 원인을 가장 날카롭게 진단한 두 명의 의사가 있다. 타카토시 이토Takatoshi Ito와 다케오 호시 Takeo Hoshi라는 두 저명한 일본 경제학자의 연구를 보면 에버그리닝이 어떻게 일본의 기업경쟁력을 약화시켜 일본 경제에 치명적인 후유증을 남겼는지 알 수 있다.

돈맥경화와 '좀비 은행'

모든 문제의 시작은 금융 시스템의 붕괴였다. 1988년, 전 세계 시가 총액 상위 10대 은행 중 7개가 일본 은행일 정도로 그 위세는 대단했다. 하지만 불과 10년 뒤, 그 거인들은 부실채권 더미에 깔려 숨도 제대로 쉬지 못하는 '좀비 은행'으로 전락했다.

타카토시 이토와 다케오 호시 교수는 그들의 저서《일본 경제 The Japanese Economy》를 비롯한 여러 연구에서, 이 현상의 근본 원인을 일본 특유의 금융 구조에서 찾았다. 버블 이전, 일본 경제의 안정판 역할을 했던 '메인뱅크(주거래은행) 시스템'이 버블 붕괴 이후에는 오히려 최악의 역기능을 했다는 것이다.

위기 이전, 메인뱅크 시스템은 일본의 성공 신화 그 자체였다. 미쓰이 그룹의 사쿠라 은행, 미쓰비시 그룹의 미쓰비시 은행처럼, 각 기업집단(게이레츠)에는 소속 금융기관인 메인뱅크가 있었다. 메인뱅크는 단순히 돈을 빌려주는 곳이 아니었다. 그들은 대출해 준 기업의 주식까지 보유하며 장기적인 파트너십을 맺고, 기업의 재무 상태를 속속들이 들여다보며 경영에 조언했다. 기업이 일시적인 어려움에 처하면, 메인뱅크가 나서서 구제하고 회생을 지원했다. 이는 기업들에게 안정적인 자금줄을 제공하고, 은행에게는 우량 고객을 확보하는, 끈끈한 '관계형 금융'의 전형이다. 관계형 금융으로 인해 미국과는 달리 단기 성과 보다는 장기적 성장에 최적화되어 일본의 경쟁력을 높인 원동력으로 칭송받았다.

하지만 버블 붕괴 후, 이 끈끈한 관계는 최악의 족쇄가 되었다. 메인뱅크가 거래 기업의 부실을 인정하게 되면, 단순히 대출금을 떼이는 것을 넘어 자신들이 보유한 주식까지 휴지 조각이 됨을 의미했다. 이는 은행의 부실채권이 증가하면서 동시에 자기자본에 직접적인 타격을 가하는 이중의 충격이었다. 따라서 은행들은 자신들의 생존을 위해, 부실기업을 정리하기보다는 오히려 추가 대출을 통해 연명시키는 에버그리닝에 나설 수밖에 없는 강력한 유인을 갖게 되었다.

부실 처리에 급급해진 은행들은 더 이상 새로운 위험을 감수하고 미래 산업에 투자할 여력을 상실했다. 심장이 멈추니 온몸으로 피가 돌지 못하는 '돈맥경화' 현상이 발생한 것이다. 이것이 바로 일본 기업 전체가 혁신의 동력을 잃게 되는 결정적 원인이었다.

혁신의 돈줄을 막은 '좀비 대출'

이토와 호시 교수가 실증 분석을 통해 증명한 가장 중요한 문제는, 바로 은행들이 회생 불가능한 '좀비 기업'에 계속해서 대출을 연장해 주었다는 사실(좀비 대출)이다. 이 '좀비 대출'은 일본 경제 전체의 신진대사를 막는 저주가 되었다.

두 교수는 방대한 기업 데이터를 분석하여, 영업이익으로 대출 이자조차 갚지 못하는 상태가 수년간 지속됨에도 불구하고, 은행으로부터 정상 기업보다 더 낮은 금리로 신규 대출을 받아 연명하는 기업들을 '좀비 기업'으로 정의했다. 그리고 그들이 발견한 증거는 충격적이었다. 그들은 통계 분석을 통해, 좀비 기업이 많이 존재하는 산업일수록, 같은 산업에 속한 건강한 기업들의 신규 투자와 고용 창출이 현저히 낮아진다는 명백한 인과관계를 증명해 낸 것이다.

이토와 호시 교수의 주장을 최근 한국은행 보고서에서도 확인할 수 있다. 일본 은행들은 이자보상배율이 1 미만이어서 이자조차 갚기 어려운 기업들에 대해 '좀비 대출'을 늘려주었다. 다음 그림은 이러한 좀비 대출의 비중이 2005년까지 얼마나 높게 유지되었는지를 명확히 보여준다. 그 결과 경제 전체가 활력을 잃고 생산성 낮은 '좀비 기업'들만 가득한 상태가 오랫동안 지속되게 되었다.

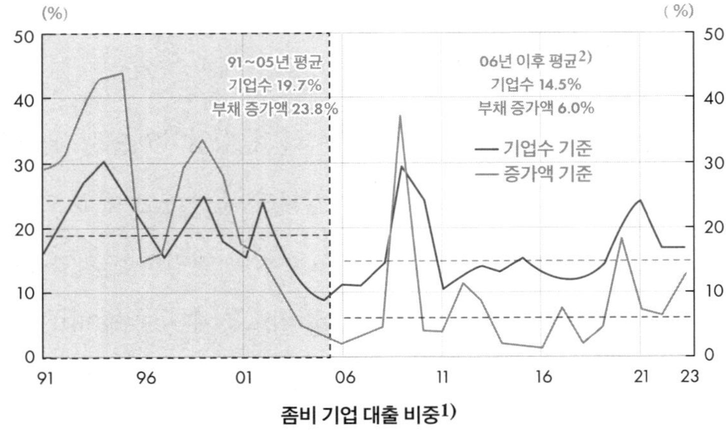

좀비 기업 대출 비중1)

[BOK 보고서 <그림 13> 좀비대출 비중 이미지]
자료: S&P Capital IQ, 한국은행 조사국 계산
출처: 장태윤, 김남주, 손윤석(2025). 일본경제로부터 되새겨볼 교훈, BOK 이슈노트, 2025(14)

좀비 기업들이 시장 전체의 건전성을 훼손하는 메커니즘은 이렇다. 첫째, 좀비 기업들은 시장에서 퇴출당하지 않고 계속 버티면서, 건강한 신규 기업들이 시장에 진입할 공간 자체를 막아버렸다. 둘째, 이들은 생존을 위해 원가 이하로 물건을 파는 '덤핑'을 일삼으며 시장 가격을 교란했고, 이는 같은 산업에 속한 건강한 기업들의 수익성마저 악화시켰다. 셋째, 은행들은 이미 좀비 기업에 물려있는 돈이 너무 많아, 정작 자금이 필요한 혁신적인 신생 기업이나 성장 잠재력이 높은 기업에는 돈을 빌려주지 못했다.

이토와 호시의 연구는 에버그리닝으로 인해 자본주의의 핵심 동력인 '창조적 파괴'가 멈춰버린 현상을 주목했다. 혁신의 돈줄이 마르면서,

---

1)   전년대비 부채가 증가한 기업 중 이자보상배율이 1 미만인 기업수 및 부채 증가액 비중, '09~10년 제외

일본 기업 전체는 역동성을 잃고 서서히 쇠락의 길로 접어들었다.

왜 일본은 스웨덴처럼 과감한 수술을 하지 못했는가? 두 교수는 그 원인을 단순한 경제적 판단의 실수가 아니라 정치적 실패에서 찾는다. 부실을 정리하는 것은 곧 자민당의 강력한 지지 기반이었던 건설업계와 지방 은행들에게 고통을 안겨주는 것이었다. 이들은 일본 전역에 퍼져 있는 강력한 이익 집단이었고, 정치인들은 선거에서의 패배를 걱정하며, 이들의 고통을 동반하는 구조조정을 차일피일 미루었다.

대장성 관료들 역시 자신들의 실패를 인정하고 싶지 않았고, '호송선단 방식'으로 대표되는, 금융기관과의 오랜 유착 관계 속에서 과감한 결정을 내리지 못했다. 스웨덴이 국가적 위기 앞에서 초당적으로 협력하여 문제를 해결했던 것과 달리, 일본에서는 기득권 카르텔과 관료주의가 결합하여 구조조정을 막는 보이지 않는 손으로 작용했던 것이다.

이토와 호시 교수의 분석은, 일본의 장기 침체가 피할 수 없는 운명이 아니라, 충분히 막을 수 있었던 정치경제학적 실패의 산물이었음을 명확히 보여준다.

5

좀비 경제가 삼켜버린 일본의 미래

3부 치유의 길

한국 경제가 금융위기를 맞고 나면 어떤 모습이 될까? 우리는 일본에서 파국 이후의 경제에 대한 조각들을 엿볼 수 있다. 에버그리닝으로 인해 좀비 경제로 전락한 일본 경제는 심장이 보낸 피를 공급받지 못한 근육처럼 각 분야가 위축되었다. 버블경제의 후유증은 컸다. 세계 최고의 경쟁력을 자랑하던 대기업들도 힘을 잃고 휘청거렸다. 길고 긴 경기 침체로 사회 전체가 깊은 무기력증에 빠져들었다.

버블경제 시대 정책 실패의 상징 같았던 리조트법이 남긴 상흔은 일본 전 국토에 남았다. 전국에 난립했던 리조트와 골프장들은 버블 붕괴와 함께 버려져 흉물로 방치되었다. 홋카이도의 한적한 시골 마을에 지어진 호화로운 리조트는 유령 건물로 변했고, 완공조차 못 한 채 녹슨 철골만 남은 골프장도 부지기수였다. 이는 비생산적인 곳에 묶여버린 천문학적인 자본의 무덤이자, 잘못된 정책이 남긴 지워지지 않는 상처였다.

부동산 가격 폭락은 도쿄 등 대도시에 국한된 것이 아니라, 지방까지 포함한 전국적인 현상이었다. 1991년부터 20년 넘게 이어진 가격 하락으로, 일본 전체의 토지 자산 가치는 약 1,500조 엔(약 1경 5,000조 원)이나 증발했다. 이로 인해 일본 전체가 거대한 '마이너스 자산 효과Negative Wealth Effect'에 시달리며 소비는 깊은 침체의 늪에 빠졌다.

'마이너스 자산 효과'란, 내가 가진 집값이나 주식 가격이 떨어지면 심리적으로 '가난해졌다'라고 느껴 소비를 줄이는 현상을 말한다. 1억 엔이라고 굳게 믿었던 내 집이 6천만 엔으로 떨어졌다고 상상해 보자. 월급이 줄어든 것은 아니지만, 내 재산이 4천만 엔이나 사라졌다는 생각에, 미래에 대한 불안감이 커진다. 그 결과 사람들은 외식을 줄이고, 새 차 구입을 미루며, 여행 계획을 취소하는 등 허리띠를 졸라매기 시작한다. 일본에서는 수백만 가구가 동시에 이런 행동에 나섰고, 이것이 일본 내수 시장을 수십 년간 얼어붙게 만든 가장 중요한 원인 중 하나가 되었다.

버블의 정점에서 '영끌'해서 집을 산 평범한 가정들은 집값은 폭락했는데 대출 원금은 그대로 남아, 수십 년간 빚의 굴레에서 벗어나지 못하는 '주택담보대출의 노예'로 전락했다. 집을 팔아도 빚을 다 갚을 수 없는 '마이너스 자산Negative Equity' 상태에 빠진 가구가 속출했다. 이들은 소비를 극도로 줄이고, 오직 빚을 갚기 위해 살아야 했다. 이들의 고통은 일본 내수 시장을 얼어붙게 만든 또 다른 원인이었다.

장기침체의 늪에 빠진 일본 대기업들

버블경제의 몰락과 함께, 놀랍게도1980년대 혁신과 품질의 대명사로 난공불락처럼 보였던 일본의 대표 기업들이 한결같이 경쟁력을 잃어가며 하나둘씩 쓰러져 갔다.

1990년대 말, 2조 엔이 넘는 빚더미에 올라 파산 직전에 몰린 닛산자동차는 결국 프랑스 르노에 인수되고, 카를로스 곤Carlos Ghosn이라는 외국인 CEO에게 구조조정을 맡겨야 했던 사건은 일본 사회에 엄청난 충격을 주었다. '비용 절감의 귀재'로 불린 그는 일본 기업의 성역이었던 종신고용제를 깨고 공장을 폐쇄했으며, 계열사 간의 끈끈한 거래 관계(게이레츠)를 끊어내는 등 일본인으로서는 상상하기 힘든 과감한 수술을 단행했다. 닛산은 기적적으로 회생했지만, 이 과정은 전통적인 일본 경영 시스템의 완전한 실패를 상징하는 굴욕적인 순간이었다.

하지만 이 드라마의 끝은 더 씁쓸했다. 훗날 카를로스 곤은 회사 자금 유용 등의 혐의로 일본 검찰에 의해 체포되었고, 그는 이것이 자신의 개혁에 반감을 품은 닛산 내부 세력의 쿠데타라고 주장했다. 결국 그는 영화처럼 악기 상자에 숨어 일본을 탈출한 뒤, 해외에서 일본의 폐쇄적인 사법 시스템과 기업 문화를 맹렬히 비난했다. 이 사건은 일본 사회가 외부의 충격 요법을 받아들이는 데 얼마나 큰 어려움을 겪는지를 보여주는 상징적인 사례가 되었다.

무엇보다 충격적이었던 것은 품질의 상징이었던 도요타 자동차마저 2000년대 후반 대규모 리콜 사태를 겪으며 신화에 균열이 가기 시작했다는 점이다. 1990년 출간된 《세상을 바꾼 기계The Machine That Changed the World》를 통해 전 세계 제조업의 교과서로 추앙받았던 바로 그 기업이, '품질' 문제로 고개를 숙인 것이다. 이는 단순한 기술적 결함이 아니었다. 장기 침체 속에서 무리한 원가 절감 압박이, 한때 그들의 자부심이었던 완벽주의와 현장 중심의 품질 관리 시스템을 갉아 먹은 결과였다. 이는 일본 제조업 전체가 깊은 병에 걸렸음을 알리는 가장 고통스러운 신호였다.

소니 역시 마찬가지였다. 2000년대 디지털 음악 시대의 도래 앞에서 애플의 아이팟과 아이폰에 처참하게 무너졌다. 소니가 기술이 없었던 것은 아니다. 문제는 부서 간의 견고한 칸막이, 즉 '사일로 효과Silo Effect'였다. 디지털 시대의 핵심은 하드웨어와 소프트웨어의 완벽한 결합이었지만, 소니 내부에서는 워크맨을 만들던 하드웨어 부서, 음반 사업을 하던 소니 뮤직, 컴퓨터를 만들던 바이오VAIO 부서가 서로 협력하지 않고 각자의 이익만을 추구했다.

누구보다 앞선 기술을 자랑하던 소니였지만, 독립된 부서에서, 무려 세 종류의, 서로 호환되지 않는 디지털 음악 플레이어를 출시하는 어처구니없는 실수를 저질렀다. 반면, 애플의 스티브 잡스는 강력한 리더십 아래 하드웨어(아이팟)와 소프트웨어(아이튠즈)를 완벽하게 결합한 단 하나의 제품에 집중했고, 시장을 완전히 장악했다.

파나소닉, 샤프 등 다른 전자 기업들 역시 이와 비슷한 이유로 디지털 전환의 흐름을 놓치고 한국과 중국 기업에 추월당하며 과거의 영광을 잃었다. 특히 LCD(액정표시장치) 부문은 일본의 실패를 압축적으로 보여준다. 일본은 초기에 LCD 기술에서 가장 앞섰지만, 불황기에 천문학적인 자금이 필요한 대규모 설비투자를 주저했다. 바로 그 틈을 한국의 삼성과 LG가 파고들어 과감한 투자로 시장을 장악했다.

1980년대 일본은 D램 반도체 시장의 80%를 장악한 절대 강자였다. 하지만 버블 붕괴 이후, 일본 기업들은 금융 불안과 리스크 회피 문화 속에서 천문학적인 자금이 필요한 대규모 설비 투자를 주저했다. 바로 그 틈을 한국의 삼성전자가 파고들었고 메모리 반도체 시장의 주도권을 가져왔다.

일본의 자부심이었던 다른 산업들도 마찬가지였다. 철강은 포스코에, 조선은 현대중공업 등 한국 기업에 세계 1위 자리를 내주었다. 석유화학 부문 역시 원가 경쟁력에서 밀리며 고전을 면치 못했다.

대기업들이 하나씩 경쟁력을 잃어버린 데에는 게이레츠系列의 함정도 원인이 되었다. 일본 특유의 기업집단(게이레츠) 구조는 종종 한국의 재벌과 비교되지만, 그 구조에는 결정적인 차이가 있다. 한국의 재벌이 창업자 가문, 즉 '총수'를 정점으로 한 수직적 지배구조를 갖는 것과 달리, 게이레츠는 명확한 총수 없이, 메인뱅크를 중심으로 각 계열사들이 서로의 주식을 교차 보유하는 형태의 느슨한 기업 연합에 가깝다. 이러한 구조는 수직적 협업에는 탁월했지만, 1990년대 이후 본격화된 글로벌 수평적 분업 시대에는 오히려 족쇄가 되었다. 과거 도요타는 덴소, 아이신 등 수많은 계열 부품사와의 긴밀한 협력을 통해 자동차라는 복잡한 제품을 완벽하게 만들어 냈다.

하지만 시대는 변했다. 애플의 아이폰을 생각해 보자. 애플은 미국에서 디자인하고, 핵심 부품인 반도체와 디스플레이는 한국의 삼성과 대만의 TSMC에서 조달하며, 최종 조립은 대만 기업인 폭스콘이 중국 공장에서 수행한다. 이는 국경을 넘어, 전 세계에서 가장 효율적이고 뛰어난 부품과 서비스를 조달하는 수평적 협업의 전형이다. 반면, 일본 기업들은 여전히 계열사끼리 일감을 몰아주는 폐쇄적인 구조에 안주하다 보니, 치열한 글로벌 경쟁의 흐름에서 뒤처지고 만 것이다.

좀비 경제가 지속되자 일본 대기업조차 혁신투자 대신 부채상환에만 매달리는 '대차대조표 불황'에 갇혀, 결국 보신주의 경영으로 글로벌 경쟁력을 상실했음을 확인했다. 이것은 거품이 꺼진 후 한국의 대기업들도 안전하지 못할 수 있다는 의미심장한 교훈을 안겨 준다. 한국의 경우에는 부동산 거품이 꺼질 경우, 건설과 금융 계열사의 부실이 그룹 전체로 전이되는 구조적 위험을 안고 있다. 이미 일부 그룹의 유동성 위기설이 잦아들지 않고 있는 것은 그 초기 신호가 될 것이다. 특히 가계부채발 내수 침체는 산업 생태계의 뿌리를 흔들어 일본보다 더 가혹한 충격을 줄 수 있다. 금융위기로 인해, 대기업들이 위기를 이유로 투자의 골든타임을 놓친다면, 중국의 거센 추격 속에서 한국 대기업 또한 일본이 겪은 '잃어버린 시간'을 그대로 답습하게 될 것이다.

'잃어버린 세대'의 탄생

버블경제 최악의 후유증은 청년들의 의욕을 잃게 한 일일 것이다. 경제의 근육이 빠지고 온몸에 상처가 남는 동안, 일본의 두뇌(과학기술)와 영혼(사회)도 서서히 병들어갔다.

일본은 여전히 많은 노벨상 수상자를 배출했지만, 이는 대부분 버블 이전의 연구 성과에 기반한 것이었다. 정작 중요한 것은, 그 기초과학을 산업화하고 새로운 부가가치를 창출하는 능력이 급격히 쇠퇴했다는 점이다. 기초과학과 산업 현장 사이의 연결고리가 끊어진 것이다.

기업이 활력을 상실하면서 일본 청년들을 '취업 빙하기'로 내몰았다. 이 과정에서 등장한 '프리터Freeter'와 '니트NEET'는 사회 문제로 비화되었다. 안정적인 소득과 미래에 대한 희망을 잃어버린 이 '잃어버린 세대'는 결혼과 출산을 포기하거나 미루었고, 이는 일본의 저출산·고령화 문제를 더욱 심화시키는 악순환을 낳았다. 사회 전체가 무기력증에 빠지게 했다.

공교롭게도 일본의 생산가능인구는 버블 붕괴 직후인 1995년을 정점으로 감소하기 시작했다. 경제위기가 인구구조의 약한 고리를 정확히 강타한 것이다. 경제적 불안정은 청년들의 삶을 옥죄었고, 이는 일본의 저출산·고령화 문제를 더욱 심화시키는 악순환의 고리를 만들었다. 경제적 활력 상실은 '하면 된다'는 자신감을 앗아가고, 미래에 대한 비관론과 변화를 꺼리는 정체된 분위기로 이어진 것이다.

부동산 버블을 제때 관리하지 못하고 구조조정에 실패한 대가는, 단순히 경제 지표의 하락이 아니라, 한 세대의 희망과 사회 전체의 활력을 앗아가는 것이었다. 일본의 사례는 우리에게 섬뜩한 경고를 던진다. 자본이 비생산적인 부동산에 묶이고 좀비 기업이 연명하는 동안, 국가의 핵심 산업 경쟁력은 서서히 무너지고, 사회는 성장의 동력을 잃어버린 채 무기력증에 빠질 수 있다는 것이다. 결국, 부동산 문제 해결은 단순한 경제 정책이 아니라, 한 나라의 혁신 능력과 미래를 결정하는 가장 중요한 과제임을 역사는 보여준다.

사일로 효과

조직 내 부서나 집단들이 서로 소통하거나 협력하지 않고, 각자의 이익이나 영역만 고수하려는 현상. 조직 전체의 효율성을 떨어뜨리고 변화에 대한 적응력을 약화시킨다.

잃어버린 세대Lost Generation

일본에서 '취업 빙하기'(대략 1993년~2005년)에 사회생활을 시작하여, 경제적 어려움과 고용 불안을 겪은 세대를 일컫는 말.

프리터フリーター, Freeter

정규직 외의 아르바이트나 파트타임 일로 생계를 유지하는 젊은층을 가리키는 일본식 조어. 고용 불안정, 낮은 소득 등의 문제를 안고 있다.

니트NEET, Not in Education, Employment, or Training

교육도 받지 않고, 일도 하지 않으며, 직업 훈련도 받지 않는 젊은 무직자를 가리키는 용어. 사회적 고립과 장래 불안정성 문제를 야기한다.

6

디플레이션과 제로 금리의 덫

심장이 멈춘 거인처럼, 일본 경제는 소비와 투자가 위축되는 깊은 내상內傷을 입었다. 그리고 이 내상은 결국 '디플레이션Deflation'이라는, 한 번 빠지면 헤어 나오기 어려운 만성 질병으로 발전했다. 일본 정부와 일본 은행은 디플레이션이라는 고질병을 해결하기 위해 상상할 수 있는 모든 처방을 했으나, 깊어진 병을 해결하기에는 역부족이었다. 고통스럽더라도 과감하게 치료하지 못하고 에버그리닝으로 일관하다가, 디플레이션이라는 중병으로 진행되는 최악의 사례로 기록될 것이다.

"물가가 떨어지면 좋은 것 아닌가?" 월급은 그대로인데 물건값이 싸지니, 언뜻 생각하면 합리적인 질문이다. 주로 인플레이션 시대를 살아온 현대인으로서는 자연스러운 의문일 것이다. 하지만 이 질문에 대한 가장 무서운 답은 이미 80여 년 전, 1929년 대공황의 폐허 속에서 나왔다. 물건값이 떨어진다는 것은 돈의 가치가 올라간다는 것인데, 돈의 가치가 올라가면 빚을 진 사람들의 부담이 커진다. 통상 기업은 대출을 받아서 투자하고 이익을 내서 갚는 주체로 보면, 인플레이션은 기업의 투자를 활성화시키는 효과가 있다. 반면 디플레이션은 대출을 받아서 물건을 만들면 가격이 떨어져서 손해를 보는 경우가 많아 기업이 투자를 기피하게 된다. 특히 버블이 붕괴되는 시점에서는 자산 가격이 급락해서 디플레이션은 추가적인 폐해를 끼치게 된다. 기업이 투자를 기피하고 이익을 내지 못하면 경제는 침체에서 벗어나기 어렵다.

특히 버블이 붕괴되는 시점에서는 자산 가격이 급락해서 디플레이션은 추가적인 폐해를 끼치게 된다. 대공황 당시 당대 최고의 경제학자로 알려진 어빙 피셔 Irving Fisher는 그의 '부채-디플레이션 Debt-Deflation' 이론을 통해, 디플레이션이 경제에 치명적인 독이 되는 과정을 설명했다. 피셔에 따르면, 디플레이션이 무서운 진짜 이유는 물가가 떨어지면 돈의 가치는 상대적으로 올라가므로, 빚의 실질적인 무게가 눈덩이처럼 불어나기 때문이다. 1억 원의 빚은 그대로인데, 내 소득과 자산 가치가 계속 떨어지는 상황을 상상해 보라. 빚을 갚기 위해 사람들은 집과 주식을 헐값에 팔고(투매), 이는 다시 자산 가격과 물가를 끌어내린다. 그리고 이는 다시 실질 부채 부담을 늘리는 악순환의 고리, 즉 '디플레이션의 소용돌이'를 만들어 낸다. 일본은 바로 이 80년 전의 경고가 현실이 된, 현대 국가 최초의 사례였다.

제로 금리와 유동성 함정

디플레이션 시대를 맞아 일본 정부가 손을 놓고 있었던 것은 아니다. 디플레이션이라는 망령과 싸우기 위해, 일본은행BOJ은 자신들이 쓸 수 있는 가장 전통적이고 강력한 무기, 즉 금리 인하를 계속 단행했다. 91년 6%였던 정책금리는, 94년 1%를 지나, 마침내 1999년 세계 주요국 중 최초로 '제로 금리ZIRP, Zero Interest Rate Policy'에 돌입했다.

하지만 효과는 미미했다. 경제학자들이 말하는 두 개의 거대한 덫에 동시에 걸려들었기 때문이다. 첫째, 금리가 0%에 가까워지자 더 이상 금리를 낮춰 경기를 부양할 수단이 사라지는 '제로 금리 하한ZLB, Zero Lower Bound' 문제에 봉착했다. 둘째, 더 근본적으로, 중앙은행이 아무리 돈을 풀어도 이미 부실과 미래에 대한 불안에 떨고 있는 기업과 가계가 돈을 빌려 쓰지 않아 통화 정책이 효과를 잃는 '유동성 함정Liquidity Trap' 현상이 나타났다.

바로 이 지점에서 대공황의 또 다른 거인, 존 메이너드 케인스가 등장한다. 케인스는 중앙은행의 통화 정책을 '줄을 미는 것pushing on a string'에 비유했다. 줄을 당길 때는 효과적이지만 밀 때는 의미 없는 것처럼, 통화 정책이 비대칭적이어서 호황에 긴축 효과는 크지만 유동성 함정에 빠졌을 때는 무력하다고 지적했다. 그는 이럴 때 필요한 것은 오직 정부가 직접 돈을 쓰는 적극적인 재정 정책뿐이라고 역설했다.

일본 정부는 케인스의 처방을 따랐다. 1990년대 내내, 일본 정부는 침체된 경기를 살리기 위해 10차례가 넘는 경기 부양책을 통해 막대한 재정을 투입하여 도로, 다리, 댐 등 전국적인 공공사업을 벌였다. 부동산 거품으로 쓰러진 나라가 다시 콘크리트로 일어서려 한 이 아이러니는, 그 이면의 정치경제학적 구조를 들여다보면 필연적인 귀결이었다. 당시 공공사업은 자민당의 가장 강력한 지지 기반인 지방 건설업계에 일감을 몰아주는 효과적인 수단이었다. 경제를 살린다는 명분 아래, 사실상 정치적 표를 확보하기 위한 선심성 사업이 남발된 것이다. 그 결과, 인적이 드문 시골 마을에 호화로운 다리가 놓이고, 산사태를 막는다는 명분으로 아름다운 해안선이 콘크리트로 뒤덮였으며, 수요 예측 없이 지어진 지방 공항들은 세금 먹는 하마로 전락했다. '콘크리트에서 사람으로'라는 비판이 나올 정도로 비효율적인 사업이 많았고, 무엇보다 일본의 국가 부채를 눈덩이처럼 불리는 결정적인 원인이 되었다.

양적 완화라는 세계 최초의 경제 실험

통화 정책도, 재정 정책도 뚜렷한 효과를 보지 못하자, 새로운 구원투수가 등장했다. 당시 프린스턴 대학의 교수였던 벤 버냉키Ben Bernanke였다. 그는 일본의 디플레이션이 일본은행의 소극적인 대응 때문이라고 비판하며, 헬리콥터에서 돈을 뿌리는 것처럼 과감하고 공격적인 양적 완화QE, Quantitative Easing를 단행해야 한다고 주장했다. 이런 주장 때문에 그는 후에 '헬리콥터 벤'이라고 불리곤 했다. 그의 제안에 따라 일본은행은 2001년 3월, 세계 최초로 양적 완화라는 비전통적인 카드까지 꺼내 들었다.

하지만 이 역사적인 실험 역시 뚜렷한 성공을 거두지 못했다. 버냉키 자신도 훗날 평가했듯이, 당시 초기 QE는 그 규모나 방식이 충분히 과감하지 못했다. 더 근본적인 이유는 앞에서 분석한 금융 시스템 부실과 좀비 경제라는 구조적인 문제가 전혀 해결되지 않았기 때문이다. 썩은 혈관(좀비 은행)과 죽은 세포(좀비 기업)를 그대로 둔 채, 아무리 신선한 피(유동성)를 수혈한들 무슨 소용이 있겠는가? 돈은 생산적인 곳으로 흐르지 않고, 은행 금고에 잠자거나 국채 시장에서만 맴돌 뿐이었다.

섣부른 축배와 디플레이션의 관성

2006년 3월, 일본은행은 아주 잠시 경기가 회복되는 조짐을 보이자 성급하게 5년간 이어온 양적 완화 실험을 종료한다고 선언했다. 몇 달 뒤에는 제로 금리 정책마저 포기하고 금리를 인상했다. 당시 일본은행의 공식적인 이유는 "경제가 완만하게 회복되고 있고, 소비자 물가 상승률이 플러스로 돌아섰으니, 이제 디플레이션과의 전쟁에서 승리했다"는 것이었다.

하지만 이는 너무나 성급한 판단이었다. 당시 소비자 물가가 잠시 플러스로 돌아선 것은, 내수 경기가 살아났기 때문이 아니라 국제 유가 상승 등 외부 요인 때문이었다. 일본 경제의 근본 체력은 여전히 허약했고, 수십 년간 굳어진 디플레이션 심리는 전혀 바뀌지 않은 상태였다.

하지만 일본은행은 이 일시적인 지표를 보고, 마치 중병을 앓던 환자가 잠시 열이 내렸다고 완치 판정을 내리고 퇴원시킨 꼴이었다.

벤 버냉키를 비롯한 수많은 국내외 경제학자들은 이 결정을 강력하게 비판했다. 그들은 일본은행이 디플레이션이라는 병의 무서움을 과소평가하고, 너무 빨리 통화 긴축으로 돌아섰다고 지적했다. 어설픈 치료 중단이 병을 더욱 악화시킬 것이라는 경고였다.

비판은 정확히 현실이 되었다. 이제 막 회복의 기미를 보이던 일본 경제는 이 성급한 긴축 정책을 견뎌내지 못했다. 기업 투자는 다시 위축되었고, 소비는 살아나지 않았으며, 일본 경제는 다시 디플레이션의 늪으로 미끄러져 들어갔다.

이렇게 일본 경제가 다시 비틀거리고 있을 때, 2008년 글로벌 금융위기라는 거대한 외부 충격이 덮쳤다. 여기서 한 가지 역설적인 사실이 있다. 2008년 위기의 진원지였던 미국의 서브프라임 관련 파생상품에, 일본 은행들은 거의 투자하지 않았다. 왜 그랬을까? 그들이 특별히 현명해서가 아니었다. 1990년대 내내 자신들의 부실채권 문제와 씨름하느라, 해외의 위험하고 복잡한 상품에 투자할 여력도, 의지도 없었기 때문이다. 즉, 과거의 위기 경험이 역설적으로 새로운 위기의 직접적인 감염을 막아준 '예방 주사' 역할을 한 셈이다.

하지만 금융위기로 전 세계 실물 경제가 얼어붙자, 일본의 주력 산업인 자동차와 전자제품의 수출이 급감했다. 결국 일본은 금융 시스템이 아닌, 실물 경제의 붕괴라는 형태로 위기의 직격탄을 맞았고, 이는 일본의 디플레이션을 더욱 고착화시키는 결정타가 되었다.

잃어버린 30년과 정치의 덫

일본 경제는 버블경제의 붕괴 이후 디플레이션이라는 깊은 늪에 빠졌고, 제로 금리와 양적 완화, 막대한 재정 지출이라는 상상할 수 있는 거의 모든 정책 수단을 동원하고도 30년간 그 늪에서 헤어 나오지 못했다. 왜 그토록 실패로 돌아갔을까?

그 근본적인 이유는, 그들의 처방이 병의 원인이 아닌 증상에만 집중했기 때문이다. 일본 경제의 진짜 병은 단순히 돈이 부족한 것이 아니었다. 진짜 병은 경제의 혈액(자본)이 썩은 부위(좀비 기업, 비효율적 건설업)에만 계속 고여, 새살이 돋아나야 할 곳(혁신 기업)으로 흐르지 못하는 '혈맥 경화'였다. 즉, 낡은 버블 경제의 구조를 청산하고 새로운 혁신 경제로 전환하는 데 실패한 것이다.

그리고 이 수술을 가로막은 것은 바로 정치경제학적 암초였다. 돈이 비효율적인 곳으로만 흘러 들어갔던 이유는, 그곳에 자민당의 강력한 지지 기반인 건설업계와 지방은행이라는 기득권 카르텔이 버티고 있었기 때문이다. 구조조정은 이들의 고통을 의미했고, 정치인들은 표를 잃을 것이 두려워 과감한 결정을 내리지 못했다.

통화 정책도, 재정 정책도 이 구조적인 암초 앞에서 무력했다. 이 사실을 깨달은 일본 국민들의 실망은 깊어졌고, 이제 문제의 원인을 경제 정책을 넘어, 그 정책을 결정하는 '정치' 자체에서 찾기 시작했다. 2000년대 이후 일본의 정치는, '잃어버린 20년'에 대한 국민들의 분노와 희망, 그리고 좌절이 교차하는 거대한 실험의 장이었다.

2000년대 초반 '자민당을 부수겠다'며 등장한 고이즈미 준이치로는 은행 부실채권을 정리하며 일부 성과를 냈지만, 근본적인 체질 개선에는 미치지 못한 '절반의 성공'에 그쳤다. 이후 등장한 민주당 정권 역시 관료 장악 실패와 포퓰리즘적 복지 정책에 매몰되어 경제의 비효율을 걷어내지 못했다.

마지막 구원투수로 등판했던 아베 신조의 '아베노믹스'는 이 실패의 결정판이었다. '세 개의 화살' 중 리플레이션 Reflation 학파의 주장을 받아들여 돈을 푸는 금융 완화(첫 번째 화살)와 재정 지출(두 번째 화살)은 과감하게 쏘았지만, 가장 중요한 성장 전략(세 번째 화살), 즉 구조개혁은 기득권의 저항에 막혀 시위를 떠나지도 못했다.

정치가 고통을 회피한 대가는 혹독했다. 첫째, 재정·통화 정책의 만능주의라는 착시를 심어주었다. 정부가 돈만 풀면 경제가 살아날 것이라는 잘못된 믿음은 일본은행을 '정부의 지갑'으로 전락시켰고, 국가 부채를 감당 불가능한 수준으로 폭증시켰다. 둘째, 경제의 혁신 엔진이 꺼졌다. 싼 이자의 돈이 넘쳐나자, 경쟁력을 잃은 기업조차 시장에서 퇴출당하지 않고 살아남았다(좀비 기업화). 이들이 한정된 자원과 인력을 차지하고 있는 동안, 새로운 스타트업과 혁신 기업이 성장할 토양은 척박해졌다.

되돌아보면 일본의 실패는 운명이 아니었다. 그것은 충분히 막을 수 있었던, 잘못된 선택들이 쌓인 결과였다. 그들은 자산 가격 급등이라는 명백한 위험 신호를 '성장'이라는 달콤함에 취해 외면했고, 위기가 터진 후에는 '곧 괜찮아지겠지'라는 막연한 낙관론과 정치적 부담감 때문에 부실을 정리할 '골든 타임'을 놓쳤다.

결국 그들이 택한 것은 고통스러운 외과적 수술(구조조정)이 아닌, 통화 완화와 재정 정책이라는 강력한 진통제였다. 하지만 심장(금융 시스템)의 혈관(자금 흐름)이 '좀비 기업'이라는 혈전으로 꽉 막힌 상태에서 아무리 피(유동성)를 수혈한들 소용이 없었다. 돈은 혁신 기업이라는 새로운 근육으로 가지 않고, 낡고 비대한 부위에만 고이며 경제 전체를 무기력하게 만들었다.

일본의 지난 30년은 '정치가 경제적 합리성을 압도할 때 어떤 재앙이 닥치는지'를 보여주는 교과서적인 사례다. 그들은 당장의 고통이 두려워 수술을 미뤘고, 그 결과 경제 전체가 서서히 활력을 잃고 늙어가는 만성 질환에 시달리게 되었다. 일본 국민들은 누가 해도 안된다는 절망감에 빠졌고, 무기력증에 빠진 일본 사회는 축소사회로 전환되었다.

디플레이션

물가상승률이 0% 아래로 떨어져, 전반적인 상품과 서비스 가격 수준이 지속적으로 하락하는 현상. 소비와 투자를 위축시켜 경제 침체를 장기화시킬 수 있다.

부채-디플레이션

경제학자 어빙 피셔가 제시한 이론. 물가 하락이 실질 부채 부담을 증가시키고, 이는 다시 자산 투매와 물가 하락으로 이어지는 악순환을 의미한다.

유동성 함정

금리가 매우 낮아져 중앙은행이 통화량을 늘려도 더 이상 투자나 소비가 늘지 않아 통화 정책이 효과를 잃게 되는 상태.

양적 완화 QE, Quantitative Easing

중앙은행이 국채나 다른 자산을 매입하여 시중에 직접 유동성을 공급하는 비전통적 통화 정책.

아베노믹스 Abenomics

2012년 12월, 아베 신조 총리가 장기 침체와 디플레이션을 극복하기 위해 내세운 대규모 경제 정책. '세 개의 화살'로 불리는 대담한 금융 완화, 기동적인 재정 정책, 성장 전략을 핵심으로 한다.

리플레이션

디플레이션 상태에서 벗어나기 위해, 인위적으로 통화량을 늘려 물가를 끌어올리려는 정책. 아베노믹스의 핵심적인 이론적 토대가 되었다.

제2장

한국 경제, 치유의 길

불편한 진실을 마주할 용기

앞선 장들에서 그려진 파국적 전망 앞에서 우리는 깊은 무력감에 빠지기 쉽다. 그러나 역사는 위기 속에서 새로운 길을 찾아온 인류의 기록이며, 특히 한국 사회는 위기를 극복하는 특별한 DNA를 가지고 있음을 여러 차례 증명해 왔다.

오늘날의 대한민국을 보면 기이한 이중성이 발견된다. 한편에서는 K-POP과 K-콘텐츠로 대표되는 문화적 역동성이 전 세계를 휩쓸고, 코로나19 팬데믹 당시에는 성숙한 시민의식과 효율적인 방역 시스템으로 세계에서 가장 성공적으로 위기를 극복한 국가 중 하나로 평가받았다. 그러나 다른 한편에서는, 이 책에서 줄곧 지적해 온 것처럼, 국가 소멸과 저성장 위기를 불러오는 저출산에 대해 방관하다시피 무기력하게 대응하고 있으며, 부동산 거품과 부채라는 내부의 암세포가 자라나는 것을 외면하며 시스템 전체가 붕괴 직전으로 내몰리고 있다. 어떻게 이토록 상반된 두 얼굴이 공존할 수 있는가?

그 해답은 바로 '위기에 대한 사회적 인식과 합의'가 있었는지 여부에 있다. 팬데믹은 눈에 보이는 명백한 적이었고, 사회 전체가 이를 공동의 위기로 '인식'하고 대응했다. 그러나 경제위기는 서서히 다가오는 위협이었고, 부동산 불패 신화라는 집단적 최면 속에서 사회는 이를 '논의'하기를 거부했다. 위기를 위기로 인식하지 못하는 위기 불감증, 이것이 우리를 벼랑 끝까지 몰고 온 근본 원인이다.

위기를 극복해 온 한국 경제의 저력

하지만 바로 이 지점에서 우리는 희망의 실마리를 찾을 수 있다. 한국 사회는 일단 위기를 공동의 문제로 인식하고 사회적 합의를 이루기만 하면, 상상을 초월하는 저력을 발휘해 왔다. 1997년 외환위기 당시, 국가 부도라는 절체절명의 위기 앞에서 351만 명의 국민들이 장롱 속에 간직했던 돌반지와 결혼반지를 들고나와 약 227톤의 금을 모았던 '금 모으기 운동'은 전 세계를 놀라게 한 국민적 저력의 상징이다. 코로나19 팬데믹을 극복하는 과정에서 보여준 자발적인 마스크 착용과 사회적 거리두기 동참 역시 마찬가지다.

이 두 사건의 본질은 같다. 바로 '공동체의 복원'이다. 개인의 욕망(자산을 지키려는 마음, 개인의 자유를 누리려는 마음)을 잠시 억제하고, '우리'

라는 공동체를 위해 함께 힘을 모았던 기억이다. 이것이 바로 한국 사회가 가진 가장 강력한 무기이자 역동성의 원천이다.

지금까지 이 강력한 힘은 부동산 거품과 가계부채 문제에 있어 패닉바잉과 영끌이라는 집단적 광기 앞에서 잠들어 있었다. 그러나 만약 우리가 이 경제위기 역시 팬데믹과 같은, 우리 모두의 생존을 위협하는 실체적 위협임을 '인식'하고 공론의 장으로 끌어낼 수만 있다면, 잠자던 거인은 다시 깨어날 것이다. 지금 필요한 것은 비관이나 체념이 아니다. 위기를 정면으로 마주하고 '이제 무엇을 할 것인가'를 함께 논의하는 용기다. 파국은 과거와의 고통스러운 단절이지만, 동시에 낡은 시스템을 부수고 새로운 미래를 건설할 유일한 기회이기도 하다.

거품을 인정하는 것이 첫걸음

위기를 위기라고 부르는 정직한 용기만이 우리를 파국에서 구원할 수 있다. 너무나 당연한 말처럼 들리지만, 국가 경제의 위기 앞에서 이토록 지키기 어려운 원칙도 없다. 역사를 돌이켜보면 모든 거대한 파국은 언제나 '부정'에서 시작되었다.

우리가 앞서 살펴보았던 나라들을 기억하는가? 국가 전체가 거대한 헤지펀드처럼 움직였던 아이슬란드, 부동산으로 쌓은 탑을 성장의 증거로 믿었던 아일랜드, 그리고 태양 가득한 해변에 끝도 없이 아파트를 지어 올렸던 스페인까지. 이들의 공통점은 비극이 터지기 직전까지도 정부 관료들이 하나같이 "거품은 없다", "경제의 펀더멘털은 튼튼하다"라고 단언했다는 사실이다. 2008년 세계 금융위기 당시 벤 버냉키 미 연준 의장조차 폭락 직전까지 "전국적인 주택 거품은 없다"라고 확신했다.

특히 일본의 사례는 우리에게 섬뜩한 기시감을 준다. 도쿄의 땅을 팔면 미국 전체를 살 수 있다는 광기 어린 시절, 일본의 대장성 관료들은 오만했다. 그들은 '토지 신화'를 종교처럼 맹신하며, 땅값은 절대 떨어지지 않는다는 믿음 아래 거품 붕괴의 징후가 뚜렷한 상황에서도 "일본 경제는 다르다", "정부가 통제 가능하다"며 끝까지 현실을 부정했다. 그 오만과 부정의 대가가 바로 처절한 '잃어버린 30년'이었다.

지금 한국의 모습은 이들과 얼마나 다른가? 가계부채가 세계 최고 수준을 경신하고 영끌한 청년들이 고통을 호소하고 있음에도, 정책 당국자들은 앵무새처럼 "현재 주택가격은 거품이 아니다"라거나 "연착륙 중이다"는 말만 반복하고 있다. 이는 단순한 낙관이 아니다. 책임을 회피하고 싶은 비겁함이자, 몰려오는 쓰나미 앞에서 종이우산을 펴고 있는 무모함이다. 위기를 위기라고 부르지 못하는 순간, 해결할 수 있는 골든타임은 속절없이 흘러가 버린다.

우리가 왜 여기까지 오게 되었는지 직시해야 한다. 근본적인 원인은 한국 경제의 심장이었던 '수출 대기업 위주의 성장 모델'이 한계에 봉착했기 때문이다. 정석대로라면 고통스럽더라도 낡은 산업구조를 개편하고 창의적인 '혁신 성장'으로 엔진을 교체하는 수술을 감행해야 했다. 하지만 우리는 쉬운 길을 택했다. 혁신이라는 어려운 숙제를 하는 대신, 부동산 부양책이라는 달콤한 모르핀을 투여한 것이다.

그 결과 한국 경제는 깊은 늪에 빠졌다. 천문학적인 가계부채는 단순히 숫자의 문제가 아니다. 빚을 갚느라 허덕이는 가계는 지갑을 닫을 수밖에 없다. 버는 돈의 상당 부분이 이자와 원금 상환으로 빠져나가는데, 누가 맛있는 것을 사 먹고 여행을 가겠는가? 소비가 죽으면 자영업자가 무너지고, 기업이 투자를 줄이며, 내수 시장 전체가 장기 침체의 늪에서 헤어 나올 수 없는 악순환에 갇히게 된다.

더욱 심각한 것은 비대해질 대로 비대해진 부동산 산업이다. 이 산업은 우리 사회의 한정된 자원과 돈을 빨아먹는 거대한 하마가 되었다. AI, 반도체, 바이오 등 미래를 이끌 혁신 기업으로 흘러가야 할 막대한 대출금이 비생산적인 부문을 유지하기 위해 들어갔다. 나라의 돈이 미래가 아닌 과거의 콘크리트에 묻히고 있는 것이다.

그 부작용은 이제 '국가 젠트리피케이션 National Gentrification'이라는 거대한 괴물이 되어 우리 사회의 미래를 집어삼키고 있다. 젠트리피케이션이 무엇인가? 임대료가 너무 올라 원래 살던 원주민과 가난하지만 창의적인 예술가들이 쫓겨나고, 결국 동네 전체가 활기를 잃고 죽어버리는 현상이다. 지금 대한민국 전체가 거대한 젠트리피케이션을 앓고 있다. 부동산 가격과 임대료라는 '지대'가 너무 높아지니, 혁신적인 아이디어로 무장한 스타트업은 사무실 임대료조차 감당하기 힘들다. 땀 흘려 일해서 새로운 가치를 만드는 것보다 부동산 투기가 더 큰 돈을 버는 세상에서, 과연 누가 인생을 걸고 혁신에 도전하겠는가?

더욱 비극적인 것은 미래 세대의 축출이다. 천정부지로 치솟은 주거 비용은 청년들에게서 결혼과 출산의 꿈을 잔인하게 앗아갔다. "평생 벌어도 집 한 채 못 산다"는 절망감은 청년들을 투기판으로 내몰거나 아예 삶의 의욕을 꺾어버렸다. 높은 지대가 혁신(기업)과 미래(청년)를 나라 밖으로, 혹은 삶의 벼랑 끝으로 쫓아내는 것, 이것이 바로 저성장과 저출산의 진짜 원인인 '국가 젠트리피케이션'의 실체다.

상황이 이런데도 정부는 거품을 인정하기는커녕, 죽어가는 나무에 녹색 페인트칠을 하는 '에버그리닝'에 몰두하고 있다. 대출 만기를 연장해 주고 이자 상환을 유예해 주며 부실을 감추기에 급급하다. 그 결과 생산성 없는 '좀비 기업'과 빚의 노예가 된 '좀비 가계'만 양산되어 경제 전체의 활력을 갉아먹고 있다.

이 파국을 멈추기 위해 필요한 것은 단 하나, 불편한 진실을 마주하는 용기다. 거품이 터질까 두려워 눈을 감고 있어서는 아무것도 해결되지 않는다. 지금 당장 국가적인 차원에서 "우리는 심각한 위기에 처해 있다"는 사실을 공론화해야 한다. 여기서 언론과 정치의 역할은 절대적이다.

언론의 사명은 감시견이며 사회의 등대다. 폭풍우가 몰려오는데 불을 밝히지 않는 등대는 존재 가치가 없다. 매일 1면 톱으로 위태로운 가계부채와 부동산 거품의 실상을 보도하고, "지금은 빚을 내어 축배를 들 때가 아니라 생존을 위해 허리띠를 졸라매야 할 때"라고 국민에게 경고해야 한다.

국회 역시 당장 무의미한 정쟁을 멈추고 '경제위기 특별위원회'를 구성해야 한다. 매일 같이 청문회를 열어 경제 관료들을 불러 앉히고 따져 물어야 한다. "지금의 이 거품이 지속 가능한가?", "터졌을 때의 대책은 무엇인가?”를 집요하게 묻고, 그 과정을 국민에게 생중계하여 관료들이 숨기고 있는 폭탄의 실체를 낱낱이 드러내야 한다.

거품이 꺼져야 한국 경제가 산다

우리는 선택해야 한다. 거품을 끌어안고 다 같이 침몰할 것인가, 아니면 고통스럽더라도 거품을 걷어내고 다시 시작할 것인가. 우리 아이들의 미래를 위해, 청년 세대에게 숨 쉴 공간을 내어주기 위해, 지금의 주택 가격 하락을 현실로 받아들이고 감내하겠다는 어른들의 성숙한 결단이 필요하다. 나만 잘사는 것이 아니라, 우리가 함께 사는 길을 택하는 그 ‘정직한 용기’만이 대한민국을 파국에서 구원할 유일한 희망이다.

일본이 ‘토지신화’라는 집단사고에서 벗어나지 못하고 잃어버린 30년을 맞았던 것처럼, 한국 경제 역시 ‘부동산 불패’라는 신화에 빠져 앞뒤 재지 못하고 절벽으로 내닫고 있다. 영끌과 가계부채, 부동산업 대출과 그것도 부족해 정책자금으로 힘겹게 버티고 있는 한국의 부동산 가격은 결코 정상이 아니다. 높은 주택가격과 부채의 부담으로 무너지고 있는 가계를 더 이상 버틸 수 없을 것이다. 만약 투기꾼들과 미디어-건설 복합체의 바람대로 일정 기간 거품을 유지한다고 하더라도, 결국 국가소멸위기와 저성장으로 무너지는 것은 시간문제일 것이다. 경제의 토대가 무너지는데 부동산 가격이 유지될 수는 없다. 골든타임이 흘러가고 있다. 시간이 흐를수록 병은 깊어져 가고, 우리가 지불해야 하는 비용은 눈덩이처럼 불어날 것이다.

하지만 그 무엇보다 중요한 것은 우리 사회 전체의 '공동체 의식'이다. 진정한 위기 극복은 내 집값만은 떨어지면 안 된다는 이기심을 내려놓는 데서 시작된다. 지금의 높은 집값은 미래 세대가 짊어져야 할 빚 위에 세워진 사상누각이다. 청년들이 꿈을 꿀 수 없고, 아이 울음소리가 사라진 나라에서 비싼 아파트가 무슨 소용이 있겠는가?

금 모으기 운동

1997년 IMF 외환위기 당시, 국가 부채를 갚기 위해 국민들이 자발적으로 자신이 소유한 금을 나라에 기부하거나 판매한 범국민적 운동. 한국 사회의 위기 극복 저력을 상징하는 대표적인 사례로 꼽힌다.

국가 젠트리피케이션

원래 젠트리피케이션은 낙후된 구도심이 개발되면서 임대료가 급격히 상승해, 정작 그 동네를 일구었던 원주민과 가난한 예술가들이 밖으로 쫓겨나는 현상을 의미한다. 이 개념을 국가 단위로 확장하여, 국가 전체의 부동산 비용과 임대료가 감당할 수 없을 만큼 높아져, 혁신을 주도해야 할 스타트업(기업)과 나라의 미래인 청년 세대(사람)가 경제활동에서 배제되거나 꿈을 포기하게 되는 현상을 뜻한다. 높은 '지대'가 국가의 '미래'를 축출하는 비극적인 상황을 빗댄 표현이다.

| 2 |

금융시장을 전면 개혁하라

시장경제는 그 자체로 놀라운 생명력을 가지고 있다. 마치 우리 몸이 외부의 병균에 맞서 싸우고 상처를 스스로 치유하는 면역 시스템을 가진 것처럼, 시장경제에도 부실을 정리하고 자원을 효율적으로 재분배하는 '자동안정장치' 또는 '자연치유 기능'이 내장되어 있다. 잘못된 투자로 비대해진 거품은 언젠가 터지기 마련이고, 방만한 경영을 한 기업은 시장에서 퇴출당한다. 이 과정은 당장은 고통스럽지만, 마치 숲에 불이 나 죽은 나무와 썩은 풀들을 태워버리고, 그 재를 자양분 삼아 새로운 싹이 돋을 공간을 만들어주는 것처럼, 경제 전체의 비효율성을 제거하고 체질을 더 건강하게 만드는 필수적인 과정이다.

우리는 앞에서 이 시장의 '보이지 않는 손'에만 모든 것을 맡기는 자유방임주의Laissez-faire 경제에서 인간의 탐욕과 공포가 만들어 내는 거대한 거품과 붕괴를 주기적으로 반복했음을 설명했다. 그런데 현대경제에서는 이 시장의 실패를 교정하기 위해 고용된 파수꾼들인 정부가 파국의 설계자들이 되어 오히려 부동산 거품을 증폭시키는 사례가 비일비재하고, 한국 경제도 그렇게 부동산 거품의 광기에 사로잡혀 왔다.

따라서 경제위기의 치유법은 간단하다. 원래 시장이 갖고 있는 건강한 자동안정장치를 복원하는 것이다. 파국의 설계자들에 의해 억제되어 있는 건강한 시장을 되살리는 길이다. 우리 몸이 끊임없이 건강한 세포를 만들어 내듯이, 역동적인 시장에서는 끊임없이 실패한 기업은 도태되고 새로운 기업이 등장한다. 그런데 일부 이해관계자를 위한 에버그리닝이 이를 억제할 때, 경제는 만성적인 질환에 시달리게 되고 결국 혈관이 막혀 언제라도 위기를 맞게 되는 취약한 상태가 된다.

구조조정, 빠르면 빠를수록 좋다

20년간 지속되어 온 에버그리닝으로 인해 완전히 망가진 경제를 살리는 첫걸음은 환부를 도려내는 고통스러운 외과수술, 즉 구조조정이다. 고통스럽다고 미루다가 여기까지 왔음을 우리는 결코 잊지 말아야 한다. 부실을 정리할 때 겪을 단기적 충격을 피하기 위해 '에버그리닝'으로 일관하다가 30년의 침체를 겪은 일본의 사례는 우리에게 명확한 교훈을 준다. 수술을 미룰수록 병은 깊어지고, 결국엔 더 큰 고통을 겪을 수밖에 없다.

특히 비대해진 건설업과 부동산업에 대한 과감한 구조조정 없이는 한국 경제의 미래를 이야기할 수 없다. 우리나라 전체 부동산금융 익스포저가 4,000조 원이 넘고, 특히 건설업과 부동산업에 대한 대출이 600조 원을 넘을 정도로 비생산적인 '콘크리트'에 막대한 자본이 묶여 있다. 이것을 유지하면서 경제 성장을 달성할 수 없다는 사실은 분명하다. 비생산적인 부동산업 부문을 줄이기는커녕 더 비대해지는 것을 방치한 관료주의를 철저히 타파해야 한다. 정치권과 관료들을 포획한 미디어-건설 복합체의 강력한 힘을 억제할 수 있는 사회적 공론의 장이 필요하다. 비대해진 건설업과 부동산업을 지탱하기 위해 자산 거품을 유지해야 하는, 이 기형적인 구조를 해소하지 못하면 혁신 성장은 불가능하다. 일본이 바로 이 건설·부동산 부문의 구조조정 실패 때문에 30년 침체의 늪에 빠졌음을 생각하면, 우리는 더 이상 결단을 미룰 수 없다.

우리는 앞에서 '바퀴벌레 이론'을 주창했다. 눈에 보이는 바퀴벌레 한 마리는 보이지 않는 곳에 수백 마리가 번식하고 있다는 신호이다. 지금 한국 경제 곳곳에서 터져 나오는 '미니 위기'들이 바로 그 바퀴벌레다. 이는 경제의 음습한 구석들이 이미 부실이라는 바퀴벌레 군단에 의해 완전히 점령당했음을 의미한다. 이제 필요한 것은 눈에 보이는 바퀴벌레 몇 마리를 잡는 임시방편이 아니라, 집안 전체를 뒤집는 '대대적인 청소'다.

이 대청소의 핵심은 부실 부문에 대한 과감한 전수조사를 통해 신속하게 건전 기업과 좀비 기업을 구분하는 것이다. 더 이상 '옥석 가리기'라는 이름으로 시간을 끌어서는 안 된다. 금융기관, 건설사, PF 사업장 등 부실의 진원지에 대해 예외 없는 실사를 단행하여 회생 가능한 기업과 그렇지 않은 기업을 명확히 판별해야 한다. 이것이 바로 음습한 곳에서 무한 복제를 반복하는 바퀴벌레를 근원적으로 해결하는 유일한 길이다.

물론 이 과정은 고통스럽고 구조조정 과정에서 어떤 부작용이 발생할지 가늠하기 어렵다. 환자가 수술실에 들어가기 싫어하는 심리와 같다. 그러나 이 고통을 감내해야만 시장에 규율이 바로 선다. 부실기업과 부실 금융기관이 시장 원리에 따라 퇴출되는 과정이 있어야, 다시는 방만한 대출과 투기가 발붙이지 못한다. 지난 시절 여기저기 튀어나온 바퀴벌레라도 제대로 정리했다면 현재와 같은 암담한 상황은 피할 수 있었을 것이다. 그랬다면 한정된 자원이 좀비 기업의 연명치료가 아닌, 혁신을 향한 도전에 투입될 수 있었을 것이다. 경제라는 유기체에 '좀비'라는 기생충이 들끓는 한, 결코 건강해질 수 없다.

일단 대청소를 통해 집 안을 깨끗이 한 뒤에야, 다시 바퀴벌레가 생기지 않도록 환경을 개선하는 다음 단계의 작업들이 의미를 가질 수 있다. 가계, 기업, 금융기관 전반에 걸친 신속하고 과감한 구조조정은 선택이 아닌 필수다. 고통의 시간은 피할 수 없지만, 그 시간을 단축하는 유일한 길은 하루라도 빨리 수술을 시작하는 것이다. 구조조정은 빠르면 빠를수록, 한국 경제의 회복을 앞당긴다.

원칙을 지키는 금융으로의 정상화

금융의 기본은 일시적으로 현금이 부족한 경제 주체에게 자금을 융통하여 더 많은 기회를 제공하는 것이다. 나중에 갚을 수 있는 사람에게 대출하고 그를 상환받는 것이 금융이다. 그러나 지난 수십 년간 한국의 금융은 이 가장 기본적인 원칙을 스스로 무너뜨렸다. 이제 그 실패를 통렬히 반성하고, 금융의 기본 원칙을 다시 세우는 것에서 위기 극복의 첫걸음을 떼어야 한다.

첫째, '상환 능력 기반 대출'이라는 대원칙을 복원해야 한다. 다행히 우리에게는 총부채원리금상환비율DSR이라는 정착된 기준이 있다. 이제 기존 대출의 만기 연장, 신규 대출, 그리고 정부가 주도하는 모든 정책금융까지 예외 없이 DSR 기준을 적용해야 한다.

한국은행 보고서에 따르면 현재 DSR기준을 적용하는 대출은 전체의 50%에 불과하다. 특히 전세대출을 비롯한 정책금융이 사각지대로 남아있고, 과거에 받은 대출의 대부분은 현재 기준에 맞지 않는다.

우리 사회의 문제는 상환 능력에 맞도록 대출하자는 정책에 대해 가난한 사람들에게 기회를 박탈하는 정책이라고 비난해서 여론을 주도하는 현상이다. 상환 능력이 없는 사람들에게 대출해 주고 갚지 못하면 괴롭히는 것을 당연시하는 태도가 경제위기와 함께 사회위기를 불러왔다. 조금만 따져보면 상식적으로 합당하지 않는 주장들이 한국 사회에 넘쳐난다. 상환 능력이 없는 개인에게 필요한 것은 더 싼 이자의 대출이 아니라 사회 안전망이다. 대출이 필요한 사람과 복지 지출이 필요한 사람을 명확히 구분하고, 후자에게는 대출이 아닌 직접적인 재정 지원을 통해 도움을 주어야 한다는 원칙으로 돌아가야 한다.

둘째, 상환 능력이 없는 사람에게 대출을 해주는 행위를 '약탈적 대출Predatory Lending'로 명확히 규정하고, 이를 통해서는 수익을 낼 수 없는 구조를 만들어야 한다. 금융기관이 DSR 기준을 초과하는 대출을 실행할 경우, 해당 대출에 대해서는 자기자본 산정 시 위험가중치를 대폭 상향해야 한다. 대출이 대거 부실화될 때를 대비하여 금융기관의 대손충당금을 DSR에 비례해서 즉시 상향 조정해야 한다. 또한, 그 대출이 부실화되면 발생하는 사회적 비용(신용 회복 지원 비용, 실업 급여 등)의 일부를 해당 금융기관이 부담하도록 하는 '사회적 비용 분담금' 제도를 도입해야 한다. 이는 금융기관이 자신의 대출 행위가 낳는 외부효과에 대해 책임지게 함으로써, 스스로 건전성을 관리하도록 유도하는 강력한 시장 친화적 규제가 될 것이다.

지금까지 한국의 금융정책 당국은 금융기관에 책임을 물리는 정책을 극도로 꺼려왔다. 금융기관의 안정성을 최우선 과제로 인식하는 기관의 속성일 테지만, 바로 그러한 태도로 인해 금융기관들의 방만한 대출이 일상화되었다. 2008년 금융위기 이후 미국은 주요 금융기관에 천문학적인 과징금을 부과했다. 뱅크 오브 아메리카, JP모건 체이스 등에 부과된 과징금 총액은 100조 원을 넘는 것으로 추정되고 있다. 이처럼 미국은 사후적으로 철저히 금융기관에 그 책임을 물었다. 한국은 금융위기를 촉발하는 금융기관의 무분별한 대출에 대한 과징금을 부과하거나 경고한 적이 없다. 이렇게 금융기관을 감싸는 정책당국의 태도로 인해 위기 요인을 키운 것이다.

셋째, 에버그리닝을 근절하기 위한 강력한 규제와 처벌이 필요하다. 앞선 조치들은 필연적으로 금융기관이 부실채권을 감추려는 유인을 키울 것이다. 따라서 부실채권에 대한 감독 당국의 집중적인 관리·감독 시스템을 구축해야 한다. 무엇보다, 부실을 이연시키거나 감추는 에버그리닝 행위는 더 이상 '위험 관리'의 일부가 아니라, 투자자와 사회를 기만하는 명백한 범죄 행위로 규정해야 한다. 이를 위해 에버그리닝을 '자본시장법' 상의 분식회계와 동일한 수준으로 처벌하는 강력한 법적 근거를 마련해야 한다. 금융기관의 투명성을 확보하지 않고서는 금융 정상화는 한 발짝도 나아갈 수 없다.

앞에서 민간의 에버그리닝에 대한 감독도 중요하지만, 정부가 나서서 에버그리닝을 하는 구조가 더 치명적이라고 밝힌 바 있다. 한국은행의 무분별한 저금리 정책은 시장의 자정 기능을 억제하는 최악의 마취제이며, 책임지지 않는 공적 금융기관의 부실채권 인수 역시 정부 주도의 에버그리닝 수단이 된다. 이러한 정부 주도의 에버그리닝을 억제하는 제도 역시 강화되어야 한다.

제도적인 부채 탕감과 새출발

금융 정상화의 핵심은 잘못된 대출을 복원하는 장치이다. 이제는 잘못된 대출로 인해 상처 입은 '사람'을 살려야 할 때다. 빚의 굴레에 빠진 개인을 구제하는 것이 곧 경제 전체를 살리는 길이다. 상환 불가능한 부채는 경제의 혈액순환을 막는 '죽은 피'와 같으므로, 이를 과감히 제거하고 개인에게 '새출발'의 기회를 주어야 소비와 생산이 살아날 수 있다. 이제 집단적 광기의 희생자인 개인들을 과감히 새출발시켜야 한국 경제는 제대로 살아날 수 있다.

금융 선진국으로 나아가기 위해서는 바로 이 '새출발'을 제도화하는 것이 핵심이다. 금융 선진국인 미국은 약탈적 대출에 대한 명시적 규제가 있으며, 많은 주에서 주택담보대출에 대해 비소구대출 제도를 갖추고 있다. 또한 미국에서는 월급이나 주택, 가재도구의 상당 부분에 대해 압류를 금지하고 있어 정상적인 생활을 유지하도록 하고 있다. 특히 1978년의 파산개혁법Bankruptcy Reform Act을 통해 신의가 있는 소비자가 상환에 실패했을 때는 언제든 새출발을 할 수 있도록 보장하며, 대리인을 지정할 수 있는 공정채권추심법Fair Debt Collection Practices Act으로 인해 한국과 같은 강박적인 채권추심은 사실상 불가능하다.

이러한 제도적 기반이 바로 2008년 금융위기가 미국에서 시작되었음에도, 가장 먼저 정상화된 계기가 되었다. 스페인과 아일랜드, 아이슬랜드가 금융위기의 직격탄을 맞고 경제 파탄에 이르고, 그리스를 비롯한 남부유럽 국가들이 재정난이라는 후폭풍에 시달리고 있을 때 가장 먼저 회생할 수 있었던 것은 소비자들이 언제든 새출발할 수 있도록 제도화된 장치들 덕분이었다. 여기에 더해 앞서 지적했듯, 위기 이후 금융기관에 막대한 과징금을 부과하는 등 그 책임을 철저히 묻는 시스템이 작동하고 있다.

　반면 한국의 경우, 2005년 통합도산법 제정이나 2015년 대리인 제도를 포함한 공정채권추심제도 도입 등 외형은 갖추었으나, 금융위원회와 법원의 고질적인 '친親금융기관' 접근법으로 인해 실제로 새출발하는 채무자는 극히 소수에 머무는 실정이다.

　아무런 대비 없이 거품이 꺼지고 금융위기가 발발하면 경제는 큰 혼란에 빠지게 된다. 한국 경제에서는 외환위기 이후 매우 이례적인 기업 구조조정촉진법을 제정, 만료와 재제정을 반복하여 지금까지 이어오고 있다. 신속한 구조조정을 위한 법이지만 부실기업에 대한 특혜법으로 운용되고 있다고 비판받고 있다. 기업에 대해 이런 특혜를 주는 반면 소비자에 대해서는 가혹하게 처리해 온 것이 지금까지의 정책 방향이었다. 이제 거품이 꺼지고 금융위기가 발생하게 되면, 기업뿐 아니라 가계의 대규모 부실이 이어지는 사상 초유의 사태가 예고되고 있다. 따라서 정부의 일률적 부채 탕감으로는 한계가 있을 것이기 때문에, 사법부의 적극적인 역할이 절실히 요구된다.

　적극적으로 채무자의 새출발을 유도하는 것은 위기 극복 대책일 뿐 아니라 관치금융에서 벗어나 금융 자유화를 달성하기 위해서도 필수적이다. 미국에서는 파산법원이 적극적으로 새출발을 유도했기 때문에, 상대적으로 금융 자유화의 부작용을 억제할 수 있었다. 서브프라임 모기지 사태가 발생한 때도 많은 채무자들이 다시 정상적인 경제활동으로 복귀할 수 있었다. 금융건전성을 위해 파산법원의 전면적인 확대 개편이 요구된다. 법원에서 상환 불능 상태의 개인이 신속하게 파산·면책을 받을 수 있도록 '패스트트랙Fast Track'을 설치하고 적극적으로 운영해야 한다.

채무자의 새출발을 돕는 정책을 이야기하면 도덕적 해이 문제부터 들고나오는 이해관계자들로 인해 한국의 금융이 발전하지 못하고 있다. 약탈적 대출을 엄격히 규제하고 실패한 개인이 신속히 재기할 수 있도록 돕는 것이야말로, 금융시장의 정상화를 앞당기고 궁극적으로 한국 금융을 선진화하는 가장 확실한 방안임을 명확히 인식해야 한다.

아울러 금융기관의 책임 분담 원칙을 명확히 정립해야 한다. 개인의 파산·면책으로 발생하는 금융기관의 손실은, 과거 상환 능력을 고려하지 않은 무분별한 대출을 실행한 금융기관이 스스로 책임지도록 해야 한다. 이는 단순한 손실 처리가 아니다. 금융기관에 부실 대출의 책임을 분명히 묻는 동시에, 향후 건전한 대출 관행을 정착시키는 핵심적인 시장 규율 기제가 된다. '대출은 금융기관의 자유지만, 부실은 사회의 책임'이 되는 잘못된 고리를 끊어야 한다.

| 3 |

부동산과의 단절을 통한 청년 지원

대청소(구조조정)와 환경 개선(금융 정상화)이 끝났다면, 이제는 '바퀴벌레'가 다시는 창궐하지 못하도록 집의 구조를 바꿔야 한다. 한국 경제의 기형적인 구조는 '부동산 불패 신화'와 '내 집 마련'이라는 집단적 열망을 먹고 자라왔다. 한국 경제의 '새출발'은 반드시 '부동산과의 단절'을 통해 완성되어야 한다.

부동산 거품은 망국병이다. 부동산 거품을 방치한 경제는 반드시 커다란 사회적 비용을 치르고, 그 결과에 따라 많은 가계가 파산하고 장기 침체를 맞이했다. 그런데도 부동산 가격이 오르면 내 자산이 늘어나니 좋은 것이라는 개인의 이해와, 건설 경기가 살아야 나라 경제가 돌아간다는 환상에 빠진 경제 관료들의 이해가 부합해서 부동산 거품을 일으키게 된다. 이제는 부동산 거품을 '성장의 동력'이 아닌, 사회의 활력을 좀먹고 미래를 파괴하는 '망국병'으로 규정해야 한다. 다시는 부동산 거품이 국가 경제를 인질로 삼지 못하도록, 특히 청년 세대에게 안정적인 주거 복지를 제공하여 '내 집 마련'이라는 위험한 신기루에서 벗어나게 해야 한다.

'콘크리트에 매몰된 경제'를 정상화하기 위한 과감한 발상의 전환이 필요하다. 이를 위해 '청년 주거 특별회계' 신설을 제안한다. 재원은 기존 예산의 재분배와 조세 개혁을 통해 마련할 수 있다.

첫째, 국가 예산의 우선순위를 바로잡아야 한다. 2025년 국토교통부의 총예산은 60조 원을 넘는 수준이다. 이는 산업자원부, 중소벤처기업부, 과학기술부의 예산을 합친 것보다 많다. 예산만 보더라도 현재 한국 경제는 '혁신 주도 성장'이 아닌 '콘크리트 주도 성장'을 추구하고 있다고 평가할 수 있다. 따라서 이 비생산적인 토목건설 예산에서 매년 5조 원을 삭감하여 청년 주거 복지로 전환하는 것은 단순한 비용 절감이 아닌, 국가 전략의 정상화를 위한 당위의 과제이며, 점차 그 규모를 더욱 늘려나가야 한다.

둘째, 종합부동산세(종부세)를 정상화하고 그 목적을 명확히 해야 한다. 종부세 세수는 2022년 약 6조 7천억 원에 달했으나, 이후 감세 정책으로 인해 4조 원대로 급감했다. 이를 점진적으로 정상화하여 5조 원의 재원을 확보하는 것은 결코 무리한 목표가 아니다. 종부세에 대한 국민적 저항을 줄이기 위해, 이를 '주거 안정 특별세'와 같은 목적세로 전환할 필요가 있다. 걷힌 세금이 전액 청년 주거 안정에 쓰인다는 점을 명확히 하는 것이다. 이와 동시에 1주택 장기보유자에 대한 특별공제를 강화하여 장기보유자의 세부담은 최소한으로 하여 저항을 줄이고, 이 세금이 투기적 다주택 보유자에게 부담을 지우는 '투기 억제세'임을 확고히 해야 한다.

이렇게 매년 10조 원의 재원을 마련하면, 북구 복지국가나 싱가포르의 사회주택처럼 국가가 주도하는 주거 안정의 기반을 닦을 수 있다. 아파트 한 채당 건설 및 토지 비용을 2억 원으로 추산하더라도, 매년 5만 채의 훌륭한 청년 임대주택을 직주근접이 가능한 도심에 공급할 수 있다. 2025년 예산에 이미 15.2만 호의 임대주택 공급 예산이 잡혀 있기 때문에 추가로 청년 임대 주택 5만 호의 공급을 늘리면, 매년 20만 호 이상의 임대주택을 공급하게 된다. 이는 청년 세대를 빚의 굴레에서 해방시킬 뿐만 아니라, 한국 경제를 인질로 잡고 있던 부동산 투기의 악순환을 항구적으로 끊어내는 가장 강력한 정책이 될 것이다.

청년들에게도 주택 매입을 통한 자산 증식의 기회를 주어야 한다는 미디어-건설 복합체의 사탕발림에 넘어간 결과 한국 경제는 폰지경제가 되었고 경제위기를 맞게 되었다. 청년들이 빚 걱정 없이 아이들 키우고 살며, 자산 증식은 저축과 이 자금을 이용한 투자를 통해 이루는 정상적인 경제로 돌아가야 한다. 아이 키우기에 최적화된 세계 최고의 임대주택을 만들어 안정적인 생활을 누릴 수 있는 새로운 경제로 전환해야 한다.

한편에서는 종합부동산세를 점진적으로 강화해서 망국적인 주택 투기로 돈을 벌겠다는 투기 세력을 근절하고, 그 세수를 가지고 임대주택 공급을 확대해 청년들이 굳이 무리하게 빚을 얻어 집을 사야 하는, 이른바 '영끌'을 할 필요가 없도록 원천 봉쇄한다면, 한국의 주택시장은 항구적으로 거품에서 벗어날 것이다. 금융위기로 인해 겪을 서민의 고통을 잊지 말고, 간단하고 효과적인 항구적 대책을 즉각 집행하면 시장의 안정도 확보할 수 있을 것이다.

청년 주택에 대한 과감한 공급은 건설업과 부동산업의 연착륙을 위해서도 중요하다. 비대해진 건설업과 부동산을 정상화하는 것이 위기를 극복하기 위한 매우 중요한 수단임을 강조해 왔다. 그래도 거품이 붕괴되면서 갑작스럽게 모든 공사를 멈추면 경제는 감당하기 힘든 충격을 받게 된다. 따라서 정부가 최소한의 건설을 지원해야 하는데, 지금까지와 같은 방식으로 비효율적인 공사를 지원하면 위기 극복의 시간은 멀어진다. 무분별한 공사로 잃어버린 기간을 늘린 일본 사례를 반면교사로 삼아야 한다. 따라서 청년층에 대한 임대주택 공급을 늘리는 것은 저출산을 극복하는 장기적 과제 해결에 도움이 되면서 동시에 건설업의 연착륙을 유도하는 좋은 정책이 된다.

종합부동산세 (종부세)

일정 기준 이상의 부동산(주택, 토지)을 보유한 사람에게 부과하는 국세. 부동산 과다 보유에 대한 조세 부담을 높여 시장을 안정시키고 조세 형평성을 맞추는 것을 목적으로 한다.

직주근접職住近接

직장과 주거지가 지리적으로 가까운 것을 의미한다. 청년 주거 문제 해결의 핵심 요건으로, 통근 시간을 줄여 삶의 질을 높이는 데 이바지한다.

폰지 경제|Ponzi Economy

실제 가치 창출이나 생산성 향상 없이, 나중에 들어온 투자자의 돈으로 앞선 투자자에게 수익을 지급하는 '폰지 사기(다단계 금융사기)'와 유사한 방식으로 작동하는 경제. 자산 가격이 계속 상승해야만 유지될 수 있어, 거품 붕괴 시 시스템 전체가 무너진다.

| **4** |

혁신 성장과 미래 세대를 위한 구조 대전환

3부 치유의 길

지금까지의 처방은 위기의 7단계를 역으로 거슬러 올라가며 환부를 도려내고 시스템을 정상화하는 '긴급 수술'의 과정이었다. 구조조정으로 에버그리닝을 멈추고, 금융 정상화로 약탈적 대출을 규제했으며, 주거 복지로 부동산 거품의 근원을 차단했다.

그러나 이 모든 것은 임박한 파국을 막는 것일 뿐, 한국 경제가 직면한 본질적인 위기를 치료하지는 못한다. 위기의 시작은 1980년대부터 시작된 저출산과 저성장이었다. 출산율이 떨어지는데도 산아제한 정책을 유지한 초기의 실책과 함께 막대한 예산을 투입하고도 효과를 보지 못하는 저출산으로 인해 한국 경제는 국가 소멸의 위기를 맞고 있다. 이에 따라 저성장은 불가피해졌는데도 여전히 수출 대기업과 콘크리트 위주의 성장 정책을 추구한 것이 문제의 근본 원인이었다.

만약 이 뿌리 깊은 문제를 해결하지 못한다면, 응급 수술로 연명한 환자가 다시 쓰러지듯, 한국 경제는 머지않아 또 다른 위기의 7단계를 가동시킬 것이다. 따라서 '새출발'의 진정한 완성은, 청년 세대가 혁신 성장에 몰두할 수 있도록 국가 시스템 전체를 완전히 재설계하는 데 있다.

첫째, '국가가 아이를 키우는' 사회 시스템을 구축해야 한다. 저출산의 근본 원인은 앞서 언급한 주거 불안과 함께, 극심한 양육 및 사교육 부담에 있다. 부모가 아이를 낳고 키우는 일을 개인의 무한 책임으로 돌리는 대신, 출산, 보육, 교육, 모든 과정을 국가가 책임지는 시스템으로 대전환해야 한다. 이는 단순한 복지 정책이 아니라, 청년 세대(부모)라는 핵심 경제 인력을 양육의 굴레에서 해방시켜 '혁신 성장'의 주역으로 뛰어들게 하는 가장 강력한 경제 전략이다. 이를 위해서는 수도권 과밀을 해소하는 과감한 지역 균형 발전과, 사교육 없이 공교육만으로 충분한 교육개혁이 반드시 병행되어야 한다.

둘째, '혁신 성장'을 위한 금융의 대전환이 필요하다. 지금까지 한국 금융은 부동산이라는 확실한 담보에 기생하며 손쉬운 '예대마진'에 안주해 왔다. 미래의 가능성보다는 과거의 자산을 평가하는 후진적 금융 시스템이 혁신의 싹을 잘라 왔다. '콘크리트에 묶인 돈'을 풀어 미래로 흘려보내야 한다. 이를 위해 금융 시스템의 목적 자체를 바꿔야 한다. 안전한 담보대출이 아닌, 불확실하지만 잠재력 큰 스타트업과 벤처에 과감히 투자하는 금융으로 전면 전환해야 한다.

이를 위한 구체적인 실행 방안으로, 정부와 민간이 협력하여 세계적 수준의 벤처캐피털(VC)을 육성해야 한다. 정부는 부작용이 큰 대출과 보조금 방식의 직접 지원에서 벗어나 벤처캐피털을 지원하여 혁신 기업을 키우는 자본 지원 방식으로 전환해야 한다. 현재 중기부의 산하기관으로 되어 있어 규모가 작은 한국벤처투자와 기술신용보증기금을 대폭 확대해서 민간의 벤처캐피털을 지원하는 기관으로 전환해야 한다. 또한 기술력을 정확히 평가하고 장기적 관점에서 자금을 지원하는 '혁신금융 전문기관'의 설립도 필요하다. '새출발'은 단순히 빚을 탕감하는 것을 넘어, 자본이 흘러가는 방향을 '부동산'에서 '사람과 기술'로 바꾸는 위대한 여정이다. 이 대전환에 성공할 때만이 우리는 저성장과 저출산의 늪에서 벗어나 진정한 선진 경제로 도약할 수 있을 것이다.

셋째, 혁신 생태계를 전면 재설계해야 한다. 이미 오래전부터 정부는 인공지능 강국을 목표로 막대한 예산을 지원해 왔다. 그 예산의 성과를 평가하지 않고, 더 큰 예산을 쓴다고 결과가 달라질 것이라 예상하기는 어렵다. 막대한 R&D자금을 쓰고서도 성과가 나지 않는 패러독스를 해결하지 않고, 또한 대기업 지원 중심의 산업정책을 근본적으로 재검토하지 않는다면 혁신 성장이 이루어지기는 어렵다. 혁신성장에서 성과가 나지 않으면 언제든 다시 건설주도 성장으로 회귀하려는 세력이 등장하게 된다. 정부가 지금까지의 지원 방식을 바꿔 새로운 혁신 생태계를 조성해야 하는 당위성에 대해서는 졸저 《K-이노베이션》에서 다룬 바 있다.

고통스럽지만 피할 수 없는 길

지금까지 우리는 거품 붕괴라는 거대한 폭풍이 휩쓸고 간 뒤, 시장이 어떻게 스스로 건강을 되찾을 수 있는지 그 원칙들을 살펴보았다. 시장은 마치 살아있는 유기체와 같아서, 외부의 충격에 상처를 입기도 하지만 본래 강력한 자가 치유 능력을 가지고 있다. 늙고 병든 세포가 사라지고 새로운 세포가 그 자리를 채우듯, 비효율적인 기업이 퇴출되고 혁신적인 기업이 그 자원을 이어받는 '창조적 파괴'의 과정이야말로 시장 경제를 역동적으로 만드는 심장의 박동이다.

하지만 경제위기라는 중병에 걸렸을 때, 우리는 종종 이 자연스러운 치유 과정을 두려워한 나머지 최악의 처방을 내리곤 한다. 당장의 고통을 피하고자 부실의 환부를 도려내지 않고 진통제만 투여하는 '에버그리닝'이라는 독을 주입하고, 시스템 안정을 명분으로 시장의 규칙을 무시하는 '정부의 개입'이라는 과잉 치료를 감행한다. 이러한 잘못된 처방들은 시장의 면역 체계를 교란하고, 오히려 병을 더 깊고 만성적인 것으로 만든다.

결국 시장 경제를 복원하는 길은 어떤 새로운 마법을 찾는 것이 아니라, 시장 본연의 원리가 제대로 작동하도록 '잘 관리하는 것'이다. 이는 시장을 방치하는 것도, 시장에 인위적으로 개입하는 것도 아니다. 시장의 자율적인 힘을 신뢰하되, 그 힘이 왜곡되지 않도록 원칙의 울타리를 튼튼히 세우는 지혜로운 관리의 길이다. 그 길은 우리가 논의했던 원칙들로 요약된다.

첫째, 부실의 고리를 단호하게 끊어내는 것이다. 에버그리닝이라는 기만적인 연금술을 멈추고, 실패한 투자의 손실을 투명하게 인정해야 한다. 이는 고통스럽지만, 경제라는 몸에서 독을 빼내고 시장의 신진대사가 다시 원활하게 이루어지도록 관리하는 첫 번째 과정이다.

둘째, 정부는 선수가 아닌, 시스템을 관리하는 유능한 관리자의 자리를 지켜야 한다. 시장의 가격 신호를 왜곡하거나 특정 기업을 편드는 행위를 멈추고, 오직 거시적인 시스템 위험을 관리하며 시장의 규칙이 공정하게 작동하도록 해야 한다. 이것이야말로 시장 원리를 존중하는 가장 적극적인 관리 행위다. 이 원칙들이 가리키는 길은 결코 쉽거나 편안한 길이 아니다. 단기적인 고통과 저항을 감수해야 하는, 정치적으로 매우 어려운 길이다. 하지만 역사는 우리에게 분명히 보여준다. 시장 원리의 작동을 막고 고통스러운 조정을 미루었던 일본은 '잃어버린 30년'이라는 기나긴 터널에 갇혔고, 과감한 수술을 통해 시장의 자정 능력이 작동하도록 관리했던 스웨덴은 빠르게 건강을 되찾았다.

결국 선택은 우리의 몫이다. 당장의 고통을 피하려고 시장 원리를 억누르고 폭탄을 미래로 떠넘길 것인가, 아니면 아픔을 감수하더라도 원칙을 바로 세워 시장이 스스로 치유하고 성장하도록 관리할 것인가. 이 질문에 어떻게 답하느냐에 우리 경제의 미래가 달려있다.

국가 가버넌스를 재설계하라

새로운 갑옷과 낡은 영혼, 잊혀진 반성

1997년의 외환위기는 '국가 부도'라는 끔찍한 경험이었다. 대한민국 전체가 '이대로는 안 된다'는 통렬한 반성이 도처에서 나왔다. 1998년부터 2000년까지 사회 곳곳에서 "우리가 틀렸다"는 고백이 터져 나왔다. 많은 국민이 국가가 무너져 가는데 너무 무관심했다고 성찰할 정도로 충격이 컸다. 그것은 단순한 반성이 아니라, 국가 시스템을 처음부터 다시 만들겠다는 대국민 '약속'이었다.

당시의 반성은 처절하고 구체적이었다. 첫째, '관료'의 오만과 무능이 심판대에 올랐다. 1998년 7월 감사원의 '외환위기 감사 결과'는 충격적이었다. 재정경제원 관료들이 위기 징후가 명백했던 1997년 하반기, 환율 방어에 166억 달러라는 천문학적인 외환보유액을 탕진했음이 드러났다. 심지어 해외 은행에 예치된 돈까지 끌어모아 '사용 가능 외환보유액'을 부풀리며 시장과 대통령을 기만했다는 사실도 밝혀졌다. 연이어 열린 국회 '외환위기 국정조사 청문회'는 이 '침묵의 카르텔'을 정조준했다. 관료들은 "단기외채 통계조차 제대로 파악하지 못했다", "보고 라인이 혼선되어 대통령에게 제때 보고하지 못했다"고 변명했지만, 본질은 명백한 '직무 유기'였다. 국가 시스템의 뇌관인 외환 정보를 독점한 채, '관료 사일로'에 갇혀 외부의 경고를 묵살한 그들의 '선민사상'이 파국의 주범임이 만천하에 드러났다.

둘째, '한국은행'의 예속성이 드러났다. 재경원 '남대문 출장소'로 전락했던 한국은행은 감사원 감사에서 "재경원의 지시에 따라 국내 은행의 해외 지점에 달러를 예치하는 방식으로 외환보유액 소진에 동조"했음이 밝혀졌다. 중앙은행의 핵심 기능인 외환 관리와 독립적 통화 정책을 포기하고, 관료 집단의 하수인 역할을 자처한 대가는 혹독했다.

셋째, '언론'과 '지식인'의 공범 관계에 대한 자백이 공개되었다. 당시 <기자협회보>에 실린 "어느 경제부 기자의 고백"은 언론계 전체의 반성문이었다. 그는 "OECD 가입으로 선진국이 됐다는 정부의 허황된 선전을 여과 없이 전했다"며 자신의 '환상 유포죄'와 '정부 비호죄'를 고백했다. '출입처 시스템'이라는 낡은 관행 아래 정부 관료들과 유착되어, 비판 대신 '받아쓰기'로 일관하며 "펀더멘털은 튼튼하다"는 정부의 거짓말을 확대재생산 한 '관언유착(官言癒着)'의 필연적 결과였다.

국책연구기관들 역시 '어용 나팔수'라는 비판에서 자유롭지 못했다. 위기 직전까지 '6%대 성장'을 낙관하며 정부의 장밋빛 전망에 논리를 제공했던 그들의 행태는, 독립된 지성知性의 사망 선고나 다름없었다.

이 처절한 고백 위에서, 우리는 '다시는 당하지 않겠다'며 국가 시스템을 재설계했다. 낡은 관치의 고리를 끊어내기 위해 법을 바꾸고 제도를 새로 만들었다. 재경부 '남대문 출장소'로 전락했던 한국은행은, 1998년 '한국은행법' 개정을 통해 정부로부터의 '독립성'과 '물가 안정'이라는 신성한 책무를 부여받았다. 흩어져 있던 은행·증권·보험 감독기구들은 1998년 4월 금융감독위원회FSC와 1999년 1월 금융감독원FSS으로 통합되어, 시장을 감시하는 강력한 '단일 감시자'로 다시 태어났다. 다시는 외환시장에 무방비로 노출되지 않기 위해, 1999년 4월에는 24시간 국제금융시장을 감시하고 위기를 경고하는 국제금융센터KCIF까지 설립했다.

이 모든 것은 '반성'의 제도적 결과물이었다. 우리는 독립된 중앙은행, 강력한 통합 감독기구, 그리고 위기 조기경보 시스템이라는 튼튼한 '갑옷'을 입었다고 믿었다.

그러나 그 모든 다짐은 허사였다. 그 갑옷을 입은 경제 관료(재경부)의 영혼은 변하지 않았다. 그들은 1997년의 실패가 '개발국가 성장 모형'의 종언을 의미했음을 깨닫지 못했다. 새롭게 등장한 벤처 산업은 국가 경제의 장식품 정도로 여겼을 뿐, 낡은 성장 모델을 고집하며 구조적 저성장의 늪에 빠지는 것을 방관했다. 특히 국가의 토대가 흔들리는 '저출산' 문제는 미래의 비용으로 치부하며 책임 있는 자세를 보이지 않았다.

저성장의 정확한 진단을 외면한 관료들이 선택한 손쉬운 처방이 바로 '빚'을 통한 경기 부양이었다. 민심을 살펴야 하는 정치권의 의도에 맞춰서, 미래를 위한 고통스러운 대책을 만들어 내기보다는 빚을 늘리는

게 자신들의 안위에 더 부합했다. 그 결과 불과 5년 뒤인 2003년, 한국 경제는 '신용카드 사태'라는 또 다른 재앙을 맞이한다. 1997년의 반성문은 잉크가 마르기도 전에 휴지 조각이 되었다. 당시 힘들게 만들어 낸 새로운 조직들로 구성된 새로운 거버넌스 시스템은 작동하지 않았다.

'파국의 설계자'들은 1999년 '신용카드 활성화'라는 가장 손쉬운 '관치 드라이브'에 다시 시동을 걸었다. 1997년 재벌의 부채로 나라를 위기에 빠뜨렸던 바로 그 관료들이, 상환 능력도 없는 국민들의 손에 신용카드를 쥐여주며 '가계부채'로 새로운 위기를 설계했다. 이는 상환 능력을 보지 않고 빚을 권하는 '약탈적 대출'의 전형이었지만, 1998년 탄생한 강력한 감시자인 금융감독위원회는 이 광기를 방치했다. 법적 독립을 쟁취한 한국은행은 그 새로운 힘을 첫 시험대에서부터 배신했다. '경기 부양'이라는 정부의 정책 목표에 슬그머니 동조하며, 1997년 '환율 방어'에 예속되었듯, 2003년 '내수 진작'에 순응한 것이다.

이 실패는 일회성이 아니었다. 2003년의 카드빚 광풍이 채 가시기도 전인 2005년부터, 위기의 뇌관은 신용카드의 '단기부채'에서 '주택담보대출'이라는 '장기부채'로 옮겨붙기 시작했다.

1997년 '기업부채'에 무감각했던 그들은 2005년 '가계부채'에도 똑같이 무감각했다. 그들은 '공부하지 않았다'. 위기의 본질이 '기업'에서 '가계'로, '단기'에서 '장기 주택'으로 바뀌었음을 인지조차 하지 못했다. 1997년의 교훈으로 탄생한 그 거대한 조직(금융위, 금감원, 한은)들은 시스템 위기의 징후를 애써 무시했다. 그들은 1997년 "펀더멘털은 튼튼하다"고 외쳤던 것처럼, 2005년 이후 '가계부채는 관리 가능하다'는 말만 앵무새처럼 되풀이했다. 그들은 '자기들만의 세계' 속에서 조금도 변하지 않았다. 우리는 훌륭한 갑옷을 만들었지만, 그 안의 '영혼'은 낡은 관치 시대의 그것과 조금도 달라지지 않았다.

변하지 않는 파국의 설계자들

흔히 금융위기를 지진이나 태풍 같은 '자연재해'로 생각하곤 한다. 어느 날 갑자기, 예측할 수 없는 외부 충격이 닥쳐와 평화롭던 경제를 쑥대밭으로 만든다고 믿는 것이다. 1997년 아시아를 덮친 외환위기도, 2008년 세계를 강타한 글로벌 금융위기도 겉보기엔 태국 바트화의 폭락이나 미국 서브프라임 모기지 사태 같은 우발적인 사건이 방아쇠를 당긴 것처럼 보인다. 하지만 냉정히 생각해 보자. 거대한 배가 침몰할 때, 빙산에 부딪힌 것은 '사건'이지만, 구멍 난 배를 출항시키고 경고 신호를 무시한 것은 명백한 '사람'의 문제다.

경제위기가 반복되면서 학자들은 시장의 탐욕을 감시하고 제어해야 할 파수꾼들인 정부와 감독기구가 결정적인 순간에 침묵하거나 오판하는 규칙성이 있음을 찾아냈다. 그리고 그들이 찾아낸 규칙성은 한국 경제에 그대로 적용해도 될 정도로 한국 정부와 감독기구의 실패는 두드러진다. 이 연구 결과를 쉽게 설명하면 아래와 같다.

축구 경기를 한번 상상해 보자. 만약 심판이 특정팀의 유니폼을 입고 있거나, 경기 후에 그 팀의 코치로 취직하기로 약속되어 있다면 과연 공정한 판정이 가능할까? 경제학에서는 이를 '규제 포획Regulatory Capture' 이라고 부른다. 쉽게 말해, 규제하는 사람인 정부 관료나 감독관이 규제 받는 사람인 금융회사에게 마음을 뺏겨, 공익이 아닌 그들의 이익을 대 변하게 되는 현상이다.

가장 흔하고 알기 쉬운 형태는 뇌물이나 퇴임 후의 자리 보장과 같 은 '물질적 포획'이다. 예를 들어 한국 사회에는 '모피아MOFIA'라는 말이 있다. 과거 재무부MOF 출신 관료들이 퇴임 후 금융기관의 장이나 협회 장으로 내려가는 낙하산 관행을 마피아에 빗댄 것이다. 한번 생각해 보 라. 후배 관료의 입장에서 선배가 회장으로 있는 은행을 엄격하게 감시 할 수 있을까? 반대로 현직 관료는 은퇴 후 자신을 받아줄 금융사들의 눈치를 보지 않을 수 없다. 이렇게 감시자와 피감시자가 '한솥밥 식구'가 되는 순간, 시스템의 감독 기능은 마비될 수밖에 없다.

하지만 현대 금융위기에서 뇌물보다 더 치명적인 것은 바로 생각과 가치관이 같아지는 '인지적 포획Cognitive Capture'이다. 규제 관료와 금융 사 임원들이 같은 명문대를 나오고, 같은 경제 이론을 배우고, 매일 같 은 사교 파티에서 어울린다면 어떻게 될까? 그들은 서로를 남이 아닌 '우리'로 인식하게 된다. "금융사가 돈을 잘 벌어야 나라 경제도 좋다"는 업계의 논리가 관료들의 뇌리에 자연스럽게 스며드는 것이다. 평화롭던 아이슬란드가 투기꾼의 나라로 전락한 것은 바로 이러한 사일로 때문 이라고 설명한 바 있다. 2008년 위기 당시, 월스트리트가 만든 복잡한 파생상품이 위험하다는 것을 아무도 의심하지 않았던 결정적인 이유도 여기에 있다. 규제 당국자들조차 "시장은 언제나 효율적이고 똑똑하다"

는 잘못된 믿음을 금융권과 공유하고 있었기 때문이다.

이러한 문제는 중앙은행이나 금융감독원 같은 엘리트 조직에서 더욱 심각하게 나타난다. 당대 최고의 엘리트들이 모여 있는 그곳에서 왜 다가오는 거대한 버블을 보지 못했을까? 아이러니하게도 그들이 '너무 똑똑하고', '너무 비슷하기' 때문이다. 이를 전문 용어로 '인식론적 공동체Epistemic Community'의 실패라고 하는데, 쉽게 말해 '그들만의 지식 사일로'에 의한 실패라고 할 수 있다. 이 엘리트 집단은 자신들이 믿는 주류 경제학 이론으로 설명되지 않는 현상은 비과학적이라며 무시해 버린다. 외부에서 "집값이 너무 비정상적이다", "위기가 올 수 있다"라고 경고해도, "당신들은 금융 공학을 모르는 비전문가"라며 귀를 닫아버리는 것이다.

조직 내부에서도 문제는 마찬가지다. 모두가 "예스"라고 할 때 "노"라고 말하는 것은 반역이나 무능으로 취급받는다. 이를 '집단사고Groupthink'라고 한다. "설마 별일 있겠어?"라는 사일로 내의 집단적인 착각 속에서 서로의 믿음을 강화하다가, 결국 모두 함께 벼랑 끝으로 떨어지는 결과를 낳는다. 역사를 돌아보면 이러한 실패의 사례는 차고 넘친다. 1997년 IMF사태는 정부가 은행의 대출을 좌지우지하던 '관치금융'의 말로였다. 정부가 뒤를 봐주니 은행은 묻지마 대출을 해줬고, 기업은 빚내서 몸집을 불렸다. "대마불사", 즉 큰 기업은 정부가 절대 망하게 두지 않는다는 믿음은 거대한 도덕적 해이를 낳았고, 심판이 선수의 코치 노릇까지 하려다 보니 정작 호루라기는 녹슬어 버린 셈이었다. 반면 2008년 미국과 유럽의 위기는 정부가 "시장은 스스로 알아서 잘한다"

며 손을 놓아버린 '방임'의 결과였다. 당시 금융회사들은 자신들을 가장 느슨하게 감독해 줄 규제 기관을 골라서 등록하는 '규제 쇼핑'까지 했고, 파수꾼인 정부는 도둑에게 "우리 집이 털기 제일 쉬워요"라고 홍보한 꼴이 되었다.

이토록 명백한 실패가 반복되는데, 왜 우리 사회는 분노하지 않고 침묵할까? 여기에는 '합리적 무지 Rational Ignorance'라는 슬픈 경제학적 원리가 숨어있다. 일반 시민 입장에서 복잡한 금융 파생상품이나 BIS 비율 같은 규제 내용을 공부하는 건 머리 아픈 일이고, 내 한 표로 정책을 바꿀 가능성은 거의 없다고 느낀다. 반면 금융 업계는 규제 하나에 수조 원이 왔다 갔다 하니 사활을 걸고 로비하고, 언론에 정보를 흘려 자신들에게 유리한 여론을 만든다. 게다가 거품이 커지는 동안에는 모두가 행복하다. 집값이 오르면 유권자는 부자가 된 것 같아 좋고, 정치인은 경기가 좋아 보여서 좋다. 아무도 파티가 한창일 때 음악을 끄고 싶어 하지 않는다. 그래서 위기를 경고하는 목소리는 늘 '비관론자'나 '눈치 없는 사람'으로 매도당하고 묻혀버리는 것이다.

놀랍게도 금융위기 때마다 같은 일들이 반복되고 있다. 우리가 민스키- 킨들버거 모델을 넘어 정부 실패를 강조하는 7단계 금융위기 모델을 제시한 것도 같은 이유이다. 그렇다면 우리는 이 영원한 굴레를 벗어날 수 없는가? 연구자들은 잠들어 있는 감시견을 깨우기 위해서는 몇 가지 근본적인 변화가 필요하다고 한다. 첫째, '회전문'을 닫아야 한다. 관료가 퇴임 후 피감 기관으로 바로 이동하는 것을 엄격히 막아야 한다. 미래의 잠재적 상사를 감시할 수 있는 부하 직원은 없기 때문이다.

둘째, 조직 내부에 의도적으로 딴지를 거는 '레드 팀 Red Team'을 두어야 한다. 모두가 "문제없다"고 할 때 "정말 그럴까?"라고 공격하는 전담팀을 만들어 치명적인 집단사고를 깨야 한다. 셋째, 다양성이 곧 실력이다. 비슷한 사람들끼리 모이면 비슷한 생각밖에 못 한다. 금융감독기구에 관료뿐 아니라 소비자 단체, 비주류 학자 등 다양한 배경을 가진 사람들을 포함해 시각의 사각지대를 없애야 한다.

하지만 결국 가장 무서운 감시자는 시민이다. 금융 정보가 투명하게 공개되고, 깨어있는 시민사회가 금융 권력을 감시할 때 비로소 변화는 시작된다. 위기는 반복된다. 우리가 "경제가 너무 어려워서 잘 모르겠어"라며 관심을 끄는 순간, 그 틈을 타 '포획된 심판'과 '탐욕스러운 선수'들은 또다시 위험한 도박판을 벌일 것이다. 위기 없는 미래를 위한 첫걸음은, 시민들이 이 거대한 침묵의 카르텔을 직시하고 깨트리는 데서 시작된다는 것이 학자들의 결론이다.

반복되는 경제위기 앞에서

이러한 정부 실패에 대한 연구 결과는 한국 경제의 현실을 정확하게 보여주고 있다. 28년 만에, 우리는 IMF 외환위기보다 더 위중한 경제위기를 맞이할 수밖에 없는 벼랑 끝에 서 있다. 지난 28년간 제대로 된 한국은행 총재가 단 한 명만 있었어도, 제대로 된 경제부총리가 단 한 명만 있었어도, 한국 경제의 진로는 달라졌을 것이다. 제대로 된 금융위원장이 단 한 명만 있었어도, 수많은 서민의 삶을 나락으로 떨어뜨린 이 금융위기는 막을 수 있었을 것이다.

이것은 한두 사람의 무능력에 대한 탄식이 아니다. 이것은 '그들' 중 누구라도 그 자리에 앉았다면 똑같은 실패를 반복했을 것이라는, 시스템의 총체적 실패, 즉 '거버넌스의 파산'을 의미한다. 강고한 시스템에 저항하는 단 한 사람이 있었다면 조금은 바뀌었겠지만, 강고한 관료주의는 그 한 사람을 용납하지 않았을 것이고, 실제로 그런 인물이 있었다고 할지라도 중요한 자리에 오르도록 방관하지 않았을 것이다.

문제를 인지하고도 해결할 의지가 없는 무책임, 위기의 징후를 애써 외면하고 "문제없다"고 강변하는 오만함, 그리고 그 모든 실패에 대해 누구도 책임지지 않는 '그들만의 리그'가 있다. 이 견고한 카르텔을 해체하기 위해서는 수많은 서민의 피눈물 위에 군림하는 이들 '파국의 설계자'들의 민낯을 드러내야 한다.

관치금융

정부(관료)가 금융시장의 자금 흐름과 금리, 은행의 경영 판단 등에 직접 개입하여 통제하는 방식. 1997년 외환위기의 핵심 원인으로 지목되었다.

대마불사

"너무 커서 망하게 둘 수 없다"는 논리. 부실한 대기업이나 금융기관이 시장 원리에 따라 퇴출되지 않고, 정부의 구제금융을 통해 생존하는 현상을 비판하는 용어다.

규제 포획

심판이 선수 편이 되어버린 상황을 말한다. 정부 규제 기관이 로비나 유착 등으로 인해 공익이 아닌 규제 대상(피규제 기업)의 이익을 대변하게 되는 현상이다. 감시자가 감시 대상에게 마음을 뺏겨 한통속이 되는 것을 의미한다.

모피아

옛 재무부(MOF)와 마피아(Mafia)의 합성어다. 재무부 출신의 경제 관료들이 퇴임 후 정계나 금융권의 주요 자리를 독차지하며 거대한 세력을 구축해, 산하기관을 장악하고 영향력을 행사하는 것을 빗댄 말이다.

인지적 포획

뇌물 같은 물질적 대가 없이도, 규제자와 피규제자가 같은 학교, 같은 이론, 같은 사교 모임을 공유하며 사고방식이 동화되는 현상이다. 서로를 '우리'로 인식하게 되어 비판적인 감시 기능이 마비되는 '뇌의 포획' 상태를 뜻한다.

인식론적 공동체

특정 분야의 전문 지식과 가치관을 공유하는 엘리트 전문가 집단을 뜻한다. 이들이 지식을 독점하고 자신들의 이론만 옳다고 믿으며 외부의 비판을 '비전문적'이라고 무시할 때, 위기를 감지하지 못하는 '지식 카르텔'로 변질된다.

집단사고

응집력이 강한 집단에서 구성원들이 갈등을 피하고 만장일치를 추구하느라 이견이나 비판을 묵살하는 현상이다. "우리는 틀리지 않는다"는 집단적 착각에 빠져 비합리적인 결정을 내리게 만드는 원인이 된다.

합리적 무지

정보를 알아내는 데 드는 비용(시간, 노력)은 큰 반면, 그로 인해 얻는 이득(정책 변화 등)은 미미할 때 대중이 자발적으로 무관심을 택하는 현상이다. 복잡한 금융위기 앞에서 시민들이 감시를 포기하게 만드는 경제학적 이유다.

레드 팀

조직의 전략이나 계획을 검증하기 위해 의도적으로 적군(가상 적) 역할을 맡아 공격하는 팀이다. 조직 내부의 '집단사고'를 깨뜨리고 숨겨진 취약점을 찾아내기 위해, 억지로라도 쓴소리와 반대 의견을 내는 역할을 수행한다.

| 2 |

반복적으로 위기를 방관하는 금융기관들

2003년 카드 사태는 '가계부채'라는 판도라의 상자가 열린 1차 경고였다. 이 비싼 교훈을 제대로 배웠다면, 한국 사회는 '빚'으로 성장을 떠받치는 방식에서 벗어나 '시스템의 안정성'을 최우선으로 하는 방향으로 나아가야 했다. 그러나 실패한 거버넌스의 주역들은 또다시, 그리고 훨씬 더 거대한 규모로 한국 경제의 가장 취약한 뇌관을 건드렸다. 바로 '부동산'과 '장기 가계부채'였다.

여기서 우리는 1997년의 교훈으로 탄생한 '금융위원회'의 총체적 실패와 마주하게 된다. 금융감독기구는 바로 이런 위기를 막으라고 국민이 만들어준 조직이었다. 법적으로 금융위는 7인의 위원으로 구성된 '합의제 행정기구'로 설계되었다. 이는 과거 관료 한두 명이 좌지우지하던 '관치'의 폐해를 막기 위한 최소한의 장치였다. 그러나 이 7인의 위원회는 대부분 금융위 출신 내부 관료이거나, 반대 의견을 내지 않는 금융 비전문가들로 채워지며 사실상 '유명무실'해졌다. 금융위는 '위원회'라는 새로운 갑옷을 입었을 뿐, 본질은 과거 재무부 시절의 '관료조직'으로 회귀해 다시 집단사고의 덫 속에 빠져있다.

이 낡은 영혼의 관료들은 공부하지 않았다. 그들은 2008년 글로벌 금융위기를 초래한 '약탈적 대출'의 위험성이나, DTI, DSR 같은 총부채 관리 시스템의 중요성을 이해하려 하지 않았다. 그들의 유일한 관심은 과거의 방식대로 '금융기관의 수익을 올리는 것'에만 집중되었다. 물론 2008년 위기 이후 '바젤 III' 같은 국제적 건전성 강화 정책을 도입했지만, 이는 '형식'에 불과했다. 이들은 오히려 '주택담보대출'의 위험가중치를 의도적으로 낮게 설정해 주었다. 이는 은행들이 다른 대출보다 부동산 대출에 더 많은 돈을 쏟아붓도록 유도한, 명백한 '부동산 거품 조장' 정책이었다.

이런 무책임한 관료들이 2014년 저성장 국면이 닥치자, 노골적으로 LTV·DTI를 풀어주며 "빚내서 집 사라"는 신호를 보냈다. 이는 1999년의 '카드 활성화 정책'과 판박이였다. 2008년 글로벌 금융위기를 초래한 미국식 '빚내서 집 사라'는 정책의 실패를 목격하고도, 판박이 정책을 추진하는 것을 방관한 경제와 금융 관료들의 무책임은 극에 달했다.

2017년 출범한 문재인 정부는 '가계부채 관리'를 공언했다. 그리고 'DSR(총부채원리금상환비율)'이라는 강력한 무기를 들고나왔다. DSR은 개인의 '모든 대출' 원리금이 소득의 일정 비율을 넘지 못하게 막는 가장 강력한 '부채 브레이크'였다. 그러나 금융위원회는 뒤늦게 DSR을 받아들여 이 브레이크를 도입하겠다고 약속해 놓고, '시장에 충격을 준다'는 이유로 전면적인 시행을 계속 미뤘다. 끌고 끌다가 2025년 7월이 되어서야 전면 시행에 들어갔으나, 이미 막대한 대출이 DSR과 무관하게 쏟아져 나간 후였다.

더 치명적인 것은, 천정부지로 치솟던 '전세자금대출'을 '서민 주거 안정'이라는 명분으로 이 DSR 규제에서 쏙 빼주었다는 것이다. 이 구멍으로 막대한 돈이 흘러 들어가 전셋값을 밀어 올렸고, 이는 다시 집값을 떠받치는 거대한 '연료'가 되었다. '빚을 관리하겠다'는 선언과 'DSR 적용을 미룬' 행동이 정면으로 충돌한 이 '정책의 모순'이야말로 가계부채 1,900조 원이라는 괴물을 키워낸 거버넌스 실패의 핵심이다. 1997년의 교훈으로 탄생한 금융위원회가 스스로 자신의 존재 이유를 부정하며 위기를 설계한 셈이다.

그렇다면 독립된 중앙은행인 한국은행은 무엇을 했는가? 2011년 한국은행법에 '금융안정'을 한국은행의 중요한 임무로 포함시킬 정도로 한국은행의 책무가 강화되었지만, 부동산 거품과 가계부채 폭증이라는 비상 경고등이 계속 깜빡이는데도 모르쇠로 일관했다. 정부가 DSR이라는 브레이크를 밟지 않고 오히려 예외를 허용할 때, 한국은행은 '초저금리'라는 연료를 계속 공급하며 사실상 정부와 '공조'했다. '소비자 물가'가 낮다는 방패 뒤에 숨어 '금융안정'이라는 더 큰 책무를 외면한 것이다. 법적인 독립이 '정신적 독립'을 의미하지 않는다는 것을 스스로 증명했다. F4(경제부총리, 한은총재, 금감원장, 청와대 경제수석)라는 이름으로 기

재부 장관 기자회견장의 들러리가 되어 정부의 경기 부양책에 자발적으
로 순응하는 한국은행 총재의 모습은 한심스러운 모습의 극치였다.

서민에게만 잔인한 F4

여기서 우리는 한국 경제 관료들의 가장 통렬한 민낯, 즉 '이중 잣대'
와 마주하게 된다. 기획재정부와 금융위원회로 대표되는 이들 '엘리트
카르텔'에게 '국민 경제'란 무엇인가? 그것은 '서민 경제'가 아니라, '재벌
경제'와 '금융기관의 안정성'을 의미하는 동의어다. 그들의 정책은 이 이
중 잣대를 적나라하게 증명한다.

그 가장 참혹한 증거가 2003년 '신용카드 사태'다. 정부가 조장한 '약
탈적 대출'의 광풍이 휩쓸고 간 자리에 남은 것은 400만에 육박하는 신
용불량자였다. 상환 능력을 잃은 개인들은 불법 채권추심 업자들의 폭
력과 협박에 시달렸고, 그 고통을 감당하지 못한 수많은 서민이 스스로
목숨을 끊었다. 그러나 이 끔찍한 사회적 비명 앞에서 금융 관료들은 철
저히 무관심했다. 그들은 어떤 보호 장치도, 구제책도 만들지 않았다.

그러나 재벌 카드사가 무너지려 하자, 그들은 망설이지 않았다. LG
카드가 부실로 쓰러지자, 정부는 "시스템 리스크를 막는다"는 명분하에
즉각 채권단을 압박해 수조 원의 '준공적자금'을 쏟아부었다. 서민 수백
만 명의 파산과 죽음에는 눈감았던 그들이, '재벌 금융사' 하나를 살리
기 위해서는 전광석화처럼 움직였다. 이것이 그들의 민낯이다. 서민은

각자도생各自圖生해야 할 '개인'이지만, 재벌은 구제해야 할 '시스템'이다.

이 위선적인 거버넌스는 2008년 미국에서도 똑같이 반복되었다. 2006년부터 수많은 서민이 집에서 쫓겨나고 '서브프라임 모기지'의 비명이 거리를 채웠지만, 미국의 정책 당국은 그 위험을 애써 무시했다. 그들은 막상 '리만 브라더스'라는 거대 투자은행이 무너지고 나서야 허둥대기 시작했다. 엘리트 관료에게 서민의 고통은 통계일 뿐이지만, 기관의 파산은 '실존적 위기'다.

그리고 지금, 20여 년이 지나 이 '이중 잣대'는 더욱 교묘하게 작동하고 있다. 2020년대 한국 경제의 최대 시한폭탄인 '부동산 PF 부실' 사태는 본질적으로 '기업 부채'의 위기다. 이 위기 앞에서 금융당국은 무엇을 했는가? 그들은 또다시 '연착륙'이라는 이름의 '구제금융'을 선택했다. 부실이 터져도 시장 원리에 따라 정리하는 대신, '만기 연장'을 반복하며 폭탄 돌리기를 하고 있다. 심지어 은행과 보험사들의 돈을 모아 최대 5조 원 규모의 '신디케이트론'을 조성해, 부실 사업장에 자금을 수혈했다.

반면, 1,900조 원의 가계부채에 짓눌린 서민들은 철저히 '각자도생' 해야 한다. 정부는 이미 '빚의 노예'가 되어버린 가계의 현실을 애써 방관하고 무시한다. 최근 금융기관들은 '부실채권'을 대규모로 매각하거나 상각Write-off하며 장부상의 건전성 지표를 관리하고 있다. 정부는 이 '숫자'를 근거로 "위기는 관리 가능하다"고 말한다.

하지만 이는 기만이다. 상각·매각되는 부실채권의 규모가 늘어난다는 것은, 금융 시스템의 보호막 밖에서 파산하고 있는 '부실 가계'가 그만큼 늘어나고 있다는 명백한 증거다. 부실가계가 늘어나면 소비가 위축되고 정상적인 경제활동을 하지 못하는 노동력이 늘어나게 된다. 경제 성장의 근간을 훼손하는 매우 중요한 사항이지만, 경제 관료들은 이들에게 관심을 두지 않는다.

왜 이런 일이 반복되는가? 그 저변에는 "기업은 망해도 개인은 망하지 않는다", 즉 "개인은 어떻게든 빚을 갚는다"는 잔인한 믿음이 깔려 있기 때문이다. 결국 PF 부실이라는 '기업의 빚'을 정리하는 고통을 '가계의 빚'으로 떠넘기는 것과 다름없다.

가계가 무너지면 결국 금융기관이 무너질 수밖에 없다는 것은 2003년 카드 사태를 비롯해 수많은 금융위기 사례를 통해 이미 확인된 바 있다. 그럼에도 기재부와 금융위는 전혀 움직이지 않는다. 그들의 임무는 '서민 경제'를 지키는 것이 아니라, 어떤 희생을 치르더라도 '금융기관'과 '건설사'라는 카르텔의 안정을 지키는 것이기 때문이다. 기재부와 금융위의 이런 자세가 바뀌지 않는 한 위기는 반복될 수밖에 없다.

금융안정Financial Stability

한국은행의 핵심 임무 중 하나. 물가뿐 아니라 자산 거품이나 부채 폭증 같은 금융 시스템 전체의 위험을 관리해야 할 책무를 뜻한다.

불법 채권추심

폭행, 협박, 심야 방문, 가족에 대한 위협 등 법으로 금지된 방식을 사용하여 빚을 받아내려는 행위. 2003년 신용카드 사태 당시 상환 능력을 잃은 개인들에게 무차별적으로 자행되어 심각한 사회 문제가 되었다.

신디케이트론Syndicated Loan

여러 금융기관이 공동으로(신디케이트를 구성하여) 동일한 조건으로 거액의 자금을 빌려주는 대출 방식. 부동산 PF 부실 사업장 구제를 위해 사용된 '준공적자금'의 형태 중 하나.

부실채권NPL / Non-Performing Loan

금융기관이 빌려준 돈 중 이자나 원금을 3개월 이상 돌려받지 못하는 '떼일 위험이 큰 대출'. 은행은 이 채권을 헐값에 매각(매각)하거나 회계상 손실 처리(상각)하여 장부에서 털어낸다.

폐쇄적 사일로와 '잠재적 뇌물'의 카르텔

경제 관료들의 무감각은 경악스러운 수준이다. 한국은행의 보고서가 직접 부동산 PF 부실과 금융 불안이 과거 위기 수준에 근접했음을 명백히 경고하고 있음에도, 대한민국 어디에서도 이 금융위기의 가능성에 대한 공적이고 진지한 논의를 찾아볼 수 없다. 언론은 침묵하고, 국회는 정쟁에 몰두하며, 경제 부처는 '충분히 관리 가능하다'는 말만 앵무새처럼 되풀이한다. 이는 단순한 낙관이 아니라, 문제를 정면으로 마주할 용기가 없는 자들의 집단적 현실 외면이자, 파수꾼으로서의 명백한 직무 유기다. 이 끔찍한 직무 유기가 어떻게 20년 넘게 유지될 수 있었는가? 바로 이들이 외부와 철저히 격리된 '폐쇄적 사일로 Silo' 속에서 자기들만의 '집단사고'에 빠져있기 때문이다.

'사일로'란 원래 곡식을 저장하는 높고 폐쇄적인 원통형 창고를 말한다. 파이낸셜 타임스의 인류학자 출신 편집장 질리언 테트Gillian Tett는 그녀의 저서 《사일로 이펙트The Silo Effect》 에서 이 개념을 통해 조직의 붕괴를 설명한다. 그녀가 본 2008년 글로벌 금융위기의 본질은 '악Evil' 이 아니라 '파편화Fragmentation'였다. 거대 투자은행 안에서 복잡한 파생 상품CDO을 만드는 팀과, 그 상품을 판매하는 팀, 그리고 그 위험을 관 리하는 팀은 서로 소통하지 않았다. 각자의 사일로에서 '자기 임무'만 충 실히 수행했을 때, 조직 전체는 파국을 맞았다.

테트가 지적한 또 다른 비극적 사례는 2000년대 초반의 '소니'다. 워 크맨의 신화를 쓴 소니는 이미 완벽한 디지털 음악 기술을 보유하고 있 었다. 하지만 이 기술은 '워크맨' 사일로와 '바이오VAIO' 컴퓨터 사일로 등에 뿔뿔이 흩어져 있었다. 그들은 통합된 제품을 내놓기는커녕, '누가 주도권을 쥐는가'를 두고 사일로 간의 전쟁을 벌였다. 그 사이, 스티브 잡 스는 모든 기술을 '아이팟iPod'이라는 하나의 생태계로 통합해 시장을 독점했다. 거대 조직 소니는 스스로의 칸막이에 갇혀 자멸했다.

조직을 망가뜨리는 이 '사일로'는 관료 조직Bureaucracy에서 극대화된 다. 민간기업에도 악영향을 미치는 사일로는 실패해도 망하지 않는 관 료조직에서 더 기승을 부린다. 한 명 한 명의 공무원들은 매우 우수하 고 성실하지만, 그들이 모인 '조직의 목표'는 '국민 경제의 안정'이 아니라 '우리 부처의 권한'과 '영역Turf'을 지키는 것이 된다.

이 문제가 한국에서 유독 심각한 이유는, 이 관료 사일로가 1997년 외환위기 이후 해체되기는커녕, '그들만의 리그'를 통해 더욱 공고해졌 기 때문이다.

'전관예우'라는 카르텔로 유지되는 사일로

경제 관료, 즉 '모피아'는 가장 견고한 엘리트 사일로다. 1997년 그들의 '선민사상'이 심판받았음에도, 이 사일로를 끈끈하게 유지하는 핵심 동력인 '전관예우'는 더욱 교묘해졌다.

물론 '공직자윤리법'에 따라 고위공직자의 유관기관 취업은 제한된다. 하지만 이 법은 이들의 카르텔 앞에서 무력하다. 그들은 법적 제한 기간이 끝날 때까지 잠시 기다리거나, 법망을 교묘히 피해 재벌 기업, 대형 로펌, 그리고 은행의 '고문'이나 '회장' 자리로 화려하게 복귀한다.

왜 기업과 로펌은 은퇴한 고위 관료에게 수억 원의 연봉을 안기는가? 고위 관료들의 전문성을 이용하기 위한 것이라는 긍정적 평가과 함께 단순한 로비스트 역할에 대한 대가라는 부정적 평가도 있다. 이에 대해 KDI의 한 실증 연구는 충격적인 답을 내놓았다. 금융 당국(금감원) 출신 인사를 영입한 금융사들은 '경영 성과'는 전혀 나아지지 않았지만('전문가 가설' 기각), 이들을 영입한 직후 규제 당국으로부터 '제재나 검사를 받을 확률'은 눈에 띄게 낮아졌다('공모 가설' 입증). '전관예우'는 전문성이 아니라, 현직 후배들의 칼날을 피하게 해주는 '방패막이'이자 '인간 부적'으로 기능하고 있었다.

더욱 심각한 문제는 이것이 '잠재적인 뇌물' 시스템으로 작동한다는 점이다. 금융기관들은 현직 관료들에게 "우리의 이익을 비호해 준다면, 당신의 미래도 우리가 보장하겠다"는 무언의 '뇌물'을 약속한다. 이 순간, 금융기관은 관료 개인의 사적 이익을 지원하는 '잠재적 뇌물 제공자'

로 전락한다. 현직 관료는 '미래의 나'를 위해 '현재의 규제'를 포기한다. 이것이 카르텔이 작동하는 핵심 메커니즘이다.

재계와의 결탁에 따른 카르텔의 가장 큰 문제는 조직 내에서 이견을 허용하지 않고 '집단사고'의 함정에 빠진다는 점이다. 사일로 내에서라도 다양한 의견이 제시되고 이를 평가하는 시스템이 있다면, 서로 능력을 키우기 위해서 외부와의 소통을 활발히 할 것이다. 그러나 이미 재계와 이해관계를 같이 하는 고위직의 의사결정에 대해 다른 의견을 제시할 수 있는 하급자는 부서 내의 따돌림 대상이 되고, 이는 결국 퇴임 후 자리에서 불이익을 받는다는 것을 의미한다. 경제 관련 부서들이 조직 문화에 있어 과거보다 더욱 상명하복의 수직적 위계질서로 바뀐 것 같은 느낌을 주는 이유일 것이다.

이견을 수용하지 않으면서 친재계의 카르텔이 지배하는 관료구조는 재계의 이해를 우선시하는 정책 결정이 일상화된다. 일단 재계 외의 소통 창구 자체가 거의 없다. 일반 서민들이 전직 관료들에게 고위 연봉을 주면서 후배 공무원들과 만나 민원을 제기하라고 할 수는 없기에, 관료들이 이들의 사정을 파악할 기회는 거의 없다. 그러다 보니 항상 채무자보다는 은행, 주택 수요자보다는 건설업자, 소비자보다는 기업의 이해를 우선하는 행정으로 일관하게 된다. 그 결과가 반복되는 경제위기다. 이 구조를 해소하지 못하는 한 경제위기는 언제든 다시 반복될 것이다.

이 카르텔은 '부처 이기주의'라는 또 다른 사일로 뒤에 숨는다. 기획재정부 사일로는 '성장'이라는 낡은 목표에 갇혀 있다. 그들에게 '성장'이란 '재벌 대기업'에 대한 지원과 세금 감면을 의미한다. 자신들에게 직접적 혜택을 제공할 수 있는 재벌 대기업의 수익이 서민 경제의 건전성보다 우선순위를 가지게 된다. 해결하기 어려운 저성장과 저출산의 국가적 난제에 대한 대책을 만들기보다, 여전히 1970년대식 사고방식으로 재벌의 이익을 대변하는 데만 몰두한다.

금융위원회 사일로는 '금융안정'을 내세우지만, 그 본질은 '기존 금융기관의 안정적 수익 보장'이다. 이들은 높은 진입 장벽을 쌓아 새로운 '메기'의 등장을 철저히 차단한다. 그 결과, 한국의 금융기관들은 혁신 경쟁 없이 손쉬운 '이자 장사'에만 몰두하게 되었고, 한국의 금융산업은 세계적 흐름에서 낙오했다. 서민들이 살찐 고양이로 일컬어지는 금융기관들의 노예가 되어 버는 대로 갖다 바치는 새로운 예속 상태가 된 것에 대해 아무런 문제의식을 느끼지 않는다. 수백만 명의 신용불량자가 발생해도 거들떠보지 않았던 그들에게, 지금 매일매일 빚에 허덕이는 수백만 가구가 보일 리 없다.

이 '부처 이기주의'의 가장 비극적인 사례가 '벤처캐피털' 시장이다. 미래 성장의 핵심 동력인 벤처 투자를 활성화하는 것은 금융위의 핵심 임무여야 한다. 하지만 금융위는 이 임무를 사실상 방기하고 있다. 왜? 벤처캐피털의 주무 부처가 '중소벤처기업부'이기 때문이다. 금융위 사일로의 관점에서, 중기부 소관인 VC 시장이 활성화되는 것은 오히려 자신들의 영역을 침범당한다고 여기게 된다. 잘되는 것을 꺼리는 분위기마저 감지된다.

'새마을금고' 사태 역시 마찬가지다. 막대한 부동산 PF 부실이 터져도 금융위는 "소관 부처가 다르다(행안부 소관)"는 칸막이 뒤에 숨어 거대한 위험을 사실상 방치했다. '국민 경제의 안정'보다 '부처의 영역'을 우선시한 사일로 거버넌스의 전형적인 실패다.

언론과 지식인의 공모

이 견고한 관료 사일로는 스스로의 힘만으로 유지되지 않는다. 이를 뒷받침하는 조력자들이 필요하다. 언론은 '출입처 시스템'이라는 낡은 관행에 갇혀 관료들과 유착한다. '감시자'가 아니라 그들의 논리를 '받아쓰기'하는 '정보 중개자'로 전락했다. 1997년 '환상 유포죄'를 고백했던 언론은, 2010년대 부동산 버블 국면에서는 건설사와 관료들의 논리를 그대로 유포하며 '패닉 바잉'을 조장하는 '확성기'가 되었다.

학계는 '정부 용역'이라는 끈에 묶여 있다. 정부 입맛에 맞는 논리(예: "가계부채, 질적으로 나쁘지 않다", "DSR 전면 시행은 시기상조다")를 제공하는 '관변 학자'들은 프로젝트와 위원직을 보상받는다. 이들은 독립된 지성으로 위험을 비판하는 대신, "관리 가능하다"는 말을 되풀이하며 관료 사일로의 '지적인 방패막이'가 되어주었다.

해법은 '개방'과 '책임'이다

한국의 관료 시스템은 1997년 이전과 비교해서 조금도 바뀌지 않았다. 한국 경제의 장기 저성장과 저출산, 그리고 가계부채와 부동산 금융의 심화 등으로 경제위기가 눈앞에 닥쳤으나 한국의 경제 관료들은 아무런 대책을 내놓지 못하고 있다. IMF사태를 능가하는 금융위기가 곧 덮치면 허둥지둥하는 모습을 되풀이할 것이다.

1997년 기업 부채 위기, 2003년 단기 가계부채 위기, 그리고 2020년대 부동산발(發) 장기 가계부채 위기. 이 세 번의 거대한 위기에서 우리는 '파국의 설계자'들이 보여준 놀라운 '일관성'을 확인했다. 그것은 바로 '무책임'과 '불투명성'이다. 1,900조 원의 가계부채 앞에서 "문제없다"고 강변하는 자세는, 1997년 외환보유고가 바닥나던 순간에도 "펀더멘털은 튼튼하다"고 외쳤던 그들의 모습과 정확히 겹친다.

이 '무책임의 거버넌스'는 세계 최악의 저출산과 구조적 저성장의 늪에 빠진 지금, 이 순간에도 똑같이 작동하고 있다. 수백조 원의 예산을 쏟아붓고도 아무런 성과를 내지 못했지만, 그 어떤 정책 담당자도, 그 어떤 관료도, 그 어떤 연구자도 이 거대한 실패에 책임을 지지 않는 시스템. 이것이 바로 수많은 서민의 고통 위에 군림하는 거버넌스의 민낯이다.

위기는 자연재해가 아니다. 그것은 이들 '파국의 설계자들'에 의해 설계되고, 방치되고, 조장된 '인재人災'다. 이들의 견고한 사일로를 깨뜨리지 않는 한, 대한민국은 위기의 쳇바퀴에서 영원히 벗어날 수 없다.

해법은 두 가지에 있다. 그들만의 사일로를 깨야 한다. 권한에 맞는 책임을 지워야 한다. '개방성'과 '책임성'을 즉각적으로 제도화해야 한다. 첫째, '개방성'을 통한 견제 시스템의 확립이다. '그들만의 리그'가 힘을 갖는 이유는 그들이 '정보'와 '논리'를 독점하고 '부처 이기주의'라는 사일로 뒤에 숨기 때문이다. 외환위기 이후 정부 조직에는 의무적으로 개방형 직위가 생겼으나, 민간 전문가에게 기회를 주기보다는 부처 간 소통 수단으로 사용되고 있다. 경제부처는 전문성을 핑계로 하여 민간 전문가를 채용하는 경우가 매우 드물다.

폐쇄적인 조직이 된 정부 조직들은 편법을 동원한 권력을 휘두른다. 기획재정부는 '예산'으로, 금융위원회는 '금융 규제'로 모든 권력을 통제한다. 기재부는 국가 총액 예산 편성을 넘어, 각 부처의 세부 예산까지 건드리며 '권력기관'화 된 지 오래다. 이 두 거대 사일로가 외부 전문가의 수혈 없이 순혈주의를 고수하면서 사실상 정보를 외부로 흘리지 않으면서 외부의 비판을 전면 봉쇄했다. 1,900조 원의 가계부채 폭탄이 방치되어 오는 순간 기재부와 금융위가 그 위험성에 대해 얼마나 논의했는지는 전혀 알려지지 않고 있다. 최근 한국은행이 대거 발행하고 있는 각종 부채 자료가 그나마 외부인들에게 실상을 알리고 있는 실정이다.

이 칸막이를 부수기 위해 가장 시급한 일이 있다. 바로 한국은행이나 국책연구기관KDI 같은 '감시자'들의 완전한 독립이다. 권력기관으로부터 통제받지 않는 연구원들이 자유롭게 비판할 수 있는 통로를 만들어야 한다. 지금 이들은 자신이 감시해야 할 대상인 정부(기획재정부)로부터 예산과 인사를 통제받고 있다.

그 결과는 참담하다. 현재 국책연구기관의 연구자들은 외부에 칼럼 한 편을 쓰려해도 조직의 '승인'을 받아야 한다. 사실상 정부에서 청탁받은 '홍보성 칼럼' 외에는 자신의 목소리를 낼 수 없는 '앵무새'로 전락했다. 1997년 외환위기 전야前夜보다 지금의 '침묵의 카르텔'이 훨씬 더 심각하고 조직적이다. 경제에 관한 논의를 활성화하기 위한 전문가들의 공론장을 전면 봉쇄한 국가에서 위기는 예고 없이 찾아올 수밖에 없다. 새로운 정부가 들어설 때마다 통제의 강도가 더 세져 왔다는 것은 한국 경제의 앞날을 어둡게 한다.

경제부처를 견제해야 하는 한국은행 자체도 폐쇄성의 문제에서 자유롭지 않다. 오히려 경제부처를 능가한다고 평가받을 정도이다. 정부의 의도대로 통화 정책을 집행하는 구조에서 벗어날 수 있도록 제도개선이 필요하다. 한국은행 출신들만 모여서 연구하는 조직이 되어버린 한국은행 역시 더 개방해서, 외부의 전문 연구자들과의 토론을 활성화해야 한다.

해법 중의 하나는 이들 기관의 예산 통제권과 기관장 임명 동의권을 행정부가 아닌 '국회'로 이관하는 것이다. 그래야만 이들은 정부의 '대변인'이 아니라 진정으로 국민을 위한 '감시자'로서 기능할 수 있다. 정부 정책에 대한 쓴소리가 내부에서부터 터져 나오도록 시스템을 강제로 열어야 한다. 이들 기관이 국회에 대해 한국 경제의 위기에 대해 보고할 수 있는 길을 열어야 한다. 그렇지 않다면 무사안일한 자세로 있다가 외환위기를 맞은 그때의 그 모습을 반복할 것이다.

둘째, '책임성'을 통한 실패의 고리 단절이다. 실패에 대한 처벌이 없는 시스템은 반드시 실패를 반복한다. 현재 한국의 엘리트 관료 조직이 가진 가장 큰 맹점이자 치명적인 결함은, 그들의 '성과'를 아무도 평가하지 않는다는 데 있다. 이것이 바로 '무사안일 관료주의'가 판을 치는 근본 원인이다. 그들은 '국민 경제의 성공'이라는 성과를 내지 않아도 그 어떤 불이익도 받지 않는다. 그들은 오직 '부처의 이익'을 지키고 '관료 조직의 논리'를 따르는 데만 골몰할 뿐이다. 진정한 책임성을 확립하기 위해서는 이 '성과 평가 없는 구조'를 완전히 깨부숴야 한다.

세계 최악의 저출산 문제를 해결하기 위해 수백조 원의 예산을 쏟아붓고도 효과가 없다면, 예산을 배분하고 정책을 총괄한 기획재정부는 엄중한 징계를 받아야 한다. 구조개혁을 외면하여 잠재성장률이 계속 하락한다면, 해당 경제 부처는 조직 개편을 포함한 총체적 책임을 져야 한다.

가계부채가 통제 불능 상태로 폭증해 시스템 위기를 초래했다면, DSR 적용을 유예하고 구멍을 내준 금융위원회는 그 책임을 져야 한다. 자산 거품이 명백하게 발생하는 동안 '물가' 뒤에 숨어 이를 방관했다면, 한국은행과 금융위원회는 총재와 위원장부터 문책을 받아야 한다. 이들과 함께 짬짬이 해서 부채관리를 소홀히 한 금융기관 책임자들에게도 책임을 물어야 한다. 이들에게 책임을 묻는 즉시 한국의 부채 문제는 해결될 것이다. DSR 도입을 유예하거나 PF 부실을 방치하는 등 명백한 정책 실패로 국가적 손실을 초래했다면, 해당 책임자에게 승진 제한, 보직 해임 등 실질적인 불이익을 주는 '공무원 책임 시스템'을 확립해야 한다.

이처럼 '결과'에 대해 명확히 책임을 묻는 시스템이 없으니, 그들은 실패가 예정된 정책을 수십 년간 반복하며 위기를 키워온 것이다. 진정한 책임은 '실패에 대한 보상'의 고리를 끊는 것에서 시작된다. '전관예우'는 실패한 관료에게마저 주어지는 '잠재적 뇌물'이자 '보상'이다. 정책 실패에 대한 '조직적 문책'이 이루어지고, '전관예우'라는 사적 보상이 원천 차단될 때, 비로소 관료들은 '무사안일'에서 벗어나 국민을 위한 정책을 고민하게 될 것이다.

한국 경제는 지금 벼랑 끝에 서 있다. 이것저것 조금씩 개선하는 '땜질 처방'은 의미가 없다. 문제의 핵심은 '거버넌스'이며, 해법은 이들 '파국의 설계자들'에 대한 전면적인 해체 과정에 있다. 이 견고한 카르텔을 무너뜨리는 고통스러운 수술을 감행하지 않는다면, 경제위기는 이름만 바꾼 채 언제든 우리 앞에 반드시 다시 나타날 것이다.

국회의 직무 유기에 의한 금융위기

3부 치유의 길

역사는 반복된다. 특히 금융위기의 역사는 더욱 그러하다. 19세기 각국에서 은행 위기가 터질 때부터 2008년 글로벌 금융 위기, 그리고 최근의 유로존 재정 위기에 이르기까지, 우리는 거대한 경제적 파고가 닥칠 때마다 한 가지 공통된 의문을 갖게 된다. "도대체 국가는, 그리고 국민의 대표인 의회는 무엇을 하고 있었는가?" 정부가 시장을 관리하는 파수꾼이라면, 민주주의 체제에서 입법부는 국민의 지갑을 지키고 행정부의 독주를 감시하는 '파수꾼의 파수꾼'이어야 한다. 헌법이 입법부에 예산 심의권과 행정 감시권을 부여한 이유는 명확하다. 행정부가 단기적인 성과에 취해 위험을 간과하거나, 특정 이익 집단의 로비에 휘둘려 시스템 전체를 위기로 몰아넣는 것을 방지하기 위함이다. 그러나 불행하게도 현대 정치사에서 입법부는 위기를 예방하는 방파제가 되기보다는, 위기를 키우는 공범이거나 무력한 방관자로 남는 경우가 많았다.

경제위기는 단순히 시장의 탐욕이 빚어낸 '시장 실패'만은 아니다. 그것은 정치적 인센티브와 제도의 결함이 복합적으로 작용하여 발생하는 '정부 실패'이자, 더 정확히 말하면 '정치 실패'의 산물이다. 호황기에 정치인들은 유권자의 환심을 사기 위해 인기 없는 규제보다는 대출을 늘리고 경기를 부양하는 달콤한 정책을 선호한다. 금융산업은 막대한 자금력을 바탕으로 의회를 로비하여 규제의 빗장을 푼다. 이른바 '친시장적' 정치 행태가 금융 버블을 키우고, 결국 시스템 붕괴를 초래하는 것이다. 2008년 동시에 위기를 맞은 각국에서는 입법부가 어떻게 특수 이익 집단에 '포획'될 수 있는지를 적나라하게 보여주었다. 의회는 금융산업의 복잡한 논리에 압도되어 그들의 주장을 공익과 동일시하는 '인지적 포획' 상태에 빠졌고, 리스크를 경고하는 목소리는 '성장을 가로막는 낡은 규제'로 치부되었다. 위기가 터지고 나서야 의회는 허둥지둥 규제의 칼을 빼 들지만, 이는 이미 소 잃고 외양간 고치는 격일 뿐이다.

글로벌 금융위기 이후 각국 의회의 반성

2008년 글로벌 금융위기와 유로존 재정 위기를 겪고 나서 각국의 의회는 충격에 싸였다. 위기가 코 앞에 올 때까지 '거시건전성 Macro-prudential' 정책에 대한 의회의 무지와 방관이 빚어낸 참사였다. 앞서 우리가 설명했던 금융위기를 겪은 영국, 아이슬란드, 미국 등 주요국 의회는 위기 징후가 뚜렷했던 시기에도 경고음을 듣지 못했거나, 듣고도 무시했다.

아이슬란드 의회는 금융감독 기능을 사실상 포기하여 경제위기를 자초했다. 국가 전체가 거대한 헤지펀드처럼 변해가던 2000년대 중반, 은행 자산이 GDP의 9배로 불어나는 동안 의회는 이를 '금융 기적'이라 칭송하며 규제를 풀기에 바빴다. 사후에 2010년 발표된 의회 특별조사위원회 보고서는 "의원들이 은행의 로비와 인적 네트워크에 포획되어 객관적인 감시자의 지위를 상실했다"고 결론 내린 바 있다. 결국 게이르 하르데Geir Haarde 전 총리는 다가오는 위기를 내각 회의에서 제대로 논의하지 않았다는 '직무 유기' 혐의로 유죄 판결을 받기도 했다.

영국 의회 재무위원회Treasury Select Committee는 위기 이전 영란은행BOE, 금융감독청FSA, 재무부로 권한이 쪼개진 '삼각 체제Tripartite System'의 위험성을 간파하지 못했다. 권한이 분산되면서 사실상 아무도 책임을 지지 않았고, 어느 기관도 위기의 위험성을 알리는 데 적극적으로 나서지 않았다. 의회는 런던 금융 특구의 경쟁력을 위해 규제 완화의 다른 말인 '가벼운 터치Light-touch' 규제 기조를 지지했고, 은행 경영진의 도덕적 해이를 방치했다. 위기 이후 뒤늦게 영국은 '금융서비스법Financial Services Act'을 개정하여 의회의 감시 권한을 대폭 강화했다. 특히 의회는 영란은행 내에 신설된 금융정책위원회FPC 위원들을 소환해 금융안정성 보고서에 대해 송곳 검증을 벌이는 청문회를 정례화했다. 이제 영국 의회는 단순히 보고서를 받는 데 그치지 않고, 중앙은행이 자산 가격 거품을 방치하고 있지 않은지 따져 묻는 '적극적 감시자'로 변모했다.

미국 의회는 월스트리트의 로비에 가장 취약했다. 위기 이전 의회는 파생상품 규제를 막는 법안을 통과시켰고, 서브프라임 모기지 부실 위험을 경고하는 목소리를 외면했다. 의원들은 주택 소유 확대를 정치적 치적으로 삼기 위해 국책 모기지 기관Fannie Mae, Freddie Mac의 방만한 경영을 묵인했다. 위기 이후 의회는 '도드-프랭크법'을 통해 금융안정감시위원회FSOC를 만들고 연준에 대한 감독권을 강화했으나, 2018년 다시 규제 완화 법안을 통과시키며 '금융 로비의 쳇바퀴'에서 벗어나지 못했음을 드러냈다. 이는 의회의 전문성 부족과 선거 자금 의존도가 어떻게 시스템 리스크를 키우는지 보여준다.

아일랜드 의회는 부동산 거품이 꺼지지 않을 것이라는 '연착륙' 신화를 정부와 공유했다. 세수 호황에 취해 재정 건전성을 따지지 않고 지출을 늘리는 예산안을 통과시켰다. 위기 조사 보고서는 "의회가 정부의 낙관적인 경제전망을 검증할 독립적인 분석 능력이 없었다"고 지적했다. 이를 반면교사 삼아 아일랜드는 위기 후 '의회 예산국PBO'을 신설하고 독립적인 재정자문위원회IFAC의 보고서를 의무적으로 검토하게 하는 등, 의회의 '인지적 독립성'을 확보하는 데 주력했다.

이렇듯 각국의 의회는 뒤늦은 후회와 함께 새로운 기구를 만들고 대책을 만들기 위해 노력해 왔다. 로비에 취약한 현대 정치의 구조상 거시건전성 정책을 제대로 감독할 수 있는 거버넌스 구조를 만들어 내는 것은 어려우면서도 중요한 과제가 아닐 수 없다.

책임지지 않는 한국 국회

그렇다면 한국의 국회는 어떠한가? 금융위기가 눈앞에 와 있는데, 300명이나 되는 국민의 대표인 국회의원 중에 금융위기를 논하는 정치인들이 보이지 않는다. 저출산으로 국가 소멸이라는 전대미문의 위기에 봉착해 있는 한국 경제의 문제를 사명감을 가지고 개선해 보려는 정치인도 보이지 않는다. 부동산 거품이 심해지면서 빈부 격차가 커지고 있으며, 고용, 주거, 출산, 육아 등 모든 분야에서 청년들의 사정이 나날이 악화되고 있다. 그런데 국가 위기를 논하는 정치인이 보이지 않는다. 왜 이렇게 되었을까?

헌법이 국회에 부여한 가장 중요한 책무는 입법권과 더불어 행정부를 감시하고 견제하는 것이다. 국민의 대표로서 정부가 엉뚱한 짓을 하지 못하도록 눈을 부릅뜨고 지켜봐야 할 '파수꾼의 파수꾼'이 바로 국회다. 하지만 대한민국의 국회는 경제위기 앞에서 늘 무기력하거나, 심지어 정부의 실패를 묵인하는 공범에 가까웠다. 왜 그럴까? 국회의원 개개인의 자질 문제일까? 그렇지 않다. 이것은 국회라는 조직이 돌아가는 '정치경제학적 인센티브 구조' 자체가 고장 나 있기 때문이다.

앞에서 경제 관료들이 책임지지 않는 구조로 인해 금융위기에 대한 대처가 미흡하다고 분석했다. 이 책임지지 않는 구조에서 가장 최상위의 집단이 국회다.

외환위기 이후 한국의 금융 개혁은 철저히 행정부 중심이었다. 금융위원회와 금융감독원이라는 거대 관료 조직이 탄생했고, 국회는 이들에게 칼자루를 쥐어준 채 뒤로 물러났다. 이는 '금융은 전문적인 영역이므로 관료에게 맡겨야 한다'는 안일한 인식에서 비롯되었다.

외환위기 이후 한국은행은 매년 두 차례 '금융안정보고서'를 국회에 제출해야 한다. 법정 의무사항이기 때문에 한국은행은 많은 조사인력을 투입해 보고서를 발간하고 국회에도 보고한다. 최근 몇 년간 금융안정보고서에는 가계부채의 폭발적 증가, 자영업자 대출의 부실화, 부동산업에 대한 대출 폭증 현상과 부동산 PF의 위험성 등 한국 경제의 뇌관에 대한 구체적인 데이터와 경고가 담겨 있다.

그러나 국회 기획재정위원회나 정무위원회 회의록을 살펴보면, 이 보고서의 내용을 심도 있게 토론한 기록을 찾기 힘들다. 한국은행에 대한 의원들의 질의는 오히려 서민들을 위한다며 금리인하를 촉구하는 내용이 많은 반면, 가계부채 급증으로 인해 금융안정이 훼손되고 이로 인해 위기 가능성이 제기되고 있는 상황에 대한 질의는 별로 없어, "가계부채가 임계점을 넘었다"는 한은의 경고는 의례적인 업무 보고로 지나간다.

오히려 국회는 금융안정을 해치는 주범이기도 했다. 여야를 막론하고 선거 때마다 '돈 풀어 집값 부양'하거나 '무조건적인 대출 만기 연장'을 요구하며 한은과 금융당국의 팔을 비틀었다. 의회가 거시건전성의 파수꾼이 아니라, '거품의 후원자' 역할을 자처한 셈이다.

국회는 변명의 여지가 없다. 1997년 외환위기 때와 똑같이 지금도 금융위기가 눈앞에 다가왔는데, 금융위기를 파악할 수 있는 제대로 된 자료조차 변변히 가지고 있는 국회의원은 없다. 그냥 정부에 요청만 하면 되는데도 말이다.

'콘크리트 공화국'의 기획자로 전락한 국회

앞서 국회가 가계 대출 급증의 '방관자'였다면, 부동산과 건설 분야에서 국회는 명백한 '적극적 조력자'이자 '기획자'였다. 한국 경제를 짓누르는 가계부채 1,900조 원이라는 거대한 거품의 탑과 전 국토의 공사판化는 정부의 독단만으로 이루어진 것이 아니다. 지역구 표를 의식한 국회의원들의 '입법 거래'와 건설 자본의 로비가 맞물려 돌아간 결과다.

정부가 "경기를 부양해야 한다"며 부동산 규제를 풀 때, 국회는 브레이크를 걸기는커녕 엑셀러레이터를 함께 밟았다. 가계대출이 급증하여 시스템 리스크가 커지는 상황에서도, 국회는 '서민 주거 안정'이라는 포장지를 씌워 대출 확대를 용인했다.

국회는 여야 합의로 이른바 부동산 규제 완화 법을 반복적으로 통과시켜 왔다. 정부의 강력한 부동산 규제법이 국회에서 완화되는가 하면, 때로 정부가 나서서 빚내서 집 사라고 할 때는 적극적으로 이에 호응해서 부동산 규제법을 무력화시켰다. 이런 입법은 시장에 명확한 시그널을 주었다. 정부의 빚내서 집 사라 정책에 브레이크가 없다는 신호였다. 이 시기를 기점으로 가계부채 증가율은 수직 상승했다. 당시 국회 속기록을 보면, 가계부채의 위험성을 경고하는 목소리는 "침체된 시장을 살려야 한다"는 개발 논리에 묻혀 사라졌다. 국회가 투기의 빗장을 법률로 열어준 셈이다.

한국 특유의 '갭투자(전세를 낀 주택 매입)'가 성행하거나 정책자금이 크게 늘어 부동산 거품이 악화될 때도, 국회는 문제를 제기하기보다는 서민들을 돕는다는 핑계로 "전세대출 금리가 너무 높다, 한도를 늘려라"라고 은행을 압박했을 뿐, "전세대출이 갭투기로 흘러가 집값을 올리고, 결국 무주택자의 고통을 키운다"는 구조적 모순을 지적하고 제동을 건 의원은 극히 드물었다. 유권자(세입자)의 당장의 이익을 위해 국가 경제의 시한폭탄(가계부채)을 키운 포퓰리즘 입법의 전형이다.

국회가 부동산 투기를 조장하는 대표적인 사례는 예산 배정 과정에서 두드러진다. 국회 예산결산특별위원회는 국가의 미래를 설계하는 곳이 아니라, 지역구 민원을 해결하는 '토건 예산 배분장'이 된 지 오래인데, 수차례 정치 개혁의 바람이 있었음에도 무풍지대로 유지되고 있다. 매년 연말 예산 심사 시즌이 되면 국회는 '쪽지 예산'으로 몸살을 앓는다. 여야가 대립하다가도 막판에 짬짜미로 합의하는 항목은 언제나 토건과 건설 예산이다. 쪽지 예산의 대미는 각 정당의 권력자들이 장식한다. 경제성이 없다고 판명 난 지방 도로, 이용객이 없을 뻔한 지방 공항 건설 예산이 '지역 균형 발전'이라는 명분 아래 국회 문턱을 넘는다. 의원들은 지역 예산을 따냈다는 현수막을 걸기 위해 기획재정부에 사정하거나, 아니면 타당성 조사를 무력화시킨다. 이렇게 낭비된 예산은 결국 국가채무로 쌓이고, 건설사들의 배만 불리는 결과를 낳는다. 대형 건설사와 시행사들은 지역구 의원들에게 정치 후원금을 제공하거나, 지역 내 대규모 개발 공약(쇼핑몰 유치, 뉴타운 지정 등)을 제안하며 접근한다. "규제만 조금 풀어주면 지역 경제가 살아나고 의원님 재선도 확실하다"는 달콤한 유혹이다. 서민을 위한 예산이나 복지 예산이 논쟁이 되는 것과 달리 이런 토건 예산은 신속하게 여야 합의로 통과되는 것이 현재 한국 국회의 현주소다.

이런 상황에서는 부실 건설업체를 신속하게 구조조정하는 것이 불가능하다. 과잉 투자된 건설업과 부동산업 회사들이 부실화되고, 지방의 부동산 PF가 대규모로 부실화되는 상황에서 국회의원들은 끊임없이 정부가 나서서 지방의 미분양 아파트를 구입하라고 요구한다. 일본이 정치적인 이유로 에버그리닝이 만연하면서, 좀비 기업들이 늘어나고 장기 침체에 빠진 전철을 그대로 밟아가고 있다. 정부 스스로 막대한 예산을 투입해 에버그리닝에 나선 상황에서 이러한 압력은 추가적인 정부 자원의 투입으로 이어지게 되어 있다.

결국, 금융위기의 뇌관인 부동산 버블과 가계부채는 국회가 '감시자'의 본분을 망각하고 '개발 공약의 세일즈맨'으로 전락했기에 만들어진 인재人災다. 입법부가 건설 자본의 로비 창구가 되어버린 현실을 타파하지 않는 한, 어떤 금융 개혁도 모래 위에 지은 성일 뿐이다.

예산 효율성을 점검하지 않는 국회

국회의원들이 가장 무서워하는 것은 호랑이도 곶감도 아닌 '낙선'이다. 다음 선거에서 살아남기 위해 의원들이 목숨을 거는 것은 거창한

국가 담론이 아니라, 당장 내 지역구에 다리를 놓고 체육관을 지을 예산을 따오는 것이다. 바로 여기서 국회의 비극이 시작된다.

대한민국의 돈줄, 즉 예산 편성권은 기획재정부가 꽉 쥐고 있다. 헌법상 예산의 확정권은 국회에 있지만, 실질적으로 예산안을 짜고 배분하는 권한은 행정부, 그중에서도 기재부의 독점적 영역이다. 과거 독재정부 시절에 편의상 기재부에 몰아 준 권한이 지금까지 유지되고 있다. 지역구에 예산 몇 푼이라도 더 가져가야 하는 의원들 입장에서 기재부 관료들은 '갑 중의 갑'이다. 예산 심사 시즌이 되면 의원들은 기재부 관료들에게 밉보이지 않기 위해 몸을 낮춘다. 행정부를 호통치며 감시해야 할 국정감사장에서는 목소리를 높이다가도, 막상 예산안을 다룰 때는 지역구 민원 사업, 이른바 '쪽지 예산' 하나라도 더 끼워 넣기 위해 관료들과 타협한다.

이런 구조 속에서 국회의 '견제 기능'이 작동할 리 만무하다. 정부가 내놓은 경제 정책이 문제가 있어도, 예산이라는 인질이 잡혀 있는 한 의원들은 정부를 향해 강력한 브레이크를 걸기 어렵다. 기재부 역시 이를 너무나 잘 알고 있다. 그들은 예산 배분권을 국회 길들이기의 수단으로 교묘하게 활용하며 감시망을 무력화시킨다. 결국 국회는 행정부를 감시하는 '파수꾼의 파수꾼'이 아니라, 예산을 구걸하는 '로비스트'로 전락하고 마는 것이다.

천문학적인 예산을 쓰고서도 저출산을 막지 못하고 국가소멸위기를 맞고 있다면, 기재부는 열 번이라도 개혁했어야 한다. 부채의 급증으로 내수 침체가 장기화되고 있는 현실에 대해 경제 관료들에 대해 국회는 책임을 물어야 했다. 금융위기를 맞을 상황에 대해 금융위를 비판하는 국회의원도 없다. 부동산 거품을 일으킨 국토부에 대해 대책을 요구하는 국회의원도 찾을 수 없다. 예산을 따야 지역민의 환심을 사는 후진적 구조가 이렇게 '파수꾼의 파수꾼'을 형해화 시켜버렸다.

국회의 직무 유기가 가장 극명하게 드러나는 지점은 바로 '결산' 과정이다. 예산 심사는 앞으로 돈을 어디에 쓸지 정하는 것이고, 결산은 작년에 쓴 돈이 제대로 쓰였는지 검사하는 것이다. 가정경제든 기업이든 예산보다 더 중요한 것이 결산이다. 돈이 줄줄 새는 구멍을 찾아내야 내년 살림을 제대로 꾸릴 수 있기 때문이다.

하지만 한국 국회에서 결산은 찬밥 신세다. 연말 예산 심사 때는 수조 원을 놓고 여야가 밤새워 싸우지만, 결산 심사는 정기국회 직전 며칠 동안 몰아서 대충 처리하는 '통과 의례'에 불과하다. 의원들은 이미 다 써버린 돈에는 관심이 없다. 결산을 꼼꼼히 해봤자 생색낼 일도 없고 표도 안 되기 때문이다.

이러한 '결산의 형해화(껍데기만 남음)'는 치명적인 결과를 낳는다. 정부가 엉터리 수요 예측으로 예산을 낭비하거나, 정책 실패로 막대한 재정을 날려버려도 아무런 책임을 지지 않는다. 부실기업을 살리기 위해 막대한 재정을 투입해도, 무너질 건설회사를 살리기 위해 비싼 가격에 미분양 아파트를 사들여도 아무런 문제가 없다. 국회가 시정 요구를 해도 그때뿐이다. "다음부터 잘하겠습니다"라는 영혼 없는 답변 하나면 모든 게 용서된다. 실패에 대한 복기復棋가 없으니 똑같은 실패가 매년 반복된다. 사후 감시가 없다는 것을 아는 관료들은 도덕적 해이에 빠지고, 그 피해는 고스란히 국민의 몫으로 돌아온다. 국회가 제대로 된 결산 심사를 하지 못하는 중요한 이유 중의 하나는 국회가 부실 예산 처리의 동조자가 되었기 때문이다. 쪽지 예산은 국회의원들의 훌륭한 입막음 장치로 작동하고 있다. 국회는 마비되었다.

국회 개혁 없이 금융위기를 막지 못한다

국회가 제 기능을 하지 못하는 이유는 유권자들의 선별 기능이 마비되었기 때문이다. 국회가 금융위기를 막으려면 복잡한 파생상품 구조, BIS 비율, 거시건전성 정책 등을 꿰뚫고 있어야 한다. 하지만 국회의원들에게 이런 전문성을 기대하기는 현실적으로 어렵다. 설령 경제 전문가 출신 의원이라 할지라도 국회에 들어오는 순간 '합리적 무지'의 늪에 빠지기 쉽다.

생각해 보자. 의원에게 주어진 시간은 하루 24시간뿐이다. 이 귀한 시간을 쪼개어 수백 페이지에 달하는 복잡한 금융감독보고서를 공부하고, 정부 정책의 허점을 파헤치는 데 쓰는 것이 유리할까? 아니면 그 시간에 지역구 경로당을 한 번 더 방문하고, 지역 행사에서 악수 한 번 더 하는 것이 재선에 유리할까? 슬프게도 한국의 정치 현실에서는 후자가 압도적으로 유리하다.

유권자들 역시 복잡한 금융정책의 잘잘못을 따져 투표하기보다는, "우리 동네에 예산 얼마나 따왔느냐"를 기준으로 의원을 평가한다. 그러니 의원들 입장에서 골치 아픈 경제위기 관리나 금융감독 이슈를 깊이 파고드는 것은 '비합리적인 시간 낭비'가 된다. 당장 표가 되지 않는 거시경제 리스크 관리보다는, 눈에 보이는 지역구 사업 챙기기에 혈안이 될 수밖에 없는 것이다. 이처럼 의원들이 자신의 정치적 생존을 위해 합리적인 선택을 할수록, 역설적으로 국가 전체의 경제 감시 기능은 마비되는 '구성의 오류'가 발생한다.

설사 국회가 의지를 가지고 정부를 감시하려 해도, 넘을 수 없는 거대한 벽이 있다. 바로 '정보의 비대칭'이다. 기획재정부는 국가 경제와 예산에 관한 방대한 원천 데이터를 독점하고 있다. 반면 국회는 기재부가 가공하고 편집해서 던져주는 자료에 의존할 수밖에 없다. 국회 산하에 '예산정책처NABO'라는 전문 분석 기관이 있지만, 이들조차 기재부의 전산망이나 핵심 데이터에 직접 접근할 권한이 없다. 정부가 "자료가 없다"거나 "영업 비밀이다"라며 데이터를 숨기면 국회는 검증할 방법이 없다. 정보가 곧 권력인 세상에서, 데이터를 독점한 행정부와 깜깜이 국회의 싸움은 애초부터 승패가 정해진 게임이다. 그러니 정부가 "경제가 튼튼하다", "위기는 없다"라고 주장하면, 국회는 이를 반박할 논리를 찾지 못한 채 앵무새처럼 정부의 발표를 받아쓰거나 무의미한 정치 공세만 퍼붓게 되는 것이다.

그렇다면 이 무기력한 국회를 어떻게 바꿀 수 있을까? 의원들의 양심에 호소하는 것만으로는 부족하다. 인센티브 구조와 제도를 뜯어고쳐야 한다.

첫째, 국회는 즉시 '금융위기 대응 특별위원회'를 구성해야 한다. 즉

각 경제의 각 부문의 부실이 얼마나 심각한지 드러내고, 이 부실을 막기 위해 진행되는 에버그리닝을 밝혀야 한다. 금융위기를 증폭시킬 수 있는 에버그리닝을 막고, 심지어 거품을 증폭시키는 정부 주도의 유동성 공급에 대해 경종을 울릴 수 있는 독립된 위원회를 구성해야 한다. 그것이 나중에 투하될 공적 자금의 양을 줄이는 최선의 선택이 될 것이다.

금융위기 특별위원회에는 전문가들로 구성된 금융안정 위원회를 설치해야 한다. 한국은행, 기획재정부, 금융위원회, 금융감독원, 국토교통부에게 책임을 묻고, 대책을 요구할 수 있는 독립적인 전문가들로 현재 상황을 판단하게 하고, 국회와 국민에게 보고하도록 해야 한다.

둘째, 정부의 모든 정보를 국회가 공유할 수 있어야 한다. 기획재정부가 생산한 모든 자료가 실시간으로 예산정책처에 공유되어야 한다. 예산결산의 원천 자료를 아직도 공유하지 않거나, 디지털 파일이 아닌 문서로만 공유하는 현 상황은 디지털 선도국가를 자랑하는 한국에서 초현실적 모습이다. 그만큼 경제 부서들은 치외법권의 막강한 권한을 누려 왔다. 금융위기에 제대로 대처하기 위해서는 경제 부서의 자료부터 전문가들이 들여다봐야 한다.

셋째, '감사원을 국회로 가져와야 한다.' 현재 대통령 소속인 감사원은 살아있는 권력을 감시하는 데 한계가 명확하다. 미국이나 영국처럼 감사 기구를 의회 산하로 이관하거나, 국회가 실질적으로 감사원을 지휘할 수 있게 해야 한다. 국회가 독자적인 감사권을 쥐고 행정부의 데이터를 샅샅이 뒤질 수 있을 때 비로소 대등한 견제가 가능하다. 감사원이 독립적으로 작동할 때 경제 관료들은 비로소 정경유착의 카르텔이 아니라 국민경제를 위한 정책을 수립할 수 있을 것이다.

넷째, 예산위원회와 결산위원회를 구분하고, 상반기 3개월간 심층적으로 철저한 결산이 이루어져야 한국 경제는 혁신경제로 나아갈 수 있다. 상반기에 결산하고 결산에서 지적된 문제 사업은 다음 해 예산을 자동으로 삭감하는 '강제 환류 장치'를 법제화해야 한다. 예산을 못 따오면 지역구 관리가 안 되듯, 결산을 제대로 못 하면 예산도 없다는 원칙을 세워야 의원들이 움직인다. 결산위원회는 예산위원회와 독립적으로 구성하여 예산위원회의 짬짜미 비효율적 예산을 걸러낼 수 있도록 해야 한다.

금융위기는 어느 날 갑자기 하늘에서 떨어지는 것이 아니다. 그것은 감시받지 않는 권력의 오만과, 표 계산에 눈이 먼 '파수꾼의 파수꾼'의 침묵이 만들어 낸 합작품이다. 국회가 행정부의 거수기 노릇을 멈추고, 진짜 국민의 지갑을 지키는 파수꾼으로 거듭날 때, 비로소 우리는 반복되는 위기의 사슬을 끊어낼 수 있을 것이다.

1997년 겨울, 매서운 바람이 뺨을 파고들던 날들이었다. 거리마다 침묵이 내려앉았고, 사람들의 표정에는 공포보다도 깊은 허탈이 비쳤다. 우리는 국가 부도라는 이름의 재난 앞에 서 있었다. 외환은 바닥났고, 굴욕의 협상 끝에 IMF의 구제금융을 받아들였다. 국민은 마지막 남은 희망을 내어놓듯 금붙이를 모았다. 그러나 그 눈부신 연대의 기억 이면에는 지워지지 않는 상처가 남았다. 수많은 사람들이 하루아침에 일터를 잃었고, 청년들은 학교를 막 졸업하자마자 길 위에 내몰렸다. 한국 경제는 그렇게, 한 세대의 꿈과 자존심을 저당 잡힌 채 쓰러졌다.

28년이 지난 지금도 그때의 기억은 생생하다. IMF 위기를 연구하던 경제학자로서, 그 겨울의 통증은 나의 삶 전체를 규정했다. 마침, 그해 여름, 나는 한국 재벌의 부채 구조와 금융 불안의 씨앗을 경고하는 책을 탈고했지만, 그 원고가 세상에 나오기도 전에 현실의 파도는 훨씬 거칠게 밀려왔다. 이후 다시는 같은 비극을 반복하지 않겠다고 다짐하며, 나는 방향키를 놓지 않았다. 학자로, 시민단체의 일원으로, 그리고 한때는 정치인으로, 경제 각료로 수많은 회의와 논쟁, 실패와 고독의 시간을 지나며 목소리를 내왔다.

그러나 세월의 흐름 속에서도 바뀌지 않는 구조를 마주할 때마다 절망이 밀려왔다. 카드 사태, 부동산 거품, 가계부채의 급증. 이름만 달라졌을 뿐 본질은 같았다. IMF 위기를 불러온 정관경언의 실력자들은 여전히 과거의 언어로 세상을 해석했고, 경제 정책의 실질적 권력은 한국은행과 경제 관료들의 손아귀에 머물렀다. 겉으론 정권교체가 이루어졌어도, 경제의 뿌리와 사고방식은 개발시대의 틀 속에 갇혀 있었다. 한국은행은 독립이라는 이름의 탑 속에 갇혔으며, 기획재정부와 금융위원회는 국민보다 평가 지표를 중시했다. 그렇게 한국 경제의 시계는, 한 번 멈춘 자리에서 다시 돌아가지 못했다.

나는 금융의 근본을 회복하는 방법으로 '약탈적 대출'이라는 개념을 소개했고, 총부채상환비율(DTI), 비소구대출, 공정채권추심제도, 파산 및 개인회생법의 필요성을 외쳤다. 그것들은 단지 제도의 기술적 장치가 아니라, 금융위기를 막는 방파제였고, 무엇보다도 사람의 삶을 지키는 최소한의 방패였다. 그러나 내 목소리는 번번이 벽에 부딪혔다. 국회의원 시절 결성한 '신혼부부에게 집 한 채를' 포럼도 현실의 이해관계 속에 무력해졌고, 어느 정권에서도 이러한 정책은 국정의 우선순위가 되지 못했다. 나는 점점 더 느꼈다. 문제는 제도가 아니라 의지였고, 구조의 문제는 기억의 부재에 기인했다.

시간이 흐르면서 한국 경제는 저성장과 저출산, 고령화의 늪으로 서서히 가라앉고 있다. 생산의 에너지가 식어가고, 사회는 소득이 아니라 부동산을 중심으로 열광했다. 투기는 변화의 꿈을 잠식했고, 정관경언은 다시 그 투기를 부추기며 공동의 무덤을 파고 있었다. 그 모습을 지켜보는 일은 인간적으로도, 학문적으로도 끝없는 고통이었다.

이제 나의 여정은 긴 싸움의 끝에 다다랐다. 금융위기는 더 이상 '가능성'이 아니라 '예정된 미래'가 되었다. 오랜 세월 동안 한국 경제를 지탱해 온 성장의 신화가 무너지는 소리를 들으며, 나는 이 책을 집필했다. 이것은 경고서이자 고백이며, 미래 세대에게는 참회의 기록이다.

이 책은 미래의 청년들에게 남기는 보고서다. IMF 이후의 세대가 또다시 같은 재앙을 맞이하지 않기를 바라는 마음에서 썼다. 금융위기는 단순한 경제 사건이 아니다. 그것은 기억하지 못한 사회의 파국이며, 반성 없는 제도의 귀결이다. 한국은행과 경제 관료들의 잘못된 선택, 그리고 정치권의 외면이 만들어 낸 부동산 거품과 가계부채가 결국 이 나라의 발목을 붙잡게 될 것이다.

28년의 세월 동안 나는 그 위기를 막고자 했지만, 결과적으로 충분하지 못했다. 그러나 실패조차 기록하는 것이 학자의 의무라 믿는다. 이 책은 한 개인의 좌절을 넘어, 왜 같은 경고가 반복해서 무시되어 왔는지를 남기기 위한 기록이다. 위기를 키운 것은 특정 개인이 아니라, 경고를 외면해 온 사회 전체의 선택이었다.

이 책은 답을 제시하기보다 질문을 남긴다.

정치인은 국민을 두려워하고 있는가,

경제 관료는 지표가 아니라 사람을 보고 있는가,

금융기관은 수익보다 책임을 먼저 생각하는가,

언론은 광고주가 아니라 국민 편에 서 있는가,

그리고 우리는 이 모든 선택을 묵인하며 침묵하고 있지는 않은가.

변화는 제도 이전에 인식에서 시작된다.

국민의 생각이 바뀌지 않는 한, 정책도, 금융도, 언론도 바뀌지 않는다. 이 책이 바라는 것은 단 하나다. 다음 세대가 같은 고통을 겪지 않도록, 지금 이 사회가 더 이상 파국을 당연한 결과로 받아들이지 않는 것이다.

언젠가 한국 경제가 진정으로 다른 길을 선택하게 된다면, 이 기록이 그 변화를 앞당긴 작은 계기였기를 바란다. 그것이면 충분하다.

참고문헌

1부

『광기, 패닉, 붕괴: 금융위기의 역사』, 찰스 P. 킨들버거, 로버트 Z. 알리버 공저 (김홍식 역), 굿모닝북스, 2014.
금융위기 연구의 교과서와도 같은 책(원제: Manias, Panics, and Crashes: A History of Financial Crises). 튤립 버블, 남해 회사 버블, 1929년 대공황 등 역사상 거의 모든 금융위기를 체계적으로 분석하며, 거품이 발생하고 붕괴하는 일관된 패턴이 있음을 보여주었다. 이 책을 통해 역사 속 수많은 금융위기가 어떻게 일정한 패턴을 그리며 반복되는지 확인할 수 있다.

『대중의 미망과 광기』, 찰스 맥케이 (이윤진 역), 연암서가, 2018.
1841년에 출간된 고전(원제: Extraordinary Popular Delusions and the Madness of Crowds)으로, 튤립 광풍과 남해 회사 버블을 대중 심리의 관점에서 매우 생생하고 흥미롭게 묘사한 최초의 책으로 평가받는다. 역사적 사례에 대한 구체적인 일화들을 참고하기에 가장 좋은 자료였다.

『1929년 대폭락』, 존 케네스 갤브레이스 (이주명 역), 열린책들, 2009.
1929년 미국 주식시장 붕괴와 대공황의 서막을 가장 극적으로 묘사한 책(원제: The Great Crash, 1929)이다. 본문에 인용된 '구두닦이 소년' 일화를 포함하여, 당시 월스트리트의 광적인 분위기와 사회상을 생생하게 느낄 수 있었다.

『비이성적 과열』, 로버트 J. 쉴러 (이현숙 역), 알에이치코리아, 2015.
'비이성적 과열'을 세상에 알린 기념비적인 저서(원제: Irrational Exuberance). 노벨 경제학상 수상자인 쉴러 교수는 이 책에서 주식 시장과 부동산 시장의 거품이 합리적 계산이 아닌, 전염병처럼 퍼져나가는 대중의 심리적 요인에 의해 어떻게 만들어지는지를 심도 있게 분석했다. 이 책을 통해 우리는 거품의 동력이 되는 인간의 비합리적인 마음에 대해 깊이 이해할 수 있었다.

『내러티브 경제학』, 로버트 J. 쉴러 (김영사 편집부 역), 김영사, 2020.
쉴러 교수의 가장 최근 저작으로, 2절에서 설명한 '내러티브 경제학'의 개념을 집대성한 책(원제: Narrative Economics: How Stories Go Viral and Drive Major Economic Events)이다. 그는 복잡한 데이터보다 "이번에는 다르다"와 같은 '매력적인 이야기'가 어떻게 바이러스처럼 퍼져나가 경제 전체를 움직이는지를 설명했다. '거품의 마에스트로'들이 어떻게 시장의 이야기를 주도하며 대중의 심리를 움직이는지 이해하는 데 결정적인 통찰을 제공한다.

『생각에 관한 생각』, 대니얼 카너먼 (이진원 역), 김영사, 2012.
행동경제학의 창시자이자 노벨상 수상자인 카너먼의 대표작(원제: Thinking, Fast and Slow)이다. 인간이 왜 비합리적인 판단을 내리는지, 그 심리적 메커니즘을 깊이 있게 파헤쳤다. 군집 행동, 과도한 낙관주의 등 거품을 만들어내는 인간의 심리적 약점의 근원을 이해하는 데 큰 도움이 된다.

『약탈적 금융사회』, 조지 애컬로프, 로버트 J. 쉴러 공저 (이경남 역), 알에이치코리아, 2016.
본문에서 언급한 '거품의 마에스트로' 부분과 가장 맞닿아 있는 책(원제: Phishing for Phools: The Economics of Manipulation and Deception)이다. 시장의 이해관계자들이 어떻게 대중의 심리적 약점을 교묘하게 이용하여 자신의 이익을 챙기는지, 즉 '낚시질(Phishing)'하는지를 수많은 사례를 통해 고발했다.

『불안정한 경제 안정시키기』, 하이먼 P. 민스키 (이경남 역), 후마니타스, 2013.
2장의 핵심 이론인 '금융 불안정성 가설'을 집대성한 민스키의 대표작(원제: Stabilizing an Unstable Economy)이다. 자본주의 금융 시스템의 내재적 불안정성과 부채의 3단계 진화 과정을 깊이 있게 이해하는 데 필수적인 저서다.

『빅쇼트』, 마이클 루이스 (이경식 역), 생각연구소, 2016.
2008년 글로벌 금융위기의 이면을 가장 생생하고 극적으로 파헤친 논픽션(원제: The Big Short: Inside the Doomsday Machine)이다. 본문에 등장하는 마이클 버리, 스티브 아이스먼 등 위기를 예측했던 인물들의 이야기를 통해, 월스트리트의 탐욕과 감독 당국의 무능을 실감 나게 느낄 수 있다.

『부메랑』, 마이클 루이스 (김정수 역), 부키, 2012.
2008년 금융위기가 아이슬란드, 그리스, 아일랜드 등 각국의 독특한 문화와 국민성을 만나 어떻게 다른 형태의 비극으로 발현되었는지를 추적한 책(원제: Boomerang: Travels in the New Third World)이다. 특히 아이슬란드 사례에 대한 깊이 있는 인류학적 통찰을 제공한다.

『어리석은 자들의 금』, 질리언 테트 (홍수원 역), 다른, 2010.
금융위기를 촉발한 신용파생상품이 JP모건의 소규모 팀에서 어떻게 탄생하고, 전 세계로 퍼져나가 괴물이 되었는지를 추적한 인류학적 금융 탐사 보도(원제: Fool's Gold)다. '그림자 금융'의 실체를 이해하는 데 큰 도움이 된다.

『금융위기 보고서』, 미국 금융위기조사위원회 (이경남 역), 부키, 2011.
2008년 금융위기의 원인에 대한 미국 의회의 공식적인 조사 보고서(원제: The Financial Crisis Inquiry Report)다. 브룩슬리 본의 경고가 어떻게 묵살되었는지 등, 정부와 규제 당국의 실패를 방대한 자료를 통해 증명하고 있다.

『IMF사태 원인을 알면 대책이 보인다』, 홍종학, 해남, 1998.
외환위기 직후, 시민운동가이자 경제학자였던 저자가 위기의 원인을 정부, 재벌, 금융 시스템의 구조적 문제에서 찾은 책. 특히 정부 주도의 관치금융과 재벌의 상호 채무보증 문제를 날카롭게 비판하며, 위기 책임 규명과 근본적인 경제 개혁의 필요성을 역설했다.

재정경제부(1999). 신용카드 이용 활성화를 통한 소비 진작 및 내수 기반 확충 방안(1999년 5월). 재정경제부.
재정경제부, 건설교통부, 행정자치부 등(2005). 부동산 가격 안정 및 투기억제를 위한 부동산 제도 개혁 방안(2005년 8월 31일). 재정경제부.

2부

『빚으로 지은 집』, 아미르 수피, 아티프 미안 공저 (박기영 역), 열린책들, 2014.
이 책(원제: House of Debt)은 4단계 전체를 관통하는 이론적 나침반을 제공한다. 저자들은 가계 부채가 단기적으로는 성장의 환상을 보여주는 '달콤한 마약'이지만 결국에는 1930년대 어빙 피셔가 경고했던 '부채 디플레이션'이라는 파국을 몰고 오는 치명적인 독이라는 사실을 방대한 데이터를 통해 증명했다. 본문에서 한국의 정책 당국자들이 이 마약의 유혹에 빠져 감독에 실패하는 과정, 그리고 가계부채 폭증이 어떻게 자산 거품 붕괴 시 소비를 급격히 위축시켜 경제 전체를 무너뜨리는지를 설명하는 데 핵심적인 분석 틀을 제공한다.

『미래를 말하다』, 폴 크루그먼 (예상한, 한상완, 유병규, 박태일 역), 현대경제연구원, 2008.
노벨 경제학상 수상자인 폴 크루그먼은 이 책(원제: The Conscience of a Liberal)에서 현대 사회의 소득 불평등이 자연스러운 시장의 결과가 아닌, 의도된 정치적 선택의 산물임을 역설한다. 특히 그는 미국 보수주의 진영이 복지국가와 같은 정부의 적극적 역할을 무력화하기 위해 사용하는 '괴물 굶기기(Starve the Beast)' 전략의 실체를 파헤친다. 한국 사회의 재정 담론이 왜 기형적으로 왜곡되었는지를 설명하는 데 중요한 시사점을 던져준다. 실제 위험인 가계부채는 외면한 채, 상대적으로 건전한 정부부채를 집중 공격하는 현상이 단순한 경제 논쟁이 아니라, 국가의 역할을 축소하려는 특정 이념과 정치적 동기가 숨어 있음을 이해하게 돕는다.

추명삼, 함건, 이용호, 윤지유(2025). 부동산 신용집중의 구조적 원인과 문제점, BOK 이슈노트, 2025(9), 3.
한국의 금융 자본이 지난 10여 년간 얼마나 심각하게 부동산 부문으로만 쏠렸는지를 구체적인 데이터로 증명한다. 특히 '대출집중도'와 '자본생산성' 분석을 통해 이러한 자본 쏠림이 한국 경제의 성장 잠재력을 어떻게 훼손하고 있는지를 명확히 보여준다.

Krugman, Paul. (1994). "The Myth of Asia's Miracle". Foreign Affairs, 73(6), 62-78.
이 논문은 동아시아의 고도 성장이 기술 혁신이 아닌 노동·자본의 '투입 증가'에 기인했기 때문에 지속되기 어렵다고 주장한다. 이는 본문에서 한국 경제가 과거의 성장 방식에서 벗어나야 하는 이유를 설명하는 고전적인 이론적 배경을 제공한다.

Young, Alwyn. (1995). "The Tyranny of Numbers: Confronting the Statistical Realities of the East Asian Growth Experience". The Quarterly Journal of Economics, 110(3), 641-680.
통계 분석을 통해 동아시아의 성장이 요소 투입 증가에 의한 것임을 실증적으로 보여주며 크루그먼의 주장을 뒷받침한다. 본문에서 '투입 주도형 성장'의 한계를 지적하고 '혁신 주도형 성장'으로의 전환을 주장할 때 근거가 되는 강력한 통계적 결과를 제시한다.

국회예산정책처(2024). 2025~2072년 NABO 장기재정전망. 국회예산정책처.
본 보고서는 저출산·고령화에 따른 인구구조 변화가 한국 경제의 장기 성장률에 미치는 영향을 분석하고, 이를 바탕으로 2072년까지의 재정 상태를 전망한다. 생산가능인구 감소로 인해 잠재 성장률이 지속적으로 하락하여 2072년에는 0.3% 수준에 이를 것이라고 예측한다. 이러한 장기 저성장 기조는 총수입 기반을 약화시키는 반면, 공적연금 및 복지 관련 의무지출 부담은 가중시켜 구조적인 재정 불균형을 심화시킨다고 지적한다.

한국경제연구원(2023). 인구구조 변화가 GDP에 미치는 영향 추정 및 시사점. KERI 이슈리포트.
본 보고서는 저출산·고령화 현상이 한국 경제에 미치는 영향을 계량적으로 분석한다. OECD 국가 패널 데이터를 활용한 실증분석을 통해 생산가능인구 1% 감소 시 GDP가 약 0.59% 감소하고, 피부양인구 1% 증가 시 GDP가 약 0.17% 감소함을 실증적으로 밝혔다. 이러한 분석을 바탕으로, 다른 요인이 동일하다면 인구구조 변화만으로 2050년 경제성장률이 1% 이상 감소할 수 있다고 추정했다.

한국은행(2024). 우리 경제의 잠재성장률과 향후 전망, BOK이슈노트, 2024(33).
이 보고서는 한국의 잠재성장률이 추세를 분석한다. 분석 결과, 한국의 잠재성장률은 2000년대 초반 약 5% 수준에서 지속적으로 하락하여 2024년~2026년에는 2% 수준에 이를 것으로 전망한다. 이러한 하락의 주요 원인으로 총요소생산성 증가세 둔화, 자본 및 노동 투입 감소를 지적하고 있다.

한국개발연구원(KDI)(2025). 잠재성장률 전망과 정책적 시사점(2025년 8월). 한국개발연구원.
KDI는 이 보고서에서 인구 변화가 한국의 잠재성장률에 미치는 영향에 주목하며, 현재와 같은 추세가 이어질 경우 2040년대에는 잠재성장률이 0%대에 근접할 수 있다고 경고합인구 변화로 인해 2040년대 잠재성장률이 0%대에 근접할 수 있다고 경고한다. 재정 지출보다 구조 개혁이 중요하다고 강조하며, 이는 본문의 미래 성장 전략 논의에서 장기적·구조적 위협 요인과 정책 방향을 제시하는 근거가 됩니다.

Bank for International Settlements, CGFS. (2023, January). Housing finance, household debt and macroprudential policy (CGFS Papers No 70).
국제결제은행(BIS) 산하 금융안정위원회가 발간한 보고서. LTV(담보인정비율)는 '은행의 손실'을 막기 위한 사후적 규제인 반면, DSR(총부채원리금상환비율)은 '채무자의 파산'을 막기 위한 사전적 규제임을 명확히 구분함으로써, 한국 금융 당국 정책의 철학적 문제점을 지적하는 근거가 되었다.

한국은행(2014-2016). 금융통화위원회 의사록.
한국은행의 정책적 오판을 증명하는 1차 사료로 활용되었다. 의사록을 통해 당시 금통위원들이 가계부채 증가라는 '금융 안정'의 위험 신호보다, 눈앞의 '성장률과 물가'를 우선시하여 저금리 정책을 고수했음을 확인할 수 있다.

한국은행. 금융안정보고서.
한국은행이 매년 2회 발간하는 보고서로, 가계 및 기업 부채, 금융기관 건전성, 자산시장 등 금융 시스템 전반의 잠재적 리스크를 종합적으로 분석하고 평가합니다. 본문에서는 1절의 가계부채 데이터와 5절의 경제 취약성 진단의 핵심 근거로 활용되었습니다.

국토연구원(2021). 유동성이 주택시장에 미치는 영향과 시사점. 국토연구원.
코로나19 이후 급증한 유동성(통화량, 가계대출)이 주택 가격에 미친 영향을 다각도로 실증 분석한 보고서. 1절에서 '유동성 빌드업'이 부동산 가격 상승의 핵심 동력이었음을 설명하는 데 중요한 이론적 기반을 제공했다.

한국금융연구원(2024). 우리나라의 가계부채 특성과 소비자 금융 제도개선 과제. 한국금융연구원.
2011년 이후 한국 가계부채의 증감 주기를 5개 국면으로 나누어 분석하고, 각 시기별 경제 여건, 금리, 주택시장 정책과의 연관성을 규명했다. 부동산 광풍 이전부터 축적된 가계부채의 역사적 맥락과 2020~2021년의 폭발적 증가 원인을 설명하는 데 사용되었다.

한국은행. 통화신용정책보고서.
한국은행 금융통화위원회의 기준금리 결정 등 통화정책 운용의 배경과 향후 방향을 설명하는 보고서. 1절의 기준금리 변화 추이를 제시하고, 통화정책이 부동산 시장과 가계부채 등 금융안정 상황을 어떻게 고려하는지 분석하는 데 참고했다.

통계청. 가계동향조사.
가구의 소득, 지출, 자산, 부채 등 미시 데이터를 분기별로 제공하는 국가승인통계. 근로소득 증가율과 자산 가격 상승률을 비교하여 '부서진 사다리' 현상을 설명하고, 서민들의 심리적 박탈감을 분석하는 데 핵심적인 데이터를 제공했다.

한국은행(2025). 부동산 신용집중의 구조적 원인과 문제점, BOK 이슈노트, 2025(9).
한국에서 부동산 신용집중이 심각하다는 자료를 잘 정리한 보고서이다. 흔히 부동산업과 건설업에 대한 대출의 집중현상과 그림자금융으로 인한 위기 가능성을 경고하고 있다.

한국은행(2025). 일본경제로부터 되새겨볼 교훈, BOK 이슈노트. 2025(14).
일본의 장기침체를 잘 분석한 보고서이다. 한국경제에서 부동산 신용과 관련한 자료가 일본의 버블시기와 유사하다는 점을 지적하며 경고하고 있다.

한국은행(2025). 우리나라 주택 정책금융 현황과 평가(2025년 6월).
정부 주도의 '보이지 않는 에버그리닝'을 분석하는 데 핵심적인 자료로 사용되었다. 주택 정책금융의 규모(GDP 대비 비중 등), DSR 규제 예외 적용 실태, 그리고 특례보금자리론 등 정책금융이 주택 가격에 미친 영향 분석 등은 이 보고서의 데이터를 기반으로 했다.

감사원(2018). 4대강 살리기 사업 추진실태 점검 및 성과분석. 감사원.
대한토목학회(2021). 4대강 보의 홍수조절능력 및 수질개선효과 평가 연구. 대한토목학회.

금융위원회·금융감독원, 각종 보도자료.
부동산 PF 연체율의 최신 수치, '옥석 가리기' 등 정부의 부동산 PF 정상화 방안의 구체적인 내용, 그리고 코로나19 관련 대출 만기연장·상환유예 조치의 현황 및 규모 등 실시간 정책 대응과 관련된 내용은 금융 당국의 공식 발표 자료들을 참조했다.

"4대강 B/C 0.21 '경제성 없다'… MB정부 '0.83→1.23' 뻥튀기". (2018년 7월 4일). 한겨레.
"최경환 "부동산 규제, 한겨울에 여름옷 입은 격"". (2014년 7월 16일). 연합뉴스.
"LTV·DTI 완화 한달만에… 주택담보대출 3배 이상 급증". (2014년 9월 1일). 뉴스1.
한국은행 경제통계시스템(ECOS), 각종 통계자료 (기준금리, M2 총통화량).

3부

『IMF사태 원인을 알면 대책이 보인다』, 홍종학, 해남, 1998.
외환위기 직후, 시민운동가이자 경제학자였던 저자가 위기의 원인을 정부, 재벌, 금융 시스템의 구조적 문제에서 찾은 책. 특히 정부 주도의 관치금융과 재벌의 상호 채무보증 문제를 날카롭게 비판하며, 위기 책임 규명과 근본적인 경제 개혁의 필요성을 역설했다.

『재팬 애즈 넘버원』, 에즈라 보겔 (이경식 역), 위즈덤하우스, 2005.
1980년대 일본의 성공 신화를 상징하는 책. 저자는 일본 기업의 경영 방식, 정부와 기업의 관계, 사회 시스템의 강점을 분석하며 미국이 일본으로부터 배워야 한다고 역설했다. 이 책은 당시 일본인들의 자신감의 원천이자, 버블 시대의 낙관론을 이해하는 중요한 배경이 된다 (원제: Japan as No. 1: Lessons for America, 1979).

『세상을 바꾼 자동차』, 제임스 워맥, 대니얼 존스, 대니얼 루스 (이순묵 역), 한언, 2007.
MIT의 연구를 바탕으로, 도요타 생산 시스템으로 대표되는 일본의 '린 생산 방식(Lean Production)'이 기존의 대량 생산 방식을 어떻게 압도했는지를 분석한 기념비적인 저서. 일본 제조업의 힘의 원천을 이해하는 데 필수적인 책이다 (원제: The Machine That Changed the World, 1990).

『한국경제, 위기와 대전환』, 김현철, 미래의창, 2023.
데이터를 기반으로 한국 경제가 직면한 복합 위기(저성장, 저출산, 부동산 등)의 구조를 진단하고 근본적인 대전환의 필요성을 역설한다. 3부에서 '혁신 성장'과 '국가 시스템 재설계'의 당위성과 방향성을 이해하는 데 깊은 통찰을 제공한다.

『사일로 이펙트 (The Silo Effect)』, 질리언 테트 (신예경 역), 어크로스, 2016.
'폐쇄적 사일로' 비판의 핵심 이론적 토대를 제공합니다. 파이낸셜 타임스의 인류학자 출신 편집장이 2008년 글로벌 금융위기와 소니의 붕괴 사례를 통해, 거대 조직이 부서 간의 '칸막이(사일로)'에 갇혀 어떻게 정보를 파편화하고 스스로 자멸하는지를 생생하게 분석합니다.

Reinhart, C. M., & Rogoff, K. S. (2009). This Time Is Different: Eight Centuries of Financial Folly. Princeton University Press.
지난 800년간의 금융 위기 역사를 방대한 데이터로 분석한 경제학의 고전이다. "이번엔 다르다"는 대중과 정책 당국의 안일한 믿음이 어김없이 파국적인 금융 위기를 불러왔음을 증명하며, 이 책에서 경고한 부동산 거품과 부채 위기의 역사적 반복성을 강력하게 뒷받침한다.

Takatoshi Ito, Takeo Hoshi, The Japanese Economy (2nd Edition), The MIT Press, 2020.
일본 경제에 대한 가장 권위 있고 포괄적인 교과서 중 하나. 버블의 형성과 붕괴, '잃어버린 시대'의 원인, 금융 시스템의 문제, 그리고 아베노믹스에 이르기까지 일본 현대 경제사를 깊이 있게 분석한다. 이 책의 5부에서 저자들이 제시한 '좀비 기업'과 구조조정 실패에 대한 분석은 일본의 장기 침체를 이해하는 핵심적인 통찰을 제공한다.

한국은행(2025). 일본경제로부터 되새겨볼 교훈, BOK 이슈노트. 2025(14).
이 책에서 인용한 <그림 8>, <그림 9>, <그림 10>, <그림 11> 등 일본의 민간 부채 및 기업 부채, 좀비 대출 비중 등에 대한 통계 자료의 출처가 된 보고서.

감사원(1998). 외환위기 특별감사 결과 보고서. (1998. 7.).
3장 1절'잊혀진 반성'의 핵심 1차 사료. 1997년 당시 재정경제원 관료들이 외환보유액 통계를 기만하고 환율 방어에 국고를 탕진했으며, 한국은행이 이에 맹목적으로 동조했음을 공식적으로 확인한 보고서. '관료의 무능'과 '한은의 예속'을 입증하는 핵심 자료이다.

한국개발연구원(KDI)(2019). 금융당국 출신 인사의 금융회사 재취업에 따른 경제적 효과.
'전관예우'의 실체를 입증하는 실증적 증거. 이 보고서는 금융 당국 출신 인사가 금융회사로 재취업(전관예우)하는 것이 해당 기업의 '경영 성과(전문성)'에는 긍정적 영향이 없었으나, '당국의 검사·제재 확률'을 낮추는 '방패막이' 효과는 뚜렷했음을 통계적으로 밝혔다.

대한민국 금융위기
한국경제의 정해진 미래, 금융위기가 온다

초판 인쇄   2026년 1월 26일
초판 발행   2026년 2월 6일

지은이   홍종학

책임편집   김승욱
디자인   김문비
마케팅   김도윤 양지연
브랜딩   함유지 박민재 이송이 박다솔 조다현 김하연 이준희
제작   강신은 김동욱 이순호

발행인   김승욱
펴낸곳   이콘출판(주)
출판등록   2003년 3월 12일 제406-2003-059호
주소   10881 경기도 파주시 회동길 455-3
전자우편   book@econbook.com
전화   031-8071-8677(편집부) 031-8071-8681(마케팅부)
팩스   031-8071-8672
ISBN   979-11-89318-81-9 03320